移动电子商务
学术研究丛书

农村电子商务理论与实践

柳思维 唐红涛 ◎ 著

THEORY AND PRACTICE OF RURAL E-COMMERCE

中国财经出版传媒集团
经济科学出版社
Economic Science Press

图书在版编目（CIP）数据

农村电子商务理论与实践/柳思维，唐红涛著．
—北京：经济科学出版社，2017.11
（移动电子商务学术研究丛书）
ISBN 978-7-5141-8603-1

Ⅰ.①农…　Ⅱ.①柳…　②唐…　Ⅲ.①农村—
电子商务—研究　Ⅳ.①F713.36

中国版本图书馆 CIP 数据核字（2017）第 268146 号

责任编辑：范　莹　张　频
责任校对：王肖楠
版式设计：李　鹏

农村电子商务理论与实践
柳思维　唐红涛　著
经济科学出版社出版、发行　新华书店经销
社址：北京市海淀区阜成路甲 28 号　邮编：100142
总编部电话：010-88191217　发行部电话：010-88191522
网址：www.esp.com.cn
电子邮箱：esp@esp.com.cn
天猫网店：经济科学出版社旗舰店
网址：http://jjkxcbs.tmall.com
北京季蜂印刷有限公司印装
710×1000　16 开　23.5 印张　340000 字
2017 年 11 月第 1 版　2017 年 11 月第 1 次印刷
ISBN 978-7-5141-8603-1　定价：68.00 元
（图书出现印装问题，本社负责调换。电话：010-88191502）

目录

Contents

理论篇

第一章　导论 …………………………………………………………… 3

第一节　第四次工业革命与第四次商业革命 …………………………… 3

第二节　第四次商业革命与农村电商发展 ……………………………… 24

第三节　农村电商发展与农村流通体系创新 …………………………… 31

第四节　研究的内容及特点 ……………………………………………… 37

第二章　农村电商崛起与农业供给侧改革 ……………………………… 44

第一节　“互联网＋”与农村电商崛起 ………………………………… 44

第二节　经济新常态与农业供给侧改革 ………………………………… 52

第三节　农业供给侧改革与农村电商发展 ……………………………… 66

第三章　农村电商崛起与全面小康 ……………………………………… 76

第一节　全面小康内涵 …………………………………………………… 76

第二节　农村电商崛起与全面小康 ……………………………………… 82

第三节　农村电商促进全面小康实证研究 ……………………………… 85

第四节　农村电商与精准扶贫 …… 90

第四章　农村电商崛起与农村流通体系创新 …… 98

第一节　中国农村流通体系现状 …… 98

第二节　中国农村流通体系创新必要性 …… 103

第三节　农村电商促进农村流通产业发展机制 …… 105

第四节　农村电商与农村流通体系创新 …… 110

第五章　农村电商崛起与城乡市场协调发展 …… 119

第一节　中国城乡市场发展现状 …… 119

第二节　农村电商促进城乡市场协调发展内在机理 …… 131

第三节　农村电商促进城乡市场协调发展路径 …… 140

第六章　农村电商崛起与非公经济的新一轮发展 …… 146

第一节　中国非公有制经济的发展现状 …… 146

第二节　农村电商与非公经济发展机遇 …… 155

第三节　加快农村电商发展促进非公有制经济对策 …… 162

运 营 篇

第七章　农村电商运营概述 …… 171

第一节　农村电商运营市场背景 …… 171

第二节　农村电商实务运营要素 …… 175

第三节　农村电商运营主要内容 …… 182

第八章　农村电商平台建设 …… 186

第一节　农村电商平台概述 …… 186

第二节 农村电商平台发展现状及存在问题 …… 193
第三节 完善农村电商平台建设原则与对策 …… 203

第九章 农村电商运营模式 …… 209
第一节 农村电商运营模式概述 …… 209
第二节 农村电商运营模式类型 …… 212
第三节 完善农村电商运营模式对策 …… 224

第十章 农村电商物流配送 …… 228
第一节 农村电商物流发展意义 …… 228
第二节 农村电商物流配送模式 …… 232
第三节 农村电商物流配送现状 …… 239
第四节 完善农村电商物流配送对策 …… 247

第十一章 农村电商金融支付 …… 252
第一节 农村电商金融支付概念和意义 …… 252
第二节 农村电商支付模式 …… 256
第三节 完善中国农村电商金融支付对策 …… 269

第十二章 农村电商中介组织 …… 275
第一节 农村电商中介组织含义与功能 …… 275
第二节 农村电商中介组织发展现状 …… 279
第三节 加快农村电商中介组织健康发展对策 …… 288

第十三章 农村电商人才培养 …… 294
第一节 农村电商人才培养意义与要求 …… 294
第二节 农村电商人才培养现状 …… 299

第三节　农村电商人才培养问题 …… 302
第四节　加快农村电商人才培养对策 …… 310

实践篇

第十四章　县域农村电商发展实践 …… 319
第一节　江苏县域电商发展实践 …… 319
第二节　福建龙岩与河北清河农村电商实践 …… 325
第三节　浙江遂昌与吉林通榆农村电商实践 …… 332
第四节　县城农村电商发展经验与启示 …… 343

第十五章　农村电商平台发展实践 …… 347
第一节　三大电商巨头农村平台建设 …… 347
第二节　各地农村电商平台创新实践 …… 354
第三节　农村电商平台建设经验总结 …… 359

参考文献 …… 364

后记 …… 369

理 论 篇

第一章 导　论

农村电商是中国特有经济现象和经济概念。农村电商的迅猛发展是移动互联网时代中国流通变革的标志性事件，也是撬动中国农村社会经济文化变化的巨大杠杆。研究中国农村电商的发展必须综观历史，洞察现实，从纵向维度与横向维度的结合上进行系统分析和深入阐述。

第一节　第四次工业革命与第四次商业革命

当人类从传统互联网时代进入智能互联网时代，工业 4.0 与移动电商几乎在同一个时期产生。这是一个不同于亚当·斯密时代，也不同于马克思、凯恩斯所处的时代，经济的全球化、技术的信息化、政治多极化、文化的多元化互相交织，第四次工业与第四次商业历史变革方兴未艾，正在不断深化，而中国农村电商的发展正是这场变革中一道颇为壮观的风景线。

一、 横亘在我们眼前的第四次工业革命

（一） 历史上三次工业革命回顾

1. 第一次工业革命

第一次工业革命前，当欧洲处于“中世纪黑暗”时代，中国的经济科技发展在世界领先。12 世纪以后中国的四大发明逐步传入欧洲，如中国的造纸术公元 1150 年传到西班牙，1276 年传到意大利，1350 年传到法国，1390 年传到德国，1494 年传到英国，1576 年传到莫斯科。马克思曾指出：“火药、

指南针、印刷术——这是预告资产阶级社会到来的三大发明。火药把骑士阶层炸得粉碎，指南针打开了世界市场并建立了殖民地，而印刷术则变成新教的工具，总的来说变成科学复兴的手段，变成对精神发展创造必要前提的最强大的杠杆。"① 近代实验科学家的始祖培根在《新工具》一书中也曾说过：如果想看看各种发明的力量、作用，最显著的例子就是新近发明的印刷、火药、指南针。因为这三种东西曾改变了整个世界的面貌。第一种在文学上；第二种在战争中；第三种在航海上。从那里接着产生了无数的变化、变化是这么之大，以至没有一个帝国，没有一个学派，没有一个赫赫有名的人物能比这三种发明在人类事业中产生更大的力量和影响。

由此可见，中国四大发明对推动世界的历史进程做出了巨大贡献。中国的造纸术传入欧洲后，大大促进了科学文学知识在欧洲的传播，迅速提高了欧洲的科学文化水平；与此同时大量中国古代文化典籍，通过传教士进入欧洲。15 世纪末哥伦布发现新大陆后，国际贸易迅速扩大。17 世纪的欧洲，对中国文化的推崇和对中国商品的消费成为时尚，并形成一股"中国热"。"中国热"对欧洲的文艺复兴运动产生了重大影响。当时法国的启蒙思想家，如伏尔泰、卢梭、孟德斯鸠、魁奈等，将中国古代文化中的人道主义价值观、民主观、平等观、自由观、博爱观等视为他们建立思想秩序的重要思想来源。特别是重农学派代表经济学家魁奈十分尊崇孔子，认为孔子的《论语》远远胜过古希腊圣贤的哲学，他当时也被人尊称为"欧洲的孔子"。中国儒家哲学中的重农思想，老子与道家的天一合一、顺应自然的思想，都对魁奈重农观念的建立产生过重要影响；魁奈提出尊重自然秩序观念即客观规律的重农思想。现代经济学之父亚当·斯密从英国来到法国后认真学习并吸收了魁奈的重农主义思想，在其名著《国富论》中，大量应用中国资料和文献，斯密的"看不见的手"的任由市场机制自发作用的思想既吸收了魁奈的重农主义观点，也吸收了中国古代老子、孔子、孟子的经济思想。

---

① 马克思恩格斯全集（第 47 卷）[M]. 北京：人民出版社，1979：427。

第一次工业革命发生在18世纪至19世纪，始于1784年，以英国瓦特发明及使用蒸汽为标志，主要特征是实现生产过程机械化。第一次工业革命之所以发生在英国，是因为英国资产政治革命完成，即不流血的光荣革命，终止了封建君主专制的统治，限制了封建国王的权力，建立了世界上第一个责任内阁政府，建立了保护私人产权为基础的市场经济法制制度，资本主义经济关系迅速成长，从充分调动了人们的创新创业的主动性、积极性、创造性，各种发明创造应运而生，从而成为第一次工业革命的策源地。

当第一次工业革命在英国发生的时候，中国正处于清代康乾盛世后期，尽管当时中国经济总量在世界领先，资本主义萌芽因素也在江南地区的工商业中有所生长，但封建专制政体的落后性阻碍了新生产力的发展，加之满清王朝的盲目自大、闭关锁国、腐败无能，致使中国错过了第一次工业革命的机遇。

2. 第二次工业革命

第二次工业革命发生于19世纪后半期的电力应用，第二次工业革命以电器的广泛应用最为显著。1866年，德国人西门子制成了发电机；1870年，以美国辛辛那提电力的投入使用为标志，实现生产过程电气化。到70年代，实际可用的发电机问世。电器开始用于代替机器，成为补充和取代以蒸汽机为动力的新能源。随后，电灯、电车、电影放映机相继问世，人类进入了“电气时代”。19世纪70年代，美国人贝尔发明了电话，90年代意大利人马可尼试验无线电报取得了成功，都为迅速传递信息提供了方便，世界各国的经济、政治和文化联系进一步加强。第二次工业革命同第一次工业革命相比，具有以下三个特点：

（1）工业革命的原动力不同。在第一次工业革命时期，许多技术发明都来源于工匠的实践经验，科学和技术尚未真正结合：而在第二次工业革命期间，自然科学的新发展，开始同工业生产紧密地结合起来，科学在推动生产力发展方面发挥更为重要的作用，它与技术的结合使第二次工业革命取得了巨大的成果。

（2）工业革命的空间范围不同。第一次工业革命首先发生在英国，重要的新机器和新生产方法主要是在英国发明的，其他国家工业革命的发展进程相对缓慢；而第二次工业革命几乎同时发生在几个先进的资本主义国家，新的技术和发明超过一国的范围，其规模更加广泛，发展也比较迅速。

（3）主要发达国家工业革命时间上的差异。由于第二次工业革命开始时，有些主要资本主义国家如日本尚未完成第一次工业革命，对它们来说，两次工业革命是交叉进行的，它们既可以吸收第一次工业革命的成果，又可以直接利用第二次工业革命的新技术，这些国家的经济发展速度也比较快。

当第二次工业革命蓬勃发展之时，19 世纪中叶和下半叶的中国正处于第一次、第二次鸦片战争后帝国主义列强瓜分中国的腥风血雨中，国内又经历了太平天国、义和团、捻军、小刀会等农民革命运动的冲击，腐败无能的清王朝政府对帝国主义的侵略一再忍让、妥协和投降，尽管也有曾国藩、左宗棠等一批所谓中兴名臣的力挽狂澜和推行的洋务运动，但历经甲午中日海战、八国联军入侵等一系列战争割地赔款后，大清王朝已是百孔千疮，气息奄奄，整个国家也就错过了第二次工业革命的战略机遇，只能处在被动挨打的地步。正如马克思在 1853 年所写的《中国革命和欧洲革命》一文中所指出的："清王朝的声威一遇到不列颠的枪炮就扫地以尽，天朝帝国万世长存的迷信受到了致命的打击，野蛮的、闭关自守的、与文明世界隔绝的状态被打破了。"①

3. 第三次工业革命

第三次工业革命发生于 20 世纪后半期第二次世界大战后同时在多个学科、领域发生。第三次工业革命以原子能、电子计算机、空间技术和生物工程的发明和应用为主要标志，涉及信息技术、新能源技术、新材料技术、生物技术、空间技术和海洋技术等诸多领域的一场信息控制技术革命。除了原子能技术、空间技术、生物工程技术外，第三次工业革命一个重大突破是电

① 马克思恩格斯选集（第二卷）［M］. 北京：人民出版社，1972：2。

子计算机技术的利用。20 世纪 40 年代后期的电子管计算机为第一代计算机。1959 年，出现晶体管计算机，运算速度每秒在 100 万次以上。1964 年达到 300 万次。60 年代中期，出现许多电子元件和电子线路集中在很小的面积或体积上的集成电路，每秒运算达千万次，它适应一般数据处理和工业控制的需要，使用方便。1969 年，以美国硅谷第一台可编程计算机的诞生为标志，以“可编程逻辑控制器（PLC）”为代表，实现生产过程的自动化。70 年代发展为第四代大规模集成电路，1978 年的计算机每秒可运算 1.5 亿次。80 年代发展为智能计算机。90 年代出现光子计算机、生物计算机等。大体上每隔 5～8 年，运算速度提高 10 倍，体积缩小到 1/10，成本降低到 1/10。

第三次科技革命不仅极大地推动了人类社会经济、政治、文化领域的变革，而且也影响了人类生活方式和思维方式，随着科技的不断进步，人类的衣、食、住、行、用等日常生活的各个方面也发生了重大的变革。第三次科技革命加剧了资本主义各国发展的不平衡，使资本主义各国的国际地位发生了新变化；使社会主义国家在与西方资本主义国家抗衡的斗争中，贫富差距逐渐拉大，促进了世界范围内社会生产关系的变化。第三次科技革命同前两次技术革命相比，有几个显著特点：

（1）科学技术在推动生产力的发展方面起重越来越重要的作用，科学技术转化为直接生产力的速度加快，周期缩短。一项新的科技发明和科技创新转化为市场新商品的周期由过去几十年十几年缩短至几年时间甚至一两年、几个月。

（2）覆盖的领域更广阔。第三次科技革命几乎同时在多个领域发生。科学和技术密切结合，相互促进。随着科学实验手段的不断进步，科研探索的领域也在不断开阔。

（3）科学技术各个领域之间相互联系加强。在现代科技发展的情况下，出现了两种趋势：一方面学科越来越多，分工越来越细，研究越来越深入化；另一方面学科之间的联系越来越密切，相互联系渗透的程度越来越深，科学研究朝着综合性方向发展。

(4) 第三次工业革命同时在多个国家和地区同时产生，任何一个国家不可能垄断第三次工业革命的机会和领域。因此在不同领域各个不同的国家都可以处在领先的地位，科技和制造的国际分工会更加明显。

幸运的是，1949 年成立的新中国在探索中国特色社会主义的征途中赶上和把握了第三次革命的部分机遇。突出表现在开发利用原子能核能技术、空间技术、生物工程技术、电子计算机技术等方面实施国家创新战略，集中优势兵力打歼灭战。即使在没有解决温饱的年代里，毛泽东主席为首的党中央也果断决策，勒紧裤腰带也要搞原子弹和人造卫星，打破了少数大国对我国的核技术封锁。特别是在结束“文革”、实施战略大转移实行改革开放的新时期，在探索有中国特色社会主义道路的新进程中，中国迅速崛起成世界经济大国、贸易大国、制造大国，我国与世界第三次工业革命的先进水平的差距迅速缩小，某些领域甚至处于世界前沿顶端，如国防科大研制的巨型计算机运算速度就超过了美国的巨型计算机。

（二）第四次工业革命

1. 第四次工业革命

有人说第四次工业革命始于 2013 年，以德国汉诺威基于信息物理系统的智能制造诞生为标志。我认为第四次工业革命应缘于 20 世纪末期到 21 世纪初期提出的知识经济。美国前总统克林顿 1998 年提出美国进入“知识经济时代。”2008 年美国金融危机和 1999 年欧洲债务危机后，在治理这次危机中，2012 年美国提出：“工业互联网”。2013 年德国政府推出定义为“第四次工业革命”的《工业 4. 0 战略》。2014 年的热门词汇“工业 4. 0”，是一个引起全世界关注的概念，掀起了新一轮工业革命的浪潮。工业 4. 0 被认为是机械化（第一次）、电气化（第二次）、自动化（第三次）后的第四次工业革命，随着新一轮工业革命的到来，传统制造业的发展方式将出现颠覆性、革命性的转变。

2014 年工业 4. 0 概念受到世界各国高度关注。2015 年日本率先响应，1 月 23 日推出《机器人新战略》。中国 2015 年出台《中国制造 2025》这项十

年战略规划。工业 4.0 将在前三次工业革命的基础上进一步进化，基于信息物理系统（cyber physical system）实现新的制造方式。信息物理系统是指通过传感网紧密连接现实世界，将网络空间的高级计算能力有效运用于现实世界中。从而，在生产制造过程中，与设计、开发、生产有关的所有数据将通过传感器采集并进行分析，形成可自律操作的智能生产系统。

2.“第四次工业革命”的实质

世界经济论坛创始人施瓦布教授在《第四次工业革命：转型的力量》一书中写到，第四次工业革命通过推动“智能工厂”的发展，在全球范围实现虚拟和实体生产体系的灵活协作。“技术和数字化将会改变一切。”第四次工业革命的实质是互联网 + 工业自动化，是信息化与工业化的深度融合。从生产力和产业演进的历史来看，在第一次工业革命前的农业社会，生产过程最主要的经济资源是土地、牲畜、劳动力；在第一、第二、第三次工业革命中的工业社会最主要的资源是各种矿产、能源、水资源、技术、资本、劳动力；而处于第四次工业革命的信息社会，最重要资源是信息。“新一轮工业革命的核心是智能制造。”① 广义的智能制造包括产品智能化、装备智能化、生产方式智能化、管理智能化、服务智能化。② 因此工业 4.0 实际是基于“信息物理系统”实现“智能工厂”的革命。工业 4.0 中，各个环节都将应用互联网技术，将数字信息与物理现实社会之间的联系可视化，将生产工艺与管理流程全面融合，从而实现智能制造、智慧制造，形成全面的智能工厂。相对于传统制造工业，以智能工厂为代表的未来智能制造业是一种理想状态下的生产系统，能够智能判断产品属性、生产成本、生产时间、物流管理、安全性、信赖性和可持续性等要素，从而为每个顾客进行最优化的个性化产品定制制造。同时在产品进入顾客和用户消费过程中，产品还可将消费过程中的信息及时记录载入并反馈至产品制造者，形成生产消费全过程的信息跟踪与调控。

---

① 夏研娜、赵胜著．中国制造 2025，北京：机械工业出版社，2016：45.

② 夏研娜、赵胜著．中国制造 2025，北京：机械工业出版社，2016：66－67.

未来一段时期，第四次工业革命将有可能使有的工业业生产领域步入个性化定制的“分散化”生产的新时代。工业4.0通过决定生产制造过程等的网络技术，实现智能制造，进行实时智能管理。智能制造中的生产设备具有感知、分析、决策、控制等功能，是先进制造技术、信息技术的集成和深度融合。智能生产过程中，传感器、智能诊断和管理系统通过网络互联，由程序控制上升到智能控制，从而使制造工艺能够按照消费者和用户的个性化需求，并根据制造环境和制造过程的变化，进行实时优化，提升产品的质量和生产效率。

工业4.0的关键是信息技术应用——工业4.0的关键技术是信息技术。德国《工业4.0》一书指出，“工业4.0”是一次现代信息和软件技术与传统工业生产相互作用的革命性转变。“软件已经成为工业领域创新的首要推动力，其重要性上升，发展势头迅猛”。具体而言，包括生产设备联网实现自律协调作业的M2M，通过网络获取大数据的应用，开发、销售、ERP、PLM、SCM等业务管理系统与实际生产过程之间的协同都离不开信息的软件化、网络化，因此工业技术软件化特别重要。第三次工业革命的自动化，仅仅是将生产工程作为对象而进行自动化控制，对其进行信息技术的应用。而工业4.0将实现工业技术软件化，使信息技术的应用对象大幅度扩大到所有生产加工环节、产业链环节、管理全程，也可称为全过程、全环节、全链条、全要素、全活动的信息化。由此，工厂将不断进化升级，由物联网与服务互联网构成新的“智能工厂”。以往，通过信息技术实现的“智能化”已在智能手机、智能电表、智能电网等智能物品和服务中见到，而工业4.0则是要实现工厂本身的智能化。除了工业4.0之外，美国通用电气公司（GE）也提出过类似的概念“工业互联网”。

3. 工业4.0需要解决的难题

工业4.0需要实现三大转变——工业4.0的一个划时代特征是要实现生产过程的智能化，而智能化的实现必须完成三大历史性的转变，一是由自主大规模批量生产向大规模预售订制生产转变，即通过大数据系统，将大量个性化需求订单信息转化为企业的生产决策。二是由同地集中生产向网络化异地协同生产转变，即同一企业同一产品的产业链条各环节可以跨区域布点，通过智能信息系统进行异地协同配套。三是由传统制造企业向跨界融合企业转变，即制造企业也可进行金融、贸易、物流经营，也可向制造业中其他行业渗透。这三大转变要紧密依赖互联网、大数据、物联网才能实现。

完成三大转变面临四大难题——要完成工业生产的三大历史性的转变，实现工业智能化，达到工业4.0的要求，并非轻而易举之事。德国工业4.0工作组的最终报告指出，实现工业4.0尚存在标准化、复杂的系统管理、通信基础设施建设、网络安全保障等四大难题。一是生产的全要素和服务项目的标准化：如制造企业要能对内外的各种物品与服务进行联网，就要求生产全过程全链条上所需要的各种生产要素包括人财、物，以及物料中的原辅材料、设备、零部配件，还有各种服务项目都要在通信方式、数据格式等许多内容上都能够标准化，因为只有标准化了的内容才能实现生产全过程的信息化。而要实现这种全要素全项目全过程标准化的任务是十分复杂的。二是复杂的系统管理：实际生产过程与各种业务管理系统协同之后，系统整体更加复杂化，对其进行管理将更困难。三是通信基础设施建设：主要是指适用于工业的、具有高可靠性的通信基础设施建设。四是网络安全保障：工厂与外界实现联网之后，恶意软件的入侵、受到网络攻击的危险性将进一步提升，需要制定保障网络安全的对策与解决方案。

互联网技术发展正在对传统制造业的发展方式带来颠覆性、革命性的影响。信息技术的广泛应用，可以实时感知、采集、监控生产过程中产生的大量数据，促进生产过程的无缝衔接和企业间的协同制造，实现生产系统的智能分析和决策优化，使智能制造、网络制造、柔性制造成为生产方式变革的方向。从某种程度上讲，制造业互联网化或者工业互联网正成为一种大趋势。

（三）中国在第四次工业革命的优势和潜力

和第三次工业革命一样，第四次工业革命几乎同时在欧、美、亚一批国家产生。幸运的是在第四次工业革命中中国与许多西方发达国家已处于同一起跑线上了，这主要得益于改革开放以来中国坚定走有中国特色的社会主义道路，经济发展开创了世界经济发展史上的奇迹，中国已成为仅次于美国的世界第二大经济总量大国、世界第一制造大国、世界第一的出口贸易大国、世界第一外汇储备大国、世界第一网络大国。特别是中国的网络基础设施建设和宽带网、智能手机的普及程度迅速攀升，互联网产业对中国经济贡献越来越大。“十二五”期间，互联网经济在中国 GDP 中占比持续超过了中国股市的 1/4。中国互联网企业突飞猛进，进入世界前列：全球互联网公司市值 10 强，中国占了 4 席，即阿里巴巴、腾讯、百度、京东。互联网迅速进入了中国生产、流通、消费和社会管理各个领域，引发了消费端、流通端、供给端的革命，为中国制造 2025 战略实施提供了极便利的基础和前提。2016 年有几大标志性事件表明中国在正在进行的第四次工业革命中具有自身特有的新优势。

1. 里约奥运会上的“中国制造”

里约奥运会上“中国制造”的全面亮相意味着中国在第四次工业革命中实体经济越来越具有强大的对世界市场的供给能力。2016 年 8 月 6 日至日首次在南美大陆举办的奥运盛会人们关注的首要焦点是中国运动健儿在奥运赛场上奋力拼搏、争金夺银的优异表现。但比金牌更重要更具里程碑意义的是中国的制造和创造的全面亮相。

（1）里约奥运会的基础设施设备供应中中国制造重磅登场。里约地铁 4 号线是里约奥运会投资最大的基础设施项目，全长 16 千米，共有 5 站，全程约 13 分钟，乘客可以从里约市中心科帕卡帕纳区快速前往里约西南部的巴哈区。里约地铁 4 号线每天运送 30 万人次往返于奥林匹克公园、奥运村和里约市中心，而这条“奥运地铁”里的列车均为中国制造。中国中车长客股份公司提供了 4 号线全部 15 组共 90 辆列车。目前，该线路仅对奥运会持证人员等开放，奥运会后将向市民开放。此外在里约奥运设施的建设过程中，“中国制造”的工程机械也是主力军。在奥运比赛场馆的建设工地上，各种重型机械上的“三一重工”“徐工”“中联重科”等中国企业的标志清晰可见。湖南“三一重工”的主要产品如挖掘机、路面机械、起重机械等广泛参与了众多里约奥运工程，如里约奥运村、马拉卡纳球场翻新、地铁4号线、奥林匹克公园等项目。目前，仅“三一”起重机在巴西市场的份额达到40%。

（2）里约奥运会安保设备供应也是中国制造大显身手。在恐怖主义盛行的今天，安保设备是维护里约奥运安全的物质保证。为确保里约奥运会安全举行，中国企业同方威视、浙江大华等为本届奥运会提供了X射线安检设备和视频监控产品。浙江大华为里约奥运会提供了270台IP网络高清球机，其人脸识别等先进技术将为奥运安保服务提供信息支持；而同方威视则为本届奥运会提供了260多台手提行李和大型货物的X射线扫描设备。深圳澳亚迪电子设备公司还为里约奥运会提供了1900余扇安检门和20万个手持安检设备。深圳海能达通信公司为里约奥运会的开闭幕式、帆船赛、奥运村安保等提供了1000多台数字对讲机，以及具有自主知识产权的XPT增强型虚拟集群系统。

（3）里约奥运场馆的空调设备供应，中国品牌产品姐妹花独秀南美。中国格力空调从比赛场馆到奥运村、媒体村以及附属配套设施都有涵盖，所有销售给里约奥组委的格力空调均为自主品牌。进驻里约奥运场馆的格力空调分为家用和商用两大类。家用空调将为住在奥运村的各国运动员提供舒适的休息生活环境；商用空调则是体育场馆和大型酒店等场所舒适环境的保障。除开闭幕式场馆马拉卡纳体育场外，小马拉卡纳体育馆、网球中心以及奥运村、媒体村，格力都派驻有技术和维护人员，确保奥运会期间所有设备良好运行。除格力品牌外，中国企业美的也亮相里约奥运会。美的集团的产品覆盖了里约奥运会9个新建室内比赛场馆和11个沿用已有场馆的中央空调设备，占全部37个比赛场馆的54%。加上中标的4个奥运会重要附属设施建筑，美的中央空调共为24个里约奥运会比赛场馆及附属设施提供中央空调设备。在奥运会期间游览主办城市的奥运景观，都是一项不能错过的行程。

奥林匹克大道是里约专门为奥运会修建的庆祝项目。

（4）里约奥运会的比赛器械及运动员服装供给中国制造是全面覆盖。作为里约奥运会举重器材唯一供应商，河北张孔杠铃公司此次接下了共 70 套专业举重器材的“奥运订单”。这是中国举重器材首次进入国外城市举办的奥运比赛场。江苏金陵体育器材公司成为里约奥运会排球比赛器材供应商，其生产的排球网柱、裁判椅等器材也出现在里约奥运会赛场上。山东泰山体育产业集团为里约奥运会和残奥会的田径、自行车、摔跤、柔道、跆拳道、足球、铁人三项等 11 项比赛提供了近万件赛事用品。其中，泰山体育为中国国家山地自行车队提供了比赛专用车，这是中国自行车民族品牌首次登上夏季奥运会赛场。中国体育服装品牌 361 度作为里约奥运会官方供应商，负责奥运会、残奥会和测试赛的志愿者、技术人员以及火炬接力人员等全部服装。据悉，361 度将提供超过 10 万件制服。

此外在里约奥运会上的烟花、吉祥物、灯具等商品供应方面，中国制造更是大放异彩。总之，里约奥运会上的“中国制造”全面亮相，表明了中国实体经济在世界第四次工业革命中具有强大的市场供给能力。

2. “墨子号”量子通信卫星的成功发射

2016 年里约奥运会期间中国成功发射的“墨子号”量子通信卫星表明中国在第四次工业革命中不但可比肩欧美强国，而且还可在某些领域领先欧美强国，执世界之牛耳，显示了中国在第四次工业革命中在某些领域域已具备弯道超车、迅速崛起的特殊优势。2016 年 8 月 16 日我国在酒泉卫星发射中心用长征二号运载火箭成功将世界首颗量子科学实验卫星“墨子号”发射升空。这将是中国在世界上首次实现卫星和地面之间的量子通信，构建天地一体化的量子保密通信与科学实验体系。量子通信的安全性基于量子物理基本原理，单光子的不可分割性和量子态的不可复制性保证了信息的不可窃听和不可破解，从原理上确保身份认证、传输加密以及数字签名等的无条件安全，这从根本上、永久性解决了信息安全问题。我国自主研发的量子卫星突破了一系列关键技术，包括高精度跟瞄、星地偏振态保持与基矢校正、星载量子纠缠源等。量子卫星的成功发射和在轨运行，将有助于我国在量子通信技术实用化整体水平上保持和扩大国际领先地位，实现国家信息安全和信息技术水平跨越式提升，有望推动我国科学家在量子科学前沿领域取得重大突破，对于推动我国空间科学卫星系列可持续发展具有重大意义，这也是中国利技创新对人类对世界信息革命的一个划时代贡献。

量子通信目前是国际竞争的尖端领域之一，量子信息技术方兴未艾，这一领域的国际竞争不断加剧。2016 年 3 月，欧盟委员会发布《量子宣言（草案)》，计划于2018 年启动10 亿欧元的量子技术项目，10 年内实现远距离量子网络、量子信用卡应用等，目标融合量子通信与经典通信，“保卫欧洲互联网安全”。美国更是将“量子跃迁”作为“6 大科研前沿”之一，认为人类正站在下一代量子革命的门槛上，量子力学正在导致变革性技术，必须加大投入促进交叉性基础研究。在中国发布的“十三五规划建议”中明确指出：“从更长远的战略需求出发，中国要坚持有所为有所不为，在航空发动机、量子通信、智能制造和机器人、深空深海探测、重点新材料、脑科学、健康保障等领域再部署一批体现国家战略意图的重大科技项目。”量子通信跻身国家战略重大科技项目之一，国内已经准备将量子通信商用，量子通信可能成为高铁、核电外又一张国家“名片”。很难想象在量子通信技术普及的情况下，网上的电子商务、个人常用的微信、微博、QQ 等又有什么新的变化和新的颠覆。

3. 重大试验发射圆满成功和超级“天眼”落成

2016 年中国完成22 次宇航发射，包括长征五号、长征七号新一代运载火箭成功首飞；天宫二号空间实验室、神舟十一号载人飞船成功发射，航天员在轨驻留30 天并安全返回；新一代静止轨道气象卫星风云四号、合成孔径雷达卫星高分三号、3 颗北斗导航卫星等成功发射。特别是9 月 15 日 22 时 04 分，中国首个真正意义上的空间实验室天宫二号在酒泉卫星发射中心点火发射，天宫二号进入预定轨道，发射取得圆满成功。2016 年 10 月 17 日 7 时 30 分在酒泉卫星发射中心由长征二号 FY11 运载火箭发射的载人飞船，目的是为了更好地掌握空间交会对接技术，开展地球观测和空间地球系统科学、空间应用新技术、空间技术和航天医学等领域的应用和试验。神舟十一号飞行任务是中国第6次载人飞行任务，也是中国持续时间最长的一次载人飞行任务，总飞行时间长达33天，2016年11月18日下午，神舟十一号载人飞船顺利返回着陆。有着超级“天眼”之称的500米口径球面射电望远镜，于2016年9月25日在贵州省平塘县的喀斯特洼坑中落成，开始接收来自宇宙深处的电磁波，这标志着我国在科学前沿实现了重大原创突破。

4. 中国全球创新指数排名上升

2016年8月17日康奈尔大学联手欧洲工商管理学院和世界知识产权组织（WIPO）发布了一年一度的全球创新指数排行榜（GII），这份榜单囊括了全球128个国家，这些国家占有92.8%的人口和97.9%的GDP。2016年欧洲国家依然是榜单上的霸主，欧洲的瑞士登顶榜首，成为最具创新力的经济体，北欧的瑞典排名第二。获得探花之位的则是英国。综合国力最为强大的美国则排名第四，芬兰和新加坡则紧随其后。中国进步神速，排名上升到第25位，成为榜单前25名中唯一的一个中等收入国家。[①] 中国已出现了一批率先向发达国家转让自主专利技术的跨国企业，如华为公司就已向欧美发达国家企业转让自主研发的有关技术专利。

二、 扑面而来的第四次商业零售业革命

（一） 历史上的三次商业零售业革命

对于近代以来零售商业究竟发生了几次革命，学术界观点不一。本人持三次革命说。自从历史上第一家百货商店 The Bon Marche 于1852年在法国开张以来，世界零售业共经历了三次零售革命。

第一次是19世纪中叶百货商店的诞生，源于第一次工业革命后期与机械化大批量生产相适应，出现大规模销售的百货店，改变了家庭小商店的经

① 中国跻身世界最具创新力经济体前25强［EB］．凤凰财经网，http：//finance.ifeng.com/a/20160817/1476234。

营，实现了经营的规模化、专业化、企业化，在交易定价机制上实现了从随意议价到明码标价的变化，在商业组织上实现了从家庭门店向企业、公司制的转变。

第二次是1859年美国纽约诞生的连锁商店组织方式。19世纪中叶以后第二次工业革命发生，出现了电力的广泛运用和内燃机普遍应用于汽车、轮船、飞机中，工业生产的标准化、程序化、专业化水平进一步提高。工业化与城镇化互相融通迅速发展，庞大的工薪阶层崛起，城镇人口迅速增加。与生产变化和消费变化相适应，将工业生产原理运用于流通领域就产生了连锁商店，连锁商业强调系统内各个连锁店在商品经营种类标准上的统一、店名及品牌和标识的统一、价格的统一、管理的统一、经营理念及商业文化的统一。连锁商店便于跨地域复制和扩张，具有很强的生命力。

第三次是20世纪30年代即1930年美国产生的超级市场组织方式。当时资本主义世界爆发了大危机，产品营销观念由生产者推销向消费者主导转变，于是便产生了由顾客开架自选商品的超市。开架选购扬弃了传统的顾客隔着柜台购物，突出了消费者自我选择、自主购物的便利性，凸显了超级市场的优势，到40年代计算机产生与运用后，超级市场获得了更快发展。

每一次零售革命都顺应了当时技术进步和居民生活方式的转变，适应了当时工业生产的发展，重塑了商业市场格局，诞生一批又一批引领时代潮流的零售企业巨头，促进了零售行业的长足发展。但又必须说明，每一次革命后新的零售业态的增加，并没有全部替代或摧毁旧的零售业态及商业模式，而只是在原有的零售业态或原有商业模式的基础上新增了一种新的零售业态及商业模式，新旧零售业态与商业模式可以共生互补，互相融合，共同发展。

（二）第四次商业零售业革命

1. 网络购物的出现

根据对世界零售市场的影响力、对商业结构的变革力，以及对最广泛消费者群体消费行为的重塑力等三大方面，我们认为从20世纪70年代开始的第四次零售革命已经到来，这就是以网络购物为突出代表的无店铺零售。网络购物是指借助计算机网络实现商品或服务从商家/卖家转移到个人用户（消费者）的过程，在整个过程中的资金流、物流和信息流，其中任何一个环节有网络的参与，都称之为网络购物。网络零售突破了传统零售在购物时间、品类选择、价格比较、物流配送等方面的限制，代表着零售业未来发展的大方向。

1969 年互联网在美国产生，1994 年以亚马逊网站的图书购物为起点，其后迅速普及。但在欧美发达国家网络购物的比重上升并不快，以美国为例网络购物占零售总额的比重至今未超过 10%

2. 中国的网络购物经历了高速发展阶段

网络零售额从 2004 年的 45 亿元飞速上涨到 2011 年的近 8000 亿元。网上零售额占社会消费品零售总额的比重从 2004 年的 0. 08% 上涨到 2011 年的 4. 3% 。2012 年 3 月 27 日工信部发布《电子商务“十二五”发展规划》，具体目标为：到 2015 年，电子商务交易额突破 18 万亿元，其中网络零售交易额突破 3 万亿元，占社会消费品零售总额的比例超过 9% 。到 2014 年中国电子商务交易额实际已达 13. 4 万亿元、网络零售交易额 2. 8 万亿元，分别比上年增长 28. 8% 、49. 7% ，这预示着，网络零售交易额 5 年复合增长率超 42% ，中国网络零售仍处于高速成长阶段。2016 年网上零售额 51556 亿元，比上年增长 26. 2% 。其中网上商品零售额 41944 亿元，增长 25. 6% ，占社会消费品零售总额的比重为 12. 6% 。在网上商品零售额中，吃类商品增长 28. 5% ，穿类商品增长 18. 1% ，用类商品增长 28. 8% 。①

3. 移动电商将第四次零售商业革命推向新高地

今天，传统互联网已进入智能互联网、移动互联网时代，移动互联网购物时代到来。移动互联网将第四次零售革命推向一个新高地。移动互联网让人们使用起来愈来愈方便、快捷。公交车、地铁、咖啡厅、候机大厅，人们

① 中华人民共和国 2016 年国民经济和社会发展统计公报［EB］. 国家统计局网站，2017 年 2 月 28 日.

用手机或 iPad 上读新闻、聊微信、发微博、玩游戏、看小说、看电影、交话费、网上支付，已成为现代人日常生活的一部分。移动互联网正在改变人们的生活、娱乐，休闲，乃至消费方式，由此也正在改变企业制造产品和提供服务的商业模式。2015 中国网民规模达 6.88 亿人，全年共计新增网民 3951 万人。互联网普及率为 50.3%，较 2014 年底提升了 2.4 个百分点。中国手机网民规模达6.20 亿人，较2014 年底增加6303 万人。网民中使用手机上网人群占比由 2014 年的 85.8% 提升至 90.1%。中国网民中农村网民占比 28.4%，规模达1.95 亿人，较2014 年底增加1694 万人。中国网民通过台式电脑和笔记本电脑接入互联网的比例分别为 67.6% 和 38.7%；手机上网使用率为 90.1%，较 2014 年底提高 4.3 个百分点；平板电脑上网使用率为 31.5%；电视上网使用率为 17.9%。[①] 2016 年末全国电话用户总数 152856 万户，其中移动电话用户 132193 万户。移动电话普及率上升至 96.2 部/百人。固定互联网宽带接入用户 29721 万户，比上年增加 3774 万户，其中固定互联网光纤宽带接入用户 22766 万户，比上年增加 7941 万户；移动宽带用户 94075 万户，增加23464 万户。移动互联网接入流量93.6 亿G，比上年增长 123.7%。互联网上网人数 7.31 亿人，增加 4299 万人，其中手机上网人数 6.95 亿人，增加 7550 万人。互联网普及率达到 53.2%，其中农村地区互联网普及率达到 33.1%。[②]

三、 第四次工业革命和商业革命对传统流通模式的改变

（一） 第四次工业与零售商业革命具有的共同点

第一，支撑的技术基础相同，无论是第四次工业革命还是第四次零售商业革命，发生的基本技术动因是信息网络技术包括硬件技术软件技术的新发展，以及大数据、云计算、物联网技术支撑的智能制造与智能流通技术。没

① 第 37 次《中国互联网络发展状况统计报告》［EB］．中国网信网，2016 年 1 月 22 日．

② 中华人民共和国 2016 年国民经济和社会发展统计公报（全文）［EB］．国家统计局网，2017 年 2 月 28 日．

有网络平台及网络硬件技术和软件技术的支撑，第四次工业与零售商业革命都不可能产生和发展。

第二，消费的新常态所推动。进入消费结构升级的新阶段，全球化条件下的消费革命应运而生，即消费的国际化、自由化、个性化、无边界化更为显著，因而一方面信息化推动传统的集中制造向个性化定制生产转变；另一方面信息化促进流通方式与渠道向消费者中心主导渠道转变；从消费的时空限制向突破消费时空限制的全天候全方位购买与消费转变，消费智能终端的普及与应用，无疑是这种消费变革的巨大杠杆。

第三，文化多元化的影响。人类面临文化多元化的选择，不再是用一种文化取代或破坏另一种文化，像中国历史上出现的焚书坑儒和“文化大革命”中的浩劫一样，新时代强调文化的包容与并存，当工业 4.0 出现后也并不简单地取代所有传统制造业，而是对传统制造业融入信息化和进行互联网 + 的改造；当电子商务正与新型消费方式结合的时候，也不是简单舍弃传统实体店和实体商业，而是对传统实体商业实行互联网 + 的流通再造与创新，商业 2.0 全渠道的出现正是这种变革的产物。

（二）“互联网 +”引发一场新的流通变革

1. “互联网 + 流通”正在改变商业的空间集聚方式

（1）城市商圈中心呈现去中心化及边缘化趋势。“互联网 + 流通”使实体商业中心的作用和地位下降，网购的火爆使得以百货商店为核心的实体零售店光顾客流减少，一些传统商业中心趋于萧条，呈现实体商业出现去中心化趋势。之所以如此，是因为消费者无所不在的网上购物打破了传统实体店购物的时间与空间限制，网购将大量购物客流从实体商店分离出来，这种分离效应导致去实体店现场购物的客流大为减少，因而一些传统的城市商圈中心出现了衰退与边缘化趋势。

（2）商品批发市场出现去实体化去集中化趋势。随着网上 B2B、B2C 交易在物流业支撑下不断扩大的同时，网上批发贸易规模不断扩大。网上批发交易扩大的结果在使传统的专业商品批发市场交易不断向网上转移，这种传

统专业的批发市场发生萎缩，成千上万的经营者和店铺集中、集聚一地的经营模式受到了冲击，如不及时改造，势必日渐式微。值得注意的是在加快城市化的进程中各地都在实施城市商品批发市场的搬迁工程，将市中心的商品批发市场转迁到城郊结合部重建，且交易面积规模越来越大，动辄50万平方米甚至100万平方米以上。必须顺应互联网流通的要求，在搬迁市场的同时更注重搬迁后市场的升级和革命性改造，使市场功能复合化、多元化，使市场的对产业供给侧改革的带动化、链条化作用更加突出。没有搬迁的一批专业批发市场则实施升级转型，实行互联网+流通的创新，将物流功能分离，将商流功能扩大，如全国第三大市场湖南高桥大市场作为中部首个市场采购贸易区试点，坚持持内贸与外贸相结合、线上与线下相结合、坚持“走出去”与“引进来”相结合，在原有以对内中转批发为主的八大专业交易市场的基础上打造“国际高桥，世界商港”，建立跨境电商中心、进口商品展销贸易中心、境外消费者旅游购物试点，组建市场上市公司等，高桥市场正向大市场+“大物流”+“大电商”+大贸易的现代商贸服务全产业链模式发展。

（3）传统国际贸易中心城市可能出现去都市化趋势。跨境电商的迅速发展，有两个方面的原因：一方面是传统大电商平台上国际贸易比重在不断上升，消费者在阿里巴巴淘宝商城、京东商城平台跨境购物的比重上升，境外消费者通过淘宝商城购物的增多，如近三年来境外消费者在光棍节的购物交易额就迅速上升。2016年跨境电商交易规模达到63万亿，是2013年的2倍多，跨境电商已成为中国进出口贸易增长最快的领域。另一方面是内外贸一体化的改革使许多内贸业主动自建境外采购系统直接从欧、美、澳、新、日、韩等发达国家直接采购食用产品、化妆品、日用工业品、奢侈品等，如湖南的步步高商业集团、友阿商业集团都自建全球购采购系统；此外是国内自贸区的改革推进，在沿海城市崛起了一批新的进出口贸易平台，内陆中西部地区新增的水、陆、空进口口岸不断增加。由于跨境电商及网上国际贸易平台的形成使得国际贸易以及各种贸易服务机构在网上集聚，实体国际贸易中心的地位受到影响，举办传统的进出口商品交易会展的一些国际大都市作为国际贸易中心载体的模式受到挑战，发展下去，国际贸易中心可能出现去都市化趋势。

以上“三化”使得贸易从单一地理上的空间集聚变为同时在网上的虚拟集聚，商业的空间集聚方式发生变化。

2. “互联网＋流通”导致“四流”及其相互关系发生深刻变化

（1）商流的源头与中心端发生变化。传统贸易活动中的商流是以实体商场、商业街、批发市场为中心，“互联网＋流通”出现后是以消费者、客户为中心。互联网渗入流通使得商流发生变化，大量的商流在网上发生，以往是消费者向商业中心流动，网购的盛行则变为商品向千家万户流动，零售商从“坐商”变为“行商”，商流和人流分离，快递物流代替商场客流。

（2）物流与商流的分离及物流业内部分工的深化和物流业大发展和升级。2014年“天猫”“淘宝”产生的包裹占中国快递的65%，互联网打造了新的电商物流企业，“四通一达”“顺风”等电商B2C物流每年以50%的增速增长。

（3）信息流对商流的先导作用加强。“互联网＋流通”形成了各种引导消费和购物的网站，如“点评网”“团购网”“比价网”“签到网”等，这些网站对消费者购物和消费选择具有导向作用。由于信息对称导致更多的选择和较低的价格，商贸服务业被此类网站的信息流所左右，信息流对商流的先导作用加强。

（4）资金流与商流形成合作机制。“互联网＋流通”创造了新的贸易支付手段，支付宝、移动支付成为线上支付的重要手段，它通过诱使消费者使用而扩大应用范围，倒逼线下零售企业成为新型支付手段的接受者。电商企业依靠掌握支付手段和零售商分享利润，资金流与商流形成合作盈利模式。

3. “互联网＋流通”撬动传统专业商品批发市场升级转型提质

城市中一批没有搬迁的专业批发市场拥抱互联网，实施升级转型，实

行互联网 + 流通的创新，将物流功能分离，将商流功能扩大，大有可为。如 1996 年开业的湖南高桥大市场，当时作为长沙批发市场从市中心搬迁到东二环的示范市场一直是湖南商贸的桥头堡，拥有八大专业批发市场、商户几十家，年交易额突破 1000 亿元，为全国第三大市场。湖南高桥大市场作为长沙市政府指定的市内唯一不搬迁市场从 2013 起就探索市场转型升级，2015 年作为中部首个市场采购贸易区试点和互联网 + 创新试点市场。

4. “互联网 + 流通”改变了流通的地区格局

随着“互联网 + 流通”的不断深入，形成了网购统一的国内大市场，打破了原先按行政区划分割社会消费品零售总额的地区格局。各省、各市的社会消费品零售总额将不再完全和当地的人口呈正比，而是和当地的电商企业发展状况有关，一些著名网站所在地的城市或电子商务企业发达的省份卖出商品，它们的销售额会增加；电子商务企业落后的省和城市的居民从外省买入商品，这些地区的销售额会下降。未来在社会消费品零售总额统计上，各地的社会消费品零售总额失真的程度会加大，省市之间的不平衡会加剧，中小城市的某些业态会萎缩，“互联网 + 流通”将重塑流通业和商业的地区格局。

5. “互联网 + 流通”催生了新的商业中心模式

在“互联网 + 流通”背景下，催生传统城市商业中心的变革，商业中心空间营业结构发生了一系列新的变化。以长沙为例，过去人们习惯认为西文东市，认为湘江的西边区域难以产生商业中心，包括有的久战商场的商界巨头都认为河西鲜有商业投资价值。而嗅觉灵敏的步步高商业集团则看到互联网背景下城镇化进程中大河西先导区和湘江新区是企业实施“农村包围城市战略”全面进入省会城市的最佳战略空间，便抓住长沙河西市场空间变化的机会，高调进入，先后在河西岳麓区布下四个棋眼：第一个是在滦湾镇的步步高超市；第二个是位于麓山南的王家湾步步高商业广场；第三个是位于市政府前金星中路的步步高商业大厦；而第四个最大的棋眼定位于梅西湖西二号地铁线西端起点站附近的梅溪湖步步高新天地，建一个全新的城郊商业中心综合体。

特别是梅西湖步步高新天地是目前长沙最高水平的新型城市商业中心的代表。其特色：一是投资大、规模大，共耗资50亿元，总建筑面积为70万平方米刷新了长沙购物中心及城市综合体的记录，此外还有一批单体最大的体验和运动项目。二是区位好、腹地广。该中心位于长沙枫林三路与东方红路交会处，是地铁二号线河西起点站旁，周边有湖南涉外经济学院和湖南第一师范学院、湖南信息学院三所大学，与长沙望城区东方红镇毗邻，向西面向宁乡、益阳、常德等腹地空间人口高密度地区。三是功能全多业态。梅西湖步步高新天地将购物、休闲、娱乐、动漫、体育运动、餐饮、酒店、旅游、影视等多功能多业态集于一体；同时实现网上网下一体化。四是国际化程度高。包括项目设计国际化、品牌国际化。五是文化性、生活化。步步高梅溪新天地定位为“漫时尚，轻度假”，以“商业 + 文化 + 艺术 + 旅游”多业态综合发展的综合体。其时尚元素、体育运动元素、儿童元素、游乐元素增加，人性味更浓。

除了步步高梅溪湖新天地外，在长沙市的其他非中心城区也都在建设和形成一批新的城市综合商业体。此外重庆、成都、武汉、郑州等中西部内陆城市以及北京、上海、广州、深圳等一线城市都出现了这种规模大、功能全、业态多的新型城市综合商业体。

第二节　第四次商业革命与农村电商发展

农村电商是中国特有的一个经济概念，目前其使用频率也特别高。在西方发达国家城乡市场一体化，无所谓城市电商与农村电商之分。而中国则不同，由于城乡二元结构，“三农”问题长期存在，农村电商也特别引人关注。尤其随着中国经济发展进入新常态，进一步开拓市场动力已成为越来越突出的问题。在出口需求增长乏力的严峻情势下，中国作为最大发展中

国家必须努力构建内需主导型的经济增长动力机制，借助“互联网+”大力发展农村电子商务，加快农村流通体系创新便是一种彰显中国特色的流通创新。

一、中国发展农村电商的基础较为充分

从局部试点到全面推开，从个别企业试水农村电商到政府出台全面规划农村电商，从野蛮生长到科学调控，中国农村电商的发展不断跃入新的发展阶段。目前中国发展农村电子商务的条件已基本具备，且基础较为充分：

（1）互联网已进入农村，上网农民日渐增多，农村电商发展需求潜力大。中国有6.7亿网民、413万多家网站，网络已经深度融入经济社会发展、融入人民生活。电子商务正在迅速成为中国经济新的增长点，成为重要的社会经济形式和流通方式，在国民经济和社会发展中发挥着日益重要的作用。2015年，中国的电子商务交易额约达20.8万亿元，其中实物商品网上零售额为32424亿元，同比增长31.6%，远高于同期社会消费品零售额增速20.9个百分点。与此同时互联网服务进农村加快，上网农民增多。截至2014年6月，中国网民中农村网民占比28.2%，农村网民规模达1.78亿，较2013年底增加169万人。相关数据显示，中国农村人口占比总人口已低于50%，网民比例只占不到30%，网络消费比例不足10%，农村电商发展需求潜力大。根据阿里研究院公布数据截至2015年末全国农村淘宝村780个、淘宝镇71个，比2014年同期分别实现了268%、274%的增长。

（2）“万村千乡”市场工程使农村流通网点密布，为发展农村电子商务提供了实体店基础。2005年2月起，万村千乡市场工程由商务部启动，已有十多年历史，成效还是明显的。从全国范围来看，各省市地区都在通过连锁、加盟、直营等不同经营方式，改善农村商品流通网络，让农家店惠及农村住户。截至2011年底，全国累计建设或改造农家店突破60万个，覆盖75%的行政村。大量实体店密布为发展农村电子商务提供了方便与前提，大量农村实体店通过+互联网的改造升级也可与农村电商对接。

（3）农村邮政、供销网点的网络优势，为发展农村电子商务提供了方便。2013 年，中国邮政业务范围遍及全国 31 个省（自治区、直辖市）的所有市县乡（镇），拥有快递服务营业网点 11.8 万处，在县以下区域搭建了 25 万个便民服务站、11 万个“三农”服务站、9 万个村邮站的便民服务平台，是唯一能够覆盖全国农村、校园、偏远极寒地的无盲区物流快递网络，这些庞大的线下资源是构筑“线上线下一体”的开放电商平台的先天优势。供销社经营服务网点已覆盖全国 1/3 行政村，供销合作社拥有 60 万个农村服务网点个。截止到 2014 年 12 月底，全国已经登记注册的专业合作社多达 128 万家，它们是未来中国农村新型经营主体的主流。

（4）城乡交通、通讯基础建设的巨大进展，为发展农村电子商务提供了技术基础。从“十一五”到“十二五”是中国交通、通讯等基础建设大投入、大崛起、大变局的年代。中国率先进入高铁、高速公路网时代，高铁、高速、民航连接的县、乡、镇、村越来越多，以湖南为例，截至 2016 年底，湖南高速公路通车总里程已突破 6000 公里，全省市州形成了以长沙为中心的 4 小时高速公路圈；高铁通车里程已达 1296 公里，与北京、上海、广州、深圳形成了 5、4、3、2 小时工作圈、生活圈，这为农村电商物流、信息平台建设提供了新的方便。近 10 年中国港口物流、快递物流、冷链物流、应急物流设施及技术迅速发展，如 2013 年全国冷链物流固定资产投资超过 1000 亿元，全国各地出现许多亿元级投资的冷链设施。通讯基础建设成绩巨大，据统计，截至 2014 年，3G 网络覆盖到全国所有乡镇，宽带覆盖了 91% 的行政村，宽带接入农村用户近 5000 万户，农村移动电话每百户超过了 200 部，全国 31 个省级农业部门、80% 左右的地级和 40% 的县级农业部门都建立了局域网，全国 41% 的乡镇农村信息服务站有计算机并可以上网，农村信息化水平有了大幅提升。

（5）各级政府的重视与政策支持偏好的效应，为发展农村电子商务提供了政策红利。中央政府自 2008 年以来就特别重视发展农村商贸流通、开拓农村市场，对农产品专业市场、农产品物流、农村电子商务的发展与等建设

出台了一系列文件，商务部2012年“关于加快推进鲜活农产品流通创新指导意见”就要求“引导鲜活农产品经销商转变交易习惯，鼓励利用互联网、物联网等现代信息技术，发展线上线下相结合的鲜活农产品网上批发和网上零售，发挥网上交易少环节、低成本、高效率的优势，激发传统农产品流通企业创新转型，形成以农批对接为主体、农超对接为方向、直销直供为补充、网上交易为探索的多种产销衔接的流通格局”。特别是近年来国务院对互联网+的创业创新高度重视、全力支持。从2014年开始，国家的政策大力度倾向县域和农村电商市场，政策力度很大，方向非常明确。2015年10月14日国务院常务会议制定了加快农村电商发展一系列对策，分别就扩大电商在农业农村中的应用、改善农村电商发展环境、营造良好网络消费环境、加大农村电商政策等出台了具体措施。2015年11月，国务院办公厅印发《关于促进农村电子商务加快发展的指导意见》（以下简称《意见》），全面部署指导农村电子商务健康快速发展。国务院确定1400亿元资金支持农村信息基础设施建设，全力扶持农村电商人才、服务、物流的发展。从最开始56个示范县，到2016年200多个示范县，全国先后启动了三批农村电商示范县的政策支持，并安排专项资金予以支持，电商示范县达到了300多个。

（6）新农村建设及特色农业发展，为发展农村电子商务提供了物质基础。近十年来新农村建设推进了乡村面貌极大改变，为电商下乡提供了较好环境；现代农业、特色农业与农产品生产大发展为电商提供了流通客体。几乎所有农村电商先进县无一不是农副土特产及深加工产品著名县，如浙江遂昌、义乌、江西玉山等，近几年各省供销社纷纷在淘宝网开设特色馆推销各省区有特色的农副土特产品农产品加工品及手工艺产品，2013年1月8日，淘宝网全国首个县级馆“特色中国——遂昌馆”开馆，其后，其他产品特色鲜明的县也仿效在淘宝网上开县级特色馆。以湖南为例，安化黑茶、湘潭湘莲、炎陵黄桃、江永香芋、桃江竹器等相继成为网购热销商品。

（7）经济新常态下国内市场竞争的深化，为发展农村电子商务提供了市场动力。城市电商网上网下已进入红海竞争，城市电商主动下乡，实施蓝海战略，争夺农村市场。如京东和阿里两家电商，正在向7亿人规模的三线到六线城市和农村发力。阿里巴巴投入100亿元发力农村电商实施“千县万村”工程，即建立1000个县级运营中心和10万个农村服务站；2014年12月18日，阿里巴巴公司农村网点“清远试点”揭牌。苏宁云商随即公布在5年内，建设1万家苏宁易购服务站，覆盖全国1/4的乡镇，京东则在全国乡镇实施渠道“双线下沉”。除了阿里巴巴、苏宁易购、京东等几大电商巨头在挖掘农村市场外，一些创业公司也以农村代购点为切入点建设了电商平台。总之，众多龙头流通企业下乡争夺农村市场份额的竞争促进了农村电商的发展。

二、 农村电商发展的短板与瓶颈仍然突出

由于发展农村电子商务有利于开辟农产品新销售渠道，有利于激活城乡商品“双向流通”开拓城乡市场，有利于改变乡村生活方式，扩大农村消费，同时还能引发一场新的流通革命加快农村流通体系创新。因此各地发展农村电商的积极性都很高，这是十分可喜的。但又要注意在发展农村电商中决不能搞政绩冲动，不能搞农村电商高指标攀比的“大跃进”。对中国农村电子商务发展中可能遇到的困难和瓶颈应有充分的估计。

1. 农村电商基础设施条件缺乏

由于中国农村地域分布广泛，加之农业投入高、周期长的特点以及农村居民住分散、消费分散等原因，决定了农村商流物流基础设施及信息基础设施缺少其投资的吸引力和关注度，缺乏完备、高效的商流物流基础设施和通信设施阻碍了农村电子商务迅速发展。如农村现有的网络通信基础设施建设薄弱，难以适应高速发展的电子商务的要求。尽管政府十分重视农业电子商务，投入大量财力推进农村信息化，但与发展农村电子商务的要求相比较，农村信息基础设施建设仍有较大差距。从湖南来看，特别是县、乡、村一级的信息化基础建设投入十分有限，使得“最后一公里”的问题成为农业电子

商务发展的瓶颈。

2. 农村“三留人员”多，电商人才短缺

农村很大一部分人口是尚未被电商激活用户，甚至是还未触网用户。当下多数农村有文化有知识和能力强的年轻人和青壮年劳力纷纷上外地打工、外地务工，如湖南农村一年外出打工的农村劳动力多达1800万人左右，其中跨省打工者1200多万人，在农村留守的主要是老弱妇孺，即留守老人、留守妇女、留守儿童。这些“三留人员”中能够真正转换为电商用户的微乎其微。如今真正在农村一线从事农业生产的劳动者大多是年龄大和受教育程度比较低的，并不具有开展电子商务业务的实际操作能力。同时目前农村对于年轻人的吸引力在不断减弱，具备了一定创新精神以及计算机操作能力的青年人一般都会外出务工而并不愿意留在农村进行农业生产。虽然有部分回流，但多数还是会选择在离家乡较近的县市务工，在县城以及周围城市买房安家。此外高等院校的电子商务专业毕业生又不愿意到农村去工作，导致农业领域电子商务人才奇缺，从而影响到我国农村电子商务发展。

3. 传统农业生产方式散、小、差对现代电商的天然排斥

中国农业基本上是以家庭为生产单位的小规模生产，单个农户无法适应农产品市场的快速变化，存在“小农户与大市场”的矛盾。农业生产与市场需求存在的信息不对称，使得农产品的销售问题成为制约中国农业发展的关键因素之一，特别是随着农产品市场逐渐走向供大于求的买方市场，而农民获取信息的主要渠道依然是传统方式，农民与市场之间缺乏有效的沟通机制，多数农户仍然根据以前的市场价格及经验来确定农产品的生产种类和生产规模，往往与市场需求存在一定的差异，如果市场需求出现较大变化，不仅影响农产品的销售，甚至造成严重积压和浪费，影响了农业生产整体的稳定性和农民的积极性。同时，农产品及其自身的消费特点并不利于农村电子商务的积极开展，而农产品生产对于自然条件以及资源所具有的依赖性十分强，种植与培育的周期比较长，而且储存的条件与运输的成本也相当高。

4. 农村居民居住及生活的分散性、小规模性给物流配送带来困难

相比城市，农村市场物流成本难以降低，平原地区1000多人口的村庄快递如果要走一遍可能要走十几里，而山区农村民居住更为分散，一个村几百人散居在十几个山头，快递进村耗时耗力，加之分散购买量很小，货运量规模受到限制，单位物流成本很高。加之农村的物流网络设施本身就不完善，几乎所有的快递公司都难以将触角延伸到村一级，总之物流都已经成为了制约农村电商发展的最大瓶颈。另外农产品流通流向是从农村到城市，不仅环节多，而且空间距离远，涉及仓储、物流配送等种种问题，也难以破解。

5. 农村电子商务网上支付的困境

一方面农村金融、网上金融滞后，农村地区的金融服务机构较为短缺；另一方面包括网上银行、手机银行的服务普及率还较低，单一农户难以享受到电子商务业的资金及时结算之优势，城市中开展电子商务可以便捷地使用网上银行、电子银行以及电话银行等进行结算，而在农村地区则很难推广，此外，农民群众还是更加习惯于依赖邮政储蓄和信用社等农村金融机构来开展资金结算，有可能导致资金难以实时到账。更多的则是农民对在线支付完全陌生，很少有人具备独立操作的能力，而且他们也对这一支付方式存在着天然的不信任感，一下子让他们接受网银、支付宝或者微信支付并不太现实。因此要在农村地区推行城市中已经普遍实现的移动商务与移动支付尚存在诸多困难。

6. 农村传统消费意识与消费习惯的滞后

相比农村电子商务基础设施短缺，更为重要的农村电子商务的意识与观念短缺。农村居民消费意识和消费习惯较为传统和保守，交易行为与模式习惯于传统的一手钱一手货的交易，对网上支付与钱、货在时空上的分离缺乏理解，这些方面的改变绝非一朝一夕的事情。尽管近几年，宽带互联网和智能手机在农村的普及率提高，但要让广大农民的交易行为、消费行为与电子商务接轨则还有一道道的门槛。

第三节 农村电商发展与农村流通体系创新

一、重构农产品流通体系是农村流通体创新的重中之重

农村流通体系包括农村消费品流通体系、农产品流通体系、农业生产资料流通体系、农村再生资源流通体系，这已成为政界与学界的共识。借助电商契机，在农村流通体系创新方面要突出解决农产品流通体系创新的问题，要通过电子商务从根本上改变农产品流通渠道在城乡之间、产销之间、生产与消费之间的割裂，通过电子商务整合产业链各环节分散的资源，形成网上网下相互融合、相互补充和支撑的流通网络，倒逼推进现代农业发展，从根本上解决中国式小规模性的农产品生产与大市场的矛盾。

（1）通过电子商务加快农产品标准化体系建设。农产品上网，必须品质标准化，要扶持第三方农产品认证机构，带动农产品标准化建设，倒逼小农生产模式向现代农业迈进，实现规模化种植、标准化管理、品牌化营销，推进农产品质量等级化、包装规格化、标识规范化、产品品牌化，加快鲜活农产品质量安全追溯体系建设，为高质量的农产品通过电商平台进入流通领域奠定基础。

（2）通过电子商务快培育流通主体，提高农产品流通组织化程度。农村流通体系组织创新应充分发挥市场配置资源的决定性作用，突出企业的主体地位，发展一批网络覆盖面广、主营业务突出、品牌知名度高、行业竞争力强的大中型流通企业，培育一批农产品流通企业（批发市场）及经销商，大力发展农村经纪人和营销能手、家庭农场、农民合作社、专业大户。实施“名店下乡”和培育区县商贸“小巨人”，培育一批经营农产品的各类企业和第三方冷链物流企业。重视发挥供销、邮政等传统流通渠道作用，支持其企业参与农村市场及服务体系建设。加大培育流通龙头企业，包括电商龙头企业、物流龙头企业、连锁龙头企业、农业产业化龙头企业等，推动农产品

经销商实现公司化、规模化、品牌化，提高产业集中度。扶持培育一批网上网下一体经营的大型农产品流通企业、农业产业化龙头企业、运输企业和专业合作社及其他农业合作经济组织，促其做大做强。也要发展小而专、专而特、特而优的连锁经营和统一物流配送。同时要积极发展农村新一代电商，支持复员军人、回乡农民工、大学毕业生、国有企事业单位分流人员在发展农村电商中创业、创新，包括众筹众创等。

（3）通过电子商务推进农产品产销衔接，让农产品货畅其流。大力推行农批对接、农超对接、农餐对接、农网对接、农展对接、农厂对接、农校对接、集团消费对接、社区直销菜店等产销对接模式，鼓励批发市场、大型流通企业、学校、酒店、大企业等最终用户与农业生产基地、农民专业合作社、农业产业化龙头企业建立长期稳定的产销关系，减少流通环节，提升农产品流通“最后一公里”和上市“最初一公里”组织化水平。

二、发展中介组织及龙头企业是农村流通体系组织创新的重点

农业生产的组织化专业化程度低是中国农村流通体系长期落后的主要根源，分散的农民在农产品交易博弈中没有自己的组织优势，农村供销社及其他专业合作社也未从根本上改变这种局面。而所谓成立农会的构想则不符合中国特色政治生态的要求，要发展各种跨行政区域的行业协会也是十分困难的。相反，在电商环境下在一个县范围内只要有县委县政府支持，成立专业性的电商（或网商协会）则可迅速推开。如浙江遂昌县农村电子商务在全国开具先河，其最重要经验就是通过电商协会这一中介网络将分散的电商、农产品生产者、消费者串在一起，克服了各自单独经营的分散性、形成了共联、共享的规模优势。在遂昌县委县政府支持下 2010 年 3 月由团县委、工商局、经贸局与一些大的淘宝店主发起成立遂昌网店协会，吸收供应商、快递公司入会，为网上开店的店主提供免费服务，专注遂昌电子商务环境的营造、店主的培训、营销全方位的服务。一则协会还直接对接工业企业、农户与专业合作社，与第三方物流企业合作打造农产品冷鲜物流链，使农产品产

供销形成良性的生态链条，促进了电商迅速发展，截至2013年底，遂昌县网商迅速发展到5000余家，电子商务交易额达3亿多元，并逐渐形成了较完备的电子商务生态体系，为城乡中青年群体提供了近5000个就业岗位。二则协会形成规模优势引来线下超市采购，协会整合了遂昌1000多个单品购销，吸引了沃尔玛联系协会直接采购，打通了农产品流通的国际通道。

遂昌的实践说明流通中介组织创新的重要，发展农村电商和创新农村流通体系，政府重视与支持是前提，但农村流通中网上网下资源配置必须由市场和企业决定和主导，政府不能越俎代庖，不能用政府之手代替市场与企业。这也说明创新农村流通体系必须培育能人牵头的强有力的中介协会及龙头主力企业。如浙江遂昌网商协会为入会会员提供网商公共技术培训、网页设计、产品摄像、相互交流等服务，实现了入会会员的"信息共享"，网店协会在催生农村电商大发展同时也通过延伸派生出自主经营的企业实体在服务电商同时获得市场获利的机会。如遂网公司下辖的麦特龙超市及其配送仓储中心负责收储货物，分类小包装，为遂昌网商们提供销售货源，并统一发货。赶街网负责做供应链、配送链，做基层网点，发现产品，并挖掘和包装设计产品的价值，保障数据信息的流通，保障农产品的供应。这样农产品流通就落到实处，协会发展的基础也进一步夯实。

创新农村电商中介组织实行企业化经营还可与探索与发展农村合作组织、重构农村新型集体经济结合起来。以土地集体所有制为基础的集体经济本来就是中国共产党领导在农村的执政基础。

三、 农村流通体系创新要充分融合和发挥农村邮政网络的优势

当今农村流通体系的重构和创新也应充分发挥供销社网络的优势及功能，特别是发挥新网工程的累积的网络网点优势。但在农村电商环境下要特别注意融合共享和发挥农村邮政的功能优势与网络优势，协同进行农村流通体系创新。农村邮政的功能优势是指其具有的邮政金融支付存货功能与物流

快递功能，农村邮政的网络优势是指其在全国各地农村延伸到所有乡镇的网点优势。发展农村电商和建设农村流通体系一定要重视发挥农村邮政体系的生力军作用。

（1）要提升邮政公共服务的覆盖率，充分发挥邮政企业“点多、线长、面广”的优势，普惠农村市场。要促进邮政配套设施的完善，促使邮政电商形成产业链模式，代理金融、邮政物流、村邮站互相配合，让村民在家门口享受一站式服务；从选择商品到支付再到物流收货甚至售后服务，邮政企业都能提供强大的平台支持，从线上到线下，从网银的开通到商品的签收，邮政企业都能提供专业的服务支持，让村民不用出村就能购买最新商品，享受与城市同等的服务。不仅如此，邮政还应进一步拓展业务范围，除了提供便民缴费、代购代销等服务外，还可以向招商引资、开发农家乐、生态旅游等项目进行延伸，打造综合服务平台。

（2）加强邮政电商平台的建设。邮政应搭建农村电商平台，培养电农村电商人才，为农村的发展提供硬件和技术的支持。例如，加强村邮站和邮政网点实体电商区域的建设，并配备专业的人员提供购买指导。同时，应做好农村市场调查，了解农村人口的购买能力和消费需求，及时更新电商平台的商品信息，并通过网络和实体店进行信息宣传，以便及时收集反馈信息，提高成交率。

（3）应该强化邮政物流支撑，增强农村地区物流配送能力。构建全国—地市—县乡三级物流配送网络体系，以村邮站、“三农”服务站、农村超市为节点，通过汽车等投递工具实现有效衔接，为投递员配备 PDA 等信息化终端服务设备，打造新型的农村电商寄递网络，提升核心竞争力。

（4）涉农电商企业要加强与邮政的联合。目前京东和阿里都和中国邮政签署战略协议，中国邮政将对菜鸟网络开放 10 万多服务网点，为商家和消费者提供社会化自提等服务，顺丰、三通、一达等民营快递企业已全面接入菜鸟网络平台，民营快递的包裹也将可以在邮政网点实现自提。邮政在电子商务市场经营多年，已建立了邮乐网网购平台。

四、 农村流通体系创新的空间重点要突出中心镇建设

早在2010年我们就提出对商务部实施“万村千乡”农村市场建设工程应当调整，“必须首先把一批农村重点小城镇建设成区域性综合商业服务业中心，并以它为节点带动整个农村流通体系的发展”。[①] 我在多年的农村调查中深切感受到，在一个县域范围内选择若干重点农村小城镇作为农村流通体系中心来建设，使之成为上连城市、下接各个村庄农户的现代商贸流通业态中心、农村电商平台中心、农村消费与农村物流配送中心、农产品采购及交易中心、农业生资供应中心、农村再生资源回收中心、农村各类服务业网点聚集中心，这样既便于提高城镇化质量，也有利于推进城乡经济协调发展。

把农村重点小城镇区建设成农村流通中心及域性综合商业服务业中心，也为持续性扩大农村消费需求开拓农村市场建立一个平台。因为流通中心各类各种商业业态聚集，商品种类齐全，各种服务项目多样化，便于广大农村消费者选择、比较，“货买三家不吃亏”，既方便农民在实体店逛街，又适合各类电商“赶街”吸引农民网购网销，特别在节假日能为农民提供一站式网上网下购物服务，能消除农民购物的后顾之忧，并能通过各种形式的集中的商业促销活动引导与刺激农民消费。

因此在农村电商全面发力的背景下，围绕工业品下乡、农产品进城和农村电子商务发展综合服务需求构建农村电子商务支撑服务体系、加快发展农村电子商务生态链、促进农村新流通体系建设过程中，仍然要把农村新流通体系建设的空间重点放在农村重点小城镇上，农村物流配送中心、鲜活农产品冷链节点、农产品批发市场、农村电商服务站、农产品加工基地等都应首先选择布局在有较大辐射功能和较广腹地的重点小城镇上，切忌防止在农村盲目布点，四处开花。只有将重点小城镇的流通基础进一步完善，提高各种流通业态及网点集中度，才可能吸引更多农民就近就地市民化，并促进农村

① 柳思维．建设农村重点小城镇综合性商业服务业中心势在必行［J］．商业经济与管理，2011（11）．

土地流转制度创新，并能形成吸引外来资本投资农村现代农业的洼地效应。

五、 县级政府的公信力整合农村分散流通资源是农村流通体系创新的保障

分散农民的弱势和政府组织的强势是中国特色市场经济的基本常态和特征，中国农村尤其是僻远和贫困地区农村农业发展最大的短板是农户居住与消费和农业生产的分散性，它从根本上抑制了规模经济、范围经济的发展，与农村流通体系和电商发展的跨时空规模经济完全背道而驰。在这种耕地小而散、农户居住小而散、农产品购销小而散的状况下，对这种分散性资源的整合为电商所要求的规模经济，短期最有效的力量就是政府，只有通过政府的公信力，才能引进农村流通体系所需要的大的平台电商或培育本土大的电商平台；才能从政策上给电商平台和农村流通体系基础建设，以行之有效的支持；才能加快电商或网商协会、专业协会、各类经济合作组织的发展。

因此领导重视，政府推动是发展电子商务和建设农村流通体系的前提与保障。建议：一是各地县（市、区）要加强领导，要拿出“强工兴城”一样的气力来抓农村电子商务发展和农村流通体系建设，尽快成立县一级加快农村流通体系建设农村电子商务发展领导小组，领导小组下设办公室，整合各方面的资源，负责政策扶持、行业引领，创业培训、监督管理，统筹促进农村流通体系建设县农村电子商务发展工作。二是明确目标。高起点做好县域农村流通体系建设及电商产业发展规划，并组织实施，明确时间表、路线图。三是政策支持，对投资农村电商、冷链物流、农村物流配送等基础设施及平台建设以及电商创业创新出台财税金融土地等方面的优惠政策。四是将各类农村信息平台信息化建设项目统筹整合为综合信息服务平台，改变信息孤岛、碎片化、分而治之的乱象，优化农村电商发展的信息环境，如将包括“宽带乡村”“互联网电视乡村”“电子商务乡村”“电子政务乡村”“平安乡村”“智慧教育乡村”等基于互联网应用的新农村建设平台统筹优化。

第四节 研究的内容及特点

正是基于理论学习、工作实践、科研创新、社会服务上的考虑，近几年来我们团队对农村电子商务问题产生了浓厚的研究兴趣，并在产业经济学硕士学科下设了电子商务方向。同时在陈晓红校长的决策和带领下，湖南商学院于2015年成功申报立项了湖南省移动电子商务协同创新中心，柳思维教授作为协同中心首席专家同时兼任该中心移动电子商务商业模式创新方向负责人。2016年柳思维教授先后承担了湖南省社科基金重大项目《我省推进"互联网+"流通产业创新发展研究》，湖南省农村电子商务的发展是其中重要的研究部分。2016年柳思维教授牵头承担了湖南省政协、民盟湖南省委参政协商重点调研课题《湖南省农村电子商务发展战略》，先后深入湖南省江永县、桃江县、宁乡县、安化、桃江、南县等地调研，对于农村电子商务发展的理论和实践有了深刻的认识。在此基础上，我们正式将《农村电子商务理论与实践》一书纳入移动电子商务学术研究丛书出版计划。本书从理论和实践两个角度分析农村电子商务，共分为三篇，主要内容如下。

一、 理论篇

尽管近些年农村电子商务的发展如火如荼，但是关于农村电子商务的学术理论仍然比较缺乏，其中一个突出的缺陷就是缺乏一套完整成熟的理论框架，许多学者从多个学科视角提出了自己的见解，但总有种"隔靴搔痒"的感觉，农村电子商务作为第四次工业革命和第四次商业革命的产物，与经济社会发展有着密不可分的关联，本书尽管并未提出一套理论分析范式，但尝试将农村电商崛起与国民经济发展各个方面进行深入分析，包括探索农村电商崛起与农业供给侧改革、农村电商崛起与全面小康的变化、农村电商崛起与农村流通体系变革创新、农村电商崛起与城乡市场的协调发展、农村电商崛起与非公经济的新一轮发展、农村电商崛起与流通产业等多个方面。

目前中国经济处于新常态，农业供给侧结构性改革是“农业供给侧 + 改革创新 + 农业结构调整”，是从提高农产品供给质量出发，用改革的办法促进农业生产和流通创新，将以市场力量为主体，结合政府力量，矫正农村资源和要素配置扭曲，推进农业生产结构调整，提高农业全要素生产率和农业产出有效供给率，保持农业稳定发展和农民持续增收。但目前整体上看，城乡二元结构性矛盾依旧存在，影响农民生产积极性；农业信息技术落后，互联网营销模式处于起步阶段；农村人才稀缺，创新受困。因此农村电商的崛起恰逢其时，可以推动农村制度创新，降低农业生产成本，引导人才、资金的回流，促进城乡供需结构优化，并通过市场激烈竞争推动农产品品质提升，促进农村第一二三产业融合创新。

在党的十八届中央委员会第五次全体会议上，习近平同志对建设全面小康进行了全面阐述：指出全面小康覆盖的领域要全面、覆盖的人口要全面、覆盖的区域要全面。但目前我国经济发展呈现出一些特征，首先，体现在地区发展差距呈现出扩大变化趋势。其次，城乡差距呈现扩大变化趋势。再次，在农村居民收入内部，收入差距也相差较大，并且呈扩大变化趋势。最后，中国食品安全问题严重。针对中国经济发展的特征，农村电商崛起有助于推动全面小康的实现。首先，农村电商的崛起有助于提升提高农民收入；其次，农村电商在一定程度能够提高食品安全；最后，农村电商的发展中一定程度上能够促进生态文明。与此相对应，全面小康也能推动农村电商崛起。考虑到农村电商发展与全面小康建设的双向紧密关联，应该制定有效政策，贯彻执行已有的中央相关政策和精神，推进农村电商的崛起；积极引导农村电商向中西部贫困地区推进，进而推进小康全面化；加强农村电商人才的培训，尤其是要加强农村电商当地人才的培训。

农村电商的发展可以被认为中国农村流通体系的又一次革命，目前农村流通体系存在一些问题：体系建设具有盲目性；农产品流通市场存在“三重三轻”现象；农民很少以组织或合约的形式进入流通市场；流通市场体系中信息传递机制不健全；政府宏观调控手段运用不当。目前发展农村电商推动农村流通体系发展存在如下短板与瓶颈：电商活跃程度相对偏低，总体规模偏小；商品尚处于粗加工阶段，同质化竞争严重；农村居民居住及生活的分散性、小规模性给物流配送带来困难；农村电子商务网上支付的困境；农村传统消费意识与消费习惯的滞后；品牌意识相对薄弱，持续盈利能力有待提升；电商专业知识积累不够，技术与管理人才相对匮乏。发展农村电商，实现农村流通体系变革与创新要完成以下重点问题：借助农村电商，按现代农业要求重构农产品流通体系；借助农村电商契机，突出发展农村流通中介组织及龙头企业；农村流通体系创新要充分融合和发挥农村邮政网络的优势；农村流通体系创新的空间重点仍然要突出农村重点小城镇建设；借助县级政府的公信力，整合农村分散流通资源是农村流通体系创新的保障。

非公有制经济作为中国社会主义市场经济的重要组成部分，发挥着社会主义物质财富的创造者、深化改革扩大开放的推动者、社会稳定的促进者的作用，是建设有中国特色社会主义的一支生力军。非公经济发展存在着许多问题：发展环境还不够宽松；观念落后，高素质人才缺乏，制约了中小企业素质的提高；技术创新和知识产权保护机制尚未完善；资金缺乏和资金的利用成本增加。农村电商的崛起对非公有制经济发展具有极大的推动作用：互联网+催生许多新的行业带来流通产业分工细化，个体电商发展领域增多。互联网技术在各个行业的深入渗透，使得许多产业在原来的基础上不断与互联网平台融合、改造和创新，催生出许多新的产业；各种农村电商平台为创业者进入降低了门槛。互联网技术的广泛应用，大大地节省了交易费用，降低了搜寻成本。平台的共享为城乡个体电商进入各类互联网平台开网店提供了低成本门槛；互联网宽带网及智能手机普及为个体电商创业提供了基础。互联网宽带和智能手机的普及是电子商务发展的先决条件，消费者有了良好的通信和网络设施，才能在各类电商平台上进行操作业务，电商也才能有足够的流量目标。发展农村电商推动非公有制经济发展要注意准确认识把握公有制经济与非公有制经济的内在联系、进一步完善农村电商工作推进机制、加快构建农产品销售、农民消费和创业体系、建立健全农村电商公共服务支撑、人才支撑、行业监管支撑、产业政策支撑等四方面支撑服务。

二、运营篇

农村电商的发展是一个有机系统，农村电商的实务运营需要按照必定的逻辑。与城市电子商务运营类似，在农村电子商务中，平台建设、商业模式、物流体系、金融支付、中介组织和人才培养是运营过程中的六大要素。其中，商业模式是农村电商运营的核心灵魂，平台建设是农村电商运营的先决条件，金融支付是农村电商运营的关键环节，物流体系是农村电商运营的动能血液，中介组织是农村电商运营的助推器，人才培养是农村电商运营的智力源泉。

中国农村电子商务平台建设存在的问题有：平台的点击率不高，信息使用率较低；平台的运营的效率及效益较低；平台的数量少且平台功能未充分发挥；平台的建设及日常维护缺乏专业人员；平台供需双方的参与度不高。对于农村电商平台建设政府应该出台相关政策加速其发展：建立健全完善科学的农村电子商务组织管理体系。完善管理体制，加强组织领导。加大资金投入，制定并落实优惠政策。完善农产品安全监督制度，实行农产品标准化管理；推进区域电子商务平台的社会服务体系建设，推进技术服务体系建设，完善信用与认证服务体系，建设农村电子商务人才培养平台；建设完善区域电子商务平台的支撑体系。加强农村电子商务平台的基础设施建设，加强第三方网络平台建设，改革农村电子商务物流体系；大力推进各类涉农电子商务平台的广泛有效应用。鼓励、引导和支持企业合理选择和运用各种第三方电子商务平台，推进政府网上采购和农村电子商务应用试点，扩大合作，强化农村电子商务的效果。

农村电商商业模式是农村电子商务发展的灵魂，目前国内农村电子商务发展主要政府驱动型、服务商驱动型、网商驱动型、产业集聚型、特色驱动型、综合驱动型。但现有的农村电子商务商业模式也存在着覆盖广度与覆盖深度难以协调、电商服务商难以本地化、不同参与主体难以协同配合等缺

点，因此在发展和制定农村电子商务商业模式过程中应因地制宜，集中布局；协调主体，提高利润；提升质量，树立品牌。

农村电子商务物流的发展对农村经济具有强烈的积极影响：激发农村电商物流业快速发展、促进农村电商物流建设空间均衡发展、发挥农村电商物流业季节性优势、改变农村电商物流商品付款模式、引领农村经济发展新方向。但是现有农村电商物流从物流企业和物流环境上看都存在着许多问题。物流企业方面主要表现为：农村电商物流发展不成熟，物流企业规模化程度较低、流通渠道不够顺畅，物流配送经济成本高、物流服务节点分散，农村电商物流专业人才缺乏、信息技术落后，物流企业创新意识薄弱；农村物流环境方面主要表现为：物流配送设施落后，农村物流配送体系不健全、物流制度建设滞后，农村电商物流发展政策不完善、市场监管疲软，农村消费环境差、信誉低。因此从物流企业层面，应该鼓励民间资本投资物流行业；倡导实施规范化、标准化物流；加快物流组织结构转变；建立物流联盟，开展共同配送策略；建立完整的市、县、村“三级”配送网络；提高物流配送发展技术；培养电子商务物流技术型人才。从农村环境层面，应该要依托城市配送中心，建立健全农村物流配送体系；政府加大财税扶持力度与政策支持。

农村电子商务支付模式也可以分为相应的三种模式，农村电子商务网上银行模式、第三方支付平台的支付网关模式和农村电子商务平台账户模式。现有农村电子商务支付存在着农村居民支付观念扭转难度大、农村金融支付服务滞后、金融机构农村布局不合理、支付行业竞争无序化、农村支付体系监管缺失、政策推动未形成有效合力等重要问题。应该在农村电商发展中：

（1）适时引入竞争机制健全农村金融服务组织体系。采取有效措施进一步促进银行业金融机构“回流”中国农村地区，继续发挥涉农银行业金融机构主力军作用，推动村镇银行、小额贷款公司等新型农村金融机构发展。

（2）促进农村致富服务基础设施和渠道建设。通过财政拨款、招商引资等手段加大农村基础设施建设的资金投入，加强新型农村金融机构支付服务清算系统在农村地区的覆盖面和影响力。保证银行信用卡受理渠道的畅通。

（3）推广银行卡等非现金形式的致富工具。

（4）促进政策扶持与业务监管相结合。

电商中介是电子商务市场中的服务媒介，在农村电商运营过程中充当着助推器的角色。具有监督功能、价值实现功能、鉴证和评审功能、协调功能、服务功能和反馈功能。提供中介服务的农村电商组织可以大致分为两类：一类是直接提供农村电商中介服务的电商服务商；另一类是独立于农村电商存在的第三方中介组织。目前农村电商中介组织存在许多问题，主要体现在农村电商中介组织的建立不具有代表性；农村电商中介组织的作用发挥不彻底；部分农村电商中介组织的发育迟缓；农村电商中介组织的服务能力有待提高；前段渠道单一，多渠道运营经验少；传统企业“单飞”带来的威胁。

三、实践篇

除了以上研究外，《农村电子商务理论与实践》一书还设有“实践篇”，分别分析中国政府、电商平台、电商企业发展农村电商的实践。县域农村电商发展创新实践，我们选择了几个有代表性的县域，首先中国经济发达的大省江苏省县域发展农村电商的实践，包括如农村老组织玩转新业态的“供销社＋农村电商”模式、产业园拉动电商集群、产业链助推传统产业升级、抓住特色产品扩大品牌效应的模式。江苏农村电商发展的政府经验包括：政策扶持，改善电商发展环境；加强培训，提升农民电商从业技能；解决网商资金和厂房困难；加强监管，规范电商行业行为。此外还收集分析了福建龙岩老区实现农村电商全覆盖龙岩模式、河北清河的农村电商实践。本篇特对浙江农村电商的“遂昌模式”实践进行了分析，“遂昌模式”被有关研究机构定义为：以本地化电子商务综合服务商作为驱动，带动县域电子商务生态发展，促进地方传统产业，尤其是农业及农产品加工业实现电子商务化，通过“电子商务综服务商＋网商＋传统产业”相互作用，在政策环境的催化下，

形成信息时代的县域经济发展道路。“遂昌模式”的易复制性成为了各地效仿的先驱。浙江遂昌的电子商务生态体系的核心——以遂网公司为主体的服务商。网商协会推动发展，实现了公益性和盈利性的良好结合。此外也总结了东北地区吉林通榆电商模式的创新发展实践，通榆式农村电子商务特点是：电商公司以网上直销为主，也有少部分产品经网络分销商卖出，且多是外地的网络分销商；注册了统一的品牌“三千禾”来统一所有农产品的包装、销售和服务；县委县政府从各部门抽调了精干力量组成了“通榆县电子商务发展中心”，来全力配合该电商公司的工作。

在本篇中还先后分析了全国各地“电商村”的和电商平台实践。在电商村实践中首先介绍了淘宝村的发展历程和现状，淘宝村的经验、成长痛点及未来展望，并对典型淘宝村的实践案例进行分析，包括浙江义乌的青岩刘村、江苏沙集镇东风村、山东博兴县的湾头村电子商务发展概况。农村电商平台实践的则重点介绍了阿里巴巴再造农村淘宝系统、京东两条腿走路打开农村新天地、苏宁在痛苦的转型期寻找新空间的情况。同时也介绍了各地农村电商平台的创新实践，如联想云农场的深耕、浙江的遂昌赶街、山西的农村电商探索的先驱乐村淘、北京邮乐网河南万庄——O2O农资电商平台，并对各个主要农村电商平台发展特色比较。也对农村电子商务发展中的政策进行了系统梳理。

虽然本书在研究农村电子商务的理论和实践方面力求有所创新、有所突破，但我们的研究仅仅是开了个头，对农村电商发展的基础理论框架、深层次的理论问题的研究还远远不够。这方面的深入探索还任重道远。经济理论与实践的创新没有句号，只有逗号。期待学界同行对本书的批评指正，以激励我们在前行与探索中，不断有所创新，有所进取。

第二章 农村电商崛起与农业供给侧改革

第一节 “互联网+”与农村电商崛起

一、中国“互联网+”商业模式

由于互联网本身开放、融合的巨大特性，推动了互联网在社会、经济和生活的各个领域渗透，并且得到应用和推广，极大地改变着人类生存环境。

互联网作为信息传递的媒介和交易平台对传统的商业模式产生极大的影响。目前中国著名的互联网企业有腾讯、百度、淘宝、京东、携程、艺龙、去哪儿、途牛、搜狐、新浪等。他们从事网络社交、搜索引擎、网上购物、在线预订、交易和支付等服务，已对传统商业造成极大影响，形成独特的、低成本、便捷的服务模式。

由于互联网改变了交易场所、拓展了交易时间、丰富了交易品类、加快了交易速度、减少了中间环节，它对商业企业、工业企业、金融企业乃至医疗企业、高等院校、政府机构产生了广泛而深刻的影响，由此诞生了“互联网+”商业模式。

1. 跨界融合模式

由于互联网独特交易、沟通优势，互联网已与工业、金融、零售、通信、交通、旅游、医疗和教育相互融合，出现了互联网+行业的模式。

在工业领域，“互联网+工业”是传统制造业企业采用移动互联网、云计算、大数据、物联网等信息通信技术，改造原有产品及研发生产方式的统

称，与“工业互联网”“工业4.0”的内涵一致。“移动互联网 + 工业”借助移动互联网技术，传统制造厂商可以在汽车、家电、配饰等工业产品上增加网络软硬件模块，实现用户远程操控、数据自动采集分析等功能，极大地改善了工业产品的使用体验。“云计算 + 工业”是基于云计算技术，一些互联网企业打造了统一的智能产品软件服务平台，为不同厂商生产的智能硬件设备提供统一的软件服务和技术支持，优化用户的使用体验，并实现各产品的互联互通，产生协同价值。“物联网 + 工业”是运用物联网技术，工业企业可以将机器等生产设施接入互联网，构建网络化物理设备系统（CPS），进而使各生产设备能够自动交换信息、触发动作和实施控制。物联网技术有助于加快生产制造实时数据信息的感知、传送和分析，加快生产资源的优化配置。“网络众包 + 工业”是在互联网的帮助下，企业通过自建或借助现有的“众包”平台，可以发布研发创意需求，广泛收集客户和外部人员的想法与智慧，大大扩展了创意来源。工业和信息化部信息中心搭建了“创客中国”创新创业服务平台，链接创客的创新能力与工业企业的创新需求，为企业开展网络众包提供了可靠的第三方平台。

在金融领域，互联网金融发展迅速，也得到了国家相关政策的支持和鼓励，也逼迫传统银行开展网上银行业务。目前大体有三种互联网金融组织形式，包括互联网公司做金融、金融机构的互联网化，以及互联网公司和金融机构合作。从2013年以来，互联网供应链金融与电子商务紧密结合，阿里巴巴、苏宁、京东等大型电子商务企业纷纷自行或与银行合作开展此项业务，在线理财、支付、电商小贷、P2P、众筹等为代表的细分互联网嫁接金融的模式进入大众视野以来，互联网金融已然成为一个新金融行业，并为普通大众提供了更多元化的投资理财选择。

在传统零售领域，“互联网 + 商贸”是对传统行业的升级换代，改变了原有商业模式和商业中心形态。2015年中国网民数量达6.88亿，网站400多万家，电子商务交易额超过18.3万亿元人民币。B2B电商交易额达13.9亿元人民币，增长39%；网络零售市场规模3.8万亿元，同比增长35.7%。

B2B 电商业务也正在逐步转型升级，主要的平台仍以提供广告、品牌推广、询盘等信息服务为主。阿里巴巴、慧聪网、华强电子网等多家 B2B 平台开展了针对企业的“团购”“促销”等活动，培育企业的在线交易和支付习惯。面对实体零售渠道变革，提出“零售业＋互联网”的概念，以产业链最终环节零售为切入点，结合国家战略发展思维，发扬“＋”时代精神，回归渠道本质，以变革来推进整个产业提升。

在通信领域，“互联网＋通信”催生了即时通信，几乎国人都在用 QQ、微信、易信等即时通信软件进行交流。随着互联网的发展，来自移动数据流量业务的收入已经大大超过传统语音收入，中国三大电信企业开始以注重流量服务为重点的营销策略，推行新的套餐服务。

“互联网＋交通”已经在交通运输领域产生了“化学效应”，如今，大家都使用起了打车软件、网上购买火车和飞机票、出行导航系统，等等。从国外的 Uber 到国内的滴滴出行，移动互联网催生了一批打车、拼车、专车软件，通过把移动互联网和传统的交通出行相结合，改善了人们出行的方式，增加了车辆的使用率，推动了互联网共享经济的发展，提高了效率、减少了排放，对环境保护也做出了贡献。

在民生领域，“互联网＋民生”可以在各级政府的公众账号享受服务，如某地交警可以 60 秒内完成罚款收取等，移动电子政务会成为推进国家治理体系的工具。从 2012 年起，地方政府开始与腾讯、阿里巴巴、华为等互联网企业和通讯企业合作，推出利用微信、支付宝等处理交通罚单等，逐步实现智慧城市，让更多的居民能享受智慧城市服务。

在旅游领域，“互联网＋旅游”让旅游者能够及时掌握旅游景区动态、交通情况，进行网上预订和购票等。例如，腾讯云可以帮助建设旅游服务云平台和运行监测调度平台。市民在景区门口，不用排队，只要在景区扫一扫微信二维码，即可实现微信支付。购票后，微信将根据市民的购票信息，进行智能线路推送。而且，微信电子二维码门票自助扫码过闸机，无需人工检票入园。

在医疗领域，“互联网 + 医疗”可以更高效、低成本提供医疗服务。通过医疗穿戴设备收集个人健康数据进行远程诊断和医疗；通过手机可以实现网上预约挂号、购买、支付，节约时间和经济成本，并依靠互联网在事后与医生及时沟通。百度、阿里、腾讯、苹果、华为等先后进入互联网医疗产业，形成了巨大的产业布局网。根据前瞻产业研究院发布的《2016 – 2021 年中国移动医疗产业市场前瞻与投资战略规划报告》，2011 年中国移动医疗市场规模为 15.8 亿元。2013 年中国移动医疗市场规模为 19.8 亿元，2015 年达到 45.5 亿元，同比增长 54.24%。

在教育领域，“互联网 + 教育”已经改变了传统校园班级教育模式，微课、MOOC 等出现，使得学生可以利用移动互联网享受优质教育资源。目前，众多教育企业面向中小学、大学、职业教育及相关培训教育等各层次人群开发在线教育开放课程，老师在互联网上教，学生在互联网上学，信息在互联网上流动，知识在互联网上成型，线下的活动成为线上活动的补充与拓展。

最后回到本书重点关注的领域——“互联网 + 农业”。农业看起来离互联网最远，但实际上“互联网 + 农业”的发展快，潜力巨大。一是农产品的生产和加工需要融入信息技术。通过信息技术对地块的光热水、土壤、地形、病虫害等进行大数据分析，再提出相应优化种植、施肥方案，能大幅度提高农业生产效率。更重要的是农产品供需信息互联网化。二是通过农业和农产品信息的互联网化有利于及时了解市场供求情况，通过大数据掌握最新的农产品价格走势，从而调整农产品的生产与销售。三是对于边缘地区和老少边穷地区，农业电商将推动农业现代化进程，通过互联网交易平台减少农产品买卖中间环节，增加农民收益。面对万亿元以上的农资市场以及近七亿的农村用户人口，农业电商面临巨大的市场空间。

2. *以社群为中心的平台模式*

社群一般指空间聚集一起的拥有某种相同特质或价值观的社会组织单元。罗珉、李亮宇（2015）认为：社群与厂商的互动影响了产品价值和生命周期，因此改变了工业时代大规模标准化生产逻辑，厂商与互联网结合更好地服务长尾市场。由于物以类聚，人以群分，企业研发和生产必须按社群特征开展，互联网经济也演化成社群经济，是真正的营销经济。

互联网+经济是基于平台服务经济。迈克尔·哈耶特提出“平台就是你与群中粉丝或潜在粉丝沟通的工具”。通过信息技术构建社群通讯、交流思想和交易的网络平台。社群利用此平台降低信息沟通成本、交易成本，消除信息不对称，提升社会福利。

首先，由于消费者集群化和小群化，共同与厂商创造和改进产品，即共同创造价值，导致厂商必须关注长尾效应需求。其次，注重不同产业和服务的融合创新，进行跨界经营，推出创新产品和服务，获得价值增值和扩展价值。最后，重视做好售后服务，注重消费的体验、口碑，有针对性开展营销服务，通过消费者创造和传递价值。

3. 连接红利模式

罗珉、李亮宇（2015）和郝身永（2015）等提出“互联网+”价值创造和获取模式。互联网企业通过便捷交易、快速支付、低成本搜索和高效物流平台，缩短或重构了传递价值逻辑，价值获取的重点方式在于连接红利。

一方面，互联网+模式下可以快速提升社群消费者的体验和参与价值生产和传递速度，降低传播成本；另一方面，互联网+时代企业租金来源于社群的隔绝机制。由于社群独特特征值造成社群之间文化、偏好、价值观等差异，互联网企业可以针对不同社群开发不同产品从而获得相应垄断利润——连接红利。连接红利是这类厂商往往不直接销售产品赚钱，不重点追逐产品销售红利，而是把产品当成一个聚合顾客的入口，在与消费者不断地进行价值协同和价值互动中为消费者创造持续的价值，从而获得收益。

在互联网的大环境和大背景下，我们接下来要更加关注的是如何利用互联网经济解决中国的“三农”难题，推进农村经济互联网化。互联网在中国经过长期的发展，出现了一批体量较大的公司。在激烈的竞争下，越来越多的行业性乃至综合性较大规模的公司开始谋求多元发展，并且将目光投向更

具增长潜力的农村市场，由城市为点向周边城镇乡村辐射，或推动农村电商、金融等行业的互联化。

二、中国“互联网＋农业”发展模式

“互联网＋农业”是现代信息技术与农业发展全面融合的过程，其本质是“信息化＋农业”。伴随信息技术的迅猛发展，信息已成为与土地、资本和劳动力同等重要甚至更为重要的生产要素，并形成信息生产力。“互联网＋农业”是信息生产力直接作用于农业产业链全过程的产物，通过对传统农业生产与流通的优化重构不断释放出信息经济下农业产业转型升级的巨大能量。

互联网农业主要可归纳为三种模式：一是互联网营销综合运用的电商模式；二是互联网技术深刻运用的智能农业模式；三是互联网与农业深度融合的产业链模式，而且这三种模式呈现梯次推进的状态。

（一）农产品电子商务模式

对互联网＋农产品电子商务的研究起步较迟，但有学者提出多种农村电商模式，包括沙集模式、东高庄模式、娄底模式、兰田模式、莱管家模式等，也有学者提出 B2B、P2B、P2C、P2G2B2C 和 P2I2C 等模式①。

1. 第三方农产品交易平台

构建诸如淘宝、京东、世纪之村等综合类农产品电商平台，由农产品生产商直接开网店面向消费者销售，节省大量网站建设费用和维护费，同时利用大型第三方平台宣传自己产品。

2. 当地企业构建的农产品交易平台

当地农业生产企业、政府或从事农业销售专业企业构建农产品电子商务网站，为当地农产品提供网上交易服务，以及农业生产资料销售服务等。

---

① 孙百鸣，王春平．黑龙江省农产品电子商务模式选择［J］．商业研究，2009（8）：175－176.

3. 当地政府构建公益性的三农展示和销售平台

由当地政府构建农产品信息网和交易网，归口当地农业部门主管，为当地农产品提供生产信息、交易信息、技术信息和政策法规等服务。该网也展示国内外企业农资产品图片、视频、示范应用资料，以及现场作业生产视频，加快新型农资的应用推广。

（二）农业大数据融合与应用模式

互联网与农业的融合可以产生和获取农业大数据，包括农村基础资源数据、农产品加工生产信息、农产品营销信息等。农村基础资源数据包括气候、土壤、水文、地质、地貌数据、产业经济资源数据、病虫害和畜禽水产与林业资源等。农产品加工生产信息包括生产种类、面积、产量，以及生产加工方面的数据。通过分析和应用这些数据可以指导农户生产，改进和优化生产技术和生产品种类型；也可以为农户提供大量营销信息，开展精准营销，提高营销效率和经济效率。

（三）智慧农业模式

1. 智能生产模式

基于互联网、物联网、云计算、深度学习等最新技术，构建集感知、传输、控制、生产、加工为一体的智能农业生产模式。比如构建一体化的田园种植、土壤监测、病虫害监测、气候监测与自动化灌溉、施肥、机械化种植与收割、联合加工等融合，节省生产成本，提供生产效率。

2. 农产品智慧溯源模式

农产品营销必须是品牌化、规模化和生态化。品牌是普通农产品增值关键，绿色、安全是农产品销售关键和亮点，但也是难点，互联网+农业，必须着力点于农产品品牌销售和安全服务，要通过互联网、物联网让客户知道农产品绿色生产加工和销售全过程，让农产品实现从田间到餐桌全程透明。如蒙牛借助百度云技术和二维码可追溯系统，推出可追溯牛奶，消费者可以看到文字、图片，牧场、工厂生产全过程的视频信息。湖南张家界和娄底对优质溯源蔬菜产品和水果等实行智慧农业生产销售模式，推动优质农产品从

农田到城市家庭，建立农产品品牌销售的F2F模式。

3. 农村智慧服务模式

基于农业大数据的分析，针对农民知识水平和接受能力，针对不同农民类型分类传导信息，提供技术培训服务和营销服务。通过移动互联网开展农业生产技术微课培训、图片展示和其他公益性服务。同时建设农村服务云网，将农业补贴信息、农资产品标识、农村互联网金融、农业保险、农民就业信息等纳入到云平台服务范围，为三农提供全方位的智能化服务体系。

三、中国“互联网+农业”发展主要问题

1. 农村居民思想观念保守，支付结算方式落后

农村生活水平较为落后，农民的思想观念保守，因而使得广大农民接受新鲜事物存在一定的难度，发展农村电商成为了一项全新的挑战。而农民文化水平普遍不高，再加上思想封闭，因而并不十分认可电商。除此之外，针对电商业务开展相应服务的单位及组织也比较少，难以向广大农民群众及时传播先进的农业科学信息及市场信息。再加上农民每年的收入十分有限，难以承担风险导致的经济损失，小农意识强烈，十分惧怕风险，因而不敢去尝试电商这一新型的交易业务。除此之外，电商交易不安全性比较高，风大，农民因而对其存有怀疑乃至排斥的态度，使得电商在农村的运作与发展受到了较为严重的阻碍。

2. 农村基础设施落后，物流运输困难

中国农村地域及人口分布广泛且偏僻，这也导致了农村的交通运输落后，物流技术难度大等问题。大部分物流公司的配送范围未能延伸至乡镇地区，一些比较偏远的农村地区更是在物流配送范围以外。由于缺乏健全的物流体系，一些农村电商的需求难以得到充分满足，在许多农村地区依然存在运输难这一不容忽视问题。由于缺乏专用的农业运输技术设备，现有的通不发达，配送点分散，因而对农村电商的发展了直接影响。

3. 农村缺乏电子商务专业化人才

大部分基层政府的专业技术人才较为缺乏，极少有大学生返乡开展创

业。同时，基层乡镇府硬件设施及条件比较落后，电脑的数量少且利用率不高，严重缺乏收集、分析农业信息的专业人才，因而不具备高水平的计算机网络技术把握能力。

第二节　经济新常态与农业供给侧改革

一、 中国经济发展新常态

（一）中国经济新常态的概念

2014 年，习近平主席在河南考察时首次提出了“新常态”，指出“我们要增强信心，从当前我国经济发展的阶段性特征出发，适应新常态，保持战略上的平常心”①。2014 年 11 月，习近平主席在亚太经合组织工商领导人峰会开幕式上的《谋求持久发展　共筑亚太梦想》主题演讲中提出了中国经济发展新常态的三个主要特点。同年 12 月，中央经济工作会议给出了经济新常态的定义。

经济发展进入新常态，正从高速增长转向中高速增长，经济发展方式正从规模速度型粗放增长转向质量效率型集约增长，经济结构正从增量扩能为主转向调整存量、做优增量并存的深度调整，经济发展动力正从传统增长点转向新的增长点②。

根据马光远（2014）③、王军（2014）④ 和陈莹莹（2014）⑤ 等分析，习近平提出的中国经济的“新常态”至少应该蕴含以下几个政策寓意：

（1）经济增速正式告别 8% 以上的高速增长，潜在增长率在 2020 年前后

---

① 《人民日报》2014 年 5 月 11 日。

② 《人民日报》2014 年 12 月 12 日。

③ 马光远．什么是中国经济新常态［J］．中外管理，2014（6）．

④ 王军．适应新常态 寻求新动力［J］．中国经贸导刊，2014（7）．

⑤ 陈莹莹．关于我国经济发展“新常态”的观点综述［J］．经济研究参考，2014（66）：38－45.

回落至6% ~7%，就业市场持续偏紧；

（2）物价水平缓慢抬升、通胀压力逐渐增大成为常态；

（3）经济结构优化升级和调整阵痛相伴而行成为常态。经济增长的动力悄然发生转换，政府投资让位于民间投资，国内消费逐步占主导地位；在推动新型工业化的同时，压缩传统工业产能，发展现代服务业，构建房地产调控机制；

（4）要素和投资驱动向创新驱动的转变成为常态，创新驱动成为中国经济持续增长主动力；

（5）长期稳健的宏观调控理念和思路逐步成为常态。经济政策从注重短期波动和高速增长向长期稳健发展转变；从注重国外需求向扩大内需转变；从需求管理向供给侧改革转变；以达到重质量、稳增长、调结构、防风险、可持续的发展目标。

“新常态”是中国高层对经济形势的清醒判断和重要定义，对未来宏观经济政策导向有着决定性意义。

（二）新常态的特征

分析“新常态”，首先要厘清“旧常态”。中国社会科学院彭兴韵博士认为，分析“新常态”，首先要厘清“旧常态”。从时间区来看，与当下新常态对应的旧常态，大致为21世纪以来10年左右时间的中国经济状态。中国经济“旧常态”具有以下几个鲜明的特征：（1）是经济增长率的持续性上升；（2）高储蓄—高投资是其第二个重要特征，同时也为经济增长率持续上升提供了资本供给上的保障；（3）人口红利贡献巨大；（4）经济旧常态对房地产业的依赖度上升，经济、金融和地方财政均有房地产化的倾向；（5）扭曲的国民收入分配结构；（6）在货币层面，旧常态表现为货币供给机制的高度美元本位化的同时，走的是高信贷、高货币投放的通胀之路。总之，旧常态下的中国经济，虽然经济总量取得了持续增长的瞩目成就，但反映了储蓄—投资、国民收入分配中的结构性失衡却日益加剧、对房地产业的过度依赖抑制了创新型的增长，货币供给机制的美元化和高信贷与货币投放的通胀之路，本身对经济的系统性稳定造成了伤害。可以说，经济旧常态自身就有着向新常态过渡的内在要求。

中国经济新常态可以概括为："中高速共存""调结构控产能""创新驱动力""公平共享"和"多挑战并存"。

1. 中高速共存

增长速度的新常态，即从高速增长向中高速增长换挡。这是由潜在增长率的换挡决定的，也是由中国经济总需求结构变化所决定的。总需求各个构成中，最终消费对经济增长的贡献将上升，投资与净出口的贡献将有所弱化；相应的，中国储蓄—投资关系也将有所改善，经济增长的目的从旧常态扭曲的"为生产而生产"切实转向"为普罗大众消费而生产"。实行这一转变，要求从单纯强调做大蛋糕到"做大"与"分好"蛋糕并举，改善居民、企业与政府在国民收入分配中的关系。我国经济增速回落在6% ~7%，东部沿海发达地区经济增长保持4% ~6%的中速，而中西部地区可以保持7% ~10%的高速发展。经济增速虽然放缓，实际增量依然可观，即使是7%左右的增长，无论是速度还是体量，在全球也是名列前茅的。

2. 调结构控产能

中国经济增长出现了严重的结构性失衡，传统工业产能严重过剩，而高端制造业和生产性服务业发展滞后；环境污染日益严重，资源供给难以为继；城乡差距扩大，收入分配不合理，出现了结构性的供求失衡。因此，首先，中国经济结构面临严峻的调整压力，去传统工业化产能成为大势所趋。其次，增长的主要力量，将转向主要依靠转型升级、生产率提升的创新驱动型增长，即增长主要源于供给面的积极变化，而非人为需求拉动的增长。这意味着，宏观经济政策将从过去侧重于需求面的管理转向侧重于供给面的管理；增长与资源配置的机制更加市场化，市场起决定性的作用，减少政府对经济资源的直接配置或行政干预，这不仅可以提高资源的配置效率，也会极大地降低腐败机会。因此，中国经济的新常态，不仅仅表现为"量"的新常态，更应当指资源配置机制的新常态，即让市场在资源配置中起决定性的作

用，让资源在市场信号的引导得到相对更有效的配置。这意味着，新常态中的经济灵活性将会有所提高。

3. 创新驱动力

中国经济驱动力原来的要素驱动和投资驱动逐步转变为创新驱动。这种创新不仅是改革开放近 40 年的模仿创新，更应该依靠全方位的原创新性创新。各种新成绩、新情况、新问题、新挑战在中国经济发展历程中也前所未有，中国经济要避免陷入中等发达国家陷阱必须依赖科技进步，根源在于原创新性创新。这种创新迫切需要构建国家创新体系和区域创新体系，要求政府、高校、企业转变观念协同创新。当前，中国经济发展进入新常态，进入更加注重增长质量效益的新阶段，也完全符合中国经济“苟日新，日日新，又日新”的发展特点。

4. 公平共享

改革开放初期为快速发展经济，中国政策以效率优先兼顾公平。这种政策导向极大提高生产效率，促进沿海地区和部分人群快速富裕起来为实现全社会共同富裕奠定基础。随着经济发展，这种政策主张弊病也逐步呈现，社会上出现了只重视 GDP 增长，不顾环境污染；在分配上过分偏重效率没有强调公平性，导致行业垄断造成行业收入分配差距，市场的马太效应导致的城乡差距扩大等，使广大劳动者对经济高速增长带来的红利效应没有明显感受。经济新常态必须是建设一种可持续发展的公平优先、发展共享的经济模式，让市场主导效率，让政府主导公平，让道德法律保障公平和效率。

5. 多挑战并存

中国经济新常态下面临多种风险与挑战，包括外汇风险与财政金融风险叠加、生产部门与服务部门效率扭曲、房地产业周期性变化、国际贸易保护主义抬头、环境恶化、结构失衡，以及经济和政治体制改革滞后性。从风险层面看，新常态下面临新的挑战，一些不确定性风险显性化。中国经济运行继续保持在合理区间，但楼市风险、地方债风险、金融风险等潜在风险渐渐浮出水面。这些风险因素相互关联，有时一个点的爆发也可能引起连锁反应。

（三）新常态下的发展机遇及对策

1. 中国经济新常态下的机遇

（1）城镇化发展空间较大，为工业化、信息化提供广大空间，也为扩大内需、消费升级奠定基础。

（2）人力资本聚集，优势较明显。中国已全面推行九年制义务教育，基本解决了中青年文盲问题。随着教育改革深化，应用型和研究型高等院校全面发展，以及改革开放积累的人力资本导致中国人才队伍日益壮大，熟练工人比重较高，为中国实行经济集约增长和创新增长提供充足的人力资源。

（3）产业结构转型升级发展前景稳定。中国大力压缩传统工业产能，发展高新技术产业、先进制造业和现代服务业，形成结构优、效率高、附加值大的产业链和产业群。

（4）政府制度改革红利最大。中国政府进一步简政放权，释放市场活力。目前中国正在全面深化改革，中央要求加快经济体制改革，优化政治治理体系，主要围绕税收改革、金融改革、投资改革、医保改革、户籍改革、农村土地流转、房地产改革、国企改革、“一带一路”、自贸区建设和国家创新区建设等方面重点推进。同时逐步取消或下放大量的政府审批事项，推动了协会和其他办事机构职能的发展。

（5）创新红利。曾经为中国经济增长带来巨大贡献的人口红利、资源红利渐渐消失，李总理特别强调：今后必须要依靠创新驱动，提高产品的质量和技术含量。这种创新既是科技创新，也有体制机制创新。要充分发挥社会的科技创新能力，提高原创性发明，推动科学技术进步。同时，要改革机制体制，释放巨大制度红利。

2. 新常态下的经济发展对策

（1）全面深化改革，释放制度红利。加快市场化改革进程，激发市场内在动力和活力。政府要进一步简政放权，逐步取消行政审批事项；加速地区经济一体化，弱化行政界线，推动区域经济协同发展；继续深化投融资体制改革，引入民间资本有序进入自然垄断行业和军工业；加快农村土地市场改

革，走规模化、集约化和品牌化发展道路；推动户籍改革、教育改革和公共服务改革，逐步消除地区界线、行政界线和身份界限。

（2）加速国家创新体系和区域创新体系建设，以创新为主驱动力，推动经济结构优化升级。积极构建政府支持高校科研机构参与企业为主导的协同创新体系，形成有利于创新创业的社会文化氛围，造就一大批创新型城市和企业，通过创新推动我国产业结构的转型升级。

（3）推动供给侧改革，大力发展战略性新兴产业，特别是互联网经济。国家确定7大领域、23个重点方向，包括“节能环保、新兴信息产业、生物产业、新能源、新能源汽车、高端装备制造业和新材料”。通过实施互联网+发展战略，利用互联网、物联网等信息技术改造传统产业发展高新产业，形成一种基于信息制作、加工、传播和融合的极具创新性、关联性、成长性、低消耗和高产出的新型经济形态。战略性新兴产业是未来高端产业发展趋势，是实施创新驱动发展战略的主推力，既可以创造新供给、提供新服务，又能培育新消费、满足新需求，因此是实施供给侧结构性改革的重要举措，是转结构促增长的战略举措。

二、适应新常态，推动农业供给侧改革

（一）供给侧改革概念

2015年11月10日习近平总书记在中央财经领导小组会议上明确提出：要牢固树立和贯彻落实创新、协调、绿色、开放、共享的发展理念，适应经济发展新常态，坚持稳中求进，坚持改革开放，实行宏观政策要稳、产业政策要准、微观政策要活、改革政策要实、社会政策要托底的政策，战略上坚持持久战，战术上打好歼灭战，在适度扩大总需求的同时，着力加强供给侧结构性改革，着力提高供给体系质量和效率，增强经济持续增长动力，推动中国社会生产力水平实现整体跃升。2016年1月27日，习近平总书记在主持召开中央财经领导小组第十二次会议，再次提出：供给侧结构性改革的根本目的是提高社会生产力水平，落实好以人民为中心的发展思想。要在适度

扩大总需求的同时，去产能、去库存、去杠杆、降成本、补短板，从生产领域加强优质供给，减少无效供给，扩大有效供给，提高供给结构适应性和灵活性，提高全要素生产率，使供给体系更好适应需求结构变化。

在20世纪60年代，美国经济出现了高失业率与高通货膨胀率并存的“滞涨”现象，凯恩斯学派的需求管理政策备受争议，而以蒙代尔和拉弗为代表的供给学派的观点重新得到重视，古典主义在西方政府和学界站住上风，成为英国撒切尔政府和美国里根政府的经济政策的理论依据。西方的供给学派理论与中国“供给侧结构性改革”有类似的政策目标，即通过政策组合推动市场化激发市场经济活力，通过生产创造市场需求，通过减少规制强化竞争促进经济增长。

但中国供给侧改革与西方供给学派主张有明显区别，中国的“供给侧结构性改革”是“供给侧+改革创新+结构调整”，是从提高供给质量出发，用改革的办法促进创新，运用市场力量矫正要素配置扭曲，推进生产结构调整，扩大有效供给，满足需求变化，提高生产率，更好的服务广大人民群众的需要，促进中国社会经济的持续健康发展。因此，供给侧结构性改革的核心是调整经济结构转变粗放型经济发展方式，提高企业效率；其动力在于改革创新。从短期来看供给侧改革，重点抓好“去产能，去库存，去杠杆，降成本，补短板”；从长期来看供给侧结构性改革是以转变经济增长方式为目标，转变落后的发展观念，推行“创新，协调，绿色，开放，共享”的五大发展理念。

中央经济工作会议提出，适应和引领经济发展新常态，推进供给侧结构性改革，要努力实现十个方面工作重点的转变，即在于推动经济发展，要更加注重提高发展质量和效益；稳定经济增长，要更加注重供给侧结构性改革；实施宏观调控，要更加注重引导市场行为和社会心理预期；调整产业结构，要更加注重加减乘除并举；推进城镇化，要更加注重以人为核心；促进区域发展，要更加注重人口经济和资源环境空间均衡；保护生态环境，要更加注重促进形成绿色生产方式和消费方式；保障改善民生，要更加注重对特

定人群特殊困难的精准帮扶；进行资源配置，要更加注重使市场在资源配置中起决定性作用；扩大对外开放，要更加注重推进高水平双向开放。

习近平主席特别强调中国经济面临三大结构调整，即经济结构、增长动力结构和增长方式结构的重大调整。因此，推进供给侧改革应以这三大结构调整为重点。

（1）经济结构调整。由于中国长期实行出口导向战略和比较优势策略，产业结构升级缓慢，高新技术产品比重不足，特别是现代服务业发展滞后，占 GDP 比重偏低。通过供给侧改革，优化产业结构，推进消费升级和消费结构调整，使中国从制造大国走向智造强国。

（2）动力结构优化。深化经济体制改革，全面释放市场经济活力，让市场力量主导和支配产业结构调整，让政府力刺激和引导企业创新，规范企业行为，掌控市场失灵。

（3）经济增长方式转变。推动中国经济增长从要素驱动、投资驱动转向创新驱动。十八届五中全会把创新发展确定为五大发展战略之首，供给侧结构改革应首先关注供给侧技术、供给能力和供给理论，推动企业生产技术和生产效率提升，满足市场需求，促进经济持续增长。

与此同时，习近平主席在强调供给侧结构性改革时，提出“在适度扩大总需求的同时，着力加强供给侧结构性改革”。因此，中国供给侧改革是坚持供给侧和需求侧的同步结构性调整，以供给侧为核心，实现新的经济平衡，促进经济持续发展，显然比西方供给学派理论更科学，更适合中国经济发展。

（二）农业供给侧改革内涵

1. 农业供给侧改革的定义

“十二五”时期，中国粮食产量高位护盘、高点爬坡，农民收入增幅连续 6 年高于城镇居民，农村社会和谐稳定，在国民经济社会发展大局中发挥着“定海神针”的作用。但是，在中国农业发展取得巨大成就的背后，也存在着亟须破解的难题：粮食生产出现了“三量齐增”的怪现象、农产品供给与市场需求严重不匹配、资源条件与生态环境两道“紧箍咒”日益趋紧、农民增收缺乏新的亮点与支撑，成为中国农业现代化进程中必须解决的重大课题。

2015年12月中央农村工作会议强调：“要着力加强农业供给侧结构性改革，提高农业供给体系质量和效率，使农产品供给数量充足，品种和质量契合消费者需要，真正形成结构合理，保障有力的农产品有效供给”。2016年2月3日，面对农业农村和农民方面的“三农”新难题，中共中央国务院发布了《关于落实发展新理念加快农业现代化实现全面小康目标的若干意见》（2016年中央一号文件），提出“把坚持农民主体地位、增进农民福祉作为农村一切工作的出发点和落脚点，用发展新理念破解‘三农’新难题，厚植农业农村发展优势，加大创新驱动力度，推进农业供给侧结构性改革，加快转变农业发展方式，保持农业稳定发展和农民持续增收，走产出高效、产品安全、资源节约、环境友好的农业现代化道路，推动新型城镇化与新农村建设双轮驱动、互促共进，让广大农民平等参与现代化进程、共同分享现代化成果”。同时提出推进农业现代化，强化农业基础物质装备和技术；保护农村资源环境，推动绿色农业发展；加快农业产业融合发展，优化农产品加工；推进农产品市场化进程，提高农产品流通速度和效率；改革农产品定价机制，增强农村发展动力等。

总之，农业供给侧结构性改革是“农业供给侧+改革创新+农业结构调整”，是从提高农产品供给质量出发，用改革的办法促进农业生产和流通创新，将以市场力量为主体，结合政府力量，矫正农村资源和要素配置扭曲，推进农业生产结构调整，保持农业稳定发展和农民持续增收；是通过自身的努力调整，让农民生产出的产品，包括质量和数量，符合消费者的需求，实现产地与消费地的无缝对接。

2. 农业供给侧结构性改革势在必行

农业供给侧结构性改革，是中国供给侧结构性改革的重要组成部分。2015年中国第一产业增加值为60863亿元，同比增长3.9%，占GDP的9%，

但仍然是中国社会经济发展的基础和保障。经过三十多年的快速发展我国农业取得了很大成绩，但是也存在明显问题，比如农业基础薄弱、农业基础设施和技术较落后、农产品加工水平较低、农产品供求结构性失衡等，均必须通过改革予以解决。推进农业供给侧结构性改革，是农业发展规律与我国农业发展阶段特征使然，对于去除库存、满足需求、降低能耗、促进增收具有重要意义，是我国农业转型发展的必然选择。

（1）农业基础设施和生产技术较落后。中国农村道路不完善，农田建设水平较低、田埂没有硬化，农田水利设施较少、标准较低，对农业生产保障力度不高。农业生产大多是小农经济，没有形成大规模的集约化、规模化生产，农业生产技术水平不高，属于拼资源、拼投入解决供给矛盾的粗放型农业增长方式，影响了农业生产效率。

（2）农产品生产结构不合理，农产品加工出现结构性失衡现象。例如，大米生产不足，玉米生产过剩；中高端大米供给不足，低端大米供给过大；农产品生产中大量使用农药、化肥，高质量的绿色有机农产品供给不足，导致大量进口国外农产品。农产品加工水平不高，缺乏绿色环保理念，使用食品添加剂较多，附加值低，不能适应日益变化的消费者需求，国内食品卖不出，大量库存，另外又大量进口国外中高端食品。

（3）供给现状不能适应需求变化。近年来，中国粮食连年增产，供求总量基本平衡，实现了新中国成立以来粮食产量“十二连增”，农民收入“十二连增”，但结构性问题日益凸显。粮食进口规模不断扩大，而国内托市收储的粮食库存也将保持高位，呈现出生产量、进口量、库存量“三量齐增”的怪现象。有效供给不能适应需求变化，进入新世纪以来这 15 年，粮食的生产结构上出现明显的变化：大豆的产量不断降低，但需求增长最快的正是供求缺口最大的一个品种；玉米的产量急剧增长，15 年来翻了一番。增产的未必是需要的，减产的恰恰是需求必须满足的。

（4）人民消费发生变化。随着中国经济的发展、社会的进步，人民生活水平的不断提升，消费者对农产品的需求结构已经发生了根本性变化，消费者需求个性化、农产品需求多样化态势不可逆转，“舌尖上的安全”日益成为民众关注的焦点，城乡居民农产品消费需求正从“吃饱”向“吃好、吃得安全、吃得营养健康”快速转变，多元化、个性化的需求显著增多。但是，中国粮食等大宗农产品的生产，更加强调产量目标，对质量安全目标重视程度不够，导致大宗农产品滞销与高档农产品供不应求并存的局面。加快农业供给侧结构性改革，以契合消费者市场需求为导向，减少农药、化肥、农膜等投入品的不合理使用，大力提高农产品质量，引领消费者需求个性化的潮流，同时，不断增加市场紧缺农产品的生产，无疑会满足消费者对农产品的多样化需求。

（5）农产品市场发展滞后。现代农业、休闲农业发展较慢，农业依旧停留在传统农作物生产和加工，比较缺乏现代农业概念。都市农业、休闲农业、农业旅游等发展较慢，难以快速提高农民收入；农产品流动体系处于初级阶段，农产品流通市场建设滞后，农产品流通组织程度较低，流通信息化水平低，农产品物流体系不健全，品牌化营销水平不高，导致物流成本偏高，流通速度较慢，效率较低。

（三）农业供给侧改革的重点

农村产业融合发展是农业供给侧结构性改革的重点。中央农村工作会议2015年12月24～25日在北京召开，会议指出，要树立大农业、大食物观念，推动粮经饲统筹、农林牧渔结合、种养加一体、第一二三产业融合发展。具体来看，一要鼓励各地因地、因业制宜探索多种融合方式；二要壮大多元经营主体；三要建立利益联结机制，强化龙头企业联农带农与国家扶持政策挂钩的激励机制；四要强化政策支持，中央财政安排资金支持农村产业融合发展试点。此次工作会议上提出：优先保障财政对农业农村投入，确保力度不减弱、总量有增加。要加大涉农资金的整合力度，发挥财政投入对结构性改革的引导作用，撬动更多社会资金投入农业农村。

1. 农业供给侧改革主要内容

（1）土地制度改革。一是农村土地承包经营权权属落实，这里指的是确

权、登记、颁证，即通过实测、图解等方法，核实农户的承包地面积和地块，绘制出农户承包地块示意图，建立农村土地承包经营权登记簿，颁发统一规范的农村土地承包经营权证书。这次权属落实不改变二轮承包时期形成的土地承包关系和权属关系，是对二轮承包工作的进一步完善。二是农村集体经营性建设用地改革，这部分用地指原乡镇企业建设用地，企业倒闭或者搬迁到开发区后闲置的土地，要按照中央有关政策的精神，在严格规划的基础上，允许农村集体经营性建设用地入市，并按照“同地、同价”的原则进行交易。三是农村宅基地制度改革。如何盘活农村闲置宅基地及农村房产，使一部分举家全迁到城镇且有转出房屋甚至宅基地意愿的农民工顺利实现交易，并获得一部分补偿用于城镇创业。四是土地征收制度改革。按照现行政策，要探索制定土地征收目录，严格界定公益性用地范围。完善对被征地农民合理、规范、多元保障机制，创造条件使农村集体经济组织进入土地一级市场。

（2）农业结构调整。这次结构调整的基本要点在于“促进粮食、经济作物、饲草料三元种植结构协调发展”“促进一二三产业融合互动，提高农业发展的质量和效益”。结构调整的特点是充分利用国际、国内两个市场、两种资源，挖掘国际、国内两种资源潜力，促进农业增产、农民增收，促进现代农业发展和“四化”同步。

（3）确保谷物基本自给、口粮绝对安全。2014 年中央一号文件提出“任何时候都不能放松国内粮食生产，严守耕地保护红线，划定永久基本农田，不断提升农业综合生产能力，确保谷物基本自给、口粮绝对安全。”[①] 这是供给侧结构改革的底线。根据这次中央农村工作会议精神，在供给侧结构改革中，要确保稻谷、小麦等口粮的生产，既要保耕地，又要保产能，保主产区特别是核心产区的粮食生产。

---

① 中共中央、国务院印发．关于全面深化农村改革加快推进农业现代化的若干意见［EB］．农业部网，2014－1－20.

2. 农业供给侧改革主体

供给侧改革的过程中，非常重要的一点是国家宏观调控。对于过去卖不掉的东西，中国采取的策略是用政策方式刺激它，但是这种刺激消费的政策，会导致某个产业产能过剩，以至于消耗过度，污染加重。农业的发展方式需要转变，要从供给入手，改善供给结构，这才有了农产品供给侧改革。

供给侧改革，除了国家的宏观调控之外，农民也得转变发展观念。通过施化肥、打农药、单纯追求产量增长的生产方式，已经不符合时代的潮流，农民还得要调整种植结构，多生产绿色有机食品，满足消费者的需求，来提升经济效益。

3. 农业供给侧改革方式

（1）宏观层面。

一是调整农业生产方式，优化农产品供给结构。改变传统的小农经济模式，逐步推行农业规模化、集约化经营。可以采取“公司 + 农户”等模式指导农业生产，及时顺应市场需求变化，生产效益高、需求大的农产品，压缩滞销农产品。同时，积极推进农产品的品牌化、绿色化，提升农产品的品质。

二是促进产业融合，优化农产品产业链。积极推进农业与工业、服务业的深度融合，利用先进技术改造传统农副产品加工业，积极推进农产品种植、加工和贸易一体化进程，整合产业链，发展和壮大新兴业态，把握农产品全价值链。特别要利用信息技术抓住电商，树立品牌，营销全国甚至全世界。努力发展农业新业态，积极发展籽种农业、休闲农业、观光农业、会议农业和创业农业等，促进农业产业结构优化和升级。

三是加大农业投入，保护生态环境。政府和企业要加大对农业投入，改善农业基础设施，建设高水平的农田、水库、沟渠和相应道路；加大对农民科技教育与培训，提升农民素质；改变传统农业生产观念和盈利模式，树立“青山绿水是金山银山”的观念，重视农村生态环境建设和保护，杜绝拼资源破坏环境来发展农业的现象。

四是深化农村制度改革，护航农业供给侧改革。首先，改革农村土地使用制度，推进农用地流转。在中央全面深化改革领导小组第七次会议上习主席指出："土地征收、集体经营性建设用地入市、宅基地制度改革关系密切，可以做统一部署和要求，但试点工作中要分类实施。严守 18 亿亩耕地红线是推进农村土地制度改革的底线、是试点的大前提，决不能逾越。"① 其次，政府要建立促进农业生产的激励制度和保障制度，鼓励社会资金和技术投入优质农产品生产，杜绝耕地撂荒和过度耕作现象。最后，政府和行业协会应建立农产品的安全、卫生生产制度，提高绿色农产品的供给。通过制度安排，采用高新技术促进农业生产，保障农产品的安全。

（2）微观层面。中国农业部部长韩长赋表示，中国农业经济运行中有总量平衡问题，但结构性问题更为突出，要加快推进农业供给侧结构性改革，下力气推进种植业、畜牧业、渔业结构调整。重点是调减玉米种植面积，调整生猪、牛羊、渔业生产布局，巩固提升粮食产能，推动粮经饲统筹、农牧渔结合、种养加一体、第一二三产业融合发展。

一是养殖业方面：2016 年将调整渔业养殖布局结构，减少湖泊、水库和近海网箱养殖密度，鼓励发展大水面养殖和离岸养殖，逐步压减近海和内陆捕捞产能，提高远洋渔业国际竞争力。拓展水产品精深加工和营销渠道，加强海洋牧场建设，坚持休渔禁渔制度。

二是畜牧业方面：推动畜牧业转型升级。加快推进畜禽标准化规模养殖，调整生猪生产布局，划定适宜养殖区域和禁止养殖区域，引导生猪养殖向玉米主产区和环境容量大的地区转移。大力发展牛羊等草食畜牧业和草业。加强奶源建设，加强饲料及饲料添加剂生产质量安全监管。

三是种植业方面：推进种植业转型升级。探索建立棉油糖果茶等重要农产品生产保护区，深入开展粮食绿色高产高效创建，积极推进种植结构调整，稳定水稻、小麦生产，力争明年“镰刀弯”地区玉米种植面积调减

① 习近平主持召开中央全面深化改革领导小组第七次会议。中央政府门户网站，2014-12-2.

666.67 公顷以上，继续推进马铃薯主食产品开发和热带农业发展。

四是推进结构性改革，是兴农之要。当前农业面临的诸多矛盾和难题，表现各不相同，但“病根”都出在结构方面。着力加强农业供给侧结构性改革，实现农产品由低水平供需平衡向高水平供需平衡跃升，既能解决当前农业发展的突出问题，更有利于农业健康可持续发展，是今后一个时期农业农村工作的重要任务。

第三节　农业供给侧改革与农村电商发展

一、 农业供给侧改革困局与农村电商兴起

（一） 农业供给侧改革困局

农业供给侧改革是中国供给侧改革的主要内容，也是保障中国农业发展，促进农民增收的重大举措。随着经济的发展，人们的需求结构不断变化，从温饱需求向精神、文化、休闲、服务等方面的需要。但由于历史、人才和技术等原因，中国农业经济发展明显滞后工业，难以满足这种需求变化，因此在推动供给侧改革时存在许多困难和限制，面临严峻的困境。

1. 城乡二元结构性矛盾依旧存在，影响农民生产积极性

尽管中国大力发展农村经济，统筹城乡发展，力争消除城乡差距，但在广大的中西部地区仍旧存在很明显的城乡二元经济结构。城市经济是以现代化的大工业生产和服务业为主，生产力水平较高，人均收入较高，基础设施较发达，生活相对幸福；而农村经济大多是以典型的小农经济为主，农村加工业和服务业不发达，基础设施落后，农产品价格较低，产品附加值较低，人均收入和消费较低。这种城乡二元结构造成农民大量弃农进城，荒废农业，农村成了老弱病残的聚集地，没有足够资金、人才、技术投入农业，导致现有的农村供给结构不能适应现代化需求结构的变化，阻碍了农业的可持续发展。

2. 农业信息技术落后，互联网营销模式处于起步阶段

世界已进入信息化时代，互联网等信息技术广泛用于城市生产和服务业，但中国农村的互联网设施建设相对滞后，很多农村没有用上互联网，也缺乏相关的技术人才。大多数农村居民不了解信息技术和互联网将对农村生产生活带来的巨大影响，特别是大多数中老年农民已经难以使用信息技术，很难利用互联网收集农业生产、加工和营销信息，无法利用互联网开展农产品的营销，导致中国农业生产的技术落后，一方面影响了中国农产品品质的提高和生产成本的降低；另一方面无法利用廉价互联网营销渠道，造成农产品滞销，销售成本高，利润低，生产难以继续，结果造成农业种植者和加工者的经济条件无法改善，农民的生活品质得不到提升，农业有效供给相应减少。

3. 农村人才稀缺，创新受困

由于城乡二元结构存在，大量农村人才和青壮年劳动力从农村进入城镇从事非农生产，多数农村地区出现了严重的空巢现象，农村面临着严重的人才短缺问题。正是农村人才的缺失导致了农业生产技术难以提升，产业难以融合，创新难以突破，新的业态难以形成。

（二）农村电商兴起和意义

2016 年中央一号文件提出：要推动农业供给侧结构性改革，要促进农村电子商务加快发展，形成线上线下融合、农产品进城与农资下乡双向流通格局。农村电商以其特有的商业营销模式和产品供给体系，在农产品与城市消费者之间建立了一条产销的快速信息通道和物流通道，更好地满足消费者需求，成为农村供给侧改革的重要突破口和支撑点。

响应党中央的号召，看到农村电商的光明前景，众多电商企业瞄准农村，积极下乡。阿里研究院院长高红冰提出："农村的市场是一个新的蓝海市场，我们发现在整个网购的这样一个现象的背后，其实在三线四线五线六线城市的分布是超过一半的，所以未来一个新的增长点是在这块。"阿里巴巴提出涉农电商是阿里集团三大发展方向，并于 2014 年 7 月召集 176 个县主要领导召开“县长大会”，拉开了“千县万村”计划的序幕。京东农村电商主要是抓两大核心模式，即县级服务中心和京东帮服务店。京东投资50亿元在全国2200个区县建立自己的仓储物流系统，计划在2017年年底构建覆盖全国所有行政村的物流网络。中国邮政则依托5万多个邮政局所、12.3万个“三农”服务站、11.7万个村邮站为支点，构建全国农村物流系统。自2013年以来，中国邮政将发展农村电商作为在农村市场的战略重点，以邮乐网为基础，凭借信息网、实物网和金融网“三网合一”的综合优势，构建“线上线下”的融合优势，建设农村电商连锁分销网络，在2015年年底形成了11万个农村线下网点、275个运营中心和100个仓储配送中心。到2015年底，中国涉农电商约有31000多家，其中农产品销售的电商平台超过3000家，农产品交易额超过700亿元，近五年年均增速超过30%，可见其发展十分迅猛。

发展农村电子商务，促进农业与互联网的深度融合，将使农民更快捷获取生产资料和生产技术，提高生产效率；及时了解农产品供给需求信息，调整农产品生产，满足市场需求变化；创新农业新业态，不断提高供给质量和水平，满足都市人们新需求，推动农村供给侧改革。

1. 电商推动城乡供需结构均衡发展

通过电子商务突破城乡的地域空间限制，消除城乡供求信息不对称，促使城乡、东中西部、国内外、企业和个人紧密联系一起，信息流动更加畅通和及时。围绕电子商务建立的物流系统、大数据分析平台和其他服务设施，可以使农产品快速从一个区域流向另一个区域，资金及时回笼，实现城乡经济的无缝对接；通过电商大数据收集和分析，可以为城乡提供供求市场信息，了解农产品市场销售情况、需求情况和城镇消费习惯与倾向，为农业生产和加工提供决策咨询。同时，农村电子商务可以低成本地树立农产品品牌，提升农产品附加值。

2. 电商带来激烈竞争推动品质提升

大规模的农村电商发展，导致各地农村产品在互联网上销售，因而竞争

也异常激烈。要盈利唯有特色化和品牌化，关键还在于提高农产品的品质。这种竞争导致农村企业和农民不得不利用电商带来的信息技术和科技手段对农产品的生产和加工进行提质改造，打造现代化的农业生产和加工链，从而避免恶性竞争，达到盈利目的。

3. 电商促进产业融合创新

互联网的兴起和电商的发展让农民看到了外面世界的真实需求和竞争压力，发现了农业发展新业态和新商业模式。利用“互联网+农业”整合农业资源，建立农村电子商务平台，一方面可以通过互联网营销将农产品的生产、加工、销售融为一体，融合农业、工业和服务业，创新农产品营销模式，构建现代农产品生产和安全体系；另一方面，通过电商平台实现跨界经营，电商平台中云集了农产品生产者、加工者、金融投资者、营销服务者和物流者，等等，或者一个企业多种身份开展跨界经营。此外，通过电商可以发现新需求和新供给，从而创新业态，如观光农业、旅游农业、休闲农业、会展农业等。

4. 电商降低农业成本

通过电商可以降低农业生产、加工和销售成本。电商通过信息优势，利用公司+农户等方式，提供技术支持，组织农民进行大规模、专业化、集约化生产，形成规模经济和品牌效应，降低农产品生产加工成本；通过互联网营销和便捷物流及时发现需求，降低营销成本。例如“淘宝村”的出现，使得大量网商聚集农村，构建较完整的生产、加工、储存、包装、运输和物流产业链，以淘宝交易为龙头，产生协同效应，降低了农业成本。

5. 电商引导人才、资金的回流

通过发展电子商务可以引导和吸引人才下乡、返乡创业和就业。电商为农村经济发展提供坚实的动力，让人们看到了农村发展巨大潜力，也为企业提供了利润新增长点。因此在政府支持下，通过电商可以引导大量社会资本的投入农村，吸引人才回流农村。

二、农村电商发展模式

有关农村电商研究很多，洪涛（2015）、朱品文（2016）、张珂（2016）、解新华（2016）、蒋倩（2016）、陈薇薇（2016）、胡善珍（2016）等学者做了不同论述。经总结，本书认为可从三个方面进行分类阐述。

（一）农村电商交易模式

主要指农产品在互联网上和网下交易。一般分为农业企业自建交易平台、第三交易平台和政府交易平台。主要模式分为O2O（线上线下模式）、B2B（商家与商家交易）、B2C（商对客交易）、F2C（农场对客交易）、C2B（消费者定制）、C2F（订单农场）、CSA（社区支持农业）、M2S（超市社区化电子商务）等，见表2－1所示。

表2－1　电商交易模式分类

交易模式名称	特征	典型代表	优势	劣势
O2O（线上线下交易）	线上交钱，线下体验	淘宝、阿里巴巴、京东	预约交易，节省交易费用和时间	诚信问题，售后服务不到位、地推所需成本较高
B2B（商家之间交易）	供给企业和求购企业借助于网络完成与农产品交易相关的所有环节。分为买方集中、卖方集中、中立模式	云农场、一亩田、美菜网	直接交易，节省费用，适合大单交易和订单农业交易	农产品标准化程度差、物流运输复杂
B2C（商对客交易）	遂昌模式，农产品商家对客户直销。分为平台模式和垂直型模式	本来生活、沱沱工社	灵活多样，商家可以自己拥有农场，也可作为中介网上销售	农产品标准化程度差、物流运输复杂
F2C（农场对客交易）	农场通过互联网平台直接销售给顾客，为农场直销	江苏“壹号农场”	压缩销售渠道，减少中间费用，及时了解客服需求	产品直观感受较差，售后服务不及时和完善。农户压力较大
C2B（消费者定制）	商家根据消费者的订单需求生产，再配送给客户	忠良网	提前下订单，经营风险小	非标准化生产，质量难以统一

续表

交易模式名称	特征	典型代表	优势	劣势
C2F（订单农场）	农户根据消费者的订单需求生产，再配送给客户	多利农庄	提前下订单，经营风险小；产品质量放心	受场地影响，无法满足大量需求；物流不稳定
CSA（社区支持农业）	通过社区网络开展订单农业		平台投资少，经营风险小，产品质量放心	受场地影响，无法满足大量需求；物流不稳定
M2S（超市社区化电子商务）	用户在社区网等免费开店，电商提供货源和配送，用户可以体验一种娱乐式的电子商务乐趣	农工商的便利通网上超市、美廉美网上商城平台	开店成本低，提供就业机会；用户交流购物心得，购买风险小	处于起步阶段，需要社区圈规模较大

（二）农村电商支付模式

主要指农产品电商交易的支付方式，大体分为在线支付、传统银行和货到付款支付等。目前普遍采用有互联网在线支付、银联转账支付、货到付款POS 机支付、移动支付。

1. 互联网支付

指客户在网上下单，然后用网上支付方式付款，包括使用支付宝、财付通、百付宝、微信、天翼、网上电子银行等支付。这类方法快捷，支付成本很低，有些还可以用信用担保，缓解现金压力。但一般是提前支付，未见到货物或服务，存在一定风险。同时也存在网上支付安全风险。

2. 线下支付

指客户在网上下单，然后用线下货到付款支付，包括货到付款、邮局汇款、POS 机支付和银行转账等方式。这类方法支付面额可以很大，基本不受限制，发展很快，但线下支付主要被银行垄断，有一定的交易成本，卖方收款有一定风险。同时也存在一定安全风险。

3. 线上＋线下共同支付

指线上支付订金或部分货款，线下支付余款。主要用于大宗商品交易，交易量较大，交易双方信任程度不高，或者采用订单式农业交易。这种模式比较麻烦点，费用较高，但安全程度相对较高。

三、 农村电商发展困境

尽管发展农村电商是大势所趋，越来越多企业投资电商，到 2015 年底有涉农电商企业 31000 家，仅有 1% 的农村电商企业盈利。原因在于农村电商存在诸多困难，阻碍了农村电商发展和农村发展。

（一） 信息化水平较低， 基础设施薄弱

1. 中国农村信息化建设严重滞后

首先，中国多数农村还未开通互联网，移动互联网接入速度低，难以承担起电商交易。其次，农村互联网安装费用较高，资费也高于城市，影响农民使用互联网的积极性。

2. 交通、物流设施薄弱，供应链组织化水平低

首先，农村道路建设速度较慢，尚未实现水泥路面到村，很多村组路面狭窄不足 2 米宽。其次，仓储运输物流设施简陋，冷冻仓储运输设备严重不足，农产品包装简单，影响农产品外销。此外，农村物流体系建设水平不高，组织水平低，物流成本较高。

（二） 农村电商同质化严重， 陷入恶性竞争

1. 大量的电商企业和交易平台同质化严重，没有特色

现在大量电商企业进入农村，农村加工企业纷纷自办电商，出现“千站一律”“千网同一”，同质化十分严重，各个电商和网络交易内容趋同、交易方式相似，电商企业竞争日趋激烈，亏损严重。

2. 电商发展过于迅速，忽视品牌建设

国家和地方政府为发展农业，促进农产品流通，鼓励发展农村电商。在 2005 ~ 2015 年间涉农电商数量年均增长超过 20%，众多大型电商企业如淘宝、京东、邮政等纷纷推出农产品交易平台，还有各地建立为数众多的中小电商企业和网站，甚至部分地区出现所谓的“电商大跃进”，建立很多华而不实的网站，浪费大量宝贵投资。与此同时，农村电商企业忽视自身品牌建设，利用低价进行恶性竞争，导致众多电商企业亏损，发展受阻。

（三）农产品加工标准缺乏，安全保障较低

1. 加工标准化水平较低

我国多数农村仍旧是小农经济，农民生产农产品的市场化意识不强，品牌意识不强，加工水平较低，没有采用大规模、工业化加工模式，导致农产品标准化较差，交易价格低。

2. 生产标准不规范，农产品安全性不足

农民知识水平有限，对绿色环保理念理解不清，导致超标使用或违规使用的农药、化肥，导致农产品品质难以保障，绿色生态农产品供给不足。

（四）缺乏人才，缺乏有效政策支持

1. 农村缺乏电商人才和生产服务人才

中国中西部落后的农村已成为“老少弱女”集中地，年轻力壮的进城打工，有知识有文化的进城工作，大量农村人才流入城市和沿海地区，根本无法支撑农业信息产业化，农产品现代化加工和农村现代物流发展。

2. 农村电商缺乏统一发展规划和政策支持

中国中央政府和地方政府努力推动农村电商，但并没有完全把握农村电商发展规律，处于探索中。因此，政府无法及时提供区域性的电商发展规划，也没有出台系列支持电商的政策，导致农产品销售仍旧不畅。

四、农村电商发展对策

农村电商是互联网时代改变农业经济面貌的积极力量，也是农业互联网+和供给侧改革的结合中的重要环节，它将为农业经济转型和发展提供了新的路径和策略。以农村电商的发展作为农业供给侧改革的突破口，关键是如何推动电子商务在农业生产和消费环节的全面渗透。

（一）做好全面规划，提供政策支撑

一是政府牵头聘请专家做好农村电商发展规划，建设各具特色的电商企业与网站。

二是政府制定和出台支持农村电商和农产品生产加工的优惠政策，推进

电商配套设施和服务建设，发挥电商引领作用，合理配置资源。

三是政府鼓励电商企业与科研企业或高校合作，共享电商大数据，分析和预测农业供求变化趋势，分析消费者习惯和特质，开展针对性生产和营销。

（二）加大农村信息化建设力度，完善基础设施

一是政府支持电信下乡，完善农村互联网设施，推动光纤入农户，提升网速，降低网费。对农户参与电商活动给予适当网费减免等。

二是完善农村基础设施，打通农村道路，建设公共仓储中心，构建完善物流服务基础体系。

三是建立完善的物流网络。可以与第三方物流企业合作，也可以自行构建效益好的物流体系，做好物流网点建设。用信息化技术提升现有物流设施，建设完备的物联网和大数据分析中心，支持物流系统。

（三）推动农产品的标准化、规模化和品牌化

第一，规范农产品生产标准和加工标准，严格按标准生产加工。农产品安全关系到每一个人，必须规范农产品生产标准和加工标准，确保农场的生产和使用安全。生产高品质的农产品是电商交易的基础，是推进供给侧改革的重点。

第二，推动农业生产的规模化、集约化。只有利用大规模工业化生产农产品才能保障农产品的质量和标准。因此，要推进土地流转和规模经营，采用公司+农户或公司化生产农产品确保农产品质量。

第三，打造特色农产品品牌，实现绿色经营，提升农产品和服务的品质。这是供给侧改革的关键，只有农产品树立了品牌经营，才能保障农产品绿色化和高品质，才能满足都市需求。倡导绿色经营，包括绿色金融、绿色旅游、绿色产品，形成以绿色品牌营销的新商业模式。

（四）创新农村电商发展模式

第一，基于农产品生产、加工、销售和售后服务产业链合理设计和开展电商服务，创新农场电商服务内容和对象。

第二，推动农村电商智能化、多功能化发展。农村电商发展逐步走向智能化，利用物联网，采用大数据和云计算等信息技术，推动农场电商服务进入精准营销、智能物流、智能售后服务时代，提升营销水平，降低营销成本。同时，利用互联网信息传递快捷性和低成本，使电商平台融合信息搜寻、产品评价、产品展示、产品宣传，以及生产技术、专利等查询和培训等功能。

第三，探索现有电商交易模式的融合创新，比如 P2R 与 O2O 结合、P2G2B2C 和 P2I2C 等模式。

（五）培养农村电商人才

首先，政府采取适当政策支持大学毕业生根据自身专业参与农村电商建设，从事绿色生产、加工和电商营销等；鼓励进城务工返乡人员自主创业，让人们看到农村希望。

其次，政府联合高校和企业，培训农村电商人才，鼓励电商人才从事农业电商和物流。

最后，盘活农村留守人员，打造跨专业跨平台的农村电商教育培训体系，将涉农工程专家、涉农教育专家、企业电商平台专家、数据分析专家等聚集在培训平台，打造一个农村电商人才培养中心，对农民进行全方位培训。由政府参与培训人才给予适当经济补贴，发放规范培训证书。

第三章 农村电商崛起与全面小康

第一节 全面小康内涵

一、全面小康的内涵

“小康社会”是由邓小平在20世纪70年代末80年代初在规划中国经济社会发展蓝图时提出的战略构想，其标准如下：一是人均国内生产总值超过3000美元，这是全面建成小康社会的根本标志；二是城镇居民人均可支配收入1.8万元；三是农村居民家庭人均纯收入8000元；四是恩格尔系数低于40%；五是城镇人均住房建筑面积30平方米；六是城镇化率达到50%；七是居民家庭计算机普及率20%；八是大学入学率20%；九是每千人医生数2.8人；十是城镇居民最低生活保障率95%以上。在此基础上，中共十七大报告从经济建设、政治建设、文化建设、社会建设和生态文明建设提出了更高的要求，其中涉及农村方面的内容包括城乡协调互动发展机制、建设社会主义新农村、基本公共服务提供能力显著提高、建立覆盖城乡居民的社会保障体系，基本消除绝对贫困现象等方面。

在中国共产党第十八届中央委员会第五次全体会议上，习近平对建设全面小康进行了全面阐述①：

（1）覆盖的领域要全面。全面小康是经济建设等五位一体的全面小康，习近平指出：“全面小康社会要求经济更加发展、民主更加健全、科教更加

① 习近平．全面建成小康社会更重要的是“全面”．中国新闻网，2016－6－10.

进步、文化更加繁荣、社会更加和谐、人民生活更加殷实。要在坚持以经济建设为中心的同时，全面推进经济建设、政治建设、文化建设、社会建设、生态文明建设，促进现代化建设各个环节、各个方面协调发展，不能长的很长、短的很短。”

（2）覆盖的人口要全面。全面小康就是惠及全体人民的小康，是全民共享的小康，不仅体现在总体上、总量上，而且体现在各个区域。不仅城市要实现全面小康，而且农村要实现全面小康。不仅发达地区要实现全面小康，更重要的是让农村和贫困地区尽快赶上来，让所有人民都进入小康。习近平指出：“共享发展是人人享有、各得其所，不是少数人共享、一部分人共享。”他多次强调，“小康不小康，关键看老乡”“全面建成小康社会，最艰巨最繁重的任务在农村、特别是在贫困地区”“绝不能让一个少数民族、一个地区掉队，要让13亿中国人民共享全面小康的成果”。

（3）覆盖的区域要全面。习近平指出：“我们实现第一个百年奋斗目标、全面建成小康社会，没有老区的全面小康，特别是没有老区贫困人口脱贫致富，那是不完整的。”从区域来看，到2020年全面建成小康社会意味着全国各个地区都要迈入小康社会，而不是大部分地区进入了小康社会，少数地区还处在贫困状态。经过三十多年的改革发展，我国绝大部分地区已经从传统的落后农业社会进入了全面进步的现代社会。但是，部分农村、特别西部地区发展仍然滞后。我们必须加大统筹城乡发展、统筹区域发展的力度，推进城乡发展一体化，努力缩小区域发展差距。不仅要缩小国内生产总值总量和增长速度的差距，而且要缩小居民收入水平、基础设施通达水平、基本公共服务均等化水平、人民生活水平等方面的差距。只有把落后地区的发展搞上去，补齐短板，才能实现全面小康社会。习近平指出：“‘小康’讲的是发展水平，‘全面’讲的是发展的平衡性、协调性、可持续性。”全面小康要牢牢抓住全面这个核心要求，全国各个地区、各个行业协调发展，努力缩小地区差距、行业差距、城乡差距，实现共同富裕、全面小康。

二、 全面小康面临的短板

（一）首先体现在地区差距呈现出扩大变化趋势

2009～2014 年各省市的人均 GDP 如表 3－1 所示，到 2014 年为止，中国所有省份的人均 GDP 都已超过了 3000 美元，但是各省份之间人均 GDP 相差较大，并呈现出扩大趋势，以人均 GDP 最低的省份－贵州和人均 GDP 处于最高水平的上海市比较来看，2009 年贵州省人均 GDP 为 10971 元，而上海市为 69164 元，两者相差 57193 元，到了 2014 年两省市的人均 GDP 分别为 26433 元、78798 元，两者差距达到 70933 元。东中西部地区人均 GDP 差距变化趋势如图 3－1，从图 3－1 可以看出，东中西部地区人均 GDP 呈扩大变化趋势，2009 年东中西部地区人均 GDP 分别 43138. 5 元、23082. 7 元和 17499. 8 元，而 2014 年这些地区人均 GDP 分别为 71763. 7 元、43232. 1 元、35866. 9 元，东中部差距和东西部地区差距由 2009 年的 20055 元和 25638 元上升到 28532 元和 35897 元。

表 3－1　　中国 31 省市人均 GDP　　单位：元

地　区	2009 年	2010 年	2011 年	2012 年	2013 年	2014 年
北　京	66940	73856	81658	87475	93213	99995
天　津	62574	72994	85213	93173	99607	105231
河　北	24581	28668	33969	36584	38716	39984
山　西	21522	26283	31357	33628	34813	35070
内蒙古	39735	47347	57974	63886	67498	71046
辽　宁	35149	42355	50760	56649	61686	65201
吉　林	26595	31599	38460	43415	47191	50160
黑龙江	22447	27076	32819	35711	37509	39226
上　海	69164	76074	82560	85373	90092	97370
江　苏	44253	52840	62290	68347	74607	81874
浙　江	43842	51711	59249	63374	68462	73002
安　徽	16408	20888	25659	28792	31684	34425

续表

地　区	2009 年	2010 年	2011 年	2012 年	2013 年	2014 年
福　建	33437	40025	47377	52763	57856	63472
江　西	17335	21253	26150	28800	31771	34674
山　东	35894	41106	47335	51768	56323	60879
河　南	20597	24446	28661	31499	34174	37072
湖　北	22677	27906	34197	38572	42613	47145
湖　南	20428	24719	29880	33480	36763	40271
广　东	39436	44736	50807	54095	58540	63469
广　西	16045	20219	25326	27952	30588	33090
海　南	19254	23831	28898	32377	35317	38924
重　庆	22920	27596	34500	38914	42795	47850
四　川	17339	21182	26133	29608	32454	35128
贵　州	10971	13119	16413	19710	22922	26437
云　南	13539	15752	19265	22195	25083	27264
西　藏	15295	17319	20077	22936	26068	29252
陕　西	21947	27133	33464	38564	42692	46929
甘　肃	13269	16113	19595	21978	24296	26433
青　海	19454	24115	29522	33181	36510	39671
宁　夏	21777	26860	33043	36394	39420	41834
新　疆	19942	25034	30087	33796	37181	40648

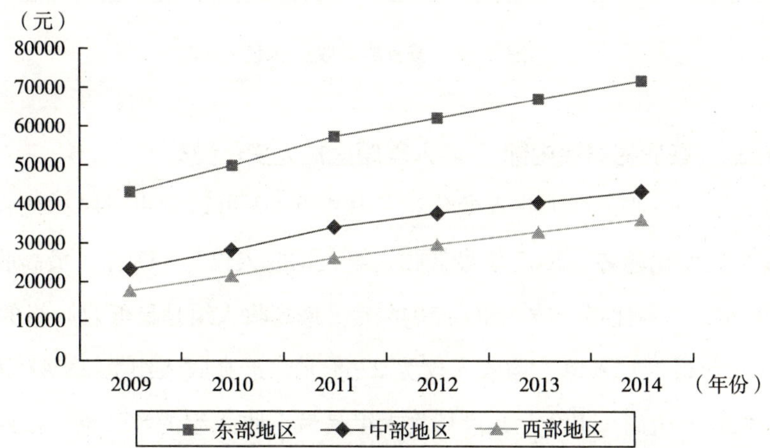

图 3－1　东中西部人均 GDP 比较

（二）城乡差距呈现扩大变化趋势

城乡收入差距从图3－2可以看出，城乡绝对收入差距呈现扩大变化趋势，从1978年的210元上升到2014年的19489元。城乡相对收入差距也呈扩大变化趋势，1978年城市居民可支配收入是农村居民纯收入的2.57倍，但在2014年达到2.97倍。城市居民人均收入在2010年左右就突破了小康水平下的城镇居民收入1.8万元，而农村居民在2013年才突破到小康收入水平。

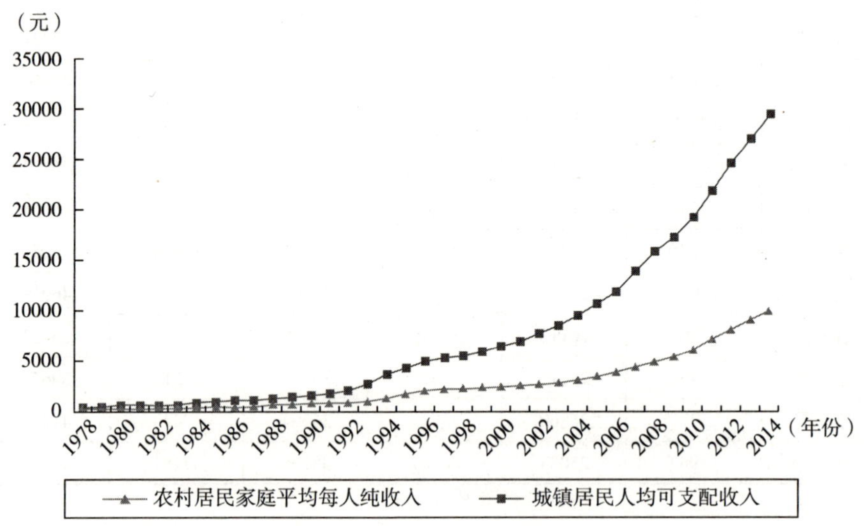

图3－2　城乡居民收入比较

（三）在农村居民内部，收入差距呈扩大变化趋势

农村五等分收入组纯收入变化趋势从图3－3可以看出，农村纯收入差距呈现扩大变化趋势，2002年最低收入组人均收入仅为857元，最高收入组为5903元，最高比最低收入组高5046元，最高收入组是最低收入组的6.89倍；2014年最低收入组人均收入仅为2768元，最高收入组为23947元，最高比最低收入组高21179元，最高收入组是最低收入组的8.7倍。按照小康收入的标准，农民人均收入达到8000元，到2014年为止，中国农村居民低

收入组和中等偏下收入组仍然没有达到这一收入水平，其中低收入组仅为该标准的35%，中等偏下收入组为82.55%。2014年中国农村人口大约为6.7亿人口，而仅从收入来看，就存在40%左右的人口未达到小康水平，这一方面说明中国大约有2.68亿人口实现小康生活存在困难。因此提升农村居民收入迫在眉睫。

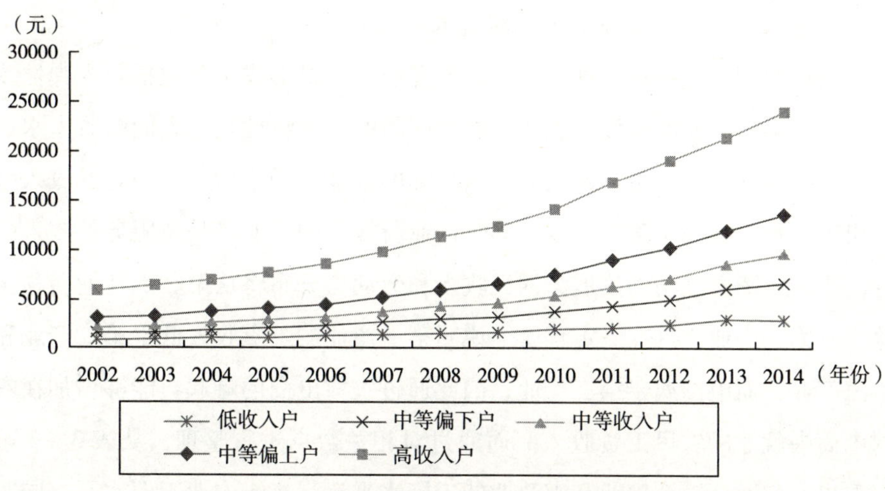

图3－3　农村五等分收入组纯收入变化趋势

（四）中国食品安全问题严重

近年来，中国食品安全问题频发，愈演愈烈，并表现为如下特征：首先，涉及面呈扩大变化趋势。现在的食品安全涉及各个领域，如蔬菜、猪肉、酸奶、牛奶、食用油等。其次，食品安全的危害程度加深。过去食品安全体现在细菌超标等方面，现在主要体现在农药、化肥等残留超标，原材料不安全，甚至为了提升某一营养指标直接加入化学物的情况，严重影响食品安全，如奶粉中直接加入三聚氰胺来提升蛋白质指标，福喜的臭肉事件，等等。最后，食品安全问题越来越难以健康。现在犯罪分子制毒方式多样，并且越来越隐蔽，如2009年三鹿奶粉的“三聚氰胺”事件，2012年酸奶明胶事件，2014年福喜臭肉门事件，2011年健康元地沟油事件，等等。

第二节　农村电商崛起与全面小康

一、农村电商崛起有助于推动全面小康

（一）农村电商的崛起有助于提升提高农民收入

1. 直接提升农民工资收入来提升农民收入

根据配第一克拉克定理，产业转型升级的主要形成机制包括收入弹性差异，由于第一产业的属性是农业，而农产品的需求特性是当人们的收入水平达到一定程度后，难以随着人们收入增加的程度而同步增加，即它的收入弹性出现下降，并小于第二产业、第三产业所提供的工业产品及服务的收入弹性。所以，随着经济的发展，国民收入和劳动力分布将从第一次产业转移至第二、第三产业。这在一定程度上说明第一产业的工资收入低于第二产业和第三产业，而电商属于第三产业，因此通过农村电商的崛起，能够增加在农村电商中就业的农民工资收入。而通过对相关数据进行整理，从表3－2可以看出，交通运输仓储业和邮政业的工资水平远远高于农业工资水平。同时农村电商有助于推动农产品深加工，推动产品生产由最初的第一产业生产转向更高附加值的第二产业生产，而同样第二产业从业人员的工资高于第一产业从业人员的工资，因此推动了农民收入的增加。

表3－2　中国农林牧副渔业工资和交通运输、仓储和邮政业工资比较　单位：元

年份	农林牧副渔业	交通运输、仓储和邮政业	年份	农林牧副渔业	交通运输、仓储和邮政业
2003	6884	15753	2009	14356	35315
2004	7497	18071	2010	16717	40466
2005	8207	20911	2011	19469	47078
2006	9269	24111	2012	22687	53391
2007	10847	27903	2013	25820	57993
2008	12560	32041	2014	28356	63416

2. 通过增加农村就业来推动农民收入的提高

农村电商的发展需要吸收更多的劳动力进入电商行业，推动仓储、运输、电子商务等方面就业的增长；农村电商推动了农村产品的深加工，而农村产品的深加工，需要吸收更多的劳动力投入，促进了农村农民就业；农村电商的发展使得农产品能够顺利转化为收入，有助于促进农民进行农业生产的积极性，进而促进农业就业。

3. 能够促进农业的发展来提高农民收入

当前农村经济发展的主要问题体现在优质产品比重较低，高校经济作物种植面积较小，农产品附加值较低，流通业不发达造成很多优质农产品滞销，严重打击了农民进行农业生产的积极性。而农村电商的发展一方面能够带动原有农产品的生产；另一方面解决农村信息不对称问题，为农村提供农产品需求信息，提升农产品生产效率，尤其是能够推动农村经济作物的规模生产。

4. 农村电商能够降低农业生产的生产和销售成本

打击农民生产积极性的原因不仅仅是农产品价格较低，另一个原因是农业生产资料销售存在一定的垄断，使得农业生产资料价格高，降低了农业生产的利润，抑制了农民收入的增长，而由于农村电商的进入，一方面加剧了农业生产资料供应之间的竞争，促进生产资料价格下降；另一方面，农村电商由于集中采购生产资料，并且能够在全国范围内选择生产资料生产厂商，使得采购价格下降，进而能够以更低的价格为农民提供生产资料。农村电商同时能够降低农产品的销售成本，由于农村电商存在，使得农民不需要进行专门的农产品销售，只需将农产品卖给农村电商即可，这将大大提升农产品生产效率，降低销售成本。同时，农村电商能够大规模的采购、运输、仓储农产品，由于存在规模效应，使得销售成本大幅下降。

（二）农村电商在一定程度能够提高食品安全

（1）农村电商能够为消费者提供农村优质的农产品，随着农村优质的农产品消费数量增加，食品安全能够得到提升。

（2）加剧了现有食品生产企业之间的竞争，促使他们加强食品安全管理，提升食品安全质量。由于农村电商的发展，更多的优质农产品能够提供给消费者，这对现有食品生产企业构成威胁，加剧食品生产企业之间的竞争，这些企业如果不加强食品安全管理，提升食品质量，就可能存在被淘汰的危险，为了生存下去，这些企业除了提升产品质量以外，没有其他途径可走。

（3）农村电商的发展，使得农村电商在运输农村农产品过程中，农产品的质量追溯成为可能，进而可以理清食品安全的责任，使得食品安全能够责任到村，进而责任到人，促使农民确保农产品安全生产。

（三）农村电商的发展中一定程度上能够促进生态文明

全面小康要求大力发展生态文明，要求“绿水青山就是金山银山”“APEC 蓝”，这需要良好的环境为前提。而环境污染在一定程度上归因于产品生产粗放经营和无标准化，使得排放的污染物超出了环境自身的净化能力范围。而农村电商要求上线上网农产品品质标准化，标准化使食品生产的污染相对较小，可提升环境净化能力。

二、全面小康推动了农村电商的崛起

首先，随着全面小康的持续推进，随着城市居民收入的提升，城市居民不但需要工业品消费，而且更需要绿色、高品质的农村食品，这促进了农村电商的发展。同时全面小康不但覆盖城市居民，而且覆盖农村居民，因此随着全面小康的持续推进，农村居民也需要城市生产的高质量工业品、耐用品，这也促进了农村电商的发展。其次，全面小康不但覆盖发达省份，而且覆盖中西部发展落后的省份，随着中西部地区全面小康的持续推进，跨地区、跨区域之间的商品流通推动了农村电商的发展。最后，全面小康的推进政策改革促进了农村电商的崛起。当前全面小康最大的阻碍来自于农村，中国仍然存在 2.68 亿左右的农村人口人均收入未能达到小康收入标准，其中 1.34 亿左右人口的人均收入离 8000 元相差甚远，因此全面小康政策的推进

一方面能够提高农村收入水平，促进农村消费，进而促进农村电商的发展；另一方面中央制定密集型政策，试图通过推进电商发展来进行农村扶贫，使得贫困农村收入达到小康水平，如2015年2月，《中共中央国务院关于加大改革创新力度加快农业现代化建设的若干意见》指出，“在加快转变农业发展方式、创新农产品流通方式方面，支持电商、物流、商贸、金融等企业参与涉农电子商务平台建设。开展电子商务进农村综合示范”。2015年4月，在《中共中央国务院关于深化供销合作社综合改革的决定》强调，“顺应商业模式和消费方式深刻变革的新趋势，加快发展供销合作社电子商务，形成网上交易、仓储物流、终端配送一体化经营，实现线上线下融合发展”。商务部在《“互联网+流通”行动计划》指出，要推动电子商务进农村，培育农村电商环境。国家邮政局、商务部在关于推进“快递向西向下”服务拓展工程的指导意见中指出，应从完善中西部、农村地区快递基础设施、加强资源整合共享与合作开发、提升中西部、农村地区快递服务水平等四个方面加强快递在农村地区与电子商务的协同发展，以促进农村流通现代化。《国务院办公厅关于促进农村电子商务加快发展的指导意见》中指出，应从加强政策扶持力度、鼓励和支持开拓创新、加大金融支持力度、大力培养农村电商人才、加大对电子商务创业农民尤其是青年农民的授信和贷款支持等七个方面对农村电子商务进行支持，等等。

第三节 农村电商促进全面小康实证研究

毫无疑问，农村电商的崛起对全面小康的促进作用是多方面的，但是由于数据的可获得性，从实证研究无法验证促进作用的各个方面，更多的是从经济视角进行分析。本章将从农村电商的崛起对农村就业的影响、第一产业的影响等方面进行实证研究，以验证上述影响机理。

一、 数据来源及说明

根据第二部分农村电商对全面小康影响的机理分析，结合需研究的农村电商的崛起对全面小康的影响，本文所用到的变量有农村电商的发展、第三产业就业、第一产业等几个变量，具体变量定义如下：

（1）农村电商：根据已有的资料，无法直接获取该变量，因此本书利用替代变量来进行度量。考虑到智能手机、互联网和农村电商相关程度很高，很多农村居民进行网络购物，基本上都是通过移动手机或网络进行的，因此，本书利用移动手机和互联网宽带接入用户作为农村电商崛起的度量指标，变量分别定义为 PHONE 和 INTER。

（2）农村经济变量：存在很多农村经济变量，考虑到数据的可获得性，本书利用第一产业增加值和粮食产量作为度量指标，变量分别定义为 AG 和 FOOD。

（3）就业：由于农村电商的崛起需要投入大量劳动力，这些劳动力主要属于第三产业，因此本文利用第三产业就业作为度量指标，变量分别定义为 THIRD。

（4）经济发展水平变量：农村经济指标一定和当地的经济发展水平有关，而经济发展水平一般利用经济总量和人均 GDP 表示，因此本节利用 GDP 或者人均 GDP 作为经济发展水平指标，其中 PO 表示农村人口数，GDP 表示国内生产总值。

本书的数据都来自国研网数据库，所有的经济指标为县域经济指标，所研究的对象为湖南省 16 个县，这 16 各县分别为韶山市、津市市、武冈市、吉首市、洪江市、临湘市、沅江市、涟源市、常宁市、冷水江市、资兴市、湘乡市、汨罗市、耒阳市、醴陵市、浏阳市，选择这 16 个县的主要原因在于数据的可获得性。研究时间段为 2011～2014 年。

二、变量的统计特征

上述变量的统计特征从表 3－3 可以看出，这 16 个县级市的平均 GDP 约为 237.8 亿元，其中第一产业增加值约为 31.4 亿元，约为 GDP 的 1/7。宽带互联网用户约为 48317 户，而移动手机用户远远高于宽带互联网用户，为

36.6万户，这说明农村网络消费更有可能使用移动手机作为工具。粮食平均产量为33万吨左右，第三产业就业人数大约为82.4万人，农村居民人数大约为60万人左右。绝大多数变量不服从正态分布，除了第一产业增加值和农村人口。

表3-3　变量的描述性统计量

变量	*GDP*	*AG*	*INTER*	*FOOD*	*THIRD*	*PO*	*PHONE*
Mean	2377567	313696.5	48317.31	329381.0	82433.44	60.36250	366346.8
Median	1980988	350015.0	35900.00	423551.5	35720.50	62.40000	316721.0
Maximum	10128321	838694.0	159900.0	561949.0	314709.0	129.2000	1171100
Minimum	394392.0	37246.00	8311.000	44000.00	4964.000	9.200000	62075.00
Std. Dev.	1929136	189704.1	33962.59	189255.0	81119.04	36.35605	250405.1
Skewness	2.312272	0.433645	1.281460	0.397144	1.135046	0.233307	1.752798
Kurtosis	8.827276	2.893985	4.329280	1.443334	3.372647	1.925012	6.341462
Jarque - Bera	147.5828	2.035813	22.22812	8.144277	14.11249	3.662206	62.54554
Probability	0.000000	0.361351	0.000015	0.017041	0.000862	0.160237	0.000000
Observations	64	64	64	64	64	64	64
Cross sections	16	16	16	16	16	16	16

三、实证研究

（一）农村电商的崛起对第一产业增加值的影响

基于第二部分关于农村电商对第一产业的影响机理，本节建立如下模型：

$$\ln\left(\frac{AG}{PO}\right)=\beta_0+\beta_1\ln\left(\frac{INTER}{PO}\right)+\beta_2\ln\left(\frac{PHONE}{PO}\right)+\beta_3\ln\left(\frac{GDP}{PO}\right)+u \qquad (3-1)$$

模型（3-1）中$\beta_0,\beta_1,\beta_2,\beta_3$为回归系数；$u$为随机扰动项。考虑到各个截面常数项可能不同，因此上述面板模型可能是混合模型、随机效应模型或者固定效应模型，通过检验发现应该选择固定效应模型，最终回归结果见表3-4。

表 3-4　　　　模型（3-1）的回归结果

变量	系数	标准误	t 统计量	P 值
常数项	1.901045***	0.458729	4.144161	0.0001
$\ln(INTER/PO)$	-0.017423	0.018508	-0.941361	0.3515
$\ln(PHONE/PO)$	0.027958**	0.012559	2.22613	0.0314
$\ln(GDP/PO)$	0.615590***	0.048913	12.58551	0.0000
固定效应	有			
R^2	0.991618	F-statistic		295.7607***

注：*，**，*** 分别表示在 10%，5%，1% 的检验水平下显著。

从表 3-4 可以看，$\ln\left(\frac{INTER}{PO}\right)$ 的系数不显著，而 $\ln\left(\frac{GDP}{PO}\right)$ 的系数在 1% 的检验水平下显著不为 0，即在其他条件保持不变的情况下，$\frac{GDP}{PO}$ 每增长 1%，人均第一产业增加值平均增长 0.62%；$\ln\left(\frac{PHONE}{PO}\right)$ 系数在 5% 的检验水平下显著不为 0，这验证了本章前述观点——农村电商有助于推动第一产业的增长。在其他条件保持不变的情况下，$\frac{PHONE}{PO}$ 每增长 1%，人均第一产业增加值平均增长 0.028%。

（二）农村电商的崛起对粮食产量的影响

基于第二部分关于农村电商对粮食产量的影响机理，本节建立如下模型：

$$\ln\left(\frac{FOOD}{PO}\right) = \beta_0 + \beta_1\ln\left(\frac{INTER}{PO}\right) + \beta_2\ln\left(\frac{PHONE}{PO}\right) + \beta_3\ln\left(\frac{GDP}{PO}\right) + u \tag{3-2}$$

模型（3-2）中 $\beta_0,\beta_1,\beta_2,\beta_3$ 为回归系数，u 为随机扰动项。考虑到各个截面常数项可能不同，因此上述面板模型可能是混合模型、随机效应模型或者固定效应模型，通过检验发现应该选择固定效应模型，最终回归结果见表 3-5 所示。

表 3-5　　模型（3-2）的回归结果

变量	系数	标准误	t 统计量	P 值
常数项	7.794370***	0.182935	42.60729	0.0000
LOG(*PHONE/PO*)	0.024264*	0.014336	1.692511	0.0975
LOG(*GDP/PO*)	0.066186***	0.019095	3.466168	0.0012
LOG(*INTER/PO*)	-0.022040*	0.011910	-1.850597	0.0708
固定效应	有			
R^2	0.999437	F-statistic		4440.682***

注：*，**，*** 分别表示在 10%，5%，1% 的检验水平下显著。

从表 3-5 可以看，所有的回归系数都显著不为 0。$\ln\left(\frac{INTER}{PO}\right)$ 的系数在 10% 的检验水平下显著不为 0，即在其他条件保持不变的情况下，$\frac{INTER}{PO}$ 每增长 1%，人均粮食产量下降 0.022%；$\ln\left(\frac{PHONE}{PO}\right)$ 系数在 10% 的检验水平下显著不为 0，这验证了本文前述观点——农村电商有助于推动粮食产量的增长。在其他条件保持不变的情况下，$\frac{PHONE}{PO}$ 每增长 1%，人均粮食增长 0.024264%。$\ln\left(\frac{GDP}{PO}\right)$ 的系数在 1% 的检验水平下显著不为 0，即在其他条件保持不变的情况下，$\frac{GDP}{PO}$ 每增长 1%，人均粮食产量增长 0.066%。

（三）农村电商的崛起对第三产业就业的影响

基于第二部分关于农村电商对第三产业就业的影响机理，本节建立如下模型：

$$\ln THIRD = \beta_0 + \beta_1 \ln INTER + \beta_2 \ln PHONE + \beta_3 \ln GDP + \beta_4 \ln PO + u \tag{3-3}$$

模型（3-3）中 $\beta_0, \beta_1, \beta_2, \beta_3, \beta_4$ 为回归系数，u 为随机扰动项。考虑到各个截面常数项可能不同，因此上述面板模型可能是混合模型、随机效应模型或者固定效应模型，通过检验发现应该选择混合模型，最终回归结果见表 3-6 所示。

表 3-6　　模型（3-3）的回归结果

变量	系数	标准误	t 统计量	P 值
常数项	-2.717694	3.101862	-0.876149	0.3845
LOG(*PHONE*)	-0.039456	0.331947	-0.118864	0.9058
LOG(*GDP*)	0.493547 **	0.202218	2.440663	0.0177
LOG(*INTER*)	0.621359 **	0.236525	2.627039	0.0110
LOG(*PO*)	0.089465	0.215765	0.414641	0.6799
R^2	0.456417	F-statistic		12.38476 ***

注：*，**，*** 分别表示在 10%，5%，1% 的检验水平下显著。

从表 3-6 可以看，ln*PHONE* 和 ln*PO* 的系数不显著，而其他两个回归系数都显著不为 0。ln*INTER* 的系数在 5% 的检验水平下显著不为 0，即在其他条件保持不变的情况下，*INTER* 每增长 1%，第三产业就业平均上升 0.62%，这验证了本文前述观点——农村电商有助于推动第三产业就业的增长。ln*GDP* 的系数在 5% 的检验水平下显著不为 0，即在其他条件保持不变的情况下，*GDP* 每增长 1%，第三产业就业平均增长 0.4935%。

第四节　农村电商与精准扶贫

一、精准扶贫攻坚战面临的困难

（一）精准扶贫存在目标识别误差

不同于传统扶贫模式，提高扶贫精准率，瞄准扶持对象是实施精准扶贫的首要任务。但在精准扶贫的实施过程中，由于利益冲突、信息不对称等原因，瞄而不准的问题十分突出，具体可能存在以下几个方面：一是人为因素导致识别误差。由于扶贫政策会给农户或多或少带来利益，并且随着农村扶贫力度的加大，扶贫政策给农户带来的利益增大，对农户的吸引力增强，因此存在部分农户通过隐瞒、转移等手段降低家庭收入，甚至出现了与父母分

家以降低单户收入的行为。无序争夺和挤占贫困户指标不仅显著降低了扶贫资源利用的有效性，而且人为扩大了贫困面。二是制度因素导致识别误差。对于大多数贫困地区，有效的精准扶贫方式或者战略一般很难获得，从而导致对农户主动参与的有效激励缺失，因此在确定贫困户过程中，存在普通农户参与积极性不高等问题，从而导致农户在民主评议中走过场时有发生。这些问题造成识别误差。三是地域因素导致识别误差。在比较富裕的地区，贫困识别比较容易，但是在革命老区等落后地区，这些地区处于整体性贫困状态，区域内的多数农户的经济状态非常接近，因此比较难以准确识别贫困农户，进而不能实现精准扶贫。在此背景下，一些贫困村以扶贫资源平均分配的方式应对精准识别难的问题，贫困户的扶持政策由各个农户“轮流坐庄”或“共同分享”。这种贫困识别中的“分配制”现象，不仅加剧了扶贫资源利用低效的问题，而且在一定程度上强化了部分农户的“福利依赖”。

（二）扶贫开发中贫困农户主动参与不足

精准扶贫要求有效发挥贫困农户的主体作用，鼓励其主动参与扶贫项目运行。但调研发现，由于缺乏参与途径，扶贫项目的贫困户参与度仍然较低：一是缺乏贫困户需求的有效表达机制。精准帮扶的前提是能够准确掌握贫困户的现实需求，但由于缺少有效的表达机制，贫困户的需求往往难以向扶贫实施。主体传达，导致扶贫资源供给与需求不匹配。在一些山区，贫困农户基于自身基础普遍希望发展养猪、养鸡等熟悉的养殖业，但地方政府要求将水果、蔬菜或乡村旅游作为产业扶贫项目，由于缺乏相应的传统和经验，许多贫困户不愿或难以参与。二是贫困户能力难以与投入到户的扶贫项目相匹配。在扶贫资源投入精准到户的要求下，部分地区直接将扶贫项目投入分解到各个贫困户，如将果树苗、牲畜等均分到各户，但由于缺少经验，加之产业扶贫项目需要配套投入，导致贫困户因能力不足而难以参与，即使勉强参与，常常因能力不足而造成项目失败。三是扶贫资源投入过于强调精准到户而弱化了集体行动能力。单个贫困户往往缺乏参与项目所需的资金、劳动力或技能，需要通过合作互助完成项目运行，但是调研发现，部分地区过于强调精准到户，忽视了农户间合作机制的建立，导致单个农户难以有效实施产业项目并获得经济收益。

（三）精准扶贫资金的有限性

扶贫资金有限是制约精准扶贫工作的重要因素，精准扶贫仅靠中央财政专项扶贫资金是远远不够的，部分地区按照工作要求建档立卡 3 年就要脱贫，3 年内只能享受一次 2000 元“双到”扶贫资金扶持，这显然解决不了什么问题。与此同时，在资金管理上仍然存在部门职能交叉、多头管理，资金投放分散等问题。如何让扶贫资金发挥最大的效用或是解决贫困户最急迫的需求也同样值得我们深思。

（四）精准扶贫工作缺乏制度保障

在中国，关于扶贫工作的政策引领和制度建设的探索从未懈怠。精准扶贫落实的核心是扶贫资源分权的管理体系和乡村治理结构。在精准扶贫缺乏法制的前提下，国家提供的资源掌握在政府部门手里，容易滋生腐败和产生扶贫不均。很多地方开始以扶贫到户的形式开展农村扶贫工作，由于缺乏专门立法，各地扶贫工作也出现了一些急于求成的短期行为，挤占扶贫资金、频繁调整工作思路的半截子工程、追求政绩的面子工程等行为时有发生，扶贫工作迫切需要通过立法来推动，从制度上确保扶贫资金的投入。

二、全国精准扶贫的主要形式

广东经验堪称典范，国务院扶贫办主任刘永富到广东省调研时就指出，广东高度重视扶贫开发工作，创造了很好的经验，堪称中国亮点、世界模式，值得各地学习借鉴。2014 年 3 月 25 日在广州启动的全国扶贫系统驻村帮扶机制创新专题研讨班的开班仪式上，国务院扶贫办副主任王国良表示，此次培训主要是具体地学习东部地区特别是广东省开展“精准扶贫”的经验。广东的“双到”扶贫模式可谓是精准扶贫的成功实践与创新，所谓的“双到”即“规划到户、责任到人”。“双到”扶贫的“基本工作思路是靶向疗法、定村定户、定责定人、驻村帮扶、一村一策、一户一法、一定三年、

限期脱贫。对每一轮‘双到’扶贫，都精心进行顶层设计，明确重点扶贫对象，明确具体目标任务”。几年实践充分证明，“双到”扶贫的模式，为消除农村贫困、缩小地区差距，为中国扶贫开发建立精准扶贫工作机制，提供了典型示范和有益借鉴。

除了广东的“双到”扶贫模式之外，其他的一些省份也在不断创新扶贫工作机制，取得了立竿见影的成效。如在精准扶贫的宏观政策层面：湖北恩施龙凤镇是全国综合扶贫改革试点区，抓住“精准扶贫”这个关键，创新七个“到户到人”机制（精准识别到户到人、供养救助到户到人、教育培训到户到人、公共服务到户到人、产业扶持到户到人、联动帮扶到户到人、动态管理到户到人）和“358”为主要特点的“龙凤模式”（即探索“三种”精准扶贫模式：产业扶贫、搬迁扶贫、定向扶贫；创新“五项”机制：创新投融资机制、镇村治理机制、农村产权经营机制、土地综合利用机制、公共服务机制；重点解决“八大”民生难题：增收难、上学难、看病难、住房难、行路难、饮水难、用电难、留守难），开启了脱贫致富奔小康的新局面。央视新闻联播曾报道的陕西省石泉县“三个五”扶贫攻坚战略（把扶贫对象划分为“需要实施搬迁的、需要综合扶持的、需要救助供养的、需要教育救助的、需要医疗救助的”五种类型，依据不同扶贫需要分类施策实施“五大扶贫工程”，同时，建立“五项保障机制”抓扶贫落实），在精准扶贫方面为陕西省做了有益探索，取得明显成效；贵州以“六个到村到户”（结对帮扶到村到户、产业扶持到村到户、教育培训到村到户、农村危房改造到村到户、扶贫生态移民到村到户、基础设施到村到户）为抓手，切实增强了扶贫开发工作的针对性和实效性。在产业开发与扶贫相结合方面：张家口尚义推广政府、龙头企业、金融机构、合作社、农户“五位一体”的股份合作模式，湘西保靖探索的企业 + 合作社 + 基地 + 大户 + 农户扶贫模式；贵州晴隆的草地畜牧中心 + 养羊协会 + 农户的滚动发展模式，丹寨实行“政府主导、企业经营、群众参与、收益共享、有偿使用、滚动发展”模式等，探索出一条可复制、可持续和可操作产业开发与扶贫相结合的路子。在土地流转促动农民发展方面：湖南省城步边溪村组建合作社，发动贫困村民以土地入股，发展观光农业的方式，促进农民增收；贵州晴隆的农民以土地入股参与分红或一次性给予扶贫资金补偿或农民承包土地全部退耕还草，草地畜牧中心和农户联合实行的集体转产模式，有力地带动了农民增收；贵州紫云低热河谷早熟果蔬产业扶贫示范园区的“流转土地、先建后补；培训示范、反租倒包；公司兜底、互利共赢”模式，盘县淤泥乡岩博村贫困户收益＝土地流转＋入股分红＋工资＋培训的“资源变资产，资产变资本”模式，都有效性地提高了农村土地的利用率，增加了土地的产值。

除此之外，比较有特色的精准扶贫策略还有，强调干部帮扶机制的广西平果县采取“153211”的扶贫帮扶模式（即县4家班子主要领导各帮扶1个贫困屯、其他县处级领导各帮扶5户、县直单位及乡镇的主要领导各帮扶3户、县直单位及乡镇其他科级领导干部各帮扶2户、全县55岁以下的一般干部各帮扶1户、全县干部职工各指导1户以上基础较好的贫困户）和湖北省秭归县创造性地提出的“1119”整村推进扶贫模式由1名县委常委或县人大、县政府、县政协主要领导挂帅（联系乡镇的县级领导参加），1个有实力的单位牵头，1家规模企业与贫困村开展“村企共建”，9个县直单位结对帮扶1个贫困村，每年轮换一次，实行资金整合的集团式、捆绑式帮扶机制。解决以往帮扶不到位、贫困户找不到帮扶人等问题；强调农村妇女作用的宁夏金融扶贫“盐池模式”，盐池县妇女小额信贷项目以广大农村妇女为主要贷款对象，坚持公益性质，以扶持贫困地区农村妇女脱贫致富为宗旨，实现了成功运作，取得了一定成效，得到了社会认可。

三、农村电商对精准扶贫的作用机制

（一）农村电商通过促进经济增长、改进传统市场、降低流通成本来实现精准扶贫

农村传统市场具有规模小、分散、不能形成规模效应等方面的特征，缺乏专门从事流通的企业，因此其流通成本高，严重抑制了农村经济的发展，

而农村电商的流通高效率，能够对农村农产品传统市场具有改进功能，进而能够发挥农村贫困地区资源丰富、劳动力成本低的优势，促进农村经济增长和农村贫困家庭脱贫。随着农村电商发展条件的不断成熟，农村电商扶贫是确实可行的。

（二）农村电商通过推动农村经济自我发展来实现精准扶贫

农村扶贫不仅是解决农村农产品滞销问题，而是应该推动农村经济自我发展来降低贫困。农村仅仅通过生产低附加值的农产品是不能脱贫的，应该生产高附加值的经济作物，应该推动农产品深加工来提高农民收入。通过农村电商，农民可以在全国范围内采购生产资料，降低生产成本。通过农村电商，农民可以通过经济作物的规模化生产，发挥规模效应，提高农民收入。在和农村电商的相互作用中，农民能够提升自我发展等能力，提高农民收入。

（三）农村电商通过改善农村经济环境来降低农村贫困，实现精准扶贫

实现精准扶贫不是仅仅解决农村贫困户的贫困问题，而是应该通过改善农村经济环境，在此大背景下解决农村贫困户的贫困问题。富裕地区极少出现贫困问题，贫困问题在很大程度上和地区经济发展水平有关，因此只有通过解决农村地区的贫困问题才能真正意义上解决贫困农民问题，仅仅针对贫困户的所谓精准扶贫方式只能是“头痛医头脚痛医脚”的治标不治本的扶贫方式，不能从根本上彻底解决贫困。而农村电商扶贫着眼所有农村农民以及农村产业，通过推动农村经济环境的改善、产业的发展、农民的参与，来实现农村精准扶贫，一方面是市场发展的需要；另一方面也应该是当前的精准扶贫政策所应该考虑的。

（四）农村电商通过给贫困主体提供更多的发展机会来实现精准扶贫

农村贫困的原因在很大程度上在于农村发展机会缺乏，而贫困家庭由于经济水平差，不能通过异地选择来提高自己的发展机会；由于农村流通成本高，农民不能生产高附加值而远方需求客户需求旺盛的农产品，大多数只能受困于农村，生产低档农产品而不能实现自身的发展，进而导致贫困。而农

村电商的发展，使得农村农民不但可以从事电商，从低收入的第一产业转移到收入较高的第三产业，提升农民收入，而且可以生产高附加值的农产品，实现农产品深加工等方式来提高农民收入。总之，农村电商让贫困主体获得更多的发展机会，有助于农民收入的提升，进而实现精准扶贫。

（五） 农村电商、 农村产业和农民三种的相互促进机制来实现精准扶贫

农村电商的发展有助于推动农村产业的发展，而农村产业的发展使得农村货物流通规模扩大，反过来又推动了农村电商的发展。农村产业的发展需要更多的原材料和劳动力，推动了农民的发展。农民生产的专业化，有助于给农村企业提供更为低廉的生产原料，促进农村企业的发展。农民人力资本的提高，有助于推动农村电商的发展。这三者不但存在相互促进机制，而且这种相互促进机制能够不断发展、强化。

四、 因地制宜发展农村电商促进精准扶贫

发展农村电商有很多种模式，但是不能说存在一种放之四海皆准的通用模式，因此要因地制宜，发展与当地农村环境相适应的农村电商模式。具体而言，因地制宜发展农村电商，实现精准扶贫，应该从以下几个方面着手。

（一） 需要和当地农村经济环境结合起来

各地的农村经济环境不相同，从而对应的农村电商发展模式也应该存在很大的区别。对于农村经济环境较好的地区，尽管农村电商能够推动当地经济发展，但是推动作用可能不一定十分明显，不一定能够提高贫困家庭农民收入，实现精准扶贫；但是对于农村经济环境较好的地区，贫困家庭一般相对较少，可以适当安排贫困家庭农民就业岗位，通过就业来直接提高其家庭收入，实现精准扶贫。如果当地农村经济环境较差，那么应该通过改善当地经济环境来实现精准扶贫。对于经济环境较差的农村地区，贫困家庭相对较多，直接安排所有贫困家庭农民进入农村电商就业不具有可行性，因此需要通过农村电商促进和当地特色相适应的产业的发展，来实现精准扶贫。

（二） 需要和当地的特色结合起来， 因地制宜地发展农村电商

要通过农村电商实现精准扶贫，其前提是农村电商获得发展，而农村电

商获得发展，必然根植于当地的特色，因此发展农村电商必须要和当地的特色相结合。例如，通榆模式，其成功的前提是其根据通榆是“杂粮杂豆之乡”，盛产葵花、绿豆、谷子及草原红牛肉等农畜产品，完全具备原产地农产品走向大市场的基础。而通榆模式通过挖掘农产品的特色卖点，进行专业的品牌化包装，整合资源、塑造品牌，发展相适应的农村电商模式，如各大电商平台开旗舰店，与国内知名地产商联手推出城市社区 O2O 直供等电商模式，实现了农民增收，精准扶贫的目的。陇南尽管地处甘陕川三省交界地带的大山深处，土地贫瘠，但是根据其特产核桃、苹果、花椒、油橄榄等农产品，围绕这些特产开展农村电视，实现了精准扶贫，等等。

（三）要以实现精准扶贫来制定因地制宜的农村电商模式

发展农村电商的目的一方面是实现农村电商企业的盈利；另一方面是解决农村贫困，因此，要以解决农村贫困为目标，结合农村电商企业实现盈利来制定因地制宜的农村电商发展模式。

（四）要以实现农产品品牌化为目标，发展农村电商

为消费者提供安全、高质的绿色农产品，是农村经济持续快速发展的源泉，也是农村电商持续发展的源泉，而农产品品牌化是一个保证农产品安全、高质的有效途径。诸如通榆模式，通榆地区的农村电商之所以能够获得高速发展，因为通过农村电商，通榆县出现了很多品牌的农产品，如“三千禾”“向海湿地”“通榆优品”。再如河北清河，农村电商之所以能够获得快速发展，在一定程度上是因为清河县实施品牌战略，12 个品牌获中国服装成长型品牌，8 个获河北省著名商标。

总之，全面小康和农村电商的崛起是相互影响的，农村电商的崛起推动了全面小康的深化，而全面小康的推进有助于农村电商的崛起。基于农村电商对第一产业增加值、粮食产量和第三产业就业的影响，验证农村电商的崛起对全面小康推进的影响，实证结论表明，上述结论基本上是成立的。

第四章 农村电商崛起与农村流通体系创新

借助于互联网，电子商务企业蓬勃发展，各种业态纷纷涌现。近两年来，中国的农村电子商务发展迅速。2015 年开始，国家相继出台了二十几份涉及农村电子商务发展的政策文件，各地方性的农村电子商务发展政策更是数不胜数。实践层面，2015 年农村电子商务服务网点数量超过 25 万家，覆盖超过 1000 个县域，阿里巴巴、京东商城等企业争先推出了自己的农村电子商务战略。还出现了很多草根企业在农村电商市场上蓄势待发。而像邮政、供销社等老牌国有企业也相继开始探索新型农村电商发展战略，借着“互联网 +”的东风发展农村电子商务。所有这些都在加快变革和创新农村流通体系。

第一节　中国农村流通体系现状

一、改革开放以来，中国农村流通体系的演变历程

从 1978 年开始实行改革开放政策至今，中国农村经济发展不断引入市场机制，市场在农村资源配置中占据越来越重要的地位。经过不断的适应经济发展状况和进行相应的调整，我国农村流通体系不断发展和完善。回顾历史，中国农村流通体系大致经历了以下几个发展阶段：

（一）1979 ~ 1991 年，农村流通体系引入市场调节阶段

在党的十一届三中全会召开后，中国开始了以经济建设为中心的治国理

念取代了之前的以阶级斗争为纲，经济体制由起初的计划经济转向有计划的商品经济。农村开始实行家庭联产承包责任制，这一举动带来许多新的变化，农民积极性大幅度提高，农作物大幅度增产，农民收入大幅度增加，乡镇企业异军突起。广大农民购买力增加了，不仅盖了大批新房子，而且自行车、缝纫机、收音机、手表“四大件”和一些高档消费品进入普通农民家庭。农副产品的增加，农村市场的扩大，农村剩余劳动力的转移，还强有力地推动了村镇工业的发展。这一时期，国内的社会经济结构逐步调整，农村消费品市场逐步减少统购统销的规模，并且开始对单一价格机制进行改革，逐步放开商品价格，这样促使流通渠道的规模和数量都显著的上升。1981 年起，购销体制开始改革统购统销、计划收购、订购和选购四种购销形式并存，将原有的日用工业品的购销形式进行了调整和变更。1982 年新增了代批代销形式，紧接着又发展形成工商联营联销形式，演变成为六种购销形式并存的局面，同年开始放开小商品的价格，并且调整和改革工业品的价格，直到 1984 年实现全部放开小商品价格。至此，农村消费品的流通主体和流通渠道不断增加、僵化的三级流通环节被打破。①

（二）1992～2001 年，农村流通体系出现全面市场化

这一时段由邓小平同志南方谈话起至中国加入世界贸易组织为止，是由计划经济逐步向市场经济转变的时期，也是农村商品市场流通体制的转型过渡时期。1992 年 10 月召开了党的第十四次代表大会，这次代表大会的主要任务是以邓小平同志建设有中国特色社会主义的理论为指导，认真总结十一届三中全会以来 14 年的实践经验，确定今后一个时期的战略部署，动员全党同志和全国各族人民，进一步解放思想，把握有利时机，加快改革开放和现代化建设步伐，夺取有中国特色社会主义事业的更大胜利。会议明文确定建立“社会主义市场经济”，把社会主义基本制度和市场经济结合起来，建立社会主义市场经济体制。与此同时，这期间以市场化为导向的农村改革全

① 王炳焕．我国农村消费品流通体制的演变及其特征［J］．改革与战略，2012（1）：102－104，132.

面展开。这时期我国农村流通体制改革不断深化，农产品流通基本做到了市场化，农民作为农产品生产主体的地位的道路保证，农产品价格由市场决定，国有经济在流通中比重进一步下降，非公有制经济成为农村市场流通主体。同时，消费品市场的不断发展相当程度地改善了农村消费品供应不足的窘境，工业消费品都能在供销社、集贸市场、各综合市场和专业市场进行自由流通。

（三）2002 年中国加入世界贸易组织至今，农村流通体系改革深化、快速发展阶段

这一时期，农村商品的流通体系建设已经趋于完善。自 2000 年起，农村消费品流通领域中开始涌现出连锁超市，全国供销合作系统大力推动农村消费品以连锁的形式经营、扩展农村市场。到了 2004 年，商务部等八部门联合出台《关于进一步做好农村商品流通工作意见的通知》，提出要进一步发展、完善农村消费品流通网络。2005 年 2 月商务部颁布《关于开展“万村千乡”市场工程试点的通知》，这推动了中国农村消费品连锁经营新一轮的快速发展。实行“十一五”规划时，国家先后投入了共计 43 亿元资金用来支撑“万村千乡市场工程”的发展，鼓励大型流通企业到农村拓宽流通网络，把连锁式的现代流通模式和新型的商业业态推广到农村。2011 年“十二五”规划开始以来，全面更新、改善了农村消费品交易市场的相关配套设施，并且集中力量对交易市场进行管理，整改农村消费品的经营环境，减少不必要的交易成本，从而能够使农产品期货市场和农产品现代流通体系得到更规范的发展。改善粮食作物的流通环节、特殊产品冷冻运输系统、新鲜农产品物流配送系统等农产品流通体系的配套基础设施建设。积极发展“南菜北运”和“西果东运”的新型流通改革试点，推动“农超对接”的实行，促使电子商务在农产品市场发展得有条不紊，从而能够打造出高质量、高效率的农产品流通网络。同时进行人才培训，培养农村经理人、农产品运输销售专家、农村电商骨干等各类流通主体，以促进农产品流通规模化和规范化水平的提升。2011 年，为深入贯彻中央经济工作会议、中央农村工作会议精

神和《国务院办公厅关于加强鲜活农产品流通体系建设的意见》，中华全国供销合作总社在北京召开了加强鲜活农产品流通体系建设电视电话会议，全面部署全系统鲜活农产品流通体系建设工作。2012 年，国务院出台《关于深化流通体制改革加快流通产业发展的意见》，该文件是首次在国家层面的政策文件中确立了流通产业的重要地位，将流通产业确定为国民经济的基础性和先导性产业。在全球经济中心流转的时代，商业流通行业也发生了翻天覆地的变化，其以往的固有格局被移动互联网的兴起逐步改变，其中最显著和直接的影响就是改变了人们传统的购买方式。农村电商的兴起也带动了农村流通体系的革命性变化。

二、 中国农村流通体系存在的问题

中国农村流通体系发展起步时间晚，且水平较低，从整体角度来说，尚处在初级发展阶段，还存在许多不容忽视的问题等待着改善和解决。

（一） 盲目建设，缺乏长远的、统一的规划

中国的农产品流通体系大多以集贸市场为中心，而在一些欠发达地区，很多集贸市场都是由当地政府放权给一些有钱人在工商部门登记注册、兴办起来，这中间存在相当规模的寻租行为，导致布局建设多注重于眼前经济效益，而缺乏长远的、科学的规划。例如，在广东省，有 44 家年交易额突破亿元和百余家占地面积 5000 平方米以上的批发市场分布在珠江三角洲；而粤北、粤东和粤西地区的批发市场，不仅是数量方面，就连质量方面也相对落后。正是由于盲目建设、空间分布不合理，使得一些地区沦为“有市无场”或者“有场无市”的尴尬境地，白白浪费了市场资源。

（二） 农产品流通市场存在 “三重三轻” 现象

一是重视市场的数量，轻视配套的市场硬件建设。以批发市场为例，一些地方快速地扩大农产品市场的数量，而忽视市场配套的硬件建设，使得多数农产品市场的基础设施简陋不堪，还存在大棚式市场和露天市场。在交易方式上大多是采用传统的摆摊式贩卖，且在储存保鲜设施、精细加工设施、

农产品质量安全检查措施等配套设施方面比较匮乏，还缺乏相应的物流设备，如专业的冷库和保鲜库，生鲜农产品专用交通运输车等等，这使得批发市场像一个规模稍大的集贸市场。

二是重视市场场地建设，轻视市场全方位的培育。少许地方只看中农产品市场场地建设工作，而对于农产品流通过程中的相关服务不够重视，往往忽视培养多元化的市场主体，缺少规范性的市场竞争规则。

三是重视销地市场建设，轻视产地市场建设。不同环节、不同地区的市场之间存在一定程度的发展不平衡，通常来说，产地批发市场的基础建设、市场规范管理的程度和所带来的经济收益都显著落后于销地批发市场。

（三）农民很少以组织或契约的形式进入流通市场

绝大多数农民不会在生产前找寻购买者与其签订交易协议，而是先生产再寻找买家。然而，这种无组织的、分散的个人行为降低了农民在协议过程中的议价能力，也对农民的经济收益大打折扣。虽然农产品流通体系中不乏经纪人、合作社、龙头企业等中介组织，但它们本身都存在着不够完善的地方：经纪人通常是从农业生产中分离出来的，知识水平和整体素质相对有限，对于一些流通知识的理解不够，其能力也通常不足以收集和处理有效信息；合作社和龙头企业因为种种原因也没有真正成为代表农民利益的合作组织。综上所述，广大农民不但缺少可以依赖、托付的正规商业组织，还缺少自我服务的相关组织。

（四）流通体系中信息传递机制尚未健全

信息是农村流通体系的关键所在，它将农产品的生产和销售紧密联系在一起，也直接关系到农产品流通的经济效益。现阶段，一些欠发达地区甚至还在采用广播、板报等传统方式传播重要信息，导致重要信息得不到及时、准确和权威地传播。农村信息网络得不到很好的发展，没有培育成完善的体系以收集、加工处理信息，也不能有效率地促进生产与销售、地域与地域之间的信息交流，使农村消费品不能顺利流通，长此以往就引起农民的盲目生产，影响农民的经济收入。

（五）政府宏观调控政策运用不当，法律法规不健全

由于政府宏观政策运用得不够合适，法律法规相对不够健全，对农村消费品的流通造成了一定的消极影响。主要体现在以下方面：一是在市场监管方面，中央和地方政府分工不明确，双方在利益方面有冲突，难以共同进行宏观层面的管理；二是目前中国市场经济仍然处于初级发展阶段，政府对市场各项经济活动的行政干预力度较大；三是投入到农业的专有资金不够，在税收方面对农民的支撑力度也有限；四是农产品流通环节中相关的法律法规较为匮乏，要维持市场秩序、保障公平竞争的市场氛围就必须依靠系统的法律法规来维持。

第二节　中国农村流通体系创新必要性

一、促进现代农业发展的内在要求

流通规模与流通结构存在一定的正相关关系，农村流通规模的扩大和创新，可以有效整合产供销，促进农业生产适度规模经济的实现，提高农业的产业化经营水平和农业竞争力。减少流通环节，意味着流通交易成本的下降和内部管理效率的提高，流通效率的提升有助于提升流通服务业对农业的贡献。[①] 农产品在流通环节中成本较高是导致农产品价格难以调控的一个重要原因，现阶段，中国所有物流环节成本的加总占据生产成本的一般甚至更多。目前，尽管农产品流通的过路费已经省去，但由于流通环节的人员工资、汽车的燃油费等中间成本不断涨价，造成运输成本的节节攀升[②]。生产和销售是农产品流通过程中的两个至关重要的环节，欠发达的农村流通体系直接导致农民“卖难”和“买难”情况出现。不同地区之间农产品的价格

① 郝爱民．农村流通服务对农业的影响研究［J］．商业经济研究，2016（3）：5－9.

② 王德章，周丹．我国重要农产品流通体系建设与管理创新［J］．中国流通经济，2013（2）：16－21.

存在明显的差异，这让广大农民急切需要农产品市场上各种各样信息以满足自己的需求，这时电商的出现无疑使这种需求变成了可能，随着农村电商的广泛普及，农产品的价值最大化正慢慢得以实现。因此，农村流通体系的不断发展和创新是实现农村流通的快速发展，促进现代农业发展的内在要求。

二、 实现全面小康消费的客观要求

2015 年中国农村人口为 6.03 亿人，约占总人口的 43.9%，乡村社会消费品零售额 41932 亿元，增长 11.8%，农村消费品零售额的增长速度持续几年快于城市，但其所占比例仍然相当低，这足以说明现阶段农村还存在着巨大的消费潜力。扩大农村消费需求不仅具有长远的经济效益，还在一定程度上促进了和谐社会的实现。要扩大农村消费，首先需要解决农村消费品流通体系存在的问题，例如，商品双向流通不畅等。转变农村消费品流通滞后的一个重要办法，是加速农村流通业态和商业模式的创新，从而满足当前市场经济发展下农村商品流通的演变趋势，实现不同农村消费群体的不同要求[①]。流通产业可以在一定程度上反应消费过程中出现的各式各样的问题，以问题视角出发引导高效、理性消费的实现，一方面将厂家研发新产品的信息及时向目标市场传递，从而更新消费者对此类商品的认识，引导目标市场的消费需求。从另一方面考虑，需求弹性的大小能够反映出消费者的偏好，厂商根据这一因素进行判断，从而调节生产规模，消费者对不同种类商品会形成不同的偏好，偏好的不同又体现在各消费者对于价格变化所产生的不同反应[②]。农村互联网的普及和发展有利于各种各样新型商品能够及时进入农村市场，通过信息网络的流通，快捷、方便的消费环境能够加速不同的消费观念之间的传播和交流，潜移默化地转变村民传统的消费习惯，从而形成新的农村消费观，改变农民原有的保守消费行为，刺激形成新的消费需求。农村电商的崛起，一方面可以使消费者不再只是依赖传统中介机构，有效的为买者和卖

① 邹宇．谈农村流通业态创新与消费空间提升［J］．商业时代，2009（15）：15，38.

② 王世进．流通产业发展对居民消费影响研究［D］．徐州：中国矿业大学，2013.

者搭建沟通的桥梁；另一方面还可以给消费者足够的选择余地，让他们有条件挑选符合心意的商品，提高商品流通市场的效率。农村电商的发展离不开流通体系的创新和完善，而农村流通体系的创新在一定程度上能够实现全面小康消费的要求。

三、互联网+条件下农村流通体系发展的必然趋势

2015年，随着“互联网+”概念的提出，地方政府加大了农业的信息化建设，各地村民的互联网意识也在不断地增强，农产品电子商务的发展态势呈现出一片欣欣向荣的景象。据有关数据分析、预测，未来5年我国农产品电商交易额将占农产品交易额的5%，移动商务农产品交易额将占2%，跨境农产品电商交易额将占1%①。京东、阿里等电商巨头，联想集团、新希望、大北农等企业，供销合作社、中国邮政集团等传统的农村市场流通企业，都致力于加快农村电商市场建设，一大批新型农村企业在“互联网+”的影响下发展迅猛。农产品批量运输具有重量较大、保质期较短等特殊性，使得很多农产品在运输阶段受到挤压或者被损坏，如此一来影响了物流配送的质量。另外，农产品运输过程中无法忽视的各项成本让农产品的电商销售竞争力大打折扣。借助现有的“互联网+”经济形态，建立健全农产品电子商务政策法规、加速建设农产品专有电子商务平台、加强对社会信用体系的管理、完善物流体系中的配套设施、政策向农产品领头企业适度倾斜，广泛开展电子商务营销和创新管理方式等措施，有利于提高农产品流通效率，创新流通方式，推动农产品流通体系的现代化建设。

第三节　农村电商促进农村流通产业发展机制

在本章的第一节已经详细论述了农村电商对流通产业的作用，主要表

① 张传秀．“互联网+”背景下农村电商发展的机遇与挑战［J］．知行铜仁，2016（4）：66-69.

现在以下六个方面：强化了流通业的基础性与先导性功能、加速了现代流通体系的基础设施建设、提高了现代流通体系的组织化程度、促进了现代流通方式与新型流通产业的发展、加快了现代流通体系的信息化建设、缩小了中国城乡流通产业发展差距。本节在此基础之上，选取合适的指标进行量化，并通过相关的实证分析研究农村电商的崛起促进流通产业发展的作用机制。

一、 数据来源及说明

根据对农村电商对与流通产业的作用与影响分析，同时结合目前农村电商发展的实际情况，主要利用到的拟合变量为农村电商发展、流通产业就业、产值，以及第三产业产值几个变量。具体变量定义如下：

（1）农村电商：根据已有材料，农村电商的有关数据无法直接获取，只能利用相关发展指标替代。近年来，农村电商发展火热的一个重要表现就是智能手机和互联网在农村的普及率上升，因此本文利用农村平均每百户家用电脑数量以及每百户拥有移动手机数量作为农村电商崛起的度量指标，变量分别定义为 *computer* 和 *phone*。

（2）就业：由于农村电商崛起，需要大量相关专业技术人才，这些人才主要属于流通产业专业技术人才，但具体数据指标严重缺失，因而本节采用流通产业就业人数作为度量指标，变量定义为 *cpeople*。

（3）流通产业经济发展水平：农村电商崛起带动城乡流通产业发展，充分表现为流通产值上升，因而本节采用流通产业经济总量和社会消费品零售总额作为流通产业经济发展水平，变量定义为 *cgdp* 和 *retail*。

本章部分数据都来自于国研网数据库；另一部分来自于历年《中国信息年鉴》，所有的经济指标为省域经济指标，所研究对象为国内 30 个省级行政区，由于西藏和港、澳、台的数据缺失，因而被剔除，研究时间跨度为 2008～2014 年。

二、变量统计分析

（一）变量描述性统计

变量的统计特征从表 4－1 中可以看出，国内 30 个省级行政区的流通产业平均经济总量为 2736.985 亿元，农村平均每百户人拥有移动电话的数量为 172.133 台，农村平均每百户人拥有电脑的数量为 18.502 台，流通产业就业人数平均为 209.937 万人，社会消费品零售总额平均为 6210.368 亿元。由于农村地区流通产业就业人数指标缺失，因而利用流通产业就业总人数代表，其中流通产业指：批发和零售业、交通运输、仓储和邮政业、住宿和餐饮业，由于信息软件技术就业数据缺失，因而没有加总到流通产业就业人数中。

表 4－1　变量的描述性统计量

变量	*Phone*	*computer*	*cgdp*	*cpeople*	*retail*
均值	172.133	18.502	2736.985	209.937	6210.368
最大值	250.210	72.300	11853.390	1192.170	28471.100
最小值	54	0.830	107.870	17.630	252.800
标准差	47.290	17.015	2376.106	164.313	5332.570
观测值	210	210	210	210	210
截面数	30	30	30	30	30

（二）变量稳定性检验

由于原面板数据序列的存在异方差问题，因而采用其对数形式，降低异方差。同时在进行面板数据分析之前，要对数据序列的稳定性进行分析，这样可以有效避免虚假回归现象，利用单位根对五个数据指标进行稳定性检验，结果如表 4－2 所示，五个指标数据经过对数化处理后的都显著平稳，为下一步做面板数据回归分析奠定基础。

表 4-2　　数据稳定性检验

变量	Levin lin&chu t*	lm, pesaran and shin w-stat	ADF	PP
ln*phone*	-13.966***	-2.039**	82.807**	194.758***
ln*computer*	-17.344***	-3.340***	104.482***	223.617***
ln*cgdp*	-20.878***	-6.386***	153.334***	218.516***
ln*cpeople*	-10.522**	4.399***	56.544**	105.874*
ln*retail*	-29.577***	-8.769***	191.535***	326.578***

注：***，**，*分别表示在1%，5%，10%的水平上显著。

三、实证分析

（一）农村电商崛起对流通产业产值的影响

基于本章第二部分关于农村电商对于流通产业影响作用，建立如下模型：

$$\ln(cgdp) = \beta_0 + \beta_1 \ln(phone) + \beta_2 \ln(computer) + \beta_3 \ln(retail) + u \tag{4-1}$$

模型4-1中β_0,β_1,β_2,β_3为回归系数，u为随机扰动项。因为各个变量的截面常数项不同，所以上述面板模型可以是混合模型、随机效应模型和固定效应模型，通过霍斯曼检验结果发现固定效应模型最优，结果如表4-3所示。

表 4-3　　模型（4-1）的回归结果

变量	系数	标准误	t统计量	P值
常数项	-0.3820	0.3662	-1.0431	0.2983
ln*phone*	0.2455***	0.0604	4.0612	0.0001
ln*computer*	-0.0273	0.0228	-1.1985	0.2323
ln*retail*	0.8083***	0.0439	18.4055	0.0000
Hausman 检验	9.2525**			
R^2	0.9955	F-statistic	1225.692***	

注：***，**，*分别表示在1%，5%，10%的水平上显著。

从表4－3中可以看出，β_0 不显著，ln（*phone*）的系数 β_1 在1%的置信水平上显著不为0，即在其他条件保持不变的情况下，*phone* 每增长1%，流通产业产值平均增加0.2455%；ln（*computer*）的系数 β_2 不显著，即平均农村每百户家用电脑拥有量对于流通产业产值没有影响；ln（*retail*）的系数 β_3 在1%的置信水平上显著不为0，即同样在其他条件保持不变的情况下，社会消费品零售总额平均每增长1%，流通产业产值平均增加0.8083%。社会消费品零售总额是度量流通产业发展的最佳指标，它是指批发和零售业、住宿和餐饮业以及其他行业直接出售给城乡居民和社会集团的消费品零售额，占据着流通产业。

（二）农村电商崛起对流通产业就业的影响

基于前文对于该部分论述，建立如下模型：

$$\ln(cpeople) = \alpha_0 + \alpha_1\ln(phone) + \alpha_2\ln(computer) + \alpha_3\ln(retail) + u \tag{4-2}$$

模型4－2中 $\alpha_0,\alpha_1,\alpha_2,\alpha_3$ 为回归系数，u 为随机扰动项。考虑到各个截面数据常数项可能不同，因此，模型4－2可能是混合模型、随机效应模型和固定效应模型，通过霍斯曼检验发现应该选择固定效应模型，最终结果见表4－4所示。

表4－4　　　　模型（4－2）的回归结果

变量	系数	标准误	t统计量	P值
常数项	－0.2284	0.9203	－0.2482	0.8043
ln*phone*	－0.1541	0.1519	－1.0146	0.3117
ln*computer*	0.0793	0.0573	1.3842	0.1680
ln*retail*	0.7060***	0.1104	6.3966	0.0000
Hausman检验	15.7098***			
R^2	0.9618	F－statistic	139.1909***	

注：***，**，*分别表示在1%，5%，10%的水平上显著。

从表4－4中可以看出，较多回归系数均不显著，其中包含农村平均每百户拥有移动电话的数量和家用电脑的数量均不显著，即农村电商的崛起对于流通产业就业没有促进作用，但流通产业就业受到来自于社会消费品零售总额的显著正向影响，即社会消费品零售总额每增长1%，流通产业平均就业人数增加0.7060%

（三）结论

农村电商崛起对于流通产业的促进作用主要表现在对流通产业产值和就业产生正向作用。其中农村电商的度量指标：农村平均每百户拥有移动电话和家用电脑，其中家用电脑对于流通产业几乎不存在任何作用，移动电话则存在显著的正向作用。随着移动智能手机的普及和4G网络的实现，虽然电信部门开始逐步实施互联网“提速降费”的策略，移动端已经全面替代PC端，极大推进农村电商的发展，也为城乡流通一体化和产销一体化发展带来契机，进一步“融化”城乡二元经济结构的发展模式，为农村经济发展带来机遇。当考虑农村电商崛起与流通产业就业之间关系时，社会消费品零售总额对于流通产业就业有显著的正向促进作用，社会消费品零售总额是表现国内消费需求最直接的数据，它反映各行业通过多种商品流通渠道向居民和社会集团供应的生活消费品总量，是研究国内零售市场变动情况和反映经济景气程度的重要指标，该指标变化在一定程度上能够反映出流通产业就业概况。

第四节　农村电商与农村流通体系创新

一、流通组织及流通主体创新

中国农业生产的组织化专业化程度低是农村流通体系长期落后的主要根源，分散的农民在农产品交易博弈中没有自己的组织优势，农村供销社及其他专业合作社也未从根本上改变这种局面。而成立农会的构想不符合中国政

治生态的要求，要发展各种跨行政区域的行业协会也是十分困难的。

（一）成立专业性的电商或网商协会，将分散的电商、农产品生产者、消费者串在一起，克服了各自单独经营的分散性、形成了共联共享的规模优势

2010 年 3 月浙江遂昌县的县委县政府决定由县团委和相关工商部门协同一些规模较大的淘宝店主共同组建遂昌网店协会，吸引供应商和物流公司加入协会，对于有意愿开网店的人给予必要的帮助。该协会还直接衔接起工业企业、农民和专业合作社，同第三方配送企业合作打造农产品冷鲜物流链，使农产品产供销形成良性的生态链条。通过企业化运作成立有遂网电子商务有限责任公司（含麦特龙超市）和赶街电子商务营运中心两个公司，公司负责经营、销售，保证利润和资金，为协会提供经济的保障。通过“协会 + 公司”的“地方性农产品公共服务平台”和以“农产品电子商务服务商”的定位探索解决农村（农户、合作社、农企）对接市场的问题，一则推动了电商迅速发展，截至 2013 年底，遂昌县网商迅速发展超过 5000 余家，电子商务交易额达 3 亿多元，并逐渐建立起较完善的电子商务发展体系，提供了近 5000 个就业岗位。二则协会形成规模优势引来线下超市采购，协会整合了遂昌 1000 多个单品购销，吸引了沃尔玛联系协会直接采购，打通了农产品流通的国际通道。

遂昌实践说明流通组织创新的重要，发展农村电商和创新农村流通体系，政府重视与支持是前提，但农村流通中网上网下资源配置必须由市场和企业决定和主导，政府不能越俎代庖，不能用政府之手代替市场与企业。这也说明创新农村流通体系必须培育能人牵头的强有力的中介协会及龙头主力企业。如遂昌县的网商协会为其会员提供电商专业技术、网页设计、产品拍照等项目培训，实现了会员之间的交流共享，网店协会在催生农村电商大发展同时也通延伸派生出自主经营的企业实体在服务电商同时获得市场获利的机会，如遂网公司下辖的麦特龙超市及其配送仓储中心负责采购和储存货物，分类小包装，为遂昌提供销售货源，并统一配送。赶街网负责供应链、

配送链，做基层网点，发现产品后挖掘和包装设计产品，保障数据信息的流通，保障农产品的供应。这样农产品流通就落到实处，协会发展的基础也进一步夯实。

（二）将流通体系中间环节与各类型企业紧密联合起来，形成优势互补、协同发展的良好态势

创新农村流通体系的相关组织能凸显企业的主体地位，充分发挥市场在资源配置中的作用，发展一批网络涉及范围大、主营业务突出、兼具知名度和美誉度、业界竞争力强的大中型物流企业，培养一批农产品流通企业和中间商，对农村经理人和营销专家、农村供销社、养殖大户进行专业、系统地培训。积极发挥供销、邮政等传统流通渠道力量，鼓励有能力的企业参与到农村流通市场和配套设施建设中去。注重各类流通中间环节的建设与变革，推动各类流通主体共同发展，激发不同种类的中间环节的积极性和创造性，加大力度促进流通行业内领头企业，如电商领军企业、大型连锁商、农产品领军商户等的不断创新发展。只有联合生机勃勃的生产流通中间环节与各类领军企业的高效、高速发展，才能拉动农村流通体系的不断变革与创新。

二、农村流通业态及商业模式创新

农村流通业态的创新变革首先要建立在农业产业化经营和零售行业连锁化经营的基础上，创新组织形式和交易方式，并且以多种形式的业态经营，从而使各类经营业态间实现资源共享、互利共赢、齐头并进。

（一）大力提倡各环节企业进行服务创新和商业模式更新换代，充分发挥电子商务对流通业态发展的重要作用

围绕改革引领、创新驱动、跨界融合、协同推进，提升各类新产业、新业态、新模式的原创力和集聚度，加快形成产业规模和竞争优势。积极创新，探索满足农村消费需求的新型农村流通业态，基于已有的集贸、批发和零售等销售方式的发展基础，逐渐形成以大规模批发市场带头、零售市场为组成成分共同发展的多层次市场体系。[①] 农村流通体系中涵盖了农村消费品流通体系、农产品流通体系、农业生产资料流通体系、农村再生资源流通体系，这已成为政界与学界的共识。借助电商契机，在农村流通体系创新方面要突出解决农产品流通体系创新的问题，就要利用电商的迅猛发展，及时采取有效措施从本质上缩小城乡之间、产销之间的农村消费品流通形式的显著差异，通过电子商务整合分散在产业链各阶段的离散资源，形成网上网下互通、互补、互相支撑的流通模式，从而起到促进现代农业发展的作用，从本质上缓解我国独有的分散式小生产与大市场需求之间的矛盾。

（二）不断创新现代农产品流通体系，创建农产品收储调节体系

要做好农超对接，就得加快信息化网络的推广和普及，把现代信息技术与农村商贸流通的各个环节紧密结合，给生产者和流通企业以专业的技术支撑。这就要求必须推进以连锁经营、物流合作社、自助会为代表的现代化农村流通方式和服务方式的持续发展，并运用这些现代化流通渠道和服务形式驱动农超对接的发展和变革，以规范化管理、规模化经营和标准化服务为核心，提高“农对超”经营管理水平。积极推动农村电子商务的不断完善和进步，创建农超对接互联网平台。首先，提倡诸如在线卖（买）菜这类的新消费模式；其次，还要采取有效措施严格监控农产品质量，建立质量溯源系统，保障农超对接的质量，从而消除消费者的食品安全隐患。要促进我国农村流通体系的持续发展，实现农超对接，为广大消费者带来货真价实的福利，必须以信息化手段将从生产到最终消费者购买的各流通环节进行科学的管理，要在村综合服务社、专业合作社和经营服务网点的信息化建设方面加大力度，及时为农民提供市场供需情况的信息，提高农产品的生产销售效率。多年来，不完善的农村消费品流通信息网络导致分散的农民们在生产中出现一定盲目性，同时，采购商利用农村信息网络不完善的特性，对农产品价格进行压制使得辛苦耕种的农民在交易过程中丧失议价能力，导致农产品

---

① 郝爱民，王章留. 论我国农村消费升级的趋势与流通业发展方式转变及扩大农村消费的对策［J］. 农业现代化研究，2011（2）：179－183.

交易经常处于“买难”“卖难”的窘境。

为了防止“卖难”“买难”的问题频繁出现，目前海南建立了依托信息化的农产品收储调节体系。依托25个海南产地集配中心，建立起商业收储机制，科学安排收、储、出的时间点与周期，调节鲜活农产品上市时间，防止集中上市导致“卖难”问题的发生，保证生产淡季市场供应，确保市场平稳。

三、 农村流通管理创新

（一）领导重视、政府推动，促进农村电子商务的发展，建设新型农村流通体系

分散农民的弱势和政府组织的强势是中国特色市场经济的基本常态和特征，中国农村尤其是僻远和贫困地区农村农业发展最大的短板是农户居住与消费和农业生产的分散性，它从根本上抑制了规模经济、范围经济的发展，与农村流通体系和电商发展的跨时空规模经济完全背道而驰。在这种耕地小而散、农户居住小而散、农产品购销小而散的状况下，对这种分散性资源的整合为电商所要求的规模经济，短期最有效的力量就是政府。

只有通过政府的公信力，才能引进农村流通体系所需要的大的平台电商或培育本土大的电商平台；才能从政策上给电商平台和农村流通体系基础建设，以行之有效的支持；才能加快电商或网商协会、专业协会、各类经济合作组织的发展。2012年5月，浙江遂昌县人民政府与阿里巴巴集团淘宝网签订战略合作协议，成为中国首个网商线下安全保障机制试点县，开启了遂昌县与淘宝网的全面战略合作新纪元。湖南省僻远地区的江永县也是因为县委书记带头抓农村电子商务发展，引进电商平台，支持电商聚集区建设，将分散资源整合才发展起来。

因此，领导重视、政府推动是促进电子商务的发展和建设新型农村流通体系的前提与保障。各农村需要加强对农村电商的管理，拿出“强工兴城”一样的决心来引导农村电子商务发展和农村流通体系创新，尽快成立县一级

加快农村流通体系建设农村电子商务发展领导小组，领导小组下设办公室，整合各方面的资源，负责政策扶持、行业引领，创业培训、监督管理，统筹促进农村流通体系建设县农村电子商务发展工作。还应该明确目标，高起点做好县的农村流通体系建设及电商产业发展规划，并组织实施，明确时间表、路线图。各级政府运用财政政策将资金投入至农村电子商务行业中，建立完备的网络营销产品数据库与农村电商中间网点，实现农村电商的“最后一公里”畅通，对投资电商、冷链物流、农村物流配送等基础设施及平台建设以及电商创业创新出台财税金融土地等方面的优惠政策。

（二）产业链上的相关企业和部门对于促进农村商品信息化流通体系创新，完善现代农产品流通体系也起着不容忽视的作用

现阶段，普及和推广农村电子商务、创新和变革现代农产品流通体系的模式有如下几种：

（1）政府主导模式，如宁夏政府在 22232 个乡村建立了农产品信息服务站。

（2）电信运营商主导模式，如中国电信在 1000 个县级和 1000 个村级信息化示范试点，中国移动开展的农信通工程等。

（3）行业联合会/合作模式，如北京大兴区庞各庄西瓜产销联合会。

（4）特许权经营模式，如英特尔、四川电信和商务部推进 1000 个乡村市场项目。

（5）私营部门模式，如联想建立 300 个农村电商体验中心。

这些模式有的发展态势较好，有的成效一般，有的需要更深层次的变革。只有加大力度建立商业合作模式，创新社会的投资融资渠道，树立长远的发展目标，才能真正实现农村流通体系的创新，推动现代农产品流通体系的建设得更加完善合理，实现全方位、高质量的农超对接。

树立鼓励农产品流通体系信息化发展和改革创新农产品现代流通体系的发展目标，大力促进农超对接能促进农村经济发展，缩小城乡发展差距，是一项惠国惠民的大工程。因此在推进农业和农村电商、全面做好农超对接的过程中一定要坚持即推进办法要多样化、推进主体要多元化、资金渠道要广泛化、运营模式要市场化、信息使用成本要低廉化、信息资源要本地化、网络建设要农民化。

四、农村流通渠道和流通设施创新

流通是社会再生产的重要环节之一，流通渠道是连接生产和消费的关键桥梁，对于社会经济的发展和优化起着至关重要的作用。

（一）充分利用渠道关系和渠道权利在农村流通渠道创新中的重要作用，发挥农村电子商务的优势

农产品流通渠道是农产品由生产产地转移至向消费地的流通过程中所经过的通道，是组织农产品从生产向消费转移的整个流通网络。影响农村流通渠道的因素有很多，现阶段有不少专家学者就渠道权利对农村流通渠道创新的影响进行了研究。目前西方营销理论界所普遍接受的渠道权力是指一个渠道成员对另一个渠道成员行为的控制力和影响力。孟波等学者在2009年通过渠道关系理论的五个要素权力、依赖、冲突、信任与承诺对中国现有的农产品流通模式存在的问题进行了分析，认为中国的农产品流通渠道不稳定，权力不均衡导致渠道冲突时常发生。渠道权力和供应链不信任关系导致农产品毁约风险增大，价格波动大，需要渠道创新。① 麦影以伙伴关系为视角研究了农产品流通渠道的创新时发现，渠道权力不但直接提升渠道创新能力，而且还通过伙伴关系和重构能力间接提升了渠道创新能力。因此，农产品渠道权力均衡是非常重要的，权力均衡可以提升合作伙伴的依赖程度及渠道的敏捷能力和柔性能力，最终提升渠道创新能力。② 根据诺斯（North）的制度变迁理论，外部利润（在现有的制度安排下无法取得的利润）是诱使人们改

---

① 孟波，吴方，范磊．基于渠道关系理论的农产品流通模式创新探讨［J］．甘肃农业，2009(7)：38－39.

② 麦影．农产品流通渠道创新研究——以伙伴关系为视角［J］．物流技术，2014（3）：141－144，153.

变制度安排的原因。当然，外部利润只是制度变迁的必要条件。没有外部利润，就不可能有制度变迁，但只有外部利润，制度变迁也未必发生。制度变迁是个体或组织在成本收益分析基础上的理性选择，是追逐利润的结果，农村流通渠道创新也是如此。2015 年 4 月发布的《2014 ~ 2015 中国农产品电子商务发展报告》指出，农产品电商成为图书、服装、3C 之后的新热点，被视作电商皇冠，而其中的生鲜电商则被称为“皇冠上的皇冠”。随着农村电商政策红利的不断释放，再加之物流服务的不断规范化、标准化，电子商务在不久的将来必然成为“农产品进城”的主导渠道。农村消费者在获取信息和推广方面，有着自己独有的渠道。必须从农村人口的消费习惯、消费特征入手，把握农村市场的特殊性，充分发挥“意见领袖”、人际传播的力量，真正做到“接地气”，因地制宜建立农村电商发展新模式。积极采用互联网等新技术、新手段，通过互联网和电子商务平台开展网络展示、商品销售、消费服务等创新活动，实现实体流通的“在线化”，创新农村流通渠道。

（二）加大流通设施创新力度，促进农村流通体系健全、完善

“互联网 + 流通”加速了制造业的创新转型，范围从消费、流通一直到生产都进行了全面的创新。在消费需求日益更新的现在，与消费群体直接接触的零售行业以最快的反应速度应对市场变化。与此同时，零售业的创新也对“互联网 + 流通”创新有着显著的驱动作用，并且由此进一步推动批发、采购、制造等供应链上游各环节的创新进程。当前，中国流通业发展在基础设施能力、运作效率等方面都存在着发展不足的问题，不能够满足“互联网 + 流通”的发展需要。一是物流基础设施的现代化水平不高，多数物流园区缺乏综合性交通基础设施和多式联运作业系统的技术支持，物流信息和设备租赁等共性服务平台都比较匮乏，难以达到物流资源的高效整合。生鲜、跨境电商和农村电商等领域的物流基础设施和发达国家相比都差距明显，难以满足多样化、多元化的市场需求。二是城乡和区域间流通设施发展不平衡。相比较于城市、东部沿海地区而言，农村和中西部城市的物流基础设施比较差，存在物流配送网络不健全等诸多问题。为了解决“物流不到村，农产品

不出村”的问题，首先需要加强流通基础设施建设，为“互联网＋流通”创新补齐短板。发挥政府主导作用，鼓励电子商务平台、大型流通企业、批发市场等主体积极参与，加快建设专业化的流通大数据平台，在更大范围促进流通领域大数据的集成和共享，为流通创新提供数据和信息支撑。中国拥有较完备的公路交通运输设施，公路呈网状结构遍布城乡，能够顺利地通往农村。针对这一优势，可以在网状结构的县城节点增建农产品物流园区，并对响应政策入驻园区的各物流企业给予相应补贴。同样，物流企业到农村每接收1单农产品同样可以获得一定补贴，这一政策有效地避免因运输问题发生农产品滞销现象，并且使得农户和物流企业紧密地联系在一起，产生“1＋1＞2”的效果。大型农产品物流园区要建立成为具有一定规模，物流基础设施完善，拥有大量物流企业，集农产品、技术、信息、资金、人才为一体的物流中心。连锁物流园区有利于各物流企业充分发挥集聚优势，实现专业配送和联合配送，建立全球营销网络，进而推进物流环节向更专业、大规模方向发展。

第五章 农村电商崛起与城乡市场协调发展

随着互联网技术发展和居民生活节奏的不断加快，电子商务以其灵活的形式、便捷的载体不断满足和激发社会大众的消费需求。《中华人民共和国国民经济和社会发展第十三个五年规划纲要》中特别强调“推动传统商业加速向现代流通转型升级”、积极“实施电商扶贫”，这意味着电商将在更深层面和更大程度上影响城乡之间流通产业发展，城乡市场差距也将由于电商的崛起不断缩小。中国城乡市场的发展现状如何，如何理解电商促进城乡市场协调发展的内在机理，如何优化农村电商促进城乡市场协调发展的路径，这些问题值得深入研究和探讨。

第一节 中国城乡市场发展现状

活跃的经济应当是充满动感的经济（宋则，2006）。随着生产力水平的不断提高与全球化进程的快速推进，产品短缺时代早已终结，流通产业的快速发展，促进了各类要素的合理流动与配置，满足了不同区域、不同层次居民日益增长的物质生活需求，有效减少财富的沉淀与浪费，缩小了城乡市场的生活差距。十一届三中全会以来，中国城市市场不断活跃，在产业规模、流通体系、现代化水平、组织形式以及管理模式等方面取得了令人瞩目的成绩，尤其是在中国经济进入新常态发展阶段，扩大内需、调整结构、加速新型城镇化建设等系列政策的出台，为城乡市场的协调发展提供了良好的环境和舞台，为实现我国经济稳定增长发挥了重要作用。

一、中国城乡市场发展主要特点

（一）城乡市场规模日益扩大，对经济增长的影响力不断提升

1978 年以来，中国流通产业、第三产业和 GDP 规模总体上均呈现稳步上升、快速发展的势头（见图5－1）。到2015 年，中国社会消费品零售总额已经达到300930.8 亿元，第三产业增加值为344075.0 亿元，其中，交通运输、仓储和邮政业为30370.9 亿元，批发和零售业66230.8 亿元，住宿和餐饮业12159.1 亿元，三项合计达到108760.8 亿元，占第三产业的31.6%，占当年 GDP 的15.87%。批发和零售业法人企业单位数183077 个，批发和零售业年末从业人数达到1173.6 万人。可以说，城市市场的规模伴随着流通产业的蓬勃发展得到极大升级，不仅更好地满足人民群众日益增长的物质文化需求，引导了社会消费观念的转变，在引导生产、刺激消费、增加就业、促进经济平稳增长等方面发挥了重要作用。

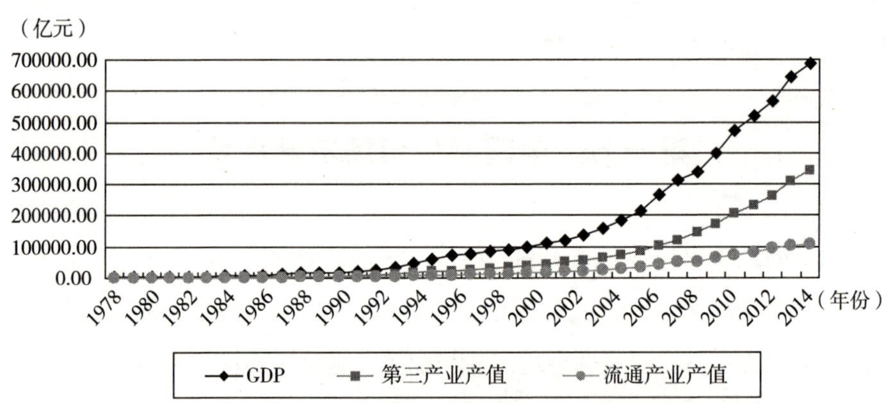

图5－1　1978～2015 年 GDP、第三产业与流通产业发展对比

资料来源：国家统计局网站。

进一步分析，通过对 1978～2015 年流通产业占第三产业比重和流通产业占 GDP 比重的比较（见图5－2），可以发现这两个比值逐步呈现相反的变化趋势，即受经济环境以及金融等其他第三产业快速发展的影响，中国流通

产业占第三产业比重经历了震荡波动下行过程，其比重从 1978 年的 53.74% 下降到 2015 年的 31.6%，但是流通产业占 GDP 的比重却经历震荡波动上行的走势，其比重从 1978 年的 12.86% 上涨到 2015 年的 15.86%，在中国经济总量实现快速翻番的背景下，说明流通产业的规模在快速扩大，对经济增长的影响在不断提升，这实际上反映了城乡市场在我国经济发展中发挥的重要作用。

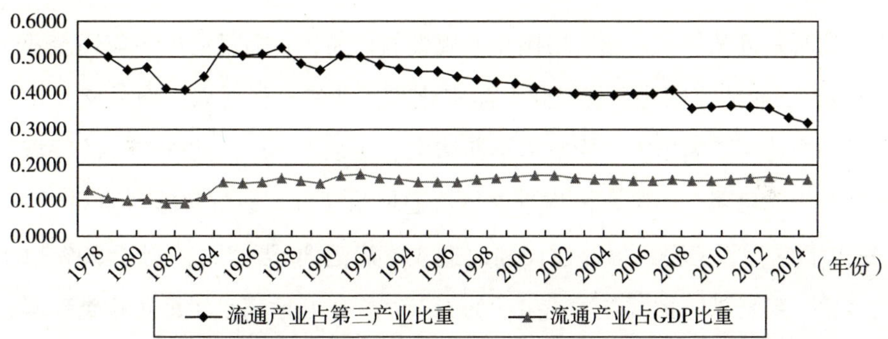

图 5-2　1978~2015 年流通产业占第三产业、流通产业占 GDP 比重变化情况

资料来源：国家统计局网站。

（二）市场体系日臻完善，现代流通网络逐步形成

经过多年的积淀和发展，我国已经初步形成了较为完整的生产资料市场与生活资料市场、现货市场与期货市场、国内市场与国外市场相结合的多层次、开放式的市场体系（见表 5-1）。

表 5-1　2008~2015 年主要商品交易市场数量一览　　单位：个，年

分类	2008	2009	2010	2011	2012	2013	2014	2015
综合市场数量	1248	1280	1341	1368	1392	1381	1376	1379
专业市场数量	3319	3407	3599	3707	3802	3708	3647	3573
生产资料市场数量	709	720	754	764	731	699	693	680
农产品市场数量	921	946	981	1020	1044	1019	999	979
纺织、服装、鞋帽市场数量	508	531	553	559	578	576	570	552

续表

分类	2008	2009	2010	2011	2012	2013	2014	2015
电器、通信器材、电子设备市场数量	146	151	160	162	168	161	154	141
家具、五金及装饰材料市场数量	396	430	480	525	572	577	576	585
汽车、摩托车及零配件市场数量	250	257	270	273	291	283	273	270

资料来源：国家统计局网站。

尤其是近几年来，随着中国流通规模的扩大，目前亿元以上流通企业达到6家[①]，企业集团化、规模化、品牌化步伐加快；亿元以上商品交易市场数量和交易额不断增加，影响力不断增大（见表5－2）。此外按照统筹城乡发展的工作思路，中国积极推进农村流通体系建设，通过实施“万村千乡”“家电下乡”等工程，累计建设和改造农家店近30万家，覆盖了50%以上的乡镇，新增了一批服务居民生活的网点，能较好地满足居民对各类新鲜蔬菜及日常生活必需品的需求。目前，全国开展“农超对接”的超市连锁零售企业已超过800家，通过大力实施家电下乡工程，拉动农村消费上亿元。与此同时，城市流通服务网络不断完善，逐步形成了中心商业、区域商业、社区商业相结合的商业网络体系，特别是社区双进工程、“放心菜”服务体系和早餐工程的稳步推进，很大程度上满足了居民多样化的消费需求。总的来说，随着流通领域开放程度的提高，中国流通企业在激烈的市场竞争中，规模不断发展壮大，体系日益健全。

表5－2　　2002～2015年中国亿元以上商品交易市场基本情况

分类	2002	2003	2004	2005	2006	2007	2008
亿元以上商品交易市场数量(个)	3258	3265	3365	3323	3876	4121	4567

① 4家是实体零售企业，分别为苏宁、大商集团、国美电器、华润万家；2家是电商企业，分别为天猫、京东。

续表

分类	2002	2003	2004	2005	2006	2007	2008
亿元以上商品交易批发市场成交额(亿元)	15450.87	16832.57	21116.94	24544.2	29679.93	35871.46	43120.04
亿元以上商品交易零售市场成交额(亿元)	4389.16	4681.91	4985.79	5476.7	7457.54	8213.64	9337.92
分　类	2009	2010	2011	2012	2013	2014	2015
亿元以上商品交易市场数量(个)	4687	4940	5075	5194	5089	5023	4592
亿元以上商品交易批发市场成交额(亿元)	48308.25	60954.93	69390.81	80141.76	84628.3	86323.7	85836.9
亿元以上商品交易零售市场成交额(亿元)	9655.54	11748.6	12626.46	12882	13736.83	13986.2	14296.8

资料来源：国家统计局网站。

（三）现代化水平不断提高，网络销售发展迅速

从20世纪90年代初，伴随着流通业对外开放的不断提高，同时依托现代信息和计算机技术的发展，中国流通现代化水平不断提升，其中，EOS（电子订货系统）、MIS（管理信息系统）、POS（销售时点信息系统）等现代管理工具在流通企业逐步得到广泛应用，推动了流通产业的自动化、标准化和信息化水平的稳步提高，提升了商品分销效率，促进了商品信息的及时有效传递，为连锁经营、物流配送与电子商务的发展奠定了良好的基础。其中，连锁经营逐步成为中国流通企业组织创新的方向和重点，2015年，全国连锁零售企业门店总数达到209812个，连锁企业的规模和品牌影响不断扩大，在社会消费品零售总额中的比重超过11.76%（见表5-3）。随着连锁企业规模和商品周转的加速，中国现代物流业快速发展①，服务能力显著提

① 根据2014年9月国务院公布的《物流业发展中长期规划（2014-2020年）》显示，2013年，中国物流总额达到197.8万亿元，比2005年增长3.1倍，按可比价格计算，年均增长11.5%；物流业增加值达到3.9万亿元，比2005年增长2.2倍，年均增长11.1%；物流业增加值占国内生产总值的比重由2005年的6.6%提高到2013年的6.8%，占服务业增加值的比重达到14.8%；物流业吸纳就业人数快速增加，从业人员从2005年的1780万人增长到2013年的2890万人，年均增长6.2%。

升，物流中心、物流园区以及物流设施不断改善，连锁超市统一配送比率超过半数，配送成本在不断降低。尤为值得一提的是，中国电子商务发展实现从无到有，从大到小，引领了流通产业交易模式的创新，彰显了强大而旺盛的生命力。根据艾瑞咨询提供的相关数据，2015 年，中国网络购物市场交易规模达到 38873.2 亿元，增长 36.28%，网络购物交易额占社会消费品零售总额的比重大致达到 12.9%，比上一年提高 2.2 个百分点，此外，B2C 交易规模达 20173 亿元，占网络购物市场交易规模总比重的 52.03%。众多电子商务企业正通过加强对供应链的整合、加强产品的拓展、提升服务品质等方面提升自己的影响，电子商务面向的市场范围也逐步从大、中城市向三四线城市及广大农村地区渗透和布局，以实现提升竞争优势，拓展生存空间。

表 5-3　　2002~2015 年中国连锁零售企业门店总数情况　　单位：个，年

分类	2002	2003	2004	2005	2006	2007	2008
连锁零售企业门店总数	30746	46517	77631	105684	128924	145366	168502
内资连锁零售企业门店总数	–	43256	51110	98599	115832	138114	153789
港澳台商投资连锁零售企业门店总数	–	1237	1396	3304	2803	2059	2446
外商投资连锁零售企业门店总数	–	2024	2385	3781	10289	11521	12267
分类	2009	2010	2011	2012	2013	2014	2015
连锁零售企业门店总数	175677	176792	195779	192870	204090	22494	209812
内资连锁零售企业门店总数	158920	158196	169699	174933	184844	7491	191052
港澳台商投资连锁零售企业门店总数	3132	4379	5624	6673	7773	3533	8980
外商投资连锁零售企业门店总数	13625	14217	20456	11264	11473	11470	9780

资料来源：国家统计局网站。

（四）产业多元化发展迅猛，组织业态不断创新

随着居民生活水平的提高，购物不再是单一的功能需要。为更好地满足居民多元化的需求体验，同时也顺应产品不断创新的步伐，城乡市场的组织业态日益丰富。其中，以批发零售业为例，一方面，专卖店、仓储式超市、

购物中心、专业店、便利店等各类业态争相斗艳（见表5－4），在城市的布点日益增加，形成了大、中、小各层级规模的商业大发展的格局，极大地满足了居民购物的便利性；另一方面，面对竞争日益激烈，尤其是网络购物的冲击，各业态之间融合的步伐和趋势也日益加快，“超市＋百货”（超百模式）、“超市＋百货＋X”、“超市购物中心化”等复合业态不断出现，力求通过各业态之间的“混搭”提高毛利率，最大可能的吸引消费者的青睐和注意，最大限度地满足居民购物的多层次和多元化需要。在城镇化建设中，多元化商业网点的进驻更是成为区域价值和品牌提升的重要指标。

表5－4　　2002～2015年按业态分我国连锁零售企业门店总数情况 单位：个，年

分类	2002	2003	2004	2005	2006	2007	2008
便利店门店总数	3324	–	–	10043	13817	13912	16196
折扣店门店总数	–	–	–	–	–	628	784
超市门店总数	10281	11717	14073	18924	21066	27145	30240
大型超市门店总数	–	–	–	–	–	7332	8072
仓储会员店门店总数	–	–	–	78	48	324	331
百货店门店总数	1550	2129	2637	3853	5353	3674	3805
专业店门店总数	12177	22132	25867	67471	63992	84943	93656
加油站门店总数	–	–	–	30957	20551	26390	27361
专卖店门店总数	2901	3648	4493	5195	18005	13047	14651
家居建材商店门店总数	–	–	–	120	82	93	116
厂家直销中心门店总数	–	–	–	–	–	46	50
其他业态连锁零售企业门店总数	513	92	66	–	–	550	601
分类	2009	2010	2011	2012	2013	2015	
便利店门店总数	15779	14202	13609	13277	14680	17675	
折扣店门店总数	859	701	948	432	408	410	
超市门店总数	33224	32818	38554	31016	33835	33301	
大型超市门店总数	2493	6322	2542	11947	9380	8584	
仓储会员店门店总数	179	272	265	351	107	128	
百货店门店总数	5304	4239	4826	4377	4514	4867	

续表

分类	2009	2010	2011	2012	2013	2015	
专业店门店总数	82704	84678	95680	89227	104054	112959	
加油站门店总数	29345	31040	31845	25300	31073	35710	
专卖店门店总数	24075	27641	31768	28939	26113	21093	
家居建材商店门店总数	102	108	116	49	62	64	
厂家直销中心门店总数	410	66	74	14	232	306	
其他业态连锁零售企业门店总数	10548	5745	7397	13241	10705	10425	

资料来源：国家统计局网站。

（五）外商投资积极踊跃，对外开放水平不断提高

根据加入 WTO 组织的约定，中国零售业自 2004 年底开始基本实现全面开放，此后相关政策的出台更是吸引了大批国外零售巨头对中国市场的关注，外商投资的积极性在不断提高，布点不断增加。根据国家统计局提供的资料，2015 年中国批发和零售业外商投资企业数达到 109833 户，投资总额达到 3084 亿美元；交通运输、仓储和邮政业外商投资企业数达到 11791 户，投资总额达到 1593 亿美元；住宿和餐饮业外商投资企业数达到 27229 户，投资总额达到 411 亿美元。另以限额以上零售企业资产构成为例，2004 年，中国零售企业总资产为 7703 亿元，其中，内资零售业企业资产、港澳台商投资零售业企业资产、外商投资零售业企业资产分别为 7013.04 亿元、266.63 亿元、423.33 亿元，所占比重分别为 91.04%、3.46% 和 5.5%，而到 2015 年，中国零售企业总资产达到 53507.31 亿元，其中，内资零售业企业资产、港澳台商投资零售业企业资产、外商投资零售业企业资产分别为 46783.20 亿元、3448.33 亿元、3275.78 亿元，所占比重分别为 87.43%、6.44% 和 6.13%，港澳台商投资及外商投资的资产及比重都获得了迅猛增长（见图 5-3）。值得注意的是，近年来，港澳台商投资零售业的资产较外商投资零售业的资产占比更大，增速更快。

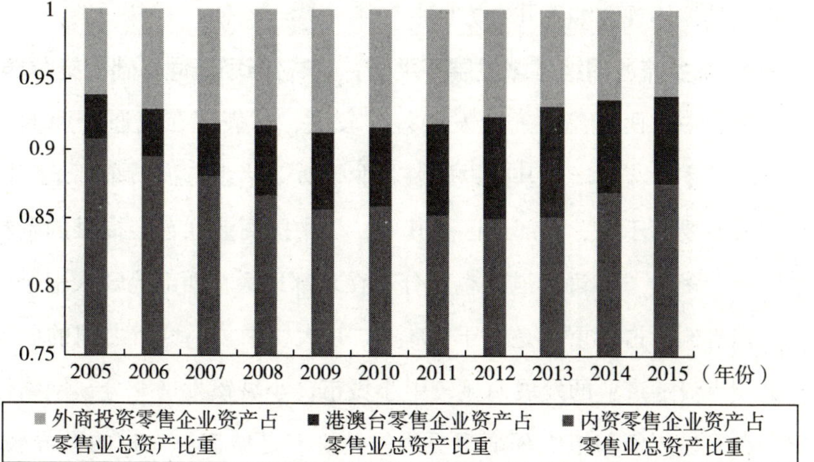

图 5－3　2005～2015 年分类型限额以上零售企业资产占零售总资产比重变化情况对比

资料来源：国家统计局网站。

（六）法规体系日益完善，市场秩序不断规范

近年来，中国流通领域的立法进程不断加快，先后制定出台了《反垄断法》《直销管理条例》《商业特许经营管理条例》《生猪屠宰管理条例》等一批流通领域重点法律和规章，同时，流通标准体系稳步推进，先后颁布出台《超市购物环境》《农贸市场管理技术规范》等多项行业标准和国家标准。通过开展诚信兴商活动、建设商业信用体系，进一步规范了市场经济秩序，有力地促进了我国流通业的健康发展。此外，通过运用先进的信息技术，逐步建立和完善了以生活必需品市场监测系统、重要生产资料市场监测系统等重点流通企业监测系统为主的城乡市场监测信息服务体系，为流通产业的健康发展、提高经济运行的调控能力提供了保障。

二、中国城乡市场发展中存在的主要问题

在产业规模、结构、方式等获得巨大发展成就的同时，城乡市场在区域发展、组织化程度、流通效率、物流成本、人才队伍等方面的差距也很明显，与扩大内需的政策期待、与人民群众不断提升的物质文化生活需求尚有

较大差距。具体体现在如下几个方面。

（一）城乡流通网络区域发展不平衡，农村市场流通基础设施薄弱

一是东、中、西部流通产业发展差异较大，这表现在流通产业的总产值、年度增长率、流通产业基础设施、就业人数等诸多方面，东部地区的相关指标都明显要高于中、西部地区。其中，从中国商业联合会提供的资料显示，中国绝大多数“零售百强”企业分布在东部地区，西部地区入围企业为个位数，销售额所占比重更是低于5%。二是大、中、小城市之间的区域差异大，大城市流通产业的发展明显较中小城市、小城镇发展充分，网络体系更为健全，交易规模和组织程度都更为发达。三是城市与农村的差异较大，目前，中国广大农村地区还存在着比较严重的农产品交易方式传统，农产品流通主体专业化程度低，农村流通信息化进程缓慢，技术落后，导致中国农产品流通效率低，农村市场流通能力弱，不仅影响了我国农业产业化发展进程，而且影响了农民增收，拉大了城乡差距，不利于启动和扩大农村消费。

（二）城乡市场空间布局有待进一步优化，消费便利性条件有待进一步提升

目前，中国已经形成了以超市、仓储式商店、购物中心和便利店等多种业态为支撑的城市流通体系，极大地缓解了过去城市商业网点匮乏、零售业态少、消费者购物不便的问题。与此同时，中国流通产业的网点布局仍存在空间布局不够合理的问题，具体表现在城市大型商业网点过于“扎堆”集中，相互之间竞争激烈，特色不明显，同时，部分居民集中区，尤其是城镇新区的网点相对较少，业态单一，影响居民购物的便利性，也很难满足居民消费需求升级的需要，这就必然出现城市中心商业化竞争过度，社区商业发展滞后，前者直接导致竞争同质化，大打价格战，也导致了服务质量的下降。此外，在流通产业内部，批发和零售业较交通运输、仓储和邮政业以及住宿和餐饮业增长速度快，发展势头更为迅猛（见图5-4）。

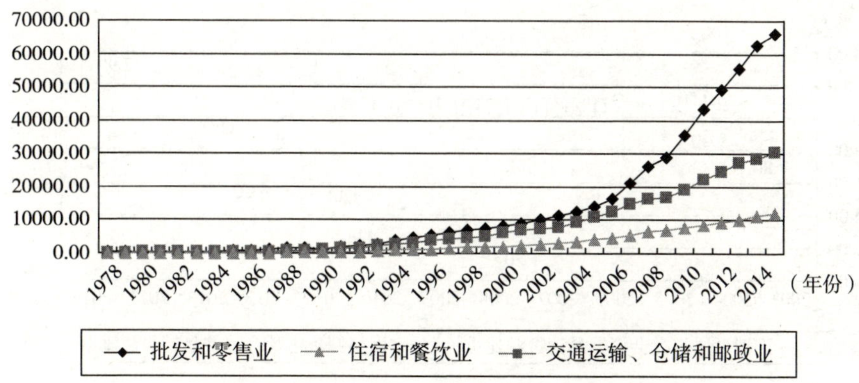

图5－4　1978～2015年流通产业内部增长对比

资料来源：国家统计局网站。

（三）产业流通效率不高，网络销售对传统流通产业冲击大

一方面，经过多年发展，中国已经逐步形成了大企业主导、骨干流通企业为支撑、不同规模流通企业竞相发展的商业格局，但零售额超过千亿元企业仅有6家（其中2家电商），与世界发达商贸流通企业的差距依然较大，中低档商业仍占主导地位，企业规模偏小，连锁化程度不高，制约了中国流通产业的迅猛发展和扩张。相关资料显示，欧美发达国家连锁经营销售额约占全部销售额的60%以上，流通产业已经进入连锁经营时代，而中国限额以上连锁零售企业零售额仅占社会消费品零售总额的20%左右。

另一方面，中国连锁百强占社会消费品零售额的比重在2012年出现较大降幅，2013年进一步下降，与此同时，网络销售占社会消费品零售额的比重却呈现快速上涨的势头，2013年达到7.8%，两者的差距进一步缩小到1.1个百分点（见图5－5），此外，据联商网显示，2013年中国零售百强中共有9家电商进入百强，销售达到5732.7亿元，占百强整体销售的比重为20.7%，对百强零售企业整体销售增长的贡献率高达54%，其中，天猫超过苏宁跃居百强榜首。这些都充分说明了传统流通产业的发展遇到新时代电商的剧烈冲击，如何适应经济发展、消费格局的新变化，值得每一个传统流通企业深思。

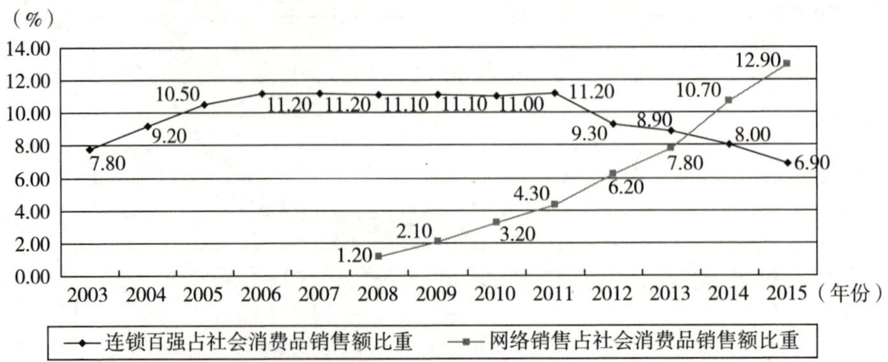

图 5－5　2003～2015 年中国网络销售与连锁百强占社会消费品零售总额比重对比

资料来源：根据联商网等网站数据整理。

（四）政策与法规体系需要进一步健全，产业调控水平有待进一步提高

随着中国政府宏观管理水平的提高和法制化进程的不断推进，中国城乡市场发展的政策、法规等不断健全，进一步规范了城乡市场流通企业的经营行为，促进了行业的发展。如 2014 年中国正式通过的《物流业发展中长期规划（2014－2020）》就为物流业发展指明了方向、任务与要求。然而随着城乡市场的快速发展，很多新情况和新问题不断出现，致使中国流通产业在诸多方面仍存在法律空白，如中国在商贸流通产业的规划编制、大型商业网点的建设论证、不合理竞争行为的规制、电子商务发展秩序以及特殊流通企业的监管等方面，还存在制度模糊、标准缺乏、部门分割、职责不清、处罚较弱等诸多尴尬处境，对相关行为的管控政府部门缺乏监管依据，许多工作难以开展。此外，对一些新兴的流通产业，如拍卖典当、再生资源、特许经营等服务业领域，相关标准体系还不甚健全，不利于相关产业的规范发展。

（五）高素质经营和管理人才匮乏，从业人员素质有待进一步提高

在政府层面，流通管理部门几经变革，导致专业人才流失严重，现有队伍难以满足工作需要。在企业层面，各种业务技能培训和经营管理培训工作长期得不到重视，流通企业中懂经营、精管理的复合型人才严重不足，大中型连锁企业尤其缺乏店长和一线骨干人才，缺乏兼通经营管理、信息和物流

技术的通才。商业企业的管理在流程科学化方面与工业有差距，现在民营企业多了，很多企业家缺乏管理科学方面的训练，家族式管理对决策科学化往往是负面的。许多商业企业有快速暴富心理，无防范风险预案，很大程度上制约了流通企业的发展。

（六）企业经营行为有待进一步规范，企业发展模式有待进一步创新

部分企业虚假的产品宣传、虚假打折和促销已成为商业潜规则，购物返券是建立在货真价不实基础之上，其本质类同于违反价格法的商品搭售。假冒伪劣商品充斥市场，屡打不绝，城市严打又涌向农村市场。食品不安全，市场秩序乱等问题与商业信用体系不健全有关，反过来又给交易预期和消费心理蒙上阴影。各种通道费、促销费影响了优质产品进入大型商业企业。不少大商场受传统经营模式制约，对商品资源和品牌掌握能力较弱，品牌控制力相当有限，利润增长源缺乏。部分商业企业频繁变换经营范围，随意扩大经营广度，相比之下，全球零售老大沃尔玛公司却只有几种业态，且大都是超市类，体现了专业化原则，它的信息化和配送资源可以兼用于所有店铺。同理，国美电器之所以能成为国内销售十分有影响的连锁企业，与其自身多年扎根于家电卖场紧密相关。

第二节　农村电商促进城乡市场协调发展内在机理

一、城乡市场协调发展要求与界定

（一）城乡市场协调发展界定

改革开放以来，如何缩小城乡市场差距一直是学界、业界普遍关心的热点问题，其中，城乡市场一体化、城乡商品市场协调发展、城乡双向流通、城乡统筹发展等概念相继被学者提出并深入研究。从某种意义上说，如何理解城乡市场协调发展，可以从“协调发展——城乡协调——城乡市场协调发展”等三个层次来进行分析。

1. 如何看待协调发展

中国共产党第十八届中央委员会第五次全体会议中提出，实现“十三五”时期发展目标，破解发展难题，客观上需要牢固树立并切实贯彻“创新、协调、绿色、开放、共享”等五大发展理念。众所周知，发展的主体具有多样性，发展强调动态性，其中既有量的变化，更有质的飞跃，发展的结果具有不确定性。协调一般可以从两个方面来理解：一是通过某些手段、措施来解决矛盾或冲突，这个时候它作为一种管理方式而存在；二是通过调节使事物诸要素之间达到一种融合关系，这时候它表明事物发展的一种状态。总体来看，协调发展的内涵可以表述为：在协调发展机制的作用下，事物内部诸要素之间排除冲突和失衡，实现和谐、互利、合理、有比例的状态，使事物整体效应达到最大满意度的可持续发展。

2. 如何看待城乡协调发展

党的十八届五中全会提出，推进城乡协调发展，需要健全城乡发展一体化体制机制，健全农村基础设施投入长效机制，推动城镇公共服务向农村延伸，提高社会新农村建设水平。可以说，这是一个综合性概念，其基本内涵大致可以分为三个部分构成：一是城乡的比较优势和特殊功能都能得到科学、有效的发挥，分工合理、优势互补、共同发展；二是城乡之间人流、物流、资金流、信息流能够实现畅通和便利化，形成建立在公正、公开、公平竞争秩序基础上的全国统一市场；三是协调城乡利益，逐步消除城乡二元结构，城乡差别能够限定在合理范围之内，形成走向共同富裕的空间发展格局。

3. 如何看待城乡市场协调发展

从经济学的角度来看，城乡市场协调发展是指城乡之间在要素流动、产业发展、公共服务提供等方面形成相互融合、相互促进的统一整体，进而全面促进城市与农村的协调发展。换句话说，城乡之间基于市场经济导向的经济技术合作能够实现全方位、宽领域和新水平的目标，形成团结互助合作的新型城乡经济关系，它不是泛指的城乡政治协调、生态环境协调、人口协

调、文化协调、空间协调，而是指城乡之间如何实现要素、资源、产品、市场机制、价格形成等多维的市场发展协调。实践中，由于市场逐利性、盲目性和时滞性等失灵现象的存在。城乡市场协调发展难以在短期内由市场自发形成，客观上需要政府从清除要素流动壁垒、合理规划产业发展布局、提供公平一致的基本公共服务方面入手，强化政策制度的引导，加速资源流入农村。

（二）城乡市场协调发展的内在要求

基于城乡市场协调发展的基本界定，客观上可以认为，城乡生产要素流动合理化、城乡产业结构高级化、城乡公共产品与服务均等化、城镇化发展动力充分释放等应该是其中的内在要求，具体来说：

1. 城乡生产要素流动合理化

一般而言，农村拥有的主要生产要素是劳动力、资本和土地三种。由于要素的流动与组合受经济利益的支配，由于城乡之间的巨大差距，较长时间以来，要素由农村流向城市的现象比较明显。这一方面说明了要素投入城市能够带来更高的收益；另一方面也揭示了农村要素被“吸出”的深层次原因，即长期实施的“工业倾斜”和“城乡偏向”的城乡二元制度。就农村优质劳动力“吸出”而言，农村贫困的推力和城市较高福利的拉力相互作用下，农村很难使高素质或年富力强劳动力安心工作；就土地集聚而言，在城镇化的过程中，农村土地被大量征用，一方面城镇以较低成本获得使用权；另一方面农民的利益在土地流转中没有得到充分保障；就农村资本析出而言，我国在金融存贷方面存在严重的“城市偏向”和“工业偏向”，农村资金被金融机构抽走倒入城市，资金在城市集聚。以城乡固定资产投资差异度（城乡固定资产投资差异度 = 城镇固定资产投资额/农村固定资产投资额）为例，1985 ~ 2010 年城乡固定资产投资比总体呈现上升的趋势（见表 5 – 5），说明资本在城市集聚的现象还较严重，2015 年，城镇固定投资额大约是农村固定资产投资总额的 6 倍，大量的资本投入到城市中，从某种意义上说将阻碍农村流通基础设施的完善，不利于城乡市场协调发展。

表5-5　　1985~2010年城乡固定资产投资差异度

年份	城乡固定资产投资差异度	年份	城乡固定资产投资差异度	年份	城乡固定资产投资差异度
1985	2.7527	1994	3.8583	2003	4.6963
1986	2.8047	1995	3.5752	2004	5.1556
1987	2.5734	1996	3.2859	2005	5.4900
1988	2.5962	1997	3.3399	2006	5.6146
1989	2.4553	1998	3.8026	2007	5.9148
1990	2.6351	1999	3.8761	2008	6.1742
1991	2.6408	2000	3.9161	2009	6.3211
1992	3.0392	2001	4.1597	2010	6.6446
1993	3.7211	2002	4.4300		

资料来源：国研网数据库；城乡固定资产投资差异度=城镇固定资产投资额/农村固定资产投资。

2. 城乡产业结构合理化

传统上，城市以发展工业和第三产业为主，农村以农业为主。城乡二元结构表现为工业与农业的二元结构，而城乡二元分割也体现为工业与农业的分离。这种分离表现为：一是工业与农业的对抗。工业大多为资本密集型，对农村剩余劳动力的吸引力较弱，并且在新型工业开发区的建设中，大量土地被占用，农村农业赖以发展的生产要素被征用。二是城乡工业与农业未能形成相互促进的产业链关系。传统的工业结构不能很好地与农业关联，对农业产业化和农村工业化的贡献率低。以城乡商品零售价格指数差异度衡量城乡二元分割程度，以农业与非农业生产能力比衡量城乡二元结构，并以此为农村产业结构调整提供指导。根据1995~2015年农村商品零售价格指数/城镇商品零售价格指数的比较（见表5-6），发现中国城乡零售价格指数差异度在“十二五”期间趋于平稳，围绕1上下波动，基本无差异，说明城乡二元分割依然存在但程度降低。

3. 城乡公共产品与服务均等化

长期优先发展工业和城市的战略，使大部分的公共资源集中到了城市，

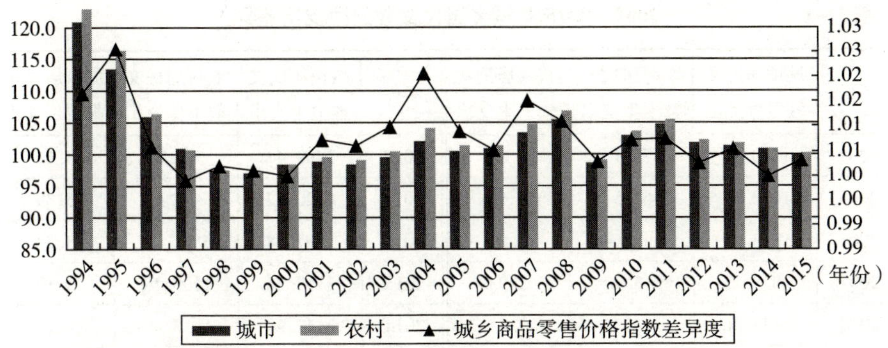

图 5－6　1995～2015 中国城乡商品零售价格指数差异度

资料来源：历年国家统计年鉴。

从而优先保证了城市居民的生产和生活需要。在有形的公共产品方面，城市人口享受的交通、供水、供电、通讯等硬件设施要比农村丰厚；在无形的公共服务方面，我国城镇已普遍建立起以就业为前提，社会保险为核心的相对完善的社会保障体系。在城市体制内，有包括养老、医疗、工伤、失业和生育等方面的社会保险制度，有老弱残的社会福利制度，有低保、流浪人员救助等社会救助制度，有住房公积金、经济适用房和廉租房等住房社会保障制度。相比之下，农村公共产品和公共服务的供给则长期滞后，交通、供水、供电、通信、教育、医疗卫生等条件落后。除了经济发达地区以外，广大的农村仍然是以家庭保障为主、集体保障为依托的较低层次的社会保障模式。关注人力资本差异、城乡医疗卫生条件差距。虽然拥有医疗机构床位数的城乡差距缩小，但城乡拥有的医护人员差异增大，并且增幅高于城乡医疗机构床位数差异，所以总体来说，城乡医疗卫生条件差距仍然较大。

近年来，中国农村居民的文教卫生支出增长速度明显高于城镇居民，但在绝对量上仍然无法与城镇居民相比，尽管这一比值呈现下降趋势（见表 5－6）。目前，在文教卫生方面的支出城乡比仍高达 2.11 倍，从侧面提示了城乡居民收入差距导致对教育和卫生投入的差别。

表5－6　　2004～2015年城乡居民文教卫生支出差异

年份	城镇居民文教卫生支出	农村居民文教卫生支出	城乡居民文教卫生支出	年份	城镇居民文教卫生支出	农村居民文教卫生支出	城乡居民文教卫生支出
2004	1560.95	378.19	4.13	2010	2499.41	692.76	3.61
2005	1698.31	463.57	3.66	2011	2820.72	833.11	3.39
2006	1823.57	496.64	3.67	2012	3097.18	959.30	3.23
2007	2028.25	515.90	3.93	2013	3412.26	1100.19	3.10
2008	2144.46	560.50	3.83	2014	3447.90	1613.40	2.14
2009	2329.17	628.10	3.71	2015	3826.20	1815.30	2.11

注：文教卫生支出主要包括：医疗保健、文化娱乐、教育等用品和服务支出；城乡文教卫生支出比＝城镇居民文教卫生支出/农村居民文教卫生支出。

4. 城镇化动力的充分释放

城镇是城乡市场结合的主要表现形式，也是城乡市场协调发展的有力联结点，在推动农村经济市场化中具有重要的作用。一是城镇化进程推进市场连接，加速城乡市场格局的调整。在推进城镇化的过程中，人口快速增长、城市群的发展和规模扩大等现象将迫使流通产业打破传统区域市场限制，拉长流通产业的布点，延伸产业链条的布局，形成流通产业发展的区域中心或市场，并且拉近城乡市场，尤其随着城镇化基础设施的不断完善，城市商圈将扩大，城乡市场的区域间距离将缩小，城乡市场空间格局将进一步优化。二是城镇化促进商贸流通业就业吸引力，为农村居民增收奠定基础。2014年中国城镇就业人员首次突破50%，即全国有超过一半的就业人口在城镇工作。就收入方面而言，通过对1978～2015年中国城镇化率与城镇居民家庭和农村居民家庭人均纯收入的比较，可以发现，随着城镇化率的提高，城镇居民家庭和农村居民家庭人均纯收入在不断提高，其中，1978年至今，城镇居民家庭人均纯收入与城镇化率的变化呈现明显的正相关性（见图5－7）。三是城镇化不断推进，为扩大消费需求提供动力。通过分析2000～2015年农村居民家庭人均纯收入的构成发现，中国农村居民的家庭经营性收入占纯收入的比重越来越低，工资性收入对农村居民的纯收入贡献却不断增大，从2000年的31.17%上升到2015年的42.71%，可以说，工资性收入成为了农村家庭

的主要收入来源，而进一步分析可知，工资性收入的主体大多是来自城镇务工所得。随着农村劳动力的进城务工，劳动力转移到非农业部门，借助于现代农业机械的推广使用，反向提升仍在农业耕作的劳动者产出，促使了农村人口收入的不断增长，并进而提高了消费能力，扩大消费需求（见图5－8）。

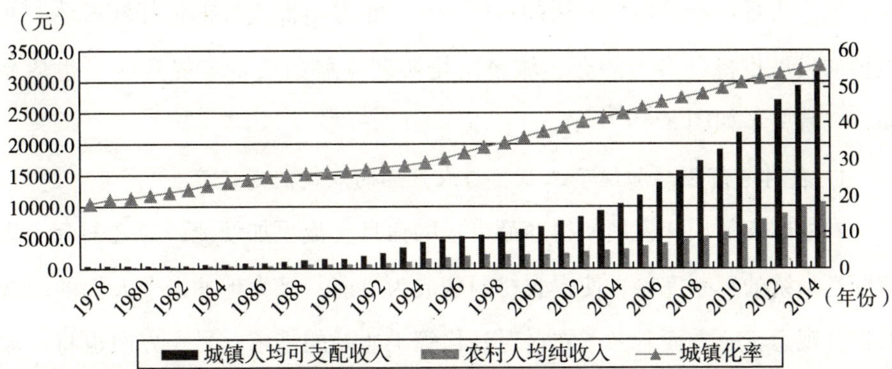

图5－7　1978～2015年中国城镇化率、城镇与农村居民家庭人均纯收入对比

资料来源：国家统计局网站。

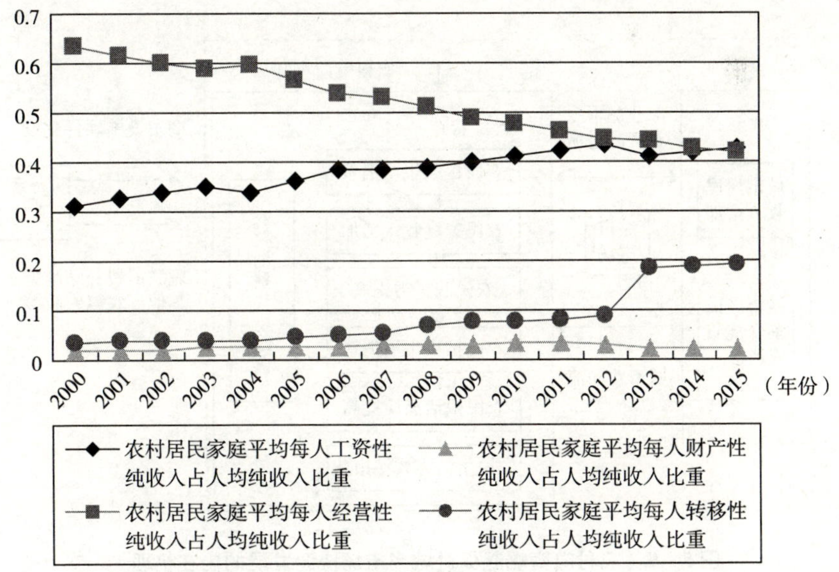

图5－8　2000～2015年中国农村居民家庭人均纯收入内部构成对比

资料来源：国家统计局网站。

综上所述，城乡市场协调发展不是说要完全消除城乡市场差距，而是指城乡之间的差距逐步缩小并做到差距适度、合理协调。

二、农村电商促进城乡市场协调发展的内在机理

城乡市场本身是电商发展的目标市场，也是电商发展的依托和载体，而电商的发展也将更有力的夯实城乡市场协调发展的质量与提升居民生活品质，二者关系如图5－9所示。

1. 农村电商崛起加快了工业品与农产品的双向流通速度

农村电商的快速发展使得商品市场的信息交流更加便捷，与之配套的物流配送系统的不断完善，使得农村网购成为可能，极大地冲击了人们的消费习惯及观念，一方面刺激了农村对日化等工业品的需求；另一方面也将增加城市对原生态农产品的消费。电商的蓬勃发展弥补了传统零售购买时间与空间距离的缺陷，同时也使以工业品下乡、农产品进城形式促进城乡市场协调发展的目标加速实现。

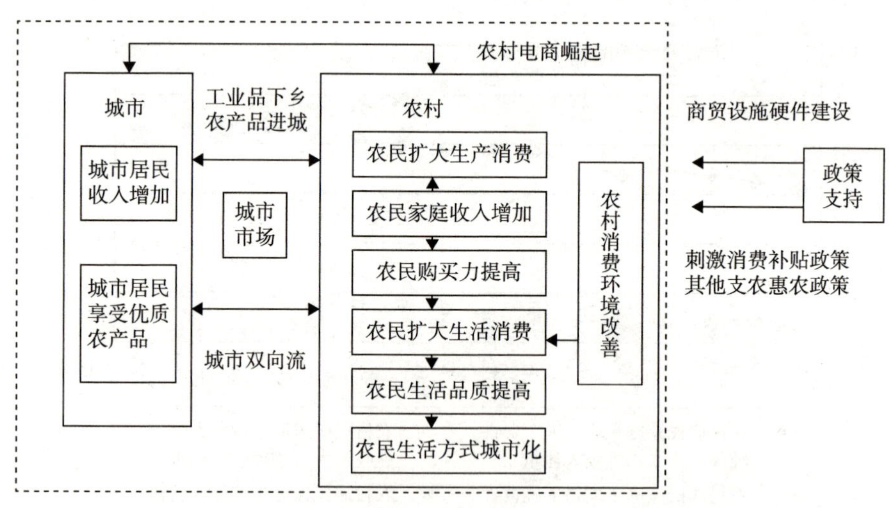

图5－9 农村电商崛起促进城乡市场协调发展的内在机理

资料来源：作者整理。

2. 农村电商发展加快城乡市场空间要素的流动

城乡市场在空间上具有小而散的特性。随着农村电商崛起，流通基础设施的不断完善，城乡市场不断突破空间局限，要素流通不断加快。其中，一是电商巨头积极拓展农村市场，加快城乡零售商品市场资金流通。庞大的农村网民让阿里巴巴、京东等电商巨头看到了市场潜力，纷纷加紧在农村推进农村电子商务的步伐。以湖南省为例，截至2016年上半年，农村电子商务交易额达680亿元，占湖南电子商务交易总额的24.3%，对湖南省GDP增长的贡献率极大突出。同期，阿里村淘、京东、湖南苏宁、农商通、湘村购等电商平台已建立200多个县级服务中心、2500多个村级服务站，开通了20多个市县地方特色馆。据eMarketer数据表明，2019年中国将增加1.39亿来自欠发达地区的网购消费者。二是农村电商通过“农民工进城”突破劳动力流动的空间局限，城乡市场劳动供给要素增多。由于农耕工具的革新及现代农业的建设，农业吸纳劳动力的人数有限，农村出现大批剩余劳动力。在政府企业大力发展农村电子商务的条件下，居民消费需求增加，客观上需要大批为电商发展提供服务的劳动者，现阶段，由于城乡发展差距的存在，城镇因其在工资水平、社会福利等方面的优势发挥拉力作用，促使农村劳动力向城镇聚集，引发“农民工进城务工”潮流。大量农民工进城务工，一方面使得农民口袋鼓起来，2015年中国农村居民人均纯收入达到11421.7元，其中人均工资性收入达到4600.3元，对人均可支配收入增加的贡献率为40.28%；另一方面，农民工思维方式、生活习性、价值观念受城市潜移默化影响，现代消费观念逐渐被接受。农民工通过进城务工实现增收，同时消费观念的改变为农村发展电子商务奠定消费基础。

3. 农村电商缩小了城乡间市场业态的差距

随着社会经济进步、技术变革、人们的消费行为与观念的变化，商业业态遵循百货商店—杂货店—超市—巨型超市—便利店—专卖店—购物中心—仓储式商场—电子商业的轨迹演进，逐渐区域复杂化、高级化。商业业态也是技术、经济、社会、消费者行为等因素综合作用的结果。商业业态演进的先导是技术变革。如工业革命直接导致了百货商场的出现；“二战”后城市高速公路的兴起与小汽车的普及使得城郊购物中心出现并成为可能；现代计算机与网络技术的蓬勃发展也为网上购物与电子商务等无店铺业态的兴起创造可能。商业业态也深受消费者行为影响，如上班族有限的购物时间、单亲家庭增多导致便利店的出现，现代社会灵活的柔性生产方式与人们个性化的消费需求使专卖店盛行等。

近年来，随着互联网技术、云计算、物联网、供应链等技术的广泛应用，2015 年电子商务商品交易量达到 21.8 万亿元，比 2010 年增长 3.8 倍；网上零售额达到3.9 万亿元，比2010 年增长6.6 倍，尤其农村网购市场规模达到3530 亿元，同比增速达到 94.3%，远高于同期网络零售市场增速。正是由于农村电商的大力推进，是农民网购成为可能，改变了农村消费者行为，农民工返乡创业或外来人员自主创业使得农村虚拟店铺形式出现。同时随着“工业品下乡、农产品进城”模式的城乡协调发展，农产品批发市场、电商平台的生鲜板块、特色农产品板块等新兴电商业态出现，以完善流通基础设施推进农村电商发展，使得产品配送沿线区域杂货店、便利店涌现，在浙江义乌淘宝村甚至出现了大型购物中心。可以说，购物中心、仓储式商场、电子商业等商业业态不只是城市市场的独有形态，城乡间市场业态差异正在借助电商的力量不断缩小，并借助城乡市场流通业态多元化促进农村经济发展，加速了农民脱贫致富进程。

第三节　农村电商促进城乡市场协调发展路径

在经济发展新常态阶段，如何更好地利用资源，推进城乡市场的协调发展，转换经济增长的方式，提高经济增长的质量，实现从生产大国向消费大国转变，需要充分发挥电子商务的强大影响力，减少产品在时间与空间上的耽搁。

一、 夯实农村电商发展平台

（一）完善城镇商业网络，优化商业结构

以当前中国商业网点分布不均衡的现状为出发点，明确从区域协同化，城乡一体化的高度实施商业布点战略，建立连接全国各城镇的流通网；争取建立面向更大区域范围、兼顾城乡流通市场发展的多元化、多层次商业网点体系，提高流通便利性与流通效率，降低流通成本，扩大商品供应数量；加快商品供应速度，从更大的空间范围和更深的层次上促进国内消费；积极设立各种智慧型的公共服务设施平台，拓宽新型服务领域，不断刺激消费。

（二）推进电商产业重大基础设施建设

根据城镇发展水平与未来要求，制定差异化的流通产业基础设施建设项目，其中，重点加强与城镇化快速发展相适应的流通网络节点，如城市大型物流中心、配送中心、冷藏冷库项目等；促进产地批发市场与城市销地市场的联系，加强城镇集贸市场规划管理，对于交易规模大，与居民生活密切的市场坚持提质发展；加强电商产业信息平台建设，构建产业发展数据库，提高电商产业发展信息化程度；在尊重经济规律的基础上，推进商业街、购物中心及大型商业网点建设，集聚城镇人气，搭建良好的产业发展平台。

（三）加强城镇流通产业基础网点建设

为满足快速增长的城镇居民对日常生活的需求，客观需要加强加大城镇社区商贸网点布局，丰富流通产业经营形式与业态，提升流通网点的覆盖率，加强早餐工程、社区菜市场等民生工程，方便居民生活，促进放心消费；继续在小城镇开展和实施类似“万村千乡”市场工程、“双百市场”工程和“家电下乡”工程，增强小城镇的商贸吸引力和辐射力，同时通过农村流通产业组织建设，拓宽农产品销售渠道，提高农产品流通效率，促进农民增收、农业增效，为更好的启动农村市场奠定良好基础。

二、 完善电商效应释放机制

（一） 积极推动流通企业电子商务发展步伐

随着“互联网+”时代的到来，产品流通和居民消费行为方式等环境发生了较大改变，电子商务已经成为现代流通产业发展的方向和标志。为弱化城镇化门槛对流通产业经济效应释放造成的影响，积极鼓励有条件的商贸流通企业积极建设网上商城，搭建良好的产品展示与传播平台，积极发展移动终端消费等新兴流通模式，拓展和深化电子商务在流通产业中的应用领域。继续打造和培育一批有影响的电子商务龙头企业，加快建设一批有影响的电商平台，不断完善电子商务认证与支付等平台支撑体系，促进 B2B、B2C 等各类交易模式健康发展，并积极推进电子商务与广告、营销等的协同创新，最大限度的发挥电子商务引领消费的作用。与此同时，积极促进中小流通企业加强与知名电子商务平台的合作，利用第三方平台促进电子商务的开展，实现资源的有效衔接和整合，促进线上和线下交易的一体化发展。此外，对于传统的知名、有区域影响的批发市场、专业市场等交易业态，积极建设相应的网上卖场，加强商品信息发布，努力形成区域交易指数，更好的引导居民与集团消费。

（二） 积极推进农村电子商务发展

加强农村互联网基础设施建设，促进信息网络进村入户，促进农村市场电子商务发展环境的改善。推动农村产业结构调整，加快“特色农业+互联网”模式发展，加强农产品标准体系建设，实现农副产品的标准化、品质化、特色化发展，促进农副产品产业链、价值链与供应链的有机统一。积极支持利用电子商务平台宣传和销售区域地理标志产品，不断提升产品的品牌价值。基于供应链模式推动农产品供给规模化，促进农业生产资源的整合，有序统筹产地、集散地、主要销地市场的建设，加强农产品的直销和展销中心的有机对接，构建新型工商关系，让流通产业在现代农业发展、农民增收等方面发挥更大作用。鼓励流通企业与农户、信息服务

商、银行等加强合作，建设和推广适合农村电子商务发展的信息化解决方案。

（三）加快流通产业网络化体系建设

坚持以供应链整合为重点，鼓励流通企业加强供应链管理，积极拓展设计、展示、配送以及分销等多种业务，构建多层次、多领域的服务流通网络，其中，完善商品流通网络体系建设，以产城融合为重点，加快购销供应、生活服务和商务信息等网络建设步伐，有序发展电话购物、网上购物、电视购物等网络商品与服务交易；加强批发零售体系建设，在强调市场实体建设的同时，加强稳定的供销关系构建，推进形成良好的流通产销机制；完善现代物流体系，以物联网、云计算平台等现代物流技术为支撑，整合区域各类物流资源，推进“基地 + 网络”物流平台和总包物流建设，充分调动第三方物流的活力，形成科学有序的城市内部、城际之间、城乡之间的配送网络，加强快递企业、电商企业以及邮政等之间的战略合作，促进各类市场的有效衔接，为电子商务的发展提供积极和有效的支撑。

（四）不断提高流通产业信息化发展水平

围绕流通产业信息化建设与发展，努力提高流通产业智能化、专业化、社会化发展水平。鼓励大型流通企业运用大数据等现代信息集成与数据挖掘技术，加强对流通市场的分析与发展评价。积极推动互联网、物联网、云计算、电子标签、全球定位系统以及地理信息系统等现代技术在流通领域的使用，促进物流网、信息网等网络平台的协调发展与进步。鼓励流通企业加快流通领域的技术革新与应用，用先进的系统与管理平台有效提升采购、运输、仓储等各环节的效率和管理水平。加强流通产业发展的公共信息服务平台建设，加强各类数据和主要流通发展指数的及时公布，促进各类信息资源的有效共享与利用，实现各类产品的有序流转。不断完善产品的条码技术，进一步提高其应用比率，逐步建立统一有序的产品编码体系，为流通效率的提升和网络交易的正常开展奠定基础。加强网络安全环境建设，做好流通产业信息的安全保障。

三、 健全电商发展保障体系

（一） 强化产业发展规划

区域发展规划是对未来工作发展方向、建设内容、建设步骤等的具体化，是具有一定法律效力的纲领性文件。在城乡市场协调发展建设中，如何加强电商产业发展，既需要充分发挥尊重市场规律，也需要良好的政府管理，在流通产业发展规划编制、规划执行体系等方面创新机制体制。较长时间以来，中国电商产业发展处于被忽视地位，其作用没有引起真正的重视，在区域国民经济发展规划中的比重和内容比较虚，缺乏有效执行力。促进城镇化进程中流通产业的发展，首先要在城镇化规划中强化流通产业内容和比重，将流通产业发展作为城镇化建设的重要组成部分，科学设置相关建设任务和建设内容，并得到有效执行和落实，尤其在城镇化较为发达的地区，可以考虑单列电商产业发展规划，以期在总体上确保电商产业在城镇化进程中的地位。

（二） 加强财税支持

将电商产业发展纳入财政年度预算，根据电商产业项目特点，确定投资支持额度和范围，安排专项资金予以保障；加强重点领域支持，重点项目列入产业政策支持范围，如物流中心、流通信息化建设等等；认真落实国家现有电商产业发展的各类税收和扶持政策，做到“项目真配套，资金真落实”，确实做好资金落地；建立社区商业辅助发展基金，对“万村千乡”“家电下乡”“双百”“社区双进”等工程，列入年度财政预算，确保起到实效；组织对流通产业税收清理，科学合理减免企业负担。

（三） 加大对电商产业组织的扶持力度

一是要加强大型流通企业建设，提高其资金、技术、人力资源等流通要素的聚集能力，夯实商品流通网络构建的基础；二是要加强农村基层流通产业组织支持力度，完善农村商业网络，提升发展层次；三是规范各类商业行规，取缔各种所谓通道费、促销费，减轻工业企业的负担，降低产品流通费用，在融洽流通企业与上下游企业关系的同时，进一步降低产品价格，提升

居民生活品质，刺激消费，扩大需求，为商业发展创造健康环境。

（四）完善相关法律法规

对比于我国总体法制化进程，国内流通产业发展的相关法规还有很大的空间，其中，一是维护并保障市场秩序的法律法规，这其中包括针对零售企业垄断、大型商业网点设立听证等多个方面，通过此类法规的健全，让消费安心、放心消费；二是约束企业经营行为的相关法规，其中包括企业促销行为约束、广告虚假宣传、商务会展、通道费管理、零供关系维护等，通过此类规范，规范企业的经营方式；三是网络购物类法规完善，其中主要是针对交易、支付、认证、售后服务等多方面做出约束，促进电子商务的健康发展；四是加强流通渠道管理，对外资投资行为科学引导，确保流通渠道安全和科学发展。

（五）完善流通产业相关标准

行业标准决定了产业发展的规范性和质量评价的可测性，健全和完善流通产业的相关标准，有利于提升流通产业发展的层次和质量，确保流通产业经济效应的效果。当前，针对居民生活的相关程度和发展水平，需要重点加强商品流通网络、交通运输、物流仓储、食品安全、住宿餐饮、居民日常服务等方面标准的制定，通过规范交易行为，提高交易公信度，营造公平、公正的市场环境，促进流通产业健康发展。此外，充分发挥高校、科研院所和各类社会组织的作用，加强相关研究，尤其是城镇化进程中流通产业发展道路和路径的探讨，更好的掌握流通产业发展现状与规律，增强理论研究的前瞻性和针对性，为流通产业相关标准建设提供智力支持，确保流通产业发展方向和发展质量，提高发展的科学性。

总之，加快电商产业发展并非单纯为城乡市场发展速度服务，更多的是要为国民经济整体发展注入活力。城乡市场协调发展需要将电商产业作为重要内容，统筹考虑电商产业发展。充分释放电商加快城乡市场协调发展建设步伐，客观上需要根据不同地区城乡市场协调水平和层次，有选择和针对性的优化电商产业布局，提升电商产业发展水平和质量，更需要不断完善相关制度，推动电商产业体制机制改革，加强电商产业的财税支持，形成共生发展的良好格局。

第六章 农村电商崛起与非公经济的新一轮发展

非公有制经济是以劳动者自己劳动为基础，劳动成果直接归劳动者所有和支配，是社会主义初级阶段一种重要的非公有制经济，主要包括个体经济、私营经济、外资经济等。农村电子商务是指利用因特网、计算机等现代信息技术，为从事涉农领域的生产经营主体提供在网上完成产品或服务的销售、购买和电子支付等业务交易的过程。

中国中小企业林立，数量多但实力较弱。改革开放以来，中小企业从原来的国有、集体一统天下演化成为以非公有制经济为主体、多种经济形式并存的快速发展局面。在市场经济浪潮的冲击下，处于求生存阶段的中小企业必须要与时代接轨，不断探索适应自身发展、适应国内外市场经济要求的企业经营管理模式，而电子商务作为一种新型的贸易方式也就应运而生，并促进了全球经济贸易的发展，也同时改变着人们的生活方式和思想观念。

第一节 中国非公有制经济的发展现状

非公有制经济作为中国社会主义市场经济的重要组成部分，发挥着社会主义物质财富的创造者、深化改革扩大开放的推动者、社会稳定的促进者的作用，是建设有中国特色社会主义的一支生力军。

一、 非公有制经济的发展必然性

第一，发展非公有制经济是提高社会经济资源配置效率的重要途径。仲

德涛指出：非公有制经济因为不存在“所有者缺位”的问题，而且目标相对单一，所以单纯就资源配置效率而言，非公有制经济要比公有制经济高很多。所以，要提高社会资源的总体配置效率，实现经济增长方式从“粗放式”到“集约化”的转变，一个切实可行的路径就是在一般性竞争领域尽可能地减少公有制经济所占比例，而重点发展非公有制经济。

第二，发展非公有制经济是完善社会主义市场经济体制的必然要求和缓解就业压力的必然。选择非公有制经济的发展，不仅促进了中国经济的快速发展，更成为当前提高全社会就业率，缓解城镇就业压力，转移农村富余劳动力的主要渠道。统筹城乡发展，最根本的是解决人的问题，农村剩余劳动力的转移实现了，农民的增收就有了支撑，农民转化为市民才成为可能。非公有制经济的发展事实上已为中国增加就业做出了突出贡献，发展它就成为缓解就业压力的一种必然选择。

第三，非公有制经济发展是缩小城乡收入差距的有效途径。城乡统筹发展必须引导非公有制经济进入农业和农村，这既解决了农村富余劳动力就业问题，又使农民增收，是缩小城乡收入差距的有效途径。充分利用非公有制经济优势，挖掘农业内部增收潜力，积极发展优质高效农业，努力开拓农产品市场，提高农产品附加值，增加农民收入。非公有制企业要抓住这些机遇，积极投身其中，这不仅能够将企业做大做强，振兴农村经济，更能起到不断缩小城乡居民收入差距的作用。

第四，民营经济发挥作用。新常态下，民营经济的作用不容忽视，它能够创造众多的就业机会，能够提高居民的收入水平，为区域经济发展提供强大和持续的动力。民营经济属于非公有制经济，非公有制经济在社会经济的各项指标中有着一定的优势，在创新这一领域优势尤为明显。由于激烈的市场竞争，民营经济为提高自身的竞争力，使自身能够在激烈的市场竞争中得以立足，更加愿意进行创新，因此创新更加容易在这类企业中得到充分的体现。要发挥民营经济对区域经济发展的作用，需要不断深化和改革区域经济发展体制甚至全国经济发展体制，尤其是对区域审批制度的改革，应对审批制度中的众多门槛进行改革，消除民营经济的发展阻力，为民营经济的发展提供有利的政策支持。此外，还需要对要素市场进行改革，尤其是区域金融市场，使得民营经济的融资和贷款更加容易，促进民营经济的发展，以民营经济的发展促进区域经济的发展。①

社会主义初级阶段鼓励、支持和引导非公有制经济发展，有利于发展社会生产力、增强经济活力，有利于改善人民生活等方面的积极性，其作用表现为：一是非公有制经济的发展有利于增加供给、提高人民生活水平和生活质量；二是非公有制经济具有相对分散、规模小、易吸纳劳动力的特点，有利于增加社会就业；三是非公有制经济有助于调动多种积极性。由于生产资料的所有制形式和经营特点不同于传统的经济形式，所以能够充分调动所有者、经营者和广大职工的积极性；四是非公有制经济的发展过程中，培养和造就了能够适应市场经济规律运作的经营、管理人才；五是非公有制经济的运行机制最接近于市场经济的运作机制，价值规律、供求规律、竞争规律在中体现得最充分，因而非公有制经济对国有经济的改革具有一定的借鉴作用。②

二、非公有制经济的发展历程③

新中国成立以来，以改革开放为界，非公有制经济经历了两个30年的变迁。在第一个30年，党的非公有制经济政策变化比较大，经历了一个由肯定到否定，由利用到限制、改造，由有所松动到完全消灭的曲折过程。第二个30年是非公有制经济从无到有、从小到大、从弱到强的30年。经过60年的发展，非公有制经济已经成为中国社会主义市场经济的重要组成部分和推动经济发展、社会进步的一支重要力量。

---

① 冯莉枝，何俊生．近十年来非公有制经济发展研究综述［J］．陕西理工学院学报（社会科学版），2009，04：6－9.

② 徐兴灵．应全面准确认识非公有制经济的地位和作用［J］．企业导报，2015，15：165－166.

③ 徐亚娜．建国以来非公有制经济的发展历程［J］．胜利油田党校学报，2010，01：45－48.

1. 国民经济恢复时期：利用、限制私人资本主义经济

1949～1953 年社会主义改造开始，是中国认识社会主义所有制结构以及非公有制经济的第一个阶段。这一阶段党和政府从中国的具体实际出发，在继承新民主主义革命时期认识成果的基础上，对所有制结构和非公有制经济做出了基本正确的分析判断，采取了正确的政策。

中国共产党领导的民主革命取得胜利以后，实行什么样的所有制结构？在 1949 年 9 月 29 日通过的中国人民政治协商会议共同纲领中明确规定，中国的所有制结构是五种经济成分并存。在新中国成立前后，党在正确认识中国国情的基础上，在私营经济问题上既坚持了实事求是，又解放思想，采取了切实有效的方针政策，有力地促进了私营经济的发展，缓解了就业压力，保持了社会稳定，推动了国民经济的恢复，为资本主义经济的社会主义改造打下了坚实的基础。

2. “一五”时期：限制、改造私人资本主义经济

从 1953 年社会主义改造酝酿到 1956 年改造基本完成，是中国认识非公有经济的第二个阶段。在这一阶段我国对非公有制经济采取了从限制到消灭的政策。

之所以采取这样的政策，与当时对非公有制经济的认识发生变化有着直接的关系。在新生人民政权站稳了脚跟、国民经济得到恢复的情况下，毛泽东认为消灭资本主义的经济、政治条件已经具备，由此改变了原先“让新民主主义社会充分发展”的设想，加快了向社会主义过渡的步伐。1953 年 6 月，毛泽东在中央政治局扩大会议上提出：党在过渡时期的总路线和总任务，是要在 10～15 年或者更多一些时间内，基本上完成国家工业化和对农业、手工业、资本主义工商业的社会主义改造。在社会主义改造的过程中，由于党的指导思想发生“左”的偏向，原定从 1953 年起，用 15 年左右的时间完成社会主义改造，结果仅用 3 年就基本完成，以至于留下了“要求过急，工作过粗，改变过快，形式也过于简单划一”的问题。

3. 社会主义改造完成到改革开放前：消灭私人资本主义经济

从 1956～1976 年的 20 年间，我国对非公有制经济的认识，经历了一个

由积极探索、逐步返回正确道路到完全陷入迷雾的严重挫折过程。

1956~1957年头几个月，党和国家领导人曾对非公有制经济进行了一次短暂的再探讨，在利用非公有制经济形式为社会主义服务问题上，提出了一系列正确的思想观点。1956年9月召开的中共八大，在肯定陈云提出的“三个主体，三个补充”意见的基础上，指出个体经营是国家经营和集体经营的补充，是社会主义统一市场的组成部分。

可是，1957年反右斗争扩大化后，又回到了让资本主义“绝种”的老路。“大跃进”一开始，就急于消灭个体所有制。从1958年11月第一次郑州会议起，党中央开始对“左”的经济政策进行适当调整，党的非公有制经济政策也发生了相应的变化，尤其是20世纪60年代初开始的国民经济调整，使非公有制经济又获得了一个喘息和恢复的机会，给非公有制经济的发展带来了好的契机，非公有制经济发展形势开始好转。

4. 非公有制经济崛起并曲折发展

1978年12月，党的十一届三中全会在北京召开，这次会议纠正了多年来的“左”倾指导思想，提出解放思想、实事求是，实现了把工作重心真正转移到经济建设上来这一历史性转变，开启了中国改革开放的历史新时期，也开启了个体私营经济时代。

此后，个体经济作为公有制的补充出现在华夏大地上。到1979年底，中国出现了31万个体工商户。1982年经邓小平提出，中央政治局讨论并通过了对私营企业采取“看一看”的方针。

1987年10月，中国共产党第十三次全国代表大会的召开，是中国私营经济发展的一个重要转折点。党的十三大报告第一次以党的正式文献形式做出了私营经济（是社会主义公有制经济必要的和有益的补充）的论断。第一次公开明确地承认私营经济的合法存在和发展，并提出党对私营经济的基本政策是鼓励、保护、引导、监督和管理。1979~1987年，这一时期是我国民营经济突破禁区、起步发展的阶段。随着市场的逐步放开，1985年开始实施的价格“双轨制”暴露出极大的弊端。

5. 进一步扫清思想障碍，个体、私营经济迅猛发展

1992 年春，邓小平的“南方谈话”带来了民营经济发展的“第二个春天”。邓小平提出的“三个有利于”标准和对计划和市场关系的创造性论述都是对传统理论的重大突破，也为民营经济纳入体制之内，发挥平等竞争作用提供了重要的理论基础。

1992 年 10 月通过的党的十四大报告，明确了建立社会主义市场经济体制的总目标，同时指出：社会主义市场经济体制是同社会主义基本制度结合在一起的。在所有制结构上，以公有制包括全民所有制和集体所有制经济为补充，多种经济成分长期共同发展，不同经济成分还可以自愿实行多种形式的联合经营。国有企业、集体企业和其他企业都进入市场，通过平等竞争发挥国有企业的主导作用。

1993 年 11 月党的十四届三中全会通过的《中共中央关于建立社会主义市场经济体制若干问题的决定》首次明提出了鼓励非公有制经济发展的政策。决定指出：在积极促进国有经济和集体经济发展的同时，鼓励个体、私营、外资经济发展，并依法加强管理。国家要为各种所有制经济平等参与市场竞争创造条件，对各类企业一视同仁。

6. 确立制度，非公有制经济持续健康发展

1997 年 9 月召开的党的十五大对私营经济的认识实现了历史性的突破，提出非公有制经济是我国社会主义市场经济的重要组成部分。对个体、私营等非公有制经济要继续鼓励、引导，使之健康发展。

2002 年 11 月 8 日党的十六大再次明确个体、私营等各种形式的非公有制经济是社会主义市场经济的重要组成部分，必须毫不动摇地鼓励、支持和引导。2003 年 10 月 11 日至 14 日党的十六届三中全会又指出，必须大力发展和积极引导个体、私营等非公有制经济。2005 年 2 月正式颁布实施的《国务院关于鼓励支持和引导个体私营等非公有制经济发展的若干意见》（通称“非公经济 36 条”）提出了推进非公有制经济发展的 7 个方面该文件在市场准入方面取得了根本性突。

2008 年 8 月 22 日，财政部、国家发展改革委员会、国家工商总局宣布停止征收个体工商户管理费和鸡毛市场管理费，两费停征为个体工商户生存再拓新空间。2009 年 7 月，国务院法制办公室公布《个体工商户条例（征求意见稿）》，对个体经济的发展起到巨大的推动作用。

7. 非公有制经济趋于稳定和完善

党的十八大是在我国进入全面建成小康社会决定性阶段召开的一次十分重要的大会。大会的决策部署既为非公经济发展营造了良好的政策环境，也为非公经济发展提出了新的更高要求。“十八大”报告明确提出，毫不动摇鼓励、支持、引导非公有制经济发展，保证各种所有制经济依法平等使用生产要素、公平参与市场竞争、同等受到法律保护。

2013 年 11 月 12 日中国共产党第十八届中央委员会第三次全体会议通过的《中共中央关于全面深化改革若干重大问题的决定》进一步明确：公有制为主体、多种所有制经济共同发展的基本经济制度，是中国特色社会主义制度的重要支柱，也是社会主义市场经济体制的根基。公有制经济和非公有制经济都是社会主义市场经济的重要组成部分，都是我国经济社会发展的重要基础。必须毫不动摇巩固和发展公有制经济，坚持公有制主体地位，发挥国有经济主导作用，不断增强国有经济活力、控制力、影响力。必须毫不动摇鼓励、支持、引导非公有制经济发展，激发非公有制经济活力和创造力。

三、 非公有制经济发展面临的主要问题

张隆华认为，我国非公有制经济正处于自身发展的转折点。近年来面临六大转折：第二次创业的转折，这是由于资本规模的扩大和竞争程度的提高造成的；非公有制企业新旧模式的转折，即从家族模式转向科学的现代化企业制度及相应的公司治理结构；人员新老接替的转折，面临如何打开“家门”，让更多的“外人”“能人”进来；参与世界经济循环的转折，面临向国际化发展的机遇和风险，如何实现国民待遇；此外还有经营竞争升级的转折和经济转变增长模式的转折。这些都是我国非公有制企业普遍存在的，关

系到非公有制企业自身的发展前途，也影响到我国改革开放的进程和社会经济的发展。①

白永秀等总结了我国非公有制经济发展的障碍，认为既包括思想认识方面的障碍，又包括非公有制经济自身发展中的障碍，还包括政府服务方面的障碍。他将政府方面的原因归纳为以下几个方面：一是对非公有制经济发展的认识不到位；二是管理角色错位；三是政府的支持与引导意识、服务意识、协调与控制意识 、监督意识淡薄，使政府与非公有制经济的关系不顺，宏观调控乏力；四是政府对非公有制经济的法律、财产保护、政治地位等方面的制度安排滞后；五是服务监督体系不健全。在一些地区仍存在乱摊派、乱收费现象，部分政府官员作为个人还在增加企业的负担。李树超和夏美翠在《我国非公有制经济发展现状存在的问题及其对策探讨》、李欣欣在《我国非公有制经济发展的理论和政策问题》、吴光玲在《新时期非公有制经济发展问题研究》、仲德涛在《论改革开放三十年来非公有制经济的发展》等文章中的观点与白永秀的观点基本上是一致的 。②

1. 发展环境还不够宽松

经济发展软环境仍然是影响全市企业发展的制约因素。行业特权、部门特权在一定程度上束缚了政府办事服务效率的提高。尽管市委、市政府十分重视为经济发展创造良好的外部环境，但对于企业来说，发展环境仍然不很宽松。一是企业资金严重短缺。“资金短缺、贷款难”是困扰企业发展第一位的原因。现行的信贷制度，不但贷款额度小，而且贷款手续烦琐，归还期限短，借贷利率高，条件苛刻。二是职能部门服务不到位，行为不规范。一些职能部门从自身利益出发，对支持企业发展的政策搞变通落实，有的甚至不落实，部门权力化、权力利益化的现象还有存在，造成了政策够用但不管

① 冯莉枝，何俊生．近十年来非公有制经济发展研究综述［J］．陕西理工学院学报（社会科学版），2009，04：6－9.

② 冯莉枝，何俊生．近十年来非公有制经济发展研究综述［J］．陕西理工学院学报（社会科学版），2009，04：6－9.

用、企业想用但不敢用的尴尬局面。另外，硬性区域规划、不依法行政的现象也时有发生。三是法制保障不够有力。近年来，尽管政法部门为企业的发展做了大量的支持保护工作，但法制保障还不够健全，这也是企业反映的主要问题之一。四是舆论支持还有待加强。舆论工作对发展企业的支持力度还不够，没有有效利用一切舆论阵地有计划、有重点、有针对性地对企业的发展予以支持。①

2. 观念落后，高素质人才缺乏，制约了中小企业素质的提高

管理团队的主要成员大多还是改革开放初期参与创业的人，多数自身文化水平不高，业务素质不强，有些人固守老经验，不重视为企业引进高素质人才，缺乏对新引进人才的信任机制，使得企业的人力资源得不到有效发挥，影响管理水平和企业素质的提高。不少非公有制企业治理机制上存在制度缺陷，在初始阶段一般实行家族式管理。然而在完成了创业阶段以后，企业规模扩大，管理复杂性不断上升，家族成员的个人利益可能会与企业的长远目标不符；家族式集权管理缺乏有效的监督、反馈和制约容易导致决策失误；外来的管理人员难以真正融入企业等问题，都成为企业发展的障碍。②

3. 技术创新和知识产权保护机制尚未完善

对技术创新的投入和知识产权保护不足阻碍了产业结构升级。近年来，虽然越来越多的民营企业逐步树立起了自主创新的意识，但大都苦于人才、技术、资金等条件的严重缺乏，没有能力进行创新。国家近年对科学技术投入虽然日益增加，但存在“两大两少”现象，即大部分资金用于大学与科研机构，只有少部分用于企业；用于企业的科技资金又是大部分用于国有企业，只有少部分用于民营企业。“两大两少”现象叠加，国家用于民营企业的科技资金可以说是微乎其微。同时技术创新投入大，风险却不可控，知识

---

① 秦志波．大庆加快非公有制经济发展问题研究［J］．大庆社会科学，2016，05：56－58.

② 田源．抓住机遇 破解瓶颈制约 加快陕西中小企业发展［J］．西部大开发，2008，03：8－10.

产权保护风险已成为民营企业专利进步的重大制约因素。①

4. 资金缺乏和资金的利用成本增加

近期看，经济工作着力控制通货膨胀，把反通货膨胀放在最重要的位置，这些措施会导致资金紧张，向银行贷款困难。正常时期，中小民营企业的融资都有困难，现在要从正常的渠道贷款更加困难，资金缺乏和资金的利用成本增加是普遍的问题。目前，民营企业的融资渠道比较单一，大部分还是依赖向银行贷款、融资渠道和融资方式，融资数量依然是制约民营企业发展的瓶颈。②

第二节　农村电商与非公经济发展机遇

近几年农村电商迅猛发展，因为与三农扶贫政策十分吻合，因此成为了国家精准扶贫的重点方向。农村电商不仅促进了农民收入的增加，带动了农村经济，也在很大程度上改善了农村消费模式与环境，让村民得到了更好的消费体验。通过互联网，农民可以发布和查询农产品信息，打破了时间和空间的阻隔，这种形式凭借其优势快速进入了农村人民的生活。

2016 年 3 月全国政协十二届四次会议召开期间，习近平针对非公有制经济的困难与不足，提出了重点要解决好的五大问题。从中小企业融资、市场准入、公共服务体系建设、产权市场以及行政审批事项和涉企收费五个方面做出部署，着力解决民营企业发展中的困难。

由此可见，国家对于非公有制经济十分重视，而农村电商作为农业领域非公有制经济发展的新动力，引来了新一轮的发展机遇。

一、农村电商为农业领域非公有制经济发展提供了新的工具平台

农村电商蕴藏着巨大的商机，诸多电商企业包括以阿里巴巴、京东、苏

① 聂华. 我国民营经济在发展中存在的问题探析［J］. 当代经济，2011，08：86－87.

② 雷加能. 非公经济在转型时期开拓发展领域的新思考［C］. 参加 2011 年中国（河北）非公有制经济发展论坛.

宁为首的电商平台纷纷开启电商进村旅程，以期抢占未来的市场。农村电商为非公有制经济的发展提供了一种新的工具平台，即通过电商这种新型渠道或者新型营销方式在农业领域的应用来实现非公有制经济的发展。

1. 网络营销为农业领域非公有制经济发展提供新的渠道方式

农产品传统的交易模式都是线下的，以相熟交易的传统批发市场为主，流通链条较长，电商的介入能促进农产品的交易买卖。近年来，农村电商发展迅速。农村居民也能像城市居民一样，网购物品送货上门；田间的新鲜蔬菜，也能第一时间摆上超市货架、端上百姓餐桌。就农产品进城来说根本是要发挥出农户或者农产品经纪人的主观能动性，要创造出合适的工具，基于交易平台的 APP，让他们能够随时随地发布信息、达成交易。

面对这么大的一块蛋糕，各大电商企业也加速开拓农村市场。早在 2014 年，阿里提出 3 ~5 年内投资 100 亿元，建设 10 万个农村服务站。京东大力布局农村网点，2015 年加盟服务店 1000 家以上。苏宁今年计划投资 50 亿元，5 年内开设 1 万家服务站，覆盖全国 1/4 的乡镇市场；同时，提升配送时效，打通最后 1 公里。苏宁云商副董事长孙为民介绍，目前从县层面苏宁已经对 95% 以上的县进行覆盖，覆盖 99% 以上的人口，从上到下的下行物流环节促进工业品下乡。

2. 网络营销为农业领域公有制经济发展提供新的营销方式

在微信营销中，朋友圈分享点赞是现在大家最常用的微信活动，微信公众平台加朋友圈，通过分享扩散，可以迅速增加关注量和活动的效果。面对蓬勃发展的网络市场，大多数农户由于知识、能力及条件的欠缺，掌握不了复杂的网络营销工具，迫切地需要一个简单易用的平台进入市场，而微信、微博的出现就给他们提供了便利。农产品通过借助微信这一新工具平台，改进农产品的包装设计、塑造农产品品牌、创新农产品促销方式等来加速农业领域非公有制经济的崛起。

农产品的包装设计。掌生穀粒在产品包装方面，选择古朴牛皮纸袋，用纸藤绑紧捆牢，并将故事书写在棉纸外衣上，让消费者能够感受到农业

时代的那份淳朴和感动。产品包装设计结合大米形态主题，将农耕文化与绿色环保融为一体，使用“温情牌”策略让消费者产生心理共鸣，信赖产品。

农产品的品牌塑造。掌生穀粒是台湾一家农业品牌建立得比较成功的电商农企，是专业化的米业农企，广受消费者喜爱。在农产品品牌塑造方面，注重品牌质量的规范化管理，采用ISO22000认证，使产品标准化，严把质量关，根据产品质量划分品种，打造与产地适地适性的米种特色。

农产品的促销方式。本来生活的爆款产品“褚橙”重新以“励志橙”进行概念包装，在财经类媒体推出公关文章“褚橙进京”，灵活利用网络平台和媒体资源，成功开展一次次情感公关，吸引众多企业家领袖为其背书，一举打响名号。此外，还从消费者纯口感诉求入手，巧妙地将“褚橙”外包装箱变成一个传播媒介。强调“24:1的黄金甜酸比”吸引消费者购买，并与80后网络达人合作，鼓励他们自由表达个性或价值观，如《后宫甄嬛传》作者流潋紫的“微橙给小主请安”，等等。品牌关注度和曝光率大大提高，不仅收获了粉丝和关注，也使消费者个性化需求得到满足。

二、农村电商为农业领域非公有制经济发展提供了新的创业机遇

互联网宽带和智能手机的普及是电子商务发展的先决条件，消费者有了良好的通信和网络设施，才能在各类电商平台上操作业务，电商也才能有足够的流量目标。因此，互联网宽带网及智能手机普及为创业者提供了基础。全民创业是促进经济发展的直接动力，通过推动全民创业可以加快全国中小企业、非公有制经济的发展。农村电商的出现提供了一种新型的创业模式，推动了非公有制经济的发展，有利于扩大内需、调整结构、促进就业。

2016年是农村电商发展的一个重要时期，各种农村电商平台掘地而起，每种电商平台的发展模式也各不一样。创业者们在农村电商的发展机遇期，结合自身情况，发掘了多种创业模式，如以微商、网店为主的个人电商创业、类似淘宝的村淘合伙人招募形式的平台创业，等等。

1. 个人电商创业

随着网络购物的方便性、直观性，越来越多的人在网络上购物。此时，一种点对点、消费者对消费者之间的网络购物模式开始兴起，以国外的 eBay 为开始，国内的淘宝为象征，吸引了越来越多的个人在网上开店，在线销售商品，引发了一股个人开网店的风潮。网店之所以成为创业热衷的领域，自然有其天然的优势。与传统的店铺相比，网上开店不用租赁门面，不用缴纳税金、水电费，只收取很廉价的商品上架费与交易费，有的甚至免费。而且按需进货，不用担心货物积压。网店不受传统的营业时间、营业地点的限制。经营者可以全职也可以兼职经营，不需要投入大量时间去看店。因为网店是开在互联网上的，面向的是所有可能看到商品的网民或消费者，这个群体可以是全国的网民，乃至全球的网民。

与此同时，微商也正以野火蔓延之势向各个领域发展，微商开店已经成为草根创业的必选工具。虽然微商还未成为主流的商业形态，也未得到官方和主流媒体的支持，但势不可挡的趋势已裹挟着微商继续向前发展。开 V 店，做代销或自营，这种创业方向符合大部分人的选择。微信最大的价值一个是朋友圈，另一个是公众平台。朋友圈 feed 广告的商业价值已初步显现，而公众账号的商业开发还仅仅只是开始。随着微商规模的不断扩大，越来越多的团队、品牌涌进微商，公众账号的代运营将会出现一个广阔的市场。“社群微商”，也是做微商比较务实和可靠的一种方式。目前已有不少自媒体大咖和行业意见领袖通过自身的影响力以组建社群的方式来赚钱。社群本身就是一种高黏合度的组织群体，只要有优质的产品和好的服务很容易就会产生口碑效应。

网店和微商都是个体电商创业的创业模式，两者既有联系又有区别。针对目前现状来说，淘宝运用的是流量思维，是片红海，难赚钱；而网店运用的是社交思维，是片蓝海，难赚大钱。虽然微商已经成为越来越多年轻人创业的第一选择，但淘宝、微商这两种电商形态都有其存在的必要性和现实性。虽然淘宝的流量模式已经遇到了瓶颈，但在短时间内，微商仍然无法取

代淘宝，只能是淘宝的有益补充。

2. 平台创业

除了个人电商形式的创业，也有不少人在刚刚创业时就选择了平台创业模式。创新创业的发展形势也更加的多样化，从线下平台的运营，到线上平台为载体。这就需要我们做好两个产品，一个是服务于线下服务提供方的后台；另一个是服务于线上消费者的前台。同时，创业平台需要足够多的卖家和用户，用力将卖方和买方的流量同时带起来，保证双方的流量都不会下滑。

平台创业中，做得比较好的就是阿里现在的重点项目，即2.0模式的农村淘宝项目“村淘合伙人”。原本的1.0模式，主要考量村淘点的选址，一般选择现有的超市或小卖部，因为这些地方是村里人流集聚区。但这种模式，都是让店老板或店员来承接网货代购等服务，他们有传统业务在做，很难全身心投入到村淘事业上，相当于是兼职。考虑到这种情况，2.0模式的农村淘宝项目，则把以选址为中心变成以选人为中心的模式。

目前，桐庐县内共有108个村淘服务点，其中10个已是2.0模式，基本由大学生负责运营。而剩余的98个1.0模式村淘点计划在原店铺的基础上逐步进行“提升改造”，引入“村淘合伙人”制，变成2.0模式。合伙人的主要招募对象是毕业大学生，最重要的是要有创业梦想，愿意扎根农村，对电子商务有一定了解。通过专职从事农村淘宝项目，吸引更多年轻人返乡创业，在“农村淘宝”平台上为村民提供代购、代销、生活类电商服务等。

期间还会对“村淘合伙人”进行考核，主要有服务质量、订单数量等，为了激励大家更好地为村民服务实行每村末位淘汰制。据悉，2017年6月底前桐庐全县农村服务站点将达到200个，新增的92个点都将采用2.0模式。虽然目前服务人群覆盖面还只有10%左右，但通过这种模式，年底有望提升到50%，到时大约可容纳600位返乡创业的年轻人。

三、农村电商为农业领域非公有制经济发展提供了良好的发展环境

2015年电商平台渠道下沉成为主流趋势，京东、阿里等电商平台在县

域、农村杀得火热。中国一线城市的互联网网购人群4.5亿左右，县域及农村电商市场超过9亿人口。随着农村互联网的快速发展，农村电商在2015年出现井喷式的发展，农村电商创业迎来重要的商机。

1. 政策支持力度大

2016年国务院、农业部、商业部、国家发改委都纷纷发布相关政策，给予农村电商发展较大的政策支持力度，为农村电商发展提供了良好的外部环境。国务院发布的中央一号文件引导“互联网+”在农村发展，结合新型城镇化的建设带动农村电子商务发展，农业部主张加强鲜活农产品产地设施建设建立质量安全监管追溯体系，商务部希望整合线上线下资源实现在线交易和线下服务的无缝对接，国家发改委针对精准扶贫脱贫主张建立农民就业创业新体系。为推进农村电商的发展，国家从城镇化、产地设施建设、资源的整合及精准扶贫等多个方面给予政策支持。

国务院1月27日发布的中央一号文件提出促进农村电子商务发展，推动农业全产业链改造升级；2月6日发布的《国务院关于深入推进新型城镇化建设的若干意见》提出加快农村宽带网络和快递网络建设，以及农村电子商务发展和“快递下乡”；4月15日《国务院办公厅关于深入实施“互联网+流通”行动计划的意见》提出，畅通农产品流通，切实降低农产品网上销售的平台使用、市场推广等费用，提高农村互联网和信息化技术应用能力，鼓励电子商务企业拓展农村消费市场；11月23日，国务院扶贫办、发展改革委等16部委出台《关于促进电商精准扶贫的指导意见》鼓励建档立卡脱贫户依托电商就业创业，支持电商扶贫服务体系建设；12月2日，国务院印发的《“十三五”脱贫攻坚规划》明确提出把电子商务纳入扶贫开发工作体系，以建档立卡贫困村为工作重点，依托农村现有组织资源，积极培育农村电子商务市场主体，改善农村电子商务发展环境；12月29日，商务部、中央网信办、发展改革委联合发布《电子商务“十三五”发展规划》提出电子商务与传统产业线上线下互动融合，完善农业基础设施，打通双向流通渠道，促进农林产品、农林地区加工品进城，方便农资和消费品下乡，形成服务于现代农业发展的新型农村电子商务体系。

农业部8月29日《农业部印发“十三五”全国农业农村信息化发展规划》提出统筹推进农业农村电子商务发展，大力推进农产品特别是鲜活农产品电子商务，重点扶持贫困地区利用电子商务开展特色农业生产经营活动。鼓励综合型电商企业拓展农业农村业务，扶持垂直型电商、县域电商等多种形式电商的发展壮大，支持电商企业开展农产品电商出口交易，促进优势农产品出口。

商务部10月8日《商务部关于促进农村生活服务业发展扩大农村服务消费的指导意见》提出，支持电子商务企业与农村生活服务企业深入合作，整合线上信息资源和线下服务资源，实现在线交易和线下服务的无缝对接。重点支持小微电子商务企业发展，构建安全高效、便捷实惠的农村生活服务网络，引导农村地区餐饮企业、流通企业等生活服务主体与电子商务平台加强合作，探索“线上推广、交易+线下体验、服务”的新模式。

国家发改委11月17日印发《全国农村经济发展“十三五”规划》提出：推进农业与二三产业交叉融合，并加快构建新型农业经营体系。建立多层次多样化的农民工返乡创业的新格局，完善农民就业创业的服务体系。

2. 进入门槛较低

发展农村电商，相比传统的实体店，投入资金较低。同时，大多数农村电商创业者，本身就拥有品质优良的农产品货源，或者有便利的进货渠道，产品成本较低。

自2014年10月以来，天猫提高门槛一事被广泛热议，之后微商门槛也同样被提高。京东入驻费用保证金1万~10万元，1号店入驻费用保证金1万~5万元，也有入驻费用较低的，如淘宝入驻费用保证金1000元，唯品会由于是特卖模式没有入驻费等。和以前相比，网店入驻费用是逐渐增加，但相比传统店面而言，成本还是比较低的。

农村电商因为刚刚兴起，除了京东、淘宝、1号店这些需要一定的入驻费用，大多数电商网站都是免费入驻的。2016年8月，对于下一步发展农村电子商务的工作，广东省商务厅表示，将放宽农村电商市场准入门槛，鼓励自然人开办农村电商网店，大力扶持壮大农村电子商务。同时，推动本省农产品流通骨干网建设，完善农村公路、货运站场等物流基础设施建设。支持冷链物流企业建立田头预冷、仓储保鲜、冷藏冷冻混合运输等冷链系统，解决从田间到商场、超市、电商企业“前端一公里”的物流问题。

3. 发展前景良好

农村电商的出现顺应了互联网发展趋势，并能极大地满足农村市场的需求。随着农民收入持续增长，越来越不满足于目前农村商业体系的现状，对生活品质提出了更高的要求。同时互联网向农村市场的渗透，给互联网 + 农业市场带来了巨大的想象空间，如产前市场种子、化肥、农业等基础建设规模就超过 2 万亿元。

2016 年国务院已经颁发了一系列政策促进农村电商的发展，线上线下融合。“互联网 +”战略方针提出后，互联网就向各行各业渗透、融合，帮助各行业升级转型。互联网 + 农业也是在这个大背景中诞生，而构建农村电子商务是其中最受瞩目的模式，发展农业电子商务将会作为推动经济新动力之一。

2017 年 1 月，中国农产品（000061）电商联盟、中国食品（农产品）安全电商研究院、农商共赢网、北京工商大学经济学院在北京举行了“2016 年农村电商回顾与 2017 年展望形势分析会”。北京工商大学经济学院教授、中国农产品电商联盟副主席、秘书长洪涛教授回顾了 2016 年我国农村电商的发展，认为中国农村电商已经完成了由“成长期”向“发展期”的跨越，进入“发展期”。

第三节　加快农村电商发展促进非公有制经济对策

发展农村电商中介组织和农村电商主体，必须大力促进非公有制经济的发展，发挥其在农村市场的服务功能。非公有制经济的发展目前已经正在走

入正轨，但是，借助农村电商的发展来促进非公有制经济目前还存在许多的不足。本节主要从政府和企业两个角度提出对策建议。

一、政府积极引导，政策支持力度

目前农村电商在促进非公有制经济方面，已经开始起步，并取得了些许成效。但是，依旧存在着许多的问题亟待解决，而这需要政府的鼓励和支持。

（一）加大政策扶持力度

为了使农村电商更好地推动非公有制经济的发展，国家很多部委和各地方政府都应采取专项资金补贴的方式鼓励自主创业、发展电子商务。

鼓励政策。深入开展农村电商综合示范基地，优先农民和自主创业者实施和尝试，拨出一部分财政资金给予支持和帮助。鼓励个体户、创业者等根据自身实际情况，积极探索农村电商推动非公有制经济发展的新模式。开展农村电子商务创新创业大赛，调动返乡高校毕业生、返乡青年和农民工、大学生村官等参与农村电商的积极性，发挥其带动和引领。

奖励政策。可以通过贷款贴息、社保补贴、创业奖励、场租补贴等政策，为个体提供支持。例如实体创业者实际经营农村电商企业满 6 个月后，可在创业地享受 5000 元的一次性创业奖励，其中重点人群享受奖励 8000 元；网络创业者享受奖励 5000 元；在创业园区外租用经营场地创办农村电商实体，在实际经营满 1 年后，可在创业地享受场地租赁补贴，补贴标准为年租金的 20%，年补贴额最高为 6000 元，其中重点人群年补贴额最高为 12000 元，补贴期限最长为 3 年。

（二）加大人才培育力度

非公有制经济主体作为农村电商的重要者，其对电商的认知度和接受度对农村电商的发展影响很大，当前我国居民对农村电商的认知度和接受度还不足以使其真正推动非公有制经济的全面发展，因此，做好相关的教育培训和人才培育工作很重要。

首先，可以通过举办培训讲座，安排专业技术人员进行现场培训等方式加强农村居民对计算机、网络、电商平台、电商交易等的认识，同时及时组织开展电商活动，使农民从电商中获得实际利益，提高全体农村居民对电商的接受度。[①] 在信息科技飞速发展的时代，人才成为当今市场经济发展重要竞争力之一。不管农村地区相关电子商务的设施设备如何完善，缺乏相关人才的操作与维护，其电子商务市场的发展还是困难重重。但是，农村地区较差的环境，难以吸引人才到来。因此，政府需要通过“有形”的手来帮助我国农村地区人才引进。例如，为家庭困难的人才设计相关特殊岗位，使其自愿从事农村地区电子商务工作，以此来偿还学费。总之，要通过相关举措将技术人才吸引到农村地区电子商务建设当中来。[②]

其次，要积极引导在外工作和创业的人才回乡就业创业，加强培育一批观念先进、能力出众的农村电商人才，鼓励企业面向国内外聘请有丰富经验的专业化团队开展电子商务运营，从而在农村电商的发展过程中起到领头羊的作用，带领农村居民一起促进农村电商的迅速发展。[③] 另外，强化本土人才的培养，坚持政府引导、社会参与，进一步整合人才培训资源。

此外，政府还应健全农村电商市场监管机制。加强农业标准化和农产品质量安全工作，强化产地环境和农业投入品监管，健全农产品标识和可追溯制度，确保农产品质量安全。发挥行业公约、村规民约的自律作用，进一步提高农村电商规范化程度，避免出现恶性的低成本竞争、同质化竞争。

二、 非公有经济主体的挑战机遇与创新创业

农村电商在推动非公有制经济发展的同时，也对个体是一个机遇和挑战。政府支持主要给潜在创业者创造抓住创业机会的可行性条件，主要表

---

① 钟燕琼．农村电商发展现状及对农村居民消费的影响［J］．商业经济研究，2016（11）：173－175.

② 路正佳．谈电子商务对我国农村消费市场发展的影响［J］．商业经济研究，2016（20）：31－33.

③ 梁达．电商成为农村经济增长新动力［J］．金融与经济，2017（2）：84－87.

现在两个方面：基础设施支持和降低创业门槛。个体户应在这个大趋势下，大力发展农村电商，促进农业提质增效的同时，也凭借自身的努力增收致富。

（一）主动创业，培育网商平台

淘宝是个体创业的有效平台，初始投入低，创业门槛也低。个体可以在淘宝平台上寻找自己的寄主。当农村网商成长起来后，脱离寄主，成为当地淘宝创业领头羊，吸引更多人加入创业大军。网商规模壮大后，可以在城市开辟农产品体验店，为客户提供现场产品体验、功能宣传介绍，同时也作为网上订单的线下提货点和线下销售窗口。这是农村电商、网商挖掘新市场，寻找新的蓝海的途径，也是农村电商的偏利模式。随着国内大型第三方平台综合化，可以选择多平台运营，避免单一平台带来的规则约束，积极参加专业化的垂直型网站平台，对口生产、对口销售。

“一店”只是农村电商的一个关键点，最终还是要通过“一店”带动全面发展。大力发展家庭农场、专业合作社、龙头企业、产业公司，鼓励开展网络经营业务，积极推动“线上+线下”互动发展。推动网店联合经营，鉴于目前“一品”较少、品牌影响力不大的现状，积极推动农村网店建立电商协会，开展联合经营、联合推广以“一店”链接“一店”推动网店经营效益不断提升。①

（二）做优平台支撑，建强农村电商网络销售载体

发展电子商务的核心在于网络销售、基础在于平台、关键在于技术，可以坚持一店主营一品，一品多元经营的思路，推动多层次、多领域销售。如江苏省宿迁市可以围绕京东乡村合作点，在各乡镇、各村居加快推进农村电商服务点建设，促进互联网和农业、农民、农村的深度融合。可加强技术保障和品牌推广，推动合作点逐步从“能买全国”转型成“可卖全国”的农村电商典型。大力推动乡村网络创业基地建设和项目招商，努力形成有主打

---

① 郭承龙．农村电子商务模式探析——基于淘宝村的调研［J］．经济体制改革，2015（5）：110－115.

产品、有集聚效应、有地区知名度的农村电商集聚中心。与此同时，还可以建立农产品质量安全追溯平台，对农产品投入品、生产、流通及加工等环节实行全过程可追溯管理，统一制定二维码，做到生产有记录、信息可查询、流向可跟踪、质量可追溯、产品可召回。

市场信息是电商企业进行产品创新的主要依据，而市场信息包括了竞争对手信息、市场规模信息、消费者需求信息、产品技术信息等，同时与产品创新相关的市场信息主要有消费者需求信息、产品技术信息、竞争对手的产品创新信息等，发展农村电商就必须建立信息互动平台，打破以往农村地区信息隔绝的不良状态。就市场深度信息而言，电商企业可以充分利用云计算平台建立自己的数据分析库，对于消费者的偏好、行为、性格等信息进行收集和分析，并且能够收集到竞争对手在产品创新方面的信息，包括创新思路、创新方式、产品定位、创新特点等内容，从而在这一平台上获得有深度的市场信息。就市场广度信息而言，这就要视企业对于获取的信息所设定的范围，比如是了解一家竞争对手的信息还是整个行业的信息，是要对现有客户的需求信息进行了解还是对各类的消费者需求进行了解，为了获得更广度的市场信息，企业就不能仅仅只了解某一家竞争对手企业或者是只将眼光停留于现有客户上。

（三）立足实体经济，大力发展乡村特色产业

随着经济发展进入新常态，个体经济应该坚持把“一品”作为农村电子商务核心来抓，因地制宜确定主导产业和特色产业。深入挖掘本土自然资源和历史传统，梳理出一批有特色、有优势、有影响的地产品，作为重点发展的产业进行培育，并积极招引农业深加工企业参与，实现上网卖特色农产品。还可以积极通过新项目引进和盘活闲置房产、改造老旧厂房、修缮废弃学校等方式，大力发展农村“三来一加”产业，实现卖乡村特色产品。还可以坚持“旅游+购物”思路，推动一二三产业融合发展，在大力发展乡村旅游的同时，深度开发农副产品，努力实现旅游与购物、线上和线下销售双创

收，实现卖乡村旅游产品。①

（四）挖掘禀赋优势，投资合作

现在农村电商“淘宝村”中基于本地农业资源开展电商活动的农村电商偏少。个体应立足于农产品、土地等资源，在共生单元间纵横联合，开展土地开发预售制到农产品直购、直销等模式，挖掘农业商业价值。

农村电商的竞争优势不是单个网商力量之和，而应是通过权益类投资、长期战略合同、一体化扩张等，追求农村电商整体价值最大化。只有整体价值最大化，个体利益最大化才能得以保证，稳定的共生关系稳固共生模式，才能使整体网商继续与淘宝等平台向高阶段进化。

积极探索网络定制经济，整合“一村一品一店”中农产品销售电商，进行资源、技术、信息共享，收购本地优质安全农产品，联合农产品龙头企业，将名特优农产品入驻农产品电子商务平台，通过建立农产品O2O体验店，提供个性化定制服务，不断拓宽销售市场。发展第三方信息服务中介机构，鼓励其参与农产品流通市场信息的采集、发布和分析、预测工作，为种植大户、家庭农场、农民合作社等提供一揽子农业技术与服务。要借助民营、个体商业的活跃性，建立起国有、集体、个体的多载体、多层次、多渠道流通网络体系，以县城和中心镇为重点，积极发展新型流通业态，把城镇连锁经营、物流配送、代理、租赁、直销、代销等流通形式引入农村市场，为农民提供物美价廉的商品。

（五）建立物流战略联盟体系

目前非公有制经济针对农村电商这一块的发展仍然滞后，无论是在基础设施还是在软件技术方面，都远远落后于城市地区，这对于在农村地区发展电子商务来说无疑是一大阻力。因此要想开拓消费市场，就必须要进一步加强对农村地区基础物流设施的建设及投入。首先由基础性物流服务的提供作为电子商务进入农村消费市场的切入口，从而通过电子商务的贸易活动来推

① 王超，龙飞扬．“一村一品一店”农村电商发展模式浅析——以江苏宿迁市宿豫区为例［J］．江苏农业科学，2013（3）：1－3.

动农村地区消费市场的发展。其次是通过建立物流战略联盟体系来进一步增强农村地区物流业的集成化与规模化水平，同时可以利用集中性的物流区域及服务使得原本比较分散的消费活动变得更加集中，从而提升农村地区整体的消费规模。最后是通过物流战略联盟体的形成与发展来增强农村电商物流服务的协同能力，实现企业之间的信息共享，促进农村电商消费市场的纵向发展。

运 营 篇

第七章

农村电商运营概述

众所周知，我国农村市场同所有行业一样站在“互联网＋”的风口前，原有的农村市场运营模式正在被互联网所改变，农村电子商务正是在互联网技术不断向农村普及过程中应运而生。农村电商是以网络系统及信息技术为支撑、以农产品生产经营为主体，进而开展农业生产管理、农产品网络营销、物流及客户关系管理等一系列电子化的交易、管理活动。这些活动的开展可有效促进农村科技及社会的进步，在加快农产品贸易、增加广大农民收入的基础上，调整农村经济结构，实现我国农业市场竞争力的有效提升。因此，农村电商的实质便是通过现代化信息技术及手段为农村、农业及农民提供服务，从而促进农村社会经济的全面发展。总体来说我国农村电商运营建设尚处于摸索阶段，和建设成熟的国家相比还存在很大差距，探索符合我国现阶段农村地区经济发展和生产需要的农村电商模式尤为迫切。

第一节　农村电商运营市场背景

我国农村电商发展迅速，2015 年农村网购交易额已经达到 3530 亿元，2016 年预计到达 4600 亿元。互联网等通讯基础设施走向齐全，平台建设发展逐步加快，农业企业开始入驻电商平台或自建电商平台，农业网站数量倍增，生鲜农产品越来越受到农村电商企业青睐，物流体系正在逐步扩大完善，移动支付越来越成为趋势并在农村电商中蔓延，全国各地区形成了不同风格且成功的农村电商商业模式，如遂昌模式、桐庐模式等。实际上，农村电商运营快速发展，主要是在以下的市场背景下产生。

一、 农业生产稳中向上发展

我国农村地区农业生产总量稳步上升，粮食生产总量从2011年的57121万吨增长到2015年的60710万吨，期间增长了3589万吨；棉花、糖料、油料等主要经济作物生产总量大而稳定，棉花2011年的生产总量660万吨，2015年末为616万吨，糖料2011年生产总量为12520万吨，2015年达到13430万吨，油料生产从2011年至2015年期间增加了238万吨；畜牧业产品、水产品生产总量逐年增加，猪羊牛肉、牛奶、禽蛋在2011～2015年分别增加了750万吨、99万吨、188万吨、850万吨，水产品则从2011年的5600万吨增加到2015年的6450万吨，期间增长了15.17%；水果产量更是连年实现大的丰收，2011年产量为22768.2万吨，2015年增长至27304.6万吨，期间增长了19.92%。一方面，农业生产规模和产量的稳中向上发展客观上需要有更多的市场和更多的销售渠道，同时农业生产的现代化也需要更多的先进农业生产资料；另一方面，传统农村地区产品的商业模式成本一直过高，而互联网技术的发展和电子商务的出现为降低交易成本提供了契机，因此，农村电商的出现与发展客观上十分契合当下农村地区农业生产的趋势与要求。

二、 农村居民消费水平上升

2015年末，我国国内生产总值达到67.67万亿元，在世界排名第二，人均GDP为5.2万元，农村居民的纯收入达到11422元，农村地区居民的收入水平进一步提升，农村地区居民消费水平10772元，农村地区居民消费水平进一步得到提高。2011年农村居民的纯收入为6977.3元，2013年达到8895.9元，2015年首次突破万元大关，5年期间增长了63.7%；2011年农村地区居民消费水平为6187元，2014年突破8000元大关，2015年达到了10772元，五年增加了74.1%，与城市居民消费水平差距逐步缩小。农村地

区居民收入的提高一方面使得农村地区居民的购买力进一步增强，对商品服务的需求进一步增加；另一方面在城市地区电子商务快速发展的影响下，农村地区居民的网购意愿得以加强，为农村电子商务的发展、为城市工业品与快速消费品下乡奠定了基础。

三、 农村交通建设逐步完善

2015 年末，全国农村公路（含县道、乡道、村道）里程 398.06 万公里，其中村道 231.31 万公里，增加 8.85 万公里。全国通公路的乡（镇）占全国乡（镇）总数 99.99%，其中通硬化路面的乡（镇）占全国乡（镇）总数 98.62%，通公路的建制村占全国建制村总数 99.87%，其中通硬化路面的建制村占全国建制村总数 94.45%，可以看出，我国农村地区的交通基础建设在"十二五期间"基本已经完成目标。

2011 年我国农村地区公路里程达到 356.4 万公里，占全国公路总里程的 86.8%，2015 年达到 398.06 公里，占全国公路总里程的 86.9%，5 年期间共增加了 41.66 万公里。农村物流的作用相当于人体的血液，以往农村地区的交通不方便，物流成本居高不下，运输时间长，农产品进程和工业品下乡都受到限制，现在公路已经覆盖全部农村地区的乡镇村，为农村电商发展打通了血脉，提供了坚实的基础。

四、 互联网基础资源长足发展

互联网基础资源是发展电子商务的必要条件，我国近年来互联网基础资源实现了跨越式发展。截至 2016 年 6 月，我国 IPv4 地址数量为 3.38 亿个（全球 IPv4 地址数已于 2011 年 2 月分配完毕，自 2011 年开始我国 IPv4 地址总数基本维持不变，截至 2016 年 6 月，共计有 33761 万个），而 IPv6 地址从 2011 年的 9398 块/32 增加到 2016 年 6 月的 20781 块/32，域名总数达到 3698 万个，其中".CN"域名总数半年增长为 19.2%，达到 1950 万个，在中国域名总数中占比为 52.7%，网站总数从 2011 年 12 月的 230 万个增加到 2016

年6月份的454万个，5年左右增长了97.4%；“.CN”下网站数为212万个，此外国际出口带宽为6220764Mbps，3年期间增长了196%，这一系列的数据均显示，我国互联网基础资源已经得到了长足的积累和发展，这为互联网的进一步向农村地区的普及打下了厚实的基础，也为农村电商的大力发展带来了便捷。

五、 农村金融服务不断改善

我国农村地区的金融服务在近些年来得到了有效的改观。农村金融机构稀少、农民贷款困难的境况得到了改善。截至2014年末，全国已组建的新型农村金融机构92.9%以上的贷款投向了“三农”和小微企业，农户贷款余额53587，达到涉农贷款余额达到236002亿元，农业保险保费收入达到325.78亿元，这些均能积极促进农村地区的生产与消费。

此外，全国已有1045个县（市）核准设立村镇银行，县域覆盖率54.57%，2014年年底全国农村地区共有81397个金融机构营业网点，法人机构达到3566家。从以上的数据可以看到，在经过多年的不断努力后，我国正在形成银行业金融机构、非银行业金融机构和其他微型金融组织共同组成的多层次、广覆盖、适度竞争的农村金融服务体系，从功能上来讲，政策性金融、商业性金融和合作性金融可以相互协作，形成功能互补，不断推动农村金融服务的便利性，使农村地区的金融服务的可得性持续增强。近年随着互联网技术的深入普及，通过互联网渠道和电子化手段开展金融业务的互联网金融发展迅猛，手机银行、移动支付等互联网金融业态也在快速涌现，部分互联网金融组织还在支持“三农”领域开展了有益探索。农村地区的金融服务体系的不断完善为农村电子商务的发展提供了良好的金融环境。

六、 农村电商扶持政策不断出台

为给农村电商发展提供良好的环境，自2014年以来国家多个部门相继出台多项政策，通过分析来看，主要分为促进农村电商发展方面的政策、规

范农村电商运营和监管方面的政策和促进整个农村市场长期健康发展的政策。从发布的部门来看主要有三大方面：一是2014年、2015年、2016年的中央一号文件都多次提出加强发展农村电子商务，涉及的篇幅和内容一年比一年多；二是国务院的文件，如国务院发布的《“互联网+”行动指导意见》明确了11项重点行动，另外国务院发布的《关于大力发展电子商务加快培育经济新动力的意见》和《关于推进国内贸易流通现代化建设法治化营商环境的意见》等文件为农村电商发展的方式和环境建设提供了指导意见；三是商务部等部门文件，如商务部等19部门《关于加快发展农村电子商务的意见》以及商务部、财政部发布的《关于开展电子商务进农村综合示范工作的通知》，其中《“互联网+流通”行动计划》中就农村电子商务发展方面重点部署了积极培育农业电子商务市场主体等五项内容；四是农业部等部门文件，如《推进农业电子商务发展行动计划》和《农业电子商务试点方案》等。除了以上国家层面发布的政策以外，各地方政府也相继发布了许多文件和政策，用以促进当地农村电商的发展。

第二节　农村电商实务运营要素

农村电商的发展是一个有机系统，农村电商的实务运营需要按照一定的逻辑，整合相关要素形成的内在自我循环的系统。与城市电子商务运营类似，在农村电子商务中，平台建设、商业模式、物流体系、金融支付、中介组织和人才培养是运营过程中的六大要素。其中，商业模式是农村电商运营的核心灵魂，平台建设是农村电商运营的先决条件，金融支付是农村电商运营的关键环节，物流体系是农村电商运营的动能血液，中介组织是农村电商运营的助推器，人才培养是农村电商运营的智力源泉，各运营基本要素的关系和作用可见图7-1。

一、商业模式——农村电商运营的核心灵魂

商业模式是一种建立在许多构成要素及其关系之上，用来说明特定企业

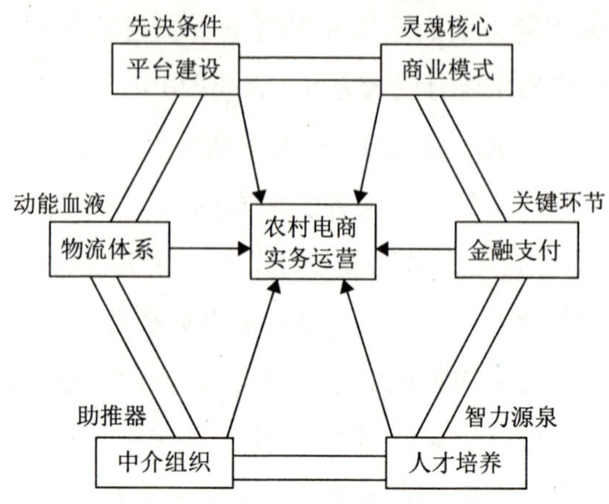

图7－1　农村电商实务运营基本要素

商业逻辑的概念性工具，用来说明企业如何通过创造顾客价值，建立内部结构，以及与伙伴形成网络关系来开拓市场，传递价值，创造关系资本，获得利润并维持现金流。在激烈的市场竞争环境下，商业模式是企业运行和得以生存的灵魂与核心。农村电商的运营与发展的核心与灵魂同样是商业模式。我国农村电商要持续性地发展，必须开创新的商业模式，创造新的价值体系，获取新的利润空间。从目前来看，我国农村电商在近几年的发展中，某些农村地区已经根据当地的资源禀赋特点找到了适合自身电商发展的商业模式，大体可为五类：政府驱动型、服务商驱动型、网商驱动型、产业集聚型、综合驱动型商业模式。以政府驱动型的农村电商商业模式为例，由于政府对物流、供应链、信息建设等有很强的支撑，且政府可为农产品质量做初级信用背书，为第三方企业提供公司注册、税收、资金等实际性的支持，因此地方政府对电子商务发展起关键作用。以湖南为例，湖南的名优特产品尽管在海内外享有高的知名度，但整体影响力不够，对此湖南省政府“湘品出湘”的决策部署决定支持建设由湖南湘都、湖南开天两个现代农业产业化优秀企业发起成立并运营的湖南名优商品北京展示销售中心项目，作为“湘品进京”的公共服务平台。北京展示销售中心项目依托湖南产业优势，采用政府扶持、企业化运作模式，以湘菜食材和湖湘特色消费品为切入点，集展示

宣传、销售配送、现场体验等功能于一体，实行线上与线下同步，为进京湘品提供市场开拓、商品配送全程销售服务。与湖南名优商品北京展示中心相呼应的是在建的长沙运营中心，位于宁乡经开区农产品加工创业园内，占地130亩，投资2.1亿元，是整个平台的重要支撑。该商业模式推动了湖南省特色品牌开拓国内市场，提高了湖南省产品的国内市场占有率，对全国各地的农产品和特产“走出去”有很大的借鉴意义。

二、平台建设——农村电商运营的先决条件

电子商务是指在开放的互联网环境下，基于浏览器/服务器应用方式，买卖双方不谋面地进行各种商贸活动，实现消费者的网上购物、商户之间的网上交易和在线电子支付以及各种商务活动、交易活动、金融活动和相关的综合服务活动的一种新型的商业运营模式。从定义中可以看出，在互联网中进行交易的电子商务需要有一个虚拟的、类似市场的场合为买卖双方提供服务——电商平台，它以拓展业务和应用为目的的为企业及个人提供在线交易洽谈，是电子商务运营的基础。农村电商的发展，平台建设与完善是先决条件。通过农村电子商务的平台建设，提供信息支持，可以对农民进行农业技术的支持与辅导，降低农业生产成本，推进农产品产业化的进程，促进农产品的市场化。虽然农村电商平台的建设起步晚，基础弱，参与公司少，但近几年在国家政策的扶持和大型电商企业的参与下，农村电商的平台的建设已经初成体系。具体来说，从农村电子商务应用模式来看，农村电子商务平台有B2B电子商务平台、B2C电子商务平台、O2O电子商务平台、C2C电子商务平台、B2B2C电子商务平台；从平台的建设方式来看，有自主构建方式、合作构建方式、外包构建方式和租用平台方式构建的平台。基于这些方式衍生出来的农村电子商务平台类型主要有企业自建平台、政府主导型平台和第三方电子商务平台；从农村电子商务发展的目标来看，目前已有的平台可分为农资品电子商务平台、农产品电子商务平台。但是，我国农村电子商务平台建设存在平台点击率不高，信息使用率较低、平台运营效率及效益较

低、平台功能未充分发挥、平台的建设及日常维护缺乏专业人员、监管不到位等问题，这需要在今后的发展中加以克服，以提高农村电商平台的利用效率，更好地促进农村电商的健康发展。

三、金融支付——农村电商运营的关键环节

在电子商务的发展过程中，传统商务一手交钱、一手交货的支付模式已经不适应电子商务的需求，为此各种电子支付方式应运而生。基于互联网的金融支付可反映农村电商发展中交易效率，是整个农村电商运行过程中的关键一环，决定着商品能否顺利地实现“惊险一跃”。根据 2015 年中国电子支付行业研究报告数据显示，2014 年中国网络支付用户规模达到 3 亿户，环比增长 17%；截至 2015 年末，我国农村地区网上银行开通数累计 3.56 亿户，当年业务笔数 105.46 亿笔，金额 150.44 万亿元。手机银行开通数累计 2.76 亿户，当年业务笔数 31.49 亿笔，金额 13.68 万亿元。电话银行开通数累计 1.81 亿户，当年业务笔数 2.49 亿笔，金额 4429.26 亿元，基本实现了农村地区互联网金融支付的覆盖。这些数据说明随着互联网时代的到来，新的支付方式发展迅猛，电子支付市场发生了新的变化，目前我国的农村电商的电子支付模式主要有网上银行支付模式、基于第三方平台的支付模式（支付网关模式和账户平台模式）、移动支付模式（手机银行），虽然资金支付主要还是通过网上银行，但第三方支付使用程度越来越高，已经渐渐成了主流方式，而且移动端持续渗透市场，移动支付近几年发展尤为瞩目。虽然农村金融支付随着农村电子商务发展有了显著变化，它在使得经济活动更安全、便捷的同时，也容易出现洗钱、行贿、套现、避税等不法活动。应该看到，电子商务支付当前面临着重大发展机遇的同时，也面临着巨大的挑战，尤其是在农村支付体系因其特殊性存在相关设施建设滞后问题、支付行业竞争无序化、农村支付体系监管缺失等情况下。

四、物流体系——农村电商运营的动能血液

农村物流体系是农村电商运营的动能血液，快捷发达的物流能为农村电

商的发展提供十足的动能。目前，能否为电子商务的售后提供快速的配送，已经成为农村电商中重要的竞争优势。由于我国农村地区的不平衡性，农村电商物流配送具有分散性、季节性、特殊性、差异性、多样性，目前来看，农村地区物流配送的基本模式有自营物流、物流联盟、第三方物流、第四方物流、物流一体化等模式。目前我国农村电商根据自身的特点，已经成功运营的农村电子商务物流运作模式有：

（1）设立超市、小卖部自提点。物流公司与农村各乡镇、村屯主要核心区域超市和小卖部合作，在该超市/小卖部设立货物自提点。

（2）设立物流综合服务中心。由多个物流公司在各乡镇交通便利地点共同建立物流综合服务中心，该服务中心负责各物流公司包裹的分类整理、集中发配、管理乡村派送员等工作。

（3）与中国邮政进行合作配送模式。中国邮政已经在全国建立了邮政农村物流综合服务体系，物流公司与中国邮政合作，利用中国邮政健全的农村服务节点和可靠服务，为农民提供类似邮寄信件的包裹送货上门服务。

（4）京东/淘宝农村物流配送模式。淘宝通过建立县级运营中心、村级网点（农村淘宝合伙人）构筑了农村淘宝“县—村”两级农村电子商务服务体系。京东通过构筑“县级服务中心 + 京东帮服务店 + 乡村推广员”的模式来进入农村电商市场。

（5）随客运班车配送模式。物流公司通过与农村客运合作，通过改造客运班车储物仓，分离出专门的快递包裹存储区存放送往农村的物流公司包裹①。运输班车到达农村后，村民按照客运班车时间表到指定的客运站点按时提取货物。但是，农村物流运营中企业规模化程度较低、流通渠道不够顺畅，物流配送经济成本高、农村电商物流专业人才缺乏、信息技术落后，农民物流创新意识薄弱等问题，需要进一步解决。

---

① 黄振雷．农村电子商务物流运作模式分析［J］．商，2016（23）：149.

五、 中介组织——农村电商运营的助推器

电商中介是电子商务市场中的服务媒介，在农村电商运营过程中充当着助推器的角色。从职能上看，电商中介与传统市场中介并没有本质的差别，目的都是为市场主体服务，提高市场效率。但从管理主体来看，传统市场中介主要是通过管理者来进行管理，而电子商务中介是应用人与计算机的结合来进行管理，打通广大企业和个人从实体销售到互联网销售的最优路径，集合优势平台与专业团队为线上线下商务互联提供有效的解决办法。一般来说，提供中介服务的农村电商可以大致分为两类：一类是直接提供农村电商中介服务的电商服务商，目前主要有提供 B－C 型交易服务的电子商务服务商，典型的是网上商厦；提供 B－B 型交易服务的电子商务服务商，典型的是 B－B 型交易市场；提供网上拍卖服务的电子商务服务公司；另一类是独立于农村电商存在的第三方中介组织，目前主要有电子商务交易市场、农村电商行业协会、农业信息咨询网络服务提供商、第三方物流、电子商务证书认证中心和密钥管理中心、提供信息及搜索服务的信息服务增值商、农村电商合作社等，这些农村电商中介组织在农村电商发展过程中发挥着助推器的作用，为农民、企业和政府提供专业化的信息服务。以农村电商行业协会为例，它是农村网商正式或非正式的交流平台，能促进网商间相互学习与良性竞争，可以引导农村当地的网商自发组织网商协会和产业联盟，打破网商之间交流少、互动少的局面，发挥行业协会与产业联盟等第三方组织的协同功能，挖掘网商对培训、管理、服务等的共同需求，建立以促进区域内创新、深加工、产业链延伸等交流平台。目前，南京、苏州、无锡等地包括部分区（县）已建立了电子商务协会、电子商务专家咨询委员会等行业中介组织，在承接展会论坛、运营平台项目、开展统计监测等方面起到了积极作用。

六、 人才培养——农村电商运营的智力源泉

电商人才作为农村电商发展的智力源泉，为农村电子商务的商业模式

创新、平台建设、金融支付、物流运输、中介组织服务等提供智力支持。因此农村电商人才的培养，是农村电商健康持续发展的必由之路，是促进农业信息化和现代化的重要保证、是新农人成为未来农村经济发展的重要力量。

随着农村电商发展的日益兴盛，市场对电商人才的需求越来越大，2015年，全国339所本科高校和650多所高职高专约有电子商务专业毕业生10多万人，但根据淘宝商学院发布的《县域电子商务人才研究微报告》，2016年我国县域网商对电商人才的需求量将超过200万人，为此国家近几年对电商人才的培养尤其是农村电商人才的培养十分重视，2015年商务部文件《关于实施农村青年电商培育工程的通知》指出，要“部署实施农村青年电商培育工程，鼓励农村青年积极利用电子商务等现代商业模式拓宽创业致富渠道”，而国务院发布的《关于促进农村电子商务加快发展的指导意见》提出要“大力培养农村电商人才，实施农村电子商务百万英才计划，对农民、合作社和政府人员等进行技能培训”的意见，此外，2015年3月共青团中央与阿里巴巴集团在贵州签署框架协议，双方宣布启动“千县万村百万英才”项目，共同培养农村青年电商人才，未来3年将培养100万农村青年电商人才、10万名致富带头人、2000名创业导师；苏宁与国务院扶贫办签署战略合作协议，计划协助104个贫困县政府加强电子商务实用性培训，预计3年培训累计不低于10000人次；京东成立江苏开放大学、京东电商学院，学院在宿迁所有京东农村电商服务中心、京东帮服务店建立学习服务中心。尽管社会、高校、企业均对农村电商人才的培养给予了重视，但需要正视的是，目前高校关于电商人才培养的模式比较落后，培养的电商人才不能适应农村电商发展需求，且农村电商人才培养与引进机制尚未健全，留住人才和引进人才相对较难，更有甚者，农村人口受教育程度较低，导致农村电商专业培训难度加大，制约了我国培养优质且适应农村电商发展的电商人才。

第三节　农村电商运营主要内容

一、 农产品上行

中国地广物博，不同地方的农村地区盛产不同的特色农产品，如湖南石门的柑橘、新疆的三塘湖哈密瓜、甘肃的靖远羊肉、山东的青岛樱桃闻名全国。由于在农村地区生产出来的农产品具有原生态、新鲜、绿色、美味、营养等特色，契合了当下广大民众的对日常使用品、饮用食材越加健康绿色的生活需求，受到了市场极大的青睐，加之随着互联网的普及，电子商务的兴起，农村地区基础交通设施的不断完善，物流快递在农村地区网点的增加，越来越多的农产品通过电商平台销往城市，许多电商平台也趁势加入到农产品电商市场争夺之中。2013 年全国农产品电子商务交易额超过 500 亿元，2014 年超过 1000 亿元，2015 年则达到 1500 多亿元，截至 2016 年 9 月，全国农产品电商交易额突破了 1700 亿元，农产品上行城市已经成为我国农村电商发展重要内容。

然而在巨大的市场需求下，海量的特色农产品要真正地进入城镇市场、打开销路、完善售后服务、树立品牌，在当下依然存在许多问题。第一，相比工业生产，农产品在生产方面依然存在小生产大市场的情况，存在盲目化、分散化、低端化、碎片化等问题，要真正上行到城镇市场，农产品需要标准化，进行统一品牌、统一包装、统一标准、统一质量。第二，农产品销往城市对物流成本控制、冷链物流保鲜的要求更高。与传统销售通过批发运输不同，农产品通过电商上行城市都是通过快递方式解决，但农村物流“最后一公里”制约着农村电商的发展。农产品价值相对较低，出售规模有限，导致单位物流成本更高。另外生鲜农产品销售需要的冷链物流当前在农村地区缺乏，无法有效支撑生鲜农产品在电商平台广泛流通。第三，农产品电商销售的商业模式选择难以复制连锁，由于不同地区的农产品不同，生产周

期、产品特色不同，对商业模式、营销策略具有更高要求，目前存在多数地区的优质农产品依然存在滞销甚至无人问津的情形，其实就是市场营销和商业模式的不成功，这几大问题在农产品通过电商上行城镇过程中必须逐渐解决和完善。

二、工业品下行

工业品下行农村地区一直是扩大农村地区内需、促进农村地区商品流通的重要方式，更是当下农村电商运营的主要内容。一方面，1982 年 6 月国务院颁发《关于疏通城乡商品流通渠道扩大工业品下乡的决定》文件，是我国商品流通体制实行重大改革的前奏，此后在 20 世纪 90 年代更多的城市工业品纷纷涌向农村市场，2008 年为了缓解金融海啸造成的消费性电子产品外销需求急速衰退，我国开始推出“家电下乡”的政策以扩大农村地区的内需市场，农村地区的居民购买彩色电视、冰箱、移动电话与洗衣机等四类产品可以按产品售价 13% 给予补贴，此举大大地促进了农村市场的消费，加速了新时代的高质量工业品进入农村市场的步伐。如今随着互联网和电子商务在农村地区的推动，我国广大地区农民收入的增加，2015 年年末我国农村居民的纯收入达到 11422 元，各种日用消费工业品由于在网上的价格优惠、质量有保证，工业品下乡变得越来越有吸引力和市场，京东、阿里巴巴、苏宁均开始在农村地区布局农村电商，增加平台自身在农村地区的影响力和市场份额，阿里巴巴曾在 2014 年就表示将投入 100 亿元发力农村电商实施“千县万村”工程，建立 1000 个县级运营中心和 10 万个农村服务站；苏宁云商也公布将在 5 年内建设 1 万家苏宁易购服务站并覆盖全国 1/4 的乡镇；京东则在全国 100 多个乡镇推出了“县级服务中心”和“京东帮服务店”的组合运营模式。

另一方面，随着农村地区土地改革的推进，农村土地规模化经营的不断深化，农村地区对农业生产资料（农作物种子、农药、肥料、饲料和饲料添加剂、种畜禽、牧草种子、农机及零配件、水产苗种、渔机渔具等）的需求越来越大，据统计估算，我国农资市场容量超过了2万亿元，其中种子、化肥、农药、农机四类农资产品的市场空间分别约为3500亿元、7500亿元、3800亿元和6000亿元，一些极具商业敏感性的企业开始通过电子商务形式进入农资市场，目前我国已经有近30家农业生产资料电商。由于电子商务可利用已有的物流网络优势和可追溯的供应链体系，保障农民购买的产品直接来自生产厂商，而且自营模式的电商还能提供农机售后等打包服务，提高农业社会化服务水平，这些更是解决了传统农资市场的短板，2015年我国农资电商的销售额达到2800亿元，增速达到60%。但是农电商发展也存在一些问题，如部分从事农业生产的农民对网购不熟悉、不信任，此外由于农资产品的使用有着很强的技术要求，单纯地将线下销售移植到线上可行性不大，线上线下的一体化服务就显得尤为重要。

三、 网上商务服务

农村电商运营的主要内容除了农产品上行和工业品下行两大主题之外，还有一个重要内容就是有关农村发展的网上商务服务。农村地区由于得天独厚的自然环境，拥有许多的旅游资源、特色项目等，但是由于信息的不对称性而不被市场所知晓熟悉，因此农村发展的网上商务服务应运而生。从目前来看，农村发展的网上商务服务主要可分为四个方面：

（1）网上农贸市场。通过网上平台迅速传递农林渔牧业等方面的供求信息，帮助外商出入属地市场，甚至可以帮助属地农民进一步开拓国内市场并走向国际市场，及时对农产品的市场行情和动态快递、商业机会撮合、产品信息等内容进行发布，目前已经有的网站平台有国家商务部创办的全国农产品商务服务信息公共服务平台——“新农村商网”。

（2）特色旅游。通过专业的网站平台介绍不同农村地区的旅游资源，通过宣传推介以扩大对外知名度和影响力，吸引更多的游客，并全方位介绍属地旅游线路和旅游特色产品及企业等信息，促进属地的旅游经济发展，目前已经有“中国乡村旅游网”“云斧网”等专业网站开始从事这方面的服务。

（3）特色农业项目的招商引资、创业指导。在招商引资方面，专业平台通过宣传各个地区的特色经济、特色产业和相关的名优企业、产品，介绍政府规划发展的开发区、生产基地、投资环境和招商信息，搭建各级政府部门招商引资平台，更好的吸引投资者到各地区进行投资生产经营活动；在指导农户创业方面，专业平台可以汇聚互联网农业领域大事要闻，提供最新趋势、行业资讯、区域动态、政策法规和业内权威解读等创业服务，帮助农户在特色项目创业。目前这方面的网站平台有国内农村电商创业服务平台——“农贸易家”。

（4）休闲娱乐的数字化农家乐。网站平台专门介绍具有地方风情的各种餐饮娱乐设施或单元的农家乐，为农户或者企业提供网上展示和宣传渠道。主要通过运用现代的地理信息系统技术，制作全省或者全市农家乐分布情况的电子地图，同时采集农家乐基本信息，使农家乐的风景、饮食、娱乐等各方面的特色尽在其中[①]。既能方便城市百姓的出行休闲，又让农家乐获得广泛的客源，实现城市与农村的良性互动，促进当地农民的增收，达到精准扶贫的目的，这方面的专业网站已有“中国休闲农业网”。

① 盖晓薇．中国农村电子商务发展探析［J］．大众商务：投资版，2009（7）：77.

第八章

农村电商平台建设

第一节　农村电商平台概述

一、 农村电子商务平台的内涵及类型

与一般的电子商务不同，农村电子商务是以农产品的交易为基础，依托于现代化信息技术和通信技术的商务活动。农村电子商务平台是指基于网络化技术的交易、服务、交流和协作的农村商务活动平台，它可以为农民、乡镇企业、消费者、政府等平台主体提供更快捷、更便利、更高效的交易、服务、交流和协作支持平台，是促进和扩大农产品线上交易的平台。为更好地理解农村电子商务平台的概念和内涵以及其创新理念，我们可以从以下几个不同的角度对农村电子商务平台进行分类。

（一） 按照电子商务应用模式划分

电子商务模式包含了 B2B、B2C、O2O、C2C 等模式，相对应农村电子商务平台可以分为 B2B 电子商务平台、B2C 电子商务平台、O2O 电子商务平台、C2C 电子商务平台、B2B2C 电子商务平台（见图 8－1）。

1. B2B 电子商务平台

B2B 电子商务平台主要为涉农企业之间提供服务，以开展批发业务为主，亦称为批发平台。对于长期从事农业生产，对农产品的出售需求大的农业生产者来说，B2B 平台占有较大选择优势。例如，阿里巴巴电子商务平台有专门的农业板块，用于农副产品、农业用具的销售，买卖双方通过该平台

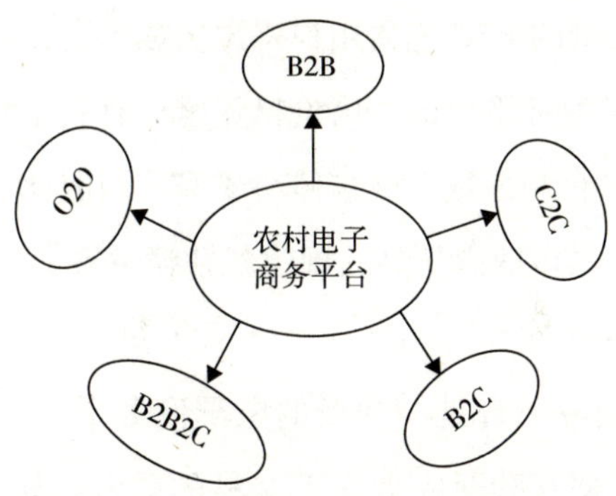

图 8－1　农村电子商务平台的类型 I

进行供需洽谈，利用支付宝或者其他支付手段完成现金的支付，极大地节省农业生产者的交易成本。另外，除了阿里巴巴这种可以实现在线支付的 B2B 平台外，还有一些非支付型 B2B 的电商也开辟了专门的农业专区，用于农村电子商务，如中国惠农网、农资易购推出的 B2B 平台。

2. C2C 电子商务平台

这类平台为农民之间的交易提供服务，具有单笔交易数额较小，且买卖双方均是单个农民的特征，故可简称为网上的“集贸市场”，如农一网、信丰农合网。C2C 电子商务平台拥有完整的销售流程，支付方式和信用管理体系，便于买卖双方的操作和交易，销售者只需要拍摄产品图片，编辑文字说明，将产品的相关资料发布到所属网店，实现网络经营。而购买者只需通过搜索平台搜寻需要的商品，按照流程指导进行购买即可。在该平台上能够快速拥有海量的成熟用户和交易量的优势，但也存在着商家良莠不齐，用户体验的服务能力参差不齐，价格竞争激烈等缺点。

3. B2C 电子商务平台

B2C 电子商务平台是企业与终端消费者之间达成交易而提供服务的平台，例如上农网、农佳乐、易农优选、农淘网、京东商城等平台。该类平台的优劣势与 C2C 电子商务平台类似，不同之处在于用户来源与数量级较 C2C 电子商务平台更为优质。比如京东农村电商作为重要的农村 B2C 电子商务平台，它拥有国内最大量的B2C优质用户资源。该平台较高品质的用户资源避免产生类似C2C电子商务平台的过度价格竞争，有利于企业商家的发展。但由于B2C电子商务平台用户数量级整体小于C2C，因此，这在相当大的程度上也限制了企业商家在短期内长足的规模性井喷发展。

4. O2O电子商务平台

农村O2O电子商务平台是一种新的电子商务平台，即将线下商务的机会与互联网相结合，使互联网成为线下交易的前台。如田田圈、蜻蜓农服、星润农资等平台。该平台将O2O线下的农产品生产通过互联网技术与网络连接在一起，利用网络技术进行识别和管理，实现精确生产。同时，通过线上筛选服务，消费者在享有线上优惠价格时又能够享受线下服务。该平台能够满足农村所需工业品下乡和农产品上行，而上行和下行的过程亦是该平台的重要构成。如典型的农村电商O2O平台——“邮掌柜”，在“邮掌柜O2O平台”的工业品下行和农产品上行模式中，村邮站均居于核心地位，同时“邮乐网”平台作为供应商和产品信息展示平台，也发挥了不可替代的作用，村邮站和“邮乐网”成为链接客户和农户的重要平台。

5. B2B2C电子商务平台

该平台是综合B2B、B2C、C2C电商平台，在生产商与零售商、零售商与终端消费者及生产商与终端消费者之间建立的集批发、分销、零售于一体的综合性电子商务平台。例如，金农商城、农财网、云农网、乐8淘等均是农村B2B2C电商平台。该类平台并非简单的中介，而是把“供应商→生产商→经销商→消费者”各个产业链紧密连接，对从生产、分销到终端零售的资源进行全面整合，集客户管理、信息反馈、数据库管理、决策支持等功能于一体的电商平台。它有助于商家直接充当卖方角色，把商家直接推到与消费者面对面的前台，让生产商获得更多的利润，使更多的资金投入到技术和产品创新上，最终让广大消费者获益。同时，它将企业与单个客户的不同需求完全地整合在一个平台上，既省去了B2C平台的库存和物流，又拥有C2C平台欠缺的盈利能力。因此，该平台在农村电商中得到广泛应用。

（二）按照平台建设方式划分

农村电子商务平台的建设方式较多，从政府和企业的角度而言，主要采用的方式包括：自主构建方式、合作构建方式、外包构建方式和租用平台方式。其中，自主构建与外包构建是企业建设电子商务平台的主要方式，前者是指企业凭借自身的技术部门，在硬件设备和通信设备的基础上，独立自主的构建农村电子商务平台；后者是指企业将农村电子商务平台的建设工作完全委托给具有专业性的信息服务公司，由公司根据企业的需求来完成电子商务平台的规划建设。合作构建方式以政府采用为主，指企业和政府由于自身信息技术的相对缺乏，独立自主开发存在一定的困难，因此，通过合作的方式来共同开发，且政府在该平台建设中发挥主导作用。而租用平台方式是指企业和政府直接向网络信息服务提供商采取租用的方式来开展农村电子商务活动。基于上述电商平台建设方式衍生出来的平台类型有企业自建电商平台、政府主导型平台和第三方电子商务平台（见图8－2）。

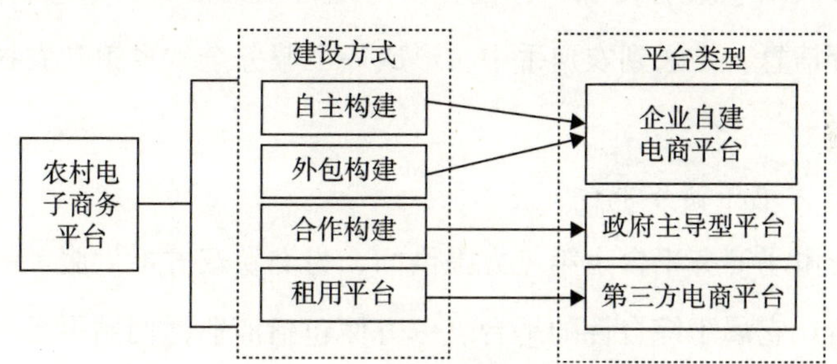

图8－2　农村电子商务平台类型Ⅱ

1. 企业自建电商平台

企业自建电商平台主要是思想比较先进并且具有一定计算机水平的农业“龙头”企业，通过租用网站空间，购买使用现成的网站软件、论坛组件等方式建立自己的网络平台，然后在该平台上销售农产品。该类平台对于企业而言，可扩展性高、灵活度大，网站空间和容量等不受限制，企业可以结合用户特点，贴合用户使用及消费习惯，提供个性化服务及更好的用户体验，因此，有利于企业的长期健康发展。其劣势是平台的建设与运营具有较大风险，初期投入成本较高，推广难度大。该平台的使用者大多比较分散，集中度不高。但也有比较集中的成功案例，如宁波市宁海县的涉农企业通过自建网站销售农副产品，已累计销售农副产品超过 4.5 亿元，实际收入超过 4 亿元。

2. 政府主导型平台

该平台是发布农业信息，展示农产品、促进农户间的沟通交流的载体，以关注农业市场，提供农产品价格信息，分析市场趋势来指导农业生产，促进农业发展。政府主导型平台主要有农业专业网站和农业信息门户等平台，其中，较典型的是浙江省“智慧农村”平台，它由省委组织部、省农业厅、省纪委等联合构建。该平台利用政务、商务和服务“三纵”汇聚各个乡镇信息，同时利用一镇一网即“一横”构建各乡镇专有的综合门户网站，以全面展示地方的政治、经济、文化、民生服务，重点展示地域特色。“智慧农村”汇聚各类涉农信息数据资源，方便、快捷地将便民服务、信息、办事指南、本地动态等信息，推送到农户手中，形成一个服务全省乡镇和农村的综合性平台。

3. 第三方电子商务平台

第三方电子商务平台由第三方提供的、为交易双方提供服务的专业化电子商务平台，它属于综合性的平台。一方面包括商业性网站平台——大型零售网站 B2C 和 C2C 平台，综合类 B2B 电子商务平台等；另一方面，它涵括信息发布平台、支付平台和交易平台，成为农村电子商务平台的重要部分。例如，农村村民的沟通交流网络平台——村村乐，目前拥有 34 个省（直辖市/自治区/特别行政区等）、345 个市（区）、3146 县、45166 个乡（镇）分类信息网站，拥有 660077 个村庄门户站点，以及省市县乡村 5 个级别的宣传渠道，通过搭建村庄互动交流合作平台，来促进村民间的沟通，成为了村村直接快捷的交流通道，为农户、企业、行业提供了全方位的资讯信息和服务。

（三）按照电子商务交易的商品内容来划分

农村电子商务发展的主要目标是推动“工业品下乡、农产品进城”，根据交易的商品，农村电子商务平台可以划分为农资品电子商务平台、农产品电子商务平台，其中生鲜类电商平台、B2B 食材配送平台在农产品电子商务平台中占有重要的地位。无论是农资品电子商务平台还是农产品电子商务平台，它都是农村电子商务顺利开展的重要载体，可以说农资品电子商务平台是“工业品下乡”的重要桥梁，农产品电子商务平台是“农产品进城”的重要中介。当前，我国的农资品电子商务平台、农产品电子商务平台发展迅速，且平台的定位于发展各具特色。

二、农村电子商务平台在农村经济中的作用

农村电子商务平台逐渐成为农业现代化发展的不可缺少的内容，它是农业信息提供者和需求者之间交流的重要载体，同时是现代化农业构建的要点。因此，该平台的建设对农村经济的发展具有重要影响。

（一）利用农村电子商务平台，能够促进新型农村流通网络的构建

长期以来农村交易市场以简易棚为摊点，以路为集市，设施简陋，场地狭窄，商品流通不畅，信息沟通受阻，导致“买”与“卖”之间出现脱节和断层，交易成本较高，农村“商流”“物流”的不畅对农村流通业发展带来障碍和困难。农村电商平台突破了农村商品流通的地域限制，一方面，农产品买卖双方能够直接对接，从农产品的价格、数量、到货时间、到货地点等方面进行认可，提高了农产品的成交率，为农产品销售和购买提供了更大的市场；另一方面，农民足不出户，通过网络可以将生产的优质农产品卖到全国各地，增加了农民收入，保障了农民的利益。农村电子商务平台的引入为农民购买和出售商品提供了更多的选择空间，为农产品销售提供更为通畅的流通渠道，促进了农产品、农村日用消费品和农业生产资料用品的流通，降低了农村物流成本，有助于新型流通网络的构建。

（二）利用农村电子商务平台，有助于对农民进行农业技术的帮助与指导

在农村电子商务平台中可为农民提供与农业技术专家在线交流的机会，

它克服了地域和时间上的局限，能够更为快捷、方便，更具有针对性地对农户进行技术服务的指导，随时解决农业生产的难题。通过农业专家的在线指导，使农业生产的全过程得到技术保障，从而提高了农民农业生产的效益。在该平台上，不仅新的农业生产技术可利用网络得到快速的传播，而且农户也可以了解更具有时效性和真实性的农业信息，如与农业生产有关的气象、法律法规及预警等信息，从而减少由于信息不对称而发生的盲目生产现象，提高了农民抵御农业生产风险的能力。

（三）利用农村电子商务平台，有助于降低农业生产成本、推进农产品产业化进程

在农业生产过程中，农药、化肥、饲料等农业生产资料在其生产总成本中占据较大比重，通过农村电子商务的网上交易信息平台，农民可以了解更全面的关于农产品生产资料的信息，从而对农业生产资料进行统一采购，提高农民的议价能力，使其享有更多优惠折扣，这在一定程度上降低了农业生产资料成本。例如，第三方农资电商平台——草帽网，它在广大农户、农资生产企业、农资流通企业及农产品批发企业之间搭建了一站式农业电商平台，提供包括肥料、农药、种子、种苗、农机、饲料等各类农产品，农户通过该平台可直接从源头购买农业生产资料，相比较传统的农资产品销售模式，农民节省了将近20%的农业生产成本。

同时，该网络平台有利于农业的规模化生产，而这种生产方式不仅使农产品的数量和质量可以得到最大限度的保障，而且推动了农产品的产业化发展，推进农产品的标准化生产，提高农产品质量，从而促进我国农业的快速发展。

（四）农村电子商务平台提供的信息支持，促进了农产品的市场化

农业作为三大产业的第一大产业，涉及的点和面很广，数据收集量大，对于信息需求者而言，若将农业的原始数据进行处理、加工和分析后，利用网络平台公布整合的有效数据，可以极大地促进农业生产的经济效率。而农村电子商务平台作为该种信息数据网络平台，通过进行信息发

布、咨询价格、确定交易，交易时间短，效率高，加快了农产品的市场化进程。一方面，它通过将农产品的供应信息及时地反映给超市等较大交易场所，可实现农产品与超市的对接，进而为鲜活产品提供安全保证，加快农产品的快速流通，实现农产品快速进入市场；另一方面，农村电子商务平台能够传递信息，帮助农民或农业企业时刻关注农产品的市场行情和需求并及时做出反应，提高应变市场变化的能力，更及时地判断市场的需求，可以使农户更有针对性地进行生产，适应市场的需求，降低他们生产经营的风险。

总而言之，农村电子商务平台对我国解决“三农”问题起到关键作用，该平台所具有高效、便捷、无时空限制的优点有利于减少农业生产的自然风险、生产经营风险等，为我国农村经济的发展发挥重要作用。而电子商务平台作为电子商务运行的载体，它亦是电子商务发展成熟度的重要标志。因此，农村电子商务平台在整个农村电子商务中有着不可替代的作用。

第二节　农村电商平台发展现状及存在问题

一、 中国农村电子商务平台的发展现状

当前，由于企业自建网络平台仅限于具有软硬件资源优势的大、中型企业，平台风险性较高，导致该类平台的发展较缓慢，仍处于探索阶段。相反的是，第三方电子商务平台成为中小企业网络营销的主要渠道获得了飞速发展，使我国电子商务平台形成了第三方平台“一类独大”的发展格局。如图 8 -3 所示，在电子商务平台的类型中，第三方电子商务平台，在整个电商平台中占据绝大部分，占比达到 74%，而企业自建的网上商城、分销网络平台等平台类型的总占比仍不及它的 1/3，这体现出第三方电子商务平台在我国的重要地位。

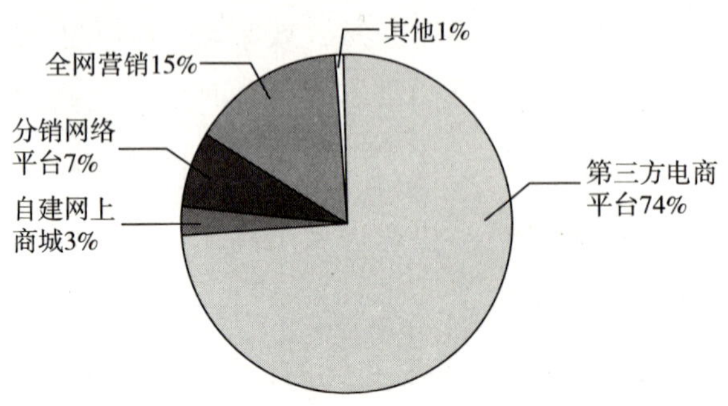

图 8-3　电商平台各类型的占比

资料来源：www. 100EC. cn。

在第三方电子商务平台中，我国的电商平台又呈现出淘宝、天猫、京东三分天下的局面，在企业使用的第三方电子商务平台中，淘宝集市占比达到 65%、天猫 84%、京东商城 56%，三巨头获得了绝对优势（见图 8-4）。

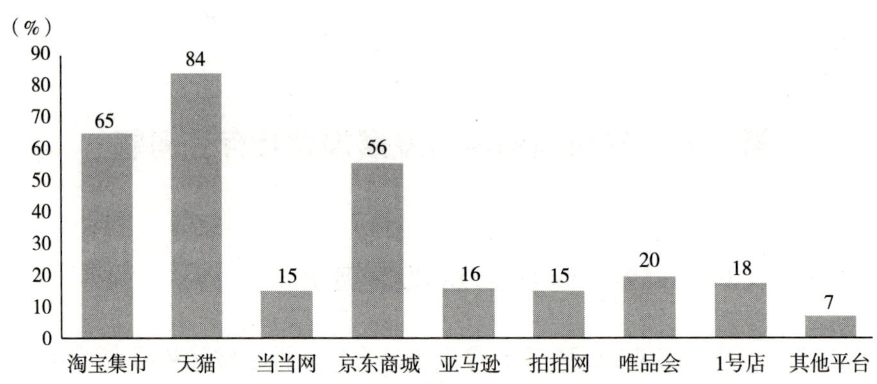

图 8-4　企业使用第三方电商平台的情况

资料来源：www. 100EC. com。

从平台的市场占有率来看，无论是 B2C 平台还是移动手机平台的市场份额，阿里、京东和苏宁三个平台均在我国电子商务平台中占有重要市场地位。从图 8-5 和图 8-6 可以看出，在 B2C 平台中，天猫的市场份额达到 58%，京东为 25%，而苏宁易购也占有 3%，三个平台的总市场占有率超过

了85%；在移动手机平台方面，阿里无线平台占据了绝大部分的市场，其市场占有率达到了80%，手机京东也拥有较大的市场占有量，持有11%的市场，阿里、京东、苏宁的移动平台市场份额总量达到了93%。从这个视角可以进一步说明阿里、京东及苏宁的电商平台在我国整个电子商务平台中的重要地位。

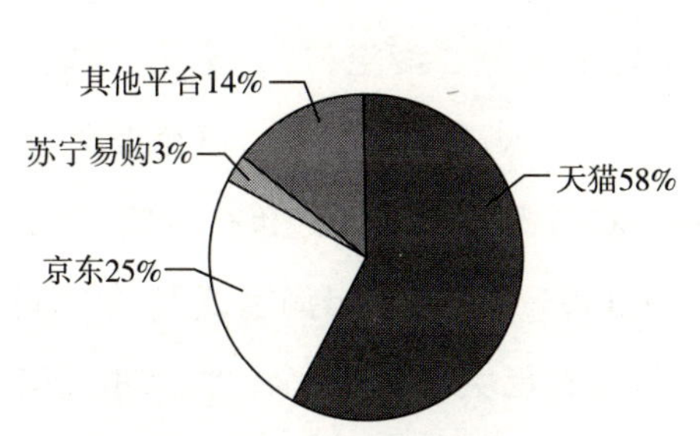

图8-5　B2C平台市场份额占比

资料来源：www. 100EC. cn。

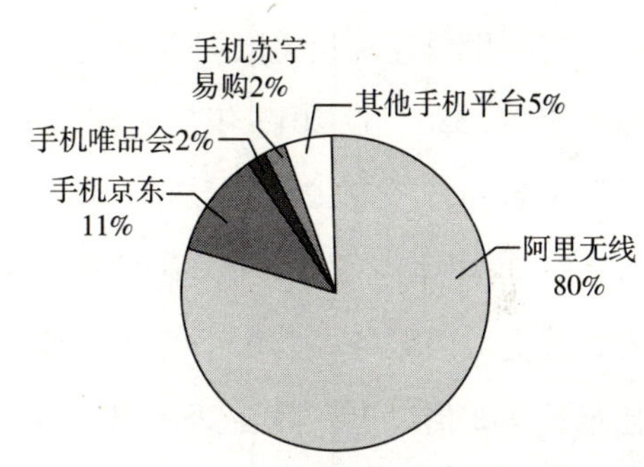

图8-6　移动手机平台市场份额占比

资料来源：www. 100EC. cn。

农村电子商务平台是现有的电商平台向农村领域的延伸，是其重要的构成部分。因此，农村电子商务平台的发展受现有电商平台环境的影响，其发展格局与现有的电子商务平台既具有一定的相似性，同时也具有其独特性。从中国农村电商平台发展现状来看，当前农村电子商务平台亦呈现出以第三方电子商务平台为主；从平台的构成来看，中国农村电子商务平台的发展现状更是具有“一超—多强—小众”的特征，所谓“一超”是指阿里巴巴农村电商平台；“多强”是指具有较强竞争力的农村电子商务平台，主要是京东、苏宁农村电子商务平台；“小众”指具有成长性、特色的农村电子商务平台，如地方性农产品、农资品平台。

（一）阿里农村电商平台发展现状

2014年10月阿里巴巴推出“千县万村”计划作为农村电商战略，其架构是“双核+N”，“双核”指的是农村淘宝和淘宝村，“N”则指的是阿里平台上多元化的涉农业务，如特色中国、淘宝农业、淘宝大学、喵鲜生、淘宝农资、满天星、产业带等。淘宝村是该战略的重要组成部分，通过在农村建立村级服务站，选择“农村淘宝合伙人”的方式，充分利用农村已有的商业设施，极大地提升了农村淘宝的运营效率，促进了淘宝村的快速发展。

1. 数量不断增加，且呈高速增长趋势

据阿里研究院相关数据资料显示，2013 年淘宝村的网店比 2012 年年底增长了 76.3%，仅 2013 年后半年，就出现了 6 个“淘宝村”，全国“淘宝村”的数量已突破 20 个。2014 年，淘宝村进入高速发展期，其数量增至 212 个，涌现淘宝镇 19 个。2015 年中旬，农村淘宝已广泛分布在全国 17 个省，建立县级服务中心 63 个，村级服务站 1803 个，涌现出淘宝镇 71 个，同比增长达 2 倍以上。截至 2016 年，全国淘宝村已突破 1000 个，淘宝镇突破 100 个，且仍保持高速增长的态势。

2. 地域分布上向东部倾斜

随着农村电子商务平台如“雨后春笋”般在全国迅速蔓延，淘宝村也在各地迅速发展起来，但在地域分布上有向东部地区倾斜的现象。2014 年主要分布在福建、广东、河北等 10 个省市。在全国淘宝村中，仅浙江、广东、福建、河北、江苏五省占比已超过 90%。而在中西部才首次出现淘宝村。如表 8－1 所示，在 2015 年淘宝村的数量也主要集中在东部地区。其中，浙江、广东、江苏三省的数量位居全国前三位。但中西部地区仅有 17 个，占全国数量 2.2%，特别是在湖南、江西、云南吉林、辽宁和宁夏等省市区才首次出现淘宝村，东部与中西部地区呈鲜明对比。

表 8－1　　2015“淘宝村”各省市分布情况　　单位：个

排序	省份	淘宝村数量	排序	省份	淘宝村数量
1	浙江	280	3	江苏	127
2	广东	157	4	福建	71

续表

排序	省份	淘宝村数量	排序	省份	淘宝村数量
5	山东	64	12	云南	2
6	河北	59	13	北京	1
7	河南	4	14	湖北	1
8	湖南	3	15	吉林	1
9	江西	3	16	辽宁	1
10	天津	3	17	宁夏	1
11	四川	2			

资料来源：阿里研究院。

3. 集群化方向发展明显

从阿里巴巴农村电商平台的发展过程来看，集群化现象明显，也就是说淘宝村呈现地理位置相邻、产业相似的特点。2014 年，淘宝村主要在浙江、广东、江苏、福建、河北等地集聚，以浙江南部、江苏北部、长三角、珠三角、潮汕地区、福建东南部最为显著。比如江苏的沙集镇以家具为主，浙江的湖州织里镇以童装为主等。如表 9 - 3 所示，在 2015 年全国淘宝村集群数量达到 25 个，且仍在，浙江、山东、福建、广东、江苏等地的集聚现象最为明显。

表 8 - 2　　2015 年全国十大淘宝村集群　　单位：个

区/县	淘宝村数量	区/县	淘宝村数量
义乌	37	睢宁	22
曹县	34	白云	21
晋江	25	潮南	21
普宁	25	温岭	21
沭阳	22	诸暨	20

资料来源：阿里研究院。

（二）京东、苏宁农村电商平台发展现状

京东农村电子商务平台的开展与推进是以“县级服务中心”和“京东帮服务店”两个作为重要抓手。首先，利用县级服务中心拓展乡镇合作点；然后，通过“京东帮”搭建消费者、供应商与服务商之间的线上交流平台，线下服务平台，打造集市场营销、物流配送、客户体验和产品展示于一体的京东电商平台。

2014 年，京东的县级服务中心已达到 100 个，“京东帮服务店”亦逐步在四川、山东、广东和山西等地成立。截至 2015 年 4 月，“京东帮”服务店已覆盖全国 28 个省市自治区，服务范围已辐射 432 个县。一年多来，京东农村电子商务平台获得了强劲的发展，现已设立了县级服务中心 600 多个，并在 10 万个行政村招募了 10 万个以上的乡村合作点和推广员。

苏宁的农村电商平台以“苏宁易购服务站”为载体，该载体主要针对三四级市场，集销售、物流、售后、客服、招商等功能于一体。苏宁利用该服务站发展村、镇级代理、培训农村消费者网上购物、与厂商企业合作做团购等方式，来打通物流，降低成本，把服务站打造成农产品上行的重要渠道。苏宁易购农村电商平台既作为家电售卖的渠道，同时也是农民售卖农产品的平台，它是以“卖服务”为重点的 O2O 电子商务平台。

截至 2015 年底，“苏宁易购服务站”已有 37 家开始运营，其中，东部地区以镇为主，而中西部地区以县城为主。除此之外，为大力开展农村市场，苏宁通过智能 APP 以实现各厂商商品间的串联。

（三）小众型农村电商平台发展现状

小众型农村电子商务平台相比较农村电商巨头而言，平台的服务区域、服务内容相对较狭窄，该类平台主要针对农民，具有区域性与专用性特征。它主要包括区域性的农资品电商平台、生鲜类电商平台两种。其中，生鲜类电商平台发展最为迅速，2014 年全国生鲜农产品电商企业已达到 4000 多家，2015 年交易规模达到 560 亿元，将近是 2014 年两倍，增长速度迅猛，预计在 2018 年将突破千亿元。就商务模式而言，生鲜电商平

台呈现多样化。目前，市场上主要有政府主导的生鲜农产品同城配送电子商务模式、私营企业主导建设的生鲜农产品电子商务模式、依托第三方电子商务平台的生鲜农产品电子商务模式和物流企业主导的生鲜农产品电子商务模式。

在生鲜电商平台中，平台消费者的地理分布具有明显的地域性，生鲜电商人群主要集中在华北、东部及华南地区，三个地区购买人数占总人数97.8%。其中，华北地区达到55.1%，华南地区16.6%，东部地区26.3%，从该数据可以反映出经济发达的地区生鲜电商平台的需求量越大。而在生鲜电商平台的讨论热度中，以未来生活、天天果园、顺丰优选的热度最高，一定程度上反映了这三个平台在消费者间活跃度较高。见图8－7所示。

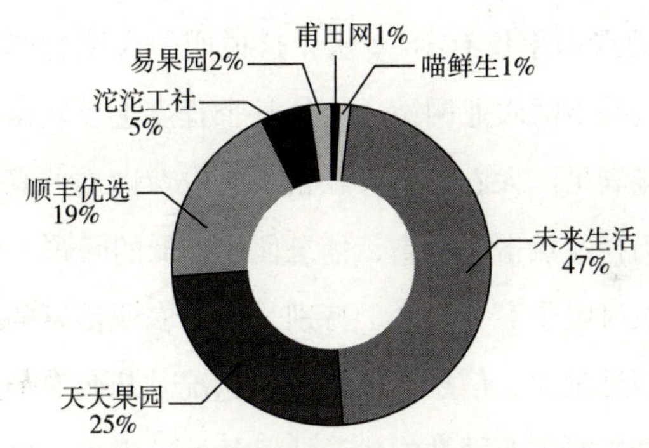

图8－7　生鲜电商平台的销量比例

资料来源：2015年中国生鲜电商大数据分析报告。

除生鲜类电商平台外，近几年地方性的农村电商平台通过借助第三方平台巨头也获得快速发展。比如农村移动电商平台——买卖宝，它针对华南、西南、华东、中西部的农村地区，运用第三方的配送服务——京东，实现在仓储和配送方面的信息共享，取得了快速发展。截至2015年8月买卖宝的访问量突破1亿人次，其累计服务用户数超过2000万。作为农村电子商务发展迅猛的浙江省，其地方性农村电子商务平台的构建也取得了较突出的成绩。比如赶街网，一方面，通过与当地政府和企业合作加强农村的基础设施建设，自建村级物流体系，拓展农村电商服务站；另一方面，采取“自营”+“第三方”的运营模式。目前，该平台已建立农村站点2000多个，其中覆盖了全国5个省区的有200多个。

二、我国农村电子商务平台建设存在的问题

随着2007年《全国农业和农村信息化建设总体框架》文件的颁布，为我国农村电子商务如何发展的问题指明了方向，极大地加快了平台的发展速度，扩大了农村电商平台的发展规模，然而，在快速发展的同时，农村电子商务平台在建设中也存在着诸多问题。

（一）平台的点击率不高

尽管我国农业生产经营者的网民数量逐年递增，但据有关统计显示，我国农业网站每日的点击率仅有16.2次，这说明了农业生产经营者有较多的人并没有去关注这类型的农业网站，也从某个程度上反映出，这些类型农村电子商务平台没能满足广大农业生产经营者对农业网站的真正需求。我国农村电子商务平台仍存在点击率不高，信息使用率低的问题。

当前，我国农村电子商务平台，特别是提供农业信息的平台存在着信息来源渠道狭窄、信息量少、信息更新滞后的状况。从政府的角度来看，主办农业网站的政府机构对农业网站的建设缺乏长远性考虑，网站的服务质量和信息质量不高，网络平台未能满足农民对农业网站的需求。这些情况导致农村电子商务平台很难给互联网用户提供有效、高价值的农业信息。尽管各类农业网站设立时都有对功能进行分类，也有设置了专门用于信息更新的板块，但由于没有及时更新信息，导致农业网站成为了一种花瓶式的摆放，久而久之，访问者便失去了对农业网站的关注和信心。当前我国农村电子商务平台的日点击数明显落后于全国网民每日点击网站总数，农业类网站访客的平均停留时间不足六秒，停留时间短，这些问题均反映出农村电子商务平台还未得到广大农户的认可，平台内容的有效性和实用性不高，平台的吸引力还有待很大程度上的提高。

（二） 平台的运营效率及效益较低

网站的盈利收入主要是靠广告的发布，不同类型的网站会依据自有网站的网络平台优势，招揽不同的类型的广告商，但是相对应农业网站而言，这些网站主要的使用者是农村用户，他们在电子商务上的花费并不多，所以，投入广告的商家得不到相应的回报将会降低在农业网站上的广告花费，最终导致了越来越多的农业网站的入不敷出、经营出现问题，甚至出现关闭网站的恶果。与发达国家相比，目前我国农业发展水平仍偏低，技术和管理方面都比较落后，同时也包括国家出台的相应优惠政策。这些问题的出现也将带来区域内农业网站的重复建设，造成农业资源的浪费。由于很多带有区域性、地方性和行业特色的农业网站建设在内容和形式上几乎一样，网站上显示的信息较多从其他网站转载，对农业网站使用者来说亦会造成使用信息价值不高的后果。加上部分农业网站因没有对信息进行及时的更新，管理不当，阻碍了农业信息在各个部门网站进行共享，诸多现象都极大地降低了农村电子商务平台的运营效率和效益。

（三） 平台的数量少且平台功能未充分发挥

农村电子商务的发展离不开网络信息平台。近几年，国家为了发展农产品电子商务投入大量的财力、物力、人力，建设了农业信息网、中农网等网络信息平台，却依然无法满足中国农村电子商务的发展需要。中国的农业发展信息网络平台数量少，专业水准有待提高。加上当前中国农村电子商务平台存在定位过于宽泛，市场细分不明确的问题，在一定程度上导致其业务范围重复和技术水平低，平台功能重叠等问题。另外，由于平台中文域名相似度极高，未能形成品牌效应，个性化电子商务平台严重缺乏。虽然平台有较强的信息发布功能，具备了企业介绍、产品宣传、在线服务的功能，但在线交流与互动功能较弱，多数平台都欠缺网上采购与电子支付功能。就目前来说，企业尤其是中小企业对各类平台的利用并不充分。搭载的平台数量少，并且多数企业搭载在综合平台上，而行业平台、区域平台的利用率较低。

（四） 平台的建设及日常维护缺乏专业人员

农村电子商务平台的建设及维护需要专业的人才，这种人才可以说是专才与通才的结合，不仅需要具备一定专业的电子商务和互联网知识，还需要具备以下一些特质。首先，有独立建立电子商务运营平台的能力，这是农村电子商务平台能够搭建的基础条件；其次，电子商务专业推广人才，这些人才可以把搭建的电子商务平台推广到全省，真正建成贯穿全省，覆盖全国的电子商务网络。再次是在运营平台建立人才和推广人才的基础之上，还需要完成线上接洽，确认订单的专业人员；这个环节关系着电子商务平台运营的成本和使用的效率等重要问题。线上接洽，可为农村电子商务使用者提供业务上的帮助和咨询，为不清楚业务流程的农民和购买者介绍业务的基本流程。订单确认直接关系到库存、物流、能否成功完成交易等一系列问题。因此，这个环节同样需要相应的人才。最后是需要售后服务方面的专业人才。主要涉及商品售出后的技术支持、商品质量跟踪调查，还有退换货等问题。由于农村电子商务需要复合型人才，所以在人才的培养和选拔上具有一定的难度。

在农村电子商务平台建设过程中，尽管各级政府以及社会各界注重电子商务人才的培养和选拔，但是因为各个部门工作人员本身的学历、素质、技术水平有所差距，导致农村电子商务人匮乏问题始终没有得到根本性的解决。很多地方政府把电子商务的专业人才，简单地理解为会使用基本办公软件的人员，致使农村电子商务平台无法有效的运营起来，网络营销意识淡薄，农民出现农产品喜获丰收却没有销路，滞销的局面，造成了巨大的经济损失和资源的浪费。总的来说，电子商务人才需要具备互联网营销和互联网销售的能力，而人才结构性矛盾仍然是推进农村电子商务进展的一大难题，很难满足农村电子商务平台的整体进度要求。

（五）平台供需双方的参与度不高

在农村电子商务平台建设初期较重视“硬件设施”的建设，往往忽略了“软件设施”的发展。而政策和思想理论作为农村电子商务发展中必不可少的部分，这种“软件设施”的缺失，导致了我国农村供需双方对农村电子商务的积极性低下。除此之外，经济总体水平不高也使电子商务运营平台的供

需双方产生了消极的态度。当前与西方发达国家的大农场型农业模式相比，我国农业生产仍处于分散的小生产水平，这种模式导致农民对传统的一对一交易模式依赖性较大，自然对新的销售方式——农村电子商务的接受程度低。另外，由于农民消费习惯的实用性特点，亦不愿意承担网上交易的风险，这也在一定程度上降低了农民对农村电子商务平台的参与度。从供给方来看，由于经济总体水平不高，涉及农产品电子商务运营的企业缺少对农村电子商务商机的判断，再加上农村电子商务平台建设投资额大、投资周期长、售后的维护困难，导致对农村电子商务缺乏信心，也就降低了对农村电子商务投资的积极性，影响到了农村电子商务的发展。

第三节　完善农村电商平台建设原则与对策

一、 基本原则

就农村电子商务平台建设而言，其涉及内容广泛，如何能够协调好农村电子商务建设中政府、非政府组织和农民之间的关系，建设具有针对性、实际操作性的农村电商平台。需要我们在该平台的建设过程中，既要严格遵循网站平台设计的原则，同时也要体现出农业信息技术服务的特色。循序渐进地推进平台建设进程。

（一） 政企参与、 多方推进的原则

农村电子商务的建设主体主要包括政府、龙头企业、农产品农资品批发市场及中介代理。首先，政府在农村电子商务平台建设中扮演最重要的角色。与城市相比，我国农村在基础设施以及消费者的行为习惯方面，仍相当不成熟。政府通过农村电子商务平台的构建可有效地监管电子商务市场，并在一定程度上发挥中介作用；可在电子商务网上信息平台上发布相关政策信息便于农民直接获取，便于政策的发布与实施。另外，信息流动具有双向性，在发布相关信息的同时，政府还可以通过平台来获取农民农业生产的相

关信息，对农民农业生产进行更好的指导。其次，龙头企业、农产品和农资品市场、中介代理也是农村电子商务建设的重要主体。这些主体既是农村电子商务平台的享有者，也是建设者。企业通过农村电子商务平台上可以更加有效、方便地对外进行信息发布，加快了农民对企业的形象和产品素质的了解，有利于企业的线上市场的开展。除此之外，企业通过平台获取最新的市场价格动态信息，及时了解市场的走向，方便迅速把握市场，在市场竞争中占有利位置。因此，农村电子商务平台的建设要坚持“政企参与”“多方推进”的原则，充分调到政府相关部门、涉农企业等各方面的积极性，形成各主体间相互促进，良性互动的局面，从而达到“共赢”的目标。

（二）应用性和共享性相结合的原则

农村电子商务平台的构建要从满足政府和解决“三农”问题最迫切的需求出发，把开发应用系统作为网络信息共享与服务平台建设的核心内容，坚持注重实际、面向应用的原则。目前国际和国内农村电子商务平台的建设为确保平台建设的针对性、实用性和有效性，优先建设了“农业和农村电子政务、农产品和农用物资的电子商务、农业科技信息服务，以及农业资源监测”等应用系统。同时，由于农村电子商务具有同一区域内横向的涉农部门多、纵向的各级涉及农业的部门复杂和涉农企业数量庞大的特点。因此，在建设过程中要一以贯之地坚持资源整合、信息共享的原则，采用统一规划、采集系统，统一指标体系，统一采集软件，统一数据库管理等多种方式，实现资源的充分整合利用，促进信息的共享。将同一区域内的农村信息资源整合在同一平台上，避免平台的重复建设，减少资源的浪费。

（三）安全性和高效性相结合的原则

安全性对于平台建设而言是至关重要的原则。任何数据丢失、数据错误以及数据泄露都有可能对企业和相应的客户带来巨大的经济损失，所以在农村电子商务平台建设中要充分考虑其安全和保密因素，保证系统数据不会被非法修改、窃取和破坏。同时，农村电子商务平台建设必须坚持高效性。农村电子商务是线上服务和线下服务的有机结合，两者相辅相成，缺一不可。

其中，网络平台是提供线上服务的重要媒介。电商平台及时更新网上信息，能够确保快速地向买卖双方提供最准确的交易和供求信息，方便用户可以及时更正自己的市场策略，保障双方用户的权益。因此，为保证用户能够及时掌握市场信息，能更好地了解市场的整体走向，制定相对应的措施，平台管理员要能保证及时更新网站信息。

（四）科学管理与适时调控相结合的原则

农村电子商务平台是一个开放式的网络系统，使用人员复杂，信誉良莠不齐，且平台存在覆盖面广，区域分散，维护困难等问题，因此要保证网络平台稳定持续的运行，科学的管理与适时调的控尤为重要。首先平台的构建要以相关法律法规为基准，比如买卖双方身份确认的法律法规、支付方式安全级别分级的法律法规、资金安全相关的法律法规等。政府通过法律法规明确各个部门的职责与义务，利用法律法规及相关措施来加强对农村电子商务交易平台的管理，维护良好的市场秩序，防范市场风险，打击各种市场侵权和犯罪行为，提高农民上网的安全保障，以促进农村电子商务平台的健康发展。

二、政策建议

解决我国农村电子商务平台建设问题，必须要充分发挥各地政府的“领头羊”作用，立足于我国农村经济发展实际和区域发展特色，在管理体系、服务体系、支撑体系等方面采取相应措施，来推动农村电子商务平台的发展。

（一）完善农村电子商务的组织管理体系

农村电子商务平台的构建需要资金、技术、人才、市场、信息流、物流等多个要素，是一项综合性工程。因此，需要政府发挥主导作用，加强领导和协调。

首先，政府应建立独立的管理机构，对农村电子商务平台建设与发展工作进行统一规划、领导与指挥，以便于解决在发展和应用中出现的重大问题。例如，由商务部办公厅印发的《2012 年电子商务工作要点》就明确提出具体要求来推动农村电商的发展。因此，在贯彻落实国家制定的有关扶持农村电子商务的发展政策时，要突出农村电子商务发展的整体性，彰显农村地域特色，实现协同发展。

其次，由于政府对农村电子商务平台的投入方式和力度会直接影响平台的知名度和访问量。因此，政府部门有必要提供有利于农村电子商务发展的政策环境，引导更多的财政资金来支持农村电子商务平台的发展。同时还将支持和引导金融机构向符合条件的电子商务涉农企业以及有关农产品、农资品的电子商务应用项目发放贷款，支持创业投资资金投入企业电子商务网络信息化领域等。

最后，应改革现行农产品安全监督制度，建立健全的农产品加工安全准则，完善农产品安全惩罚机制，合理的引进农产品质量奖励措施，对产品质量优秀的农户进行相应的奖励。同时，采用物联网技术对农产品进行监控与追溯，利用最新的物流网技术对农产品生产、加工和流通的全过程进行监控，出现问题时可以及时对相关信息进行追溯，方便监督制度和惩罚制度的合理落实。要建立统一的农村电子商务的农产品质量评价指标体系，加快农产品信息采集标准化进程，统一各乡村信息共享方式，切实减轻信息共享和信息采集的成本。

（二）建设农村电子商务平台的社会服务体系

由于农村电子商务的在线交易、电子支付、贸易金融、跨境货物跟踪、政府业务等专业性服务在农村电子商务平台上无法单独建设完成，这表明，完整的农村电子商务平台建设需要以安全认证、电子支付等众多的专业性服务作为支撑。因此，建设完善的农村电子商务平台社会服务体系迫在眉睫。

首先，要充分利用地域的教育、科研和技术资源，推进技术服务体系建设。作为技术创新重要主体的高等院校和科研院所应致力于对企业电子商务的技术支持，着力解决电子商务应用中的重大科技问题，如电子商务交易技术、加密与电子认证、系统集成、网络安全技术等。而电信运营商、软件供

应商、系统集成商应开展业务转型，降低电子商务建设和应用成本。

其次，规范信息衡量标准，建立信用信息数据库，完善信用与认证服务体系。大力发展第三方信用评价机制，制定明确的交易规则，建立一个涉农企业及农村经济合作组织积极参与的科学、合理、权威、公正的信用服务机构。同时，完善以电子认证系统为主的农村电子商务应用安全基础设施，构建地区统一的数字证书认证中心。不断规范农村电子商务行业的管理，农村电子商务的单位的信用管理，防止电子商务的欺诈和犯罪行为。

最后，利用多元化多层次的培训教育体系，加强实用人才培训，建设农村电子商务人才培养平台。一方面通过实施“农村电子商务人才培养”计划，对农民、农业合作组织和农业企业进行电子商务知识培训，提升他们应用电子商务的意识和能力；另一方面可充分利用报纸、广播、电视、网络等多种渠道普及电子商务知识与技能，培养农村网络经纪人，开展农产品网上交易，以促进电子商务的普及和消费。

（三）完善区域电子商务平台的支撑体系

电子商务活动涉及三个重要环节，即商流、物流和资金流，与其相对应的电子商务交易平台、物流体系及支付体系共同构成了电子商务支撑体系。

首先，要加强农村的基础设施建设。电子商务发展需要网络平台等基础设施作为硬件支撑，而当前，我国农村的网络平台和基础数据库等基础设施存在覆盖范围窄、发展不平衡等问题。因而政府应扩大资金投入，加大政策扶持以提升农村的基础设施水平。扩大有线网覆盖范围，扫除网络覆盖盲点；加强宽带通信网、数字电视网和新一代互联网等信息网络建设；建立和完善信息安全技术支撑体系和安全管理体制，构建网络安全监控和防御体系，维护网络安全。

其次，要大力推动第三方网络平台的建设。一方面政府应积极搭建第三方电子商务平台，通过资源共享和服务外包的运营模式，加强信息沟通与地方经济特色宣传，以充分发挥政府门户网站的电子商务服务功能，使政府门户网站真正成为综合性农村电子商务平台。另一方面，促进民营电子商务网站为依托的第三方电子商务平台的发展。充分发挥民营第三方电子商务平台特点鲜明、定位更加细化的优势。同时，要不断完善农民了解农业等信息的网络渠道——信息发布平台的建设，要不断建设和完善行业性电子商务交易平台。

最后，要逐步构建新型农村电子商务物流体系。物流是开展农村电子商务的基础，建设覆盖农村的物流信息公共平台，规范物流服务标准，有利于实现综合性的物流服务。因此，应尽快培育大型物流企业，鼓励专业化、社会化的物流服务企业建立物流基地。另外，建立适合农村电子商务发展的高效的信息化的物流配送中心，充分利用先进的物流信息技术，使电子商务企业、物流企业等平台实现无缝整合对接，并达到实时的订单跟踪，售后服务，反馈与处理以及实时库区库存的状态信息。

第九章

农村电商运营模式

农村电子商务的运营模式不是简单的复制城市电子商务的运营模式，电商企业进军农村市场，需充分利用互联网技术，调动本地农业资源，号召电商人才下乡。而真正能全面达到这种效果，并非单纯依靠某一种电子商务模式，就能定夺农村市场这片“蓝海”。归纳来讲，成功的农村电子商务运营模式不仅要打造一个“工业品下乡”和“农商品进城”的双轨模式，即工业品制造商、农产品厂家凭借互联网平台直接面向全国各地消费者售卖商品和生活服务的商业零售模式；更需构建一个线下实体店体验，线上农村电子商务平台购买的服务环境。

第一节　农村电商运营模式概述

一、农村电子商务运营模式的含义

电子商务运营模式，就是指电商产业链的运营格局与相应分配机制的组合体。分析和研究电子商务运营模式旨在挖掘不同电商模式的生态原理，或者说人文、经济和管理基础。电子商务运营模式根据不同标准立足不同视角有不同分法，常用的最简单地分类标准是依据电商经济主体的性质特点将其分为企业与企业间的电子商务（B2B）、企业与消费者之间的电子商务（B2C）和消费者之间的电子商务（C2C）等分类；除了此类分法外，电子商务各模式还可以从其他角度再次细分。农村电子商务运营模式也是基于电子商务模式的理论而产生的，其主要反映了农村电商产业链的运营格局与相应分配机制的组合体。对与农村电子商务的研究主要是基于效率与成本以及责任与利益分配的研究，只有高效率低成本且责任利益分配对等的电商运营模式才具有可行性。而效率反映在时间指标上，成本可反映在成本率或利润率上，责任反映在生产与销售市场风险上，利益反映在收益上，这其中的成本、责任、利益均与生产或市场规模有关系。农村电子商务运营模式依据各个经济实体个体的优势特点与总体之间的关系格局而设计，其反映了组成农村电子商务运营模式的各个经济体之间的业务分部和利益分配格局。

我国农村地域广阔，农产品资源丰富，品种多样，标准化程度低，各地区农村资源禀赋差异大；且我国农村电子商务的主体相当分散，其主体为没有很好地组织在一起的分散型农户，农业企业较少。因此，决定了我国的农村电子商务运营模式经历了较长的探索期，最后形成了多种特色鲜明的农村电子商务运营模式。不同的农产品电子商务运营模式，解决或缓解了我国目前农产品贸易中存在的不同的问题，因此有不同的网络适应性：价值链整合和第三方交易市场能有效地解决农产品交易环节过多的问题；信息的畅通、透明能够规范交易各方的行为，网上商店、电子采购、价值链整合、第三方交易市场四种模式中规范的交易流程、科学的交易方式能够减少传统交易中存在的交易不规范的顽疾；同时，针对农产品交易量大、生产的季节性和区域性特点，农产品电子商务也有不同的模式适应性。由于农村电子商务新模式的持续探索，并随之不断健全完善，电子商务必然能够在农业经营活动之中得到更好的运用，农业领域的小生产与大市场的相互矛盾肯定能够得到切实缓解，进而促进我国农村经济的可持续发展。

二、 农村电子商务运营模式的作用

各地区选择合适的农村电子商务运营模式能够切实推动当地农村电子商务发展，持续改进我国农产品领域的流通现状，加快农产品贸易的发展。总体而言，农村电子商务的运营模式发展的意义和作用如下。

（一）整合上下游资源

农村电子商务运营模式是一般包括，上游（种植、养殖）、中游（农产品包装、加工）、下游（销售、农业旅游）为基本结构而进行整体运作的组织，产业链的上下延伸需要围绕主体企业进行。多个主体整体运作。上下游彼此关联，各环节相互衔接，将各业务板块融合一起，实施有效协同，选择合适的农村电子商务运营模式能够整合资源，提高运作效率，为当地农村电子商务持续健康地发展提供正确的方向和有力的保障。

（二）缓解农产品流通不畅

当前，我国农产品流通中所体现出来的突出问题包括：农产品流通不够正常且功能上不够健全完善，无法发挥积极引导与组织生产等作用。农民群众尽管在诸多方面都在积极适应现代市场发展之所需，然而在销售上显然和现代市场经济之间的要求具有相当大的差距，以至于难以主动选择最能促进自身实现可持续发展的市场之中进行销售，农民消极被动地等待市场选择。随着农村电子商务的不断发展，当然就为解决我国农业发展进程之中的农产品流通等问题提供了更为宽广的发展空间，适宜的农村电子商务运营模式能够改造传统经济体制之下的流通进程，能够真正形成由商品流、信息流、资金流以及物流等共同构建而成的而且是以信息流为中心的新型流通过程，构建“工业品下乡、农产品进城”双向流通新通道，改善城乡二元市场结构，提升第三产业比重，对促进中国特色社会主义新农村经济发展和县域经济发展具有重要现实意义。

（三）帮助农民更好地获取市场信息

由于农村基础设施条件落后，获取市场信息的渠道匮乏，农民在获取和处理市场信息方面一直处于被动弱势地位。由于得不到及时有效的市场信息，农村的农产品生产跟不上市场形势的变化，造成农产品生产和销售效率低下。农村电子商务的发展则彻底改变了这一现状。农民通过互联网可以非常容易地获取农产品的市场信息，这彻底改变了买卖双方的信息不对称性，使得买卖双方信息更加透明。农民可以根据获取的市场信息及时调整农产品生产和销售策略，促进农业发展，提高农民收入。

（四）有利于打造农产品品牌

长期以来，我国农产品缺乏自己知名品牌。产品的营销在一定程度上可以理解成品牌的营销，只有具备具有竞争力的品牌才有可能为产品打开市场，但目前我国很多地区农产品的品牌意识很薄弱。农村电子商务运营模式的发展，则能有效改善这一现状。互联网在品牌的呈现力、品牌的传播范围、品牌广告制作成本上都有着无比巨大的优势，在电子商务平台的基础上，农产品品牌更容易推广到其他地区，在短时间内能建立起品牌的声誉。

第二节　农村电商运营模式类型

农村电子商务兴起以来，全国各地区农村，结合自己的比较优势，整合资源，形成众多具有地方特色的农村电子商务运营模式。我们总结了以下五大类型的电商运营模式，并分析它们的特点及优势。

一、政府驱动型模式

政府驱动型的农村电商运营模式优势明显，政府对电子商务的物流、供应链、信息建设等方面产生很强的支撑。更重要的是政府可以为农产品质量做初级的信用背书，为第三方企业提供公司注册、税收、资金等实际性的支持。我国多数农村地区的耕地小而分散，对于资源性的整合尤其需要借助政府的力量。同时，政府驱动型的农村电商运营模式思路明确，实力雄厚，搭建各项农村电子商务平台，并给予各种扶持政策，可以使农村电子商务得到更好的发展，如图 9 –1 所示。

（一）陕西省武功模式

陕西省武功县是传统农业县，农产品“买难卖难”问题一直困扰着农村经济的发展。为破解这一难题，武功县政府积极发展电子商务，探索“买西北、卖全国”的模式，立足武功，联动陕西，辐射西北，面向丝绸之路经济

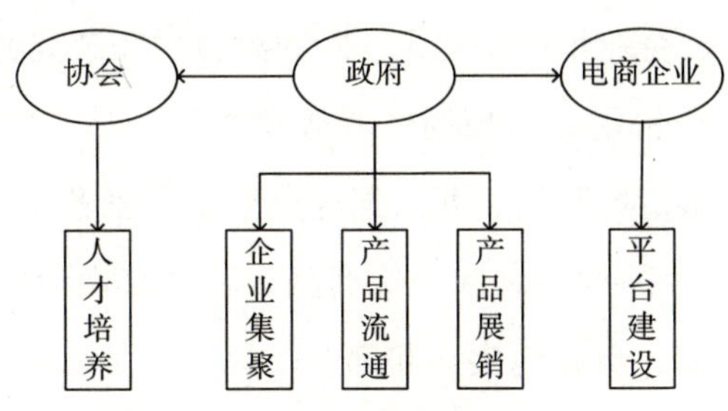

图 9－1 政府驱动型

带，将武功打造成为陕西农村电子商务人才培训地、农村电子商务企业聚集地、农产品物流集散地。武功县目前已经成为陕西省电商示范县，先后吸引西域美农、赶集网等 20 多家电商企业入驻发展，300 多个网店相继上线，全县电商日成交量超万单，日交易额达 100 多万元；10 余家快递公司先后落地，农村电商试点在 14 个村全面启动，让电子商务真正走进农村、惠及百姓。

武功县政府有一套领导机构和两个协会统筹协调当地农村电子商务的发展。以园区作载体，大力吸纳外地电商到当地注册经营。园区不仅聚集了农产品生产、加工、仓储、物流和销售等各类企业，还聚集了西北五省 30 多类 300 多种特色农产品；以人才为支撑。搭建电商孵化中心、产品检测中心、数据保障中心、农产品健康指导实验室四大平台；实施免费注册、免费提供办公场所、免费提供货源信息及个体网店免费上传产品、免费培训人员、在县城免费提供 wifi 等五免政策。

（二） 湖南名优商品展示中心模式

湖南作为农业大省、物产大省，湖南名优特企业在湖南省内分布广、种类多、特色繁，尽管“名优特”产品已经在海内外享有了很高的知名度，但相互之间仍缺乏交流、呼应。于是，湖南省政府采取“湘品出湘”的决策部署，支持建设由湖南湘都、湖南开天两个现代农业产业化优秀企业发起成立并运营的湖南名优商品北京展示销售中心项目，作为“湘品进京”的公共服务平台。北京展示销售中心项目专门针对北京市场需求，依托湖南产业优势，采用政府扶持、企业化运作模式，以湘菜食材和湖湘特色消费品为切入点，集展示宣传、销售配送、现场体验等功能于一体，实行线上与线下同步，为进京湘品提供市场开拓、商品配送全程销售服务。该平台聚集了230多家企业、近3000个品种的湖南名优商品入驻北京展示销售中心，涵盖宁乡土花猪、加加酱油、沩峰毛尖、湘都食品以及生鲜农副产品、腌腊制品、休闲食品、特色礼品等宁乡本土的食材品牌和种类。除了展厅外，展销中心还拥有5000平方米的仓储及后勤服务中心。

这些展销中心以湘菜食材和湖湘特色消费品为切入点，湖南企业均免费进驻展销中心展示，如果达成销售，企业再与中心以市场方式结算。展销中心集展示宣传、销售配送、现场体验等功能于一体，实行线上与线下同步，为湘品提供市场开拓、商品配送全程销售服务。湖南名优商品展示中心主要目标客户是餐饮业和普通消费群众。采用政府扶持、企业化运作模式，以湘菜食材和湖湘特色消费品为切入点，展示中心集展示宣传、销售配送、现场体验等功能于一体，并在生产基地率先采用农产品质量追溯系统，在展示中心便可以实时监控到生产基地，实行线上与线下同步。该模式有利于推动湖南省特色品牌开拓国内市场，提高湖南省产品的国内市场占有率，对全国各地的农产品和特产“走出去”有很大的借鉴意义。

（三）浙江桐庐模式

桐庐位于浙江省会杭州都市经济圈和义务商圈的重合部，民营经济十分发达。其发电设备制造、医疗机械、快递物流、针织服装、制笔、箱包等主导产业已经形成了较为明显的特色产业集群。尤其是快递业非常发达，桐庐被誉为“中国民营快递之乡”。2014年10月，阿里巴巴首个农村电商试点选择落户桐庐，为桐庐营造了良好的发展电商的行业氛围。桐庐政府多次去阿里巴巴对接，建立战略合作关系，并聘请电商领军人物作为电商发展顾问。

桐庐走的是“无中生有”模式，市场力量本身比较弱小的情况下，政府作为第一推动力在发挥作用。加上桐庐具有良好的产业基础、电商发展态

势，特别是物流方面，有村级单位物流全通的先天优势；也有良好的社会环境以及政府部门的政策支持，为电商的发展提供良好环境基础。在时机成熟后，桐庐便从最初的政府主导企业主体，转变为市场主导企业主体。秉承了这样的理念，这座小城自发的推动力形成了一种良好的生态，还建立了桐庐电子商务产业园（海陆园区），它是县域电商的一个“服务苗圃”，也是桐庐电商生态的一部分缩影，中国首个“农村淘宝”县级服务中心就位于此。园区整洁有序，而且富有现代感，在总面积 56000 平方米的土地上，有海淘买手街、跨境电商、一村一品、大学生电商创业中心、时尚用品街区等特色区块，政府对入驻园区的企业给予一定的优惠。如今，桐庐建起了 3 个县级核心电商产业园，6 个乡镇孵化园，8 个本地电商支撑平台。此外，还有 9 个电商仓储物流平台，日均发货 40000 单；6 个电商人才公共培训基地，培训上万人次，县域电商生态中气氛渐浓。

（四）甘肃成县模式

成县地处甘肃陇南市，当地盛产核桃、土蜂蜜等地方特产。在政府的支持和推动下，成县成立了电子商务协会，主打产品就是这些地方特产，依托在淘宝网店进行销售。值得一提的是，他们尝到了在微博、微信上推销产品的甜头，并招募了不少年轻销售人员，对他们进行专业化的微营销培训，至今他们 80% 的销售额来自这些免费的社会化媒体，而“网店”对他们来说更大的价值在于交易，创业初期这未尝不是一种明智的选择。“成网”工作人员跋山涉水四处寻找优质的农产品货源，找到一家便整合一家，即刻展开售卖，虽受规模限制，但小而灵活。虽然也注册了“山泉老树核桃”品牌，但还未进行深度开发。

在知名度和影响力较低的情况下，县域电商的可信度有赖于权威的背书，当地政府是重要的权威之一。在资源有限的情况下，县域电商可集中优势兵力做好“单品突破”，然后带动其他商品共同发展。从另外一个角度看，这种小网商大规模出现的局面虽然能显示出当地电子商务大发展的热烈态势，但其后续的竞争力往往不足，甚至可能会出现批量死亡的现象。当地政府需要尽快出台有利措施，完善电商生态，扶持小网商走品牌化、集群化发展，做大做强。

二、服务商驱动型模式

早期的电商服务包括产品代运营、专业客服、电子商务网站建设等项目，随着县域经济和县域电子商务的发展、第三方平台开始关注电子商务进农村和渠道下沉布局，县域电子商务服务商开始由星星之火渐成燎原之势。县域服务商提供的服务弥补了社会需求和市场需求的空白，服务商提供的服务内容也逐渐由简单走向复杂、由单一走向多元、由代服务走向专业服务，现在的电商服务商还提供人才培养、产品开发、渠道贯通、营销推广、三级布局、双向流通、产品溯源、品质监控、对接平台、金融服务等服务。在专业的电商服务商带动下，形成了以电商服务商为主导的服务商驱动模式。见图 9－2 所示。

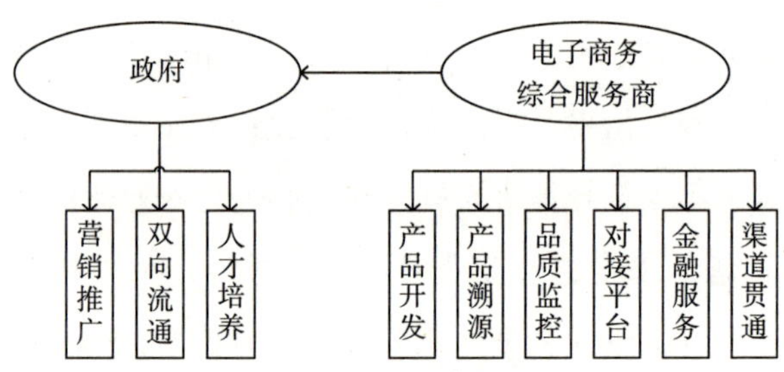

图 9－2　服务商驱动型

（一）浙江遂昌模式

遂昌位于浙江丽水市，遂昌馆是国内第一个县级农产品馆，其核心在一个独特的麦特龙分销平台，借助政府的强大支持和自身体系的巨大聚合力，“遂网”集合了当地千余家小卖家共谋发展。他们为千余家松散且不标准不专业的小卖家提供专业的培训服务，对上游货源进行统一整合并拟定采购标准，由“遂网”专业团队进行统一运营管理，线下则按照统一包装、统一配

送、统一售后等标准化操作执行，遂昌模式更像是一个区域化的 Shopping Mall（大型购物中心），他们是一个服务商而已，售卖的是“标准化”。

遂昌模式，以本地化电子商务综合服务商作为驱动，带动县域电子商务生态发展，促进地方传统产业，尤其是农业及农产品加工业实现电子商务化，“电子商务综合服务商 + 网商 + 传统产业”相互作用，在政策环境催化下，形成信息时代县域经济发展道路。遂昌的本地电子商务综合服务商，主要是指具有社团属性的遂昌县网店协会和企业性质的遂网公司的综合体；电子商务生态是指有网商、服务商、供应商、消费者，及社会环境共同构成的共生进化系统；地方传统产业的电子商务化，包括遂昌中小企业（主要是农产品加工及旅游等服务企业）或农民专业合作社自己办网店开展电子商务，也包括他们借助服务商平台，使其产品对接电子商务大市场；政策环境包括软硬件两个部分，既有遂昌对于基础设施的长远投入，也有对电子商务发展的支持与服务。这其中，本地化电子商务综合服务商是遂昌模式的核心，网商是遂昌模式的基础，传统产业是遂昌模式的动力，而政策环境是遂昌模式的催化剂。

（二）吉林通榆模式

通榆县以“三千禾”为名片，选择政府授权、依托第三方电子商务公司将农副产品打包上线销售的“自上而下”电商发展模式，并率先在天猫建立旗舰店，随即与1号店签约，建设农产品直销基地，又开通“禾”协会微信公众平台，随时发布通榆农产品信息。在推动农产品电商发展过程中，通榆县政府在资源整合、品质监督、基础建设等方面提供引导和服务。通榆县地处“黄金粮食产业带”，是有名的杂粮杂豆和葵花之乡。通榆县自我定位为北纬45°上的弱碱粮仓，通过将原产地资源高度整合，创造出“电子商务 + 基地化种植 + 科技支撑 + 深加工”全产业链一体化运作模式。在推出“三千禾”品牌系列产品的同时，通榆县还建立了农产品分包装中心和农产品检测体系，推动原产地农畜产品溯源体系建设，实行“统一品牌、统一标准、统一质量、统一包装”的标准化售卖操作。

不仅如此，通榆县采取了独特的营销推广方式，深度挖掘本地产品的特色、亮点，将“北纬45°弱碱粮仓”“杂粮主食化倡导者”“原产地、原生态、原汁原味”等作为主打内容。通过营销及宣传推广打响通榆品牌，举办了“通榆，互联网史上整盘葵花直送”“七农下江南，一日一粗粮”“聚土地”“通榆、1号店原产地直销新闻发布会”等活动，使通榆地域品牌及产品品牌快速走向全国。高度重视用户体验，将“杂粮主食化”等养生理念通过“三千禾”微信公众号等渠道广泛传播，并邀请用户作为“品质督导”定期试吃产品。当地政府也利用一切机会推介通榆特色产品，在“三千禾”旗舰店上线天猫当天，县委书记和县长联名写了“致淘宝网民的一封公开信”，以政府公信力提高农产品信誉。

通榆县实行品牌化有一定的基础条件，最基本的条件就是通榆县的耕地有一定规模化和集约化，没有集约就没有效率，没有规模就没有产量，通榆县地处大东北，无论是规模还是集约程度相比江浙地区有着天然优势，专业的品牌化运作将如虎添翼。还有一点需要特别思考，农产品品牌化后走的是多渠道战略，电子商务是重要的战场之一，品牌化的战略价值是可以带动产业群，上游产地可以更加集约化、规范化和现代化，下游可以带动半成品、深加工产业及附属产业的发展。

三、 网商驱动型模式

网上驱动型的农村电商运营模式一般是在立足当地的传统产业的基础上，发展电子商务，实行产业的转型升级。是由网商自发开网店，并引起其他人效仿，最后形成网商集聚的农村电商运营模式。网上驱动型的农村电商运营模式极大激发了农村发展活力。一是促进了创业就业。电商村民足不出户即可在家做电商当老板、办厂创业，就业方式实现由传统种植业向第二、第三产业为主、第一产业为辅的方式转变。二是吸引了大批外出务工农民和未就业青年大学生返乡创业。如图9－3所示。

（一） 山东博兴模式

当2013年全国只有20个淘宝村的时候，山东博兴一县就有两个淘宝

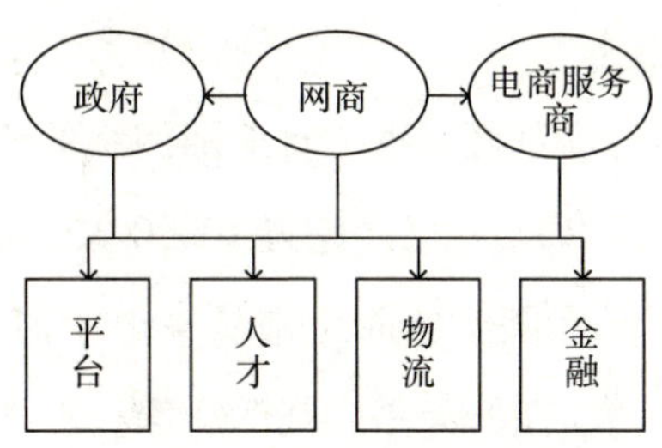

图9－3　网商驱动型

村，这是耐人寻味的现象，2013年两个村电商交易4.17亿元，一个做草编，一个做土布，博兴县将传统艺术与实体经营和电子商务销售平台对接，让草柳编、老粗布等特色富民产业插上互联网翅膀，实现了农民淘宝网上二次创业。作为全国草柳编工艺品出口基地，博兴淘宝村的形成可谓自然长成，不仅货源充足，而且质量和口碑一直不错，电商门槛和成本都不高，更是易学和模仿。淘宝村的成功，进一步推动了本县传统企业的网上转型，目前全县拥有3000多家电商，从业人员超过2万人，80%的工业企业开展了网上贸易。

博兴模式给我们的启示是：一是政府应综合运用政策、服务、资金等多种手段，不断优化农村电商发展环境。二是立足传统产业，创新产品开发。博兴县的草柳编和老粗布也在鲁北地区有着广泛的知名度，并先后被文化部命名为“中国民间文化艺术之乡”“中国草柳编之乡”。农村电子商务的兴起，让两县的表演服饰、草柳编、老粗布等特色产品走向全国，并且随着市场规模和需求的迅速扩大，产品也不断改进和创新，呈精细化和多样化，真正形成了小产品、大市场、多品种的格局。博兴县积极与大中艺术院所合作，推进农特产品创意创新，融入更多设计元素，提升发展档次和质量，仅湾头村草编产品就达到了1500多个花色品种，产品畅销全国各地，并出口美国、日本、法国等40多个国家和地区。三是注重宣传发动，强化人才培育。四是深化电商合作，打造特色品牌。博兴县借助阿里巴巴集团人才、信息和平台优势，积极对接，深化合作。

（二）浙江海宁模式

海宁县是全国有名的皮草城，也一直追随网络的步伐推动电商发展，到2012年底海宁网商（B2C/C2C）已经超过10000家，新增就业岗位40000余个，网络年销量破百亿元大关。目前全市从事电子商务相关企业共有1500余家，网商达2万家以上，注册天猫店铺780家、占嘉兴市天猫店铺总数的40%以上；上半年，全市实现网络零售额51.98亿元、同比增长11%以上，成功创建“浙江省首批电子商务示范市”和“浙江省电子商务创新样本”，列“2013年中国电子商务发展百佳县”榜单第3位。2015年6月，海宁县还试水建立“海外仓”，打造跨境电商营销新模。

海宁县以电商推动转型升级，积极引进人才，转换思维；对接平台，整体出击（稳固国内，加强跨境）；加强监管，保护品牌；园区承载，强化服务（六大园区先后投建）；提升管理水平，升级企业（现代企业为主体）。然而海宁县电子商务发展过程中仍然存在一些问题：增长粗放，质量把控不严，主体小而散；受经济大形势影响，销售总量急剧下滑，库存积压严重。

四、 产业驱动型模式

产业集聚型的农村电商运营模式是指农村电子商务或农村其他产业搭载电子商务在某个特定地理区域内高度集中，产业资本要素在空间范围内不断汇聚，形成集“仓储配送、理货发货、金融服务、专业培训、创业支撑”等方面服务的电商产业园区。并为本地大中专院校在校生参与产业园创新、研发等工作提供实习环境。同时，入驻企业将享受免租金等政策，以及人力资源、法律援助和金融贷款等优惠服务。

（一）河北清河模式

在河北清河，“电商”成了清河县最具特色的商业群体，清河也成为了全国最大的羊绒制品网络销售基地。全县淘宝天猫店铺超过2万家，年销售15亿元，羊绒纱线销售占淘宝7成以上，成为名副其实的淘宝县。而在之前的传统产业时代，河北清河羊绒产业在竞争中近乎一败涂地，2007年开始在

淘宝卖羊绒意外成功，随即引发不可收拾的结果，在基础设施建设方面，该县不断加大力度，目前电子商务产业园、物流产业聚集区以及仓储中心等一大批电子商务产业聚集服务平台正在建设之中，清河正在实现由“淘宝村”向“淘宝县”的转型提升。

清河县在暴发中顺势而为，一是协会 + 监管 + 检测，维护正常市场秩序。二是孵化中心 + 电商园区，培训提高，转型升级；全线出击，建成新百丰羊绒（电子）交易中心，吸引国内近 200 家企业进行羊绒电子交易。三是建立 B2C 模式的“清河羊绒网”、O2O 模式的“百绒汇”网，100 多家商户在上面设立了网上店铺；四是实施品牌战略，12 个品牌获中国服装成长型品牌，8 个品牌获得河北省著名商标，24 家羊绒企业跻身“中国羊绒行业百强”。

（二）江苏沙集模式

江苏省沙集镇的村民过去大多从事传统的种植、养殖和粉丝的生产加工，曾有一段时间，回收废旧塑料甚至成为村民们赚钱的主要营生。2006 年末，苏北睢宁县沙集镇当地村民尝试在淘宝网上开店创业，后试销简易拼装家具获得成功，引得村民们纷纷仿效。随着电子商务在本地的快速发展，不产木材的沙集镇，居然形成了规模可观的家具加工制造业，品类齐全、各式各样的家具在这里几乎都制作。从过去的破烂王到今日的家具大王，从一个村的聚焦到一个镇的繁荣，到 2012 年 6 月，沙集镇有淘宝网店 3040 家，其中天猫商城 126 家。据统计，2013 年东风村物流快递月出量就达到 1000 余吨，近万件。

沙集的转型成功，可以总结成以下几大原因：

（1）路径独特：农民自发开网店→细胞裂变式复制→网销带动工业→其他产业元素跟进→激发更多的农户网商创新 = 产业链不断拓展/规模迅速扩张/经济社会发展。

（2）主体明确：“沙集模式”以农户为主体，农民网商在发展中起了主导作用。特别是新一代创业型的农民网商，在其中发挥了巨大和连续不断的示范效应。农户间关系形成的农村特有的社会土壤，带来了一种新型的竞争合作关系。

（3）基础就绪：以淘宝网为代表的市场化公共电子商务基础设施，现在已经发展成熟。网商在淘宝集市开店，不用花钱。

（4）生态良好：物流、电信、IT、供电、信贷乃至政府，等等，各环节、各物种自我定位明确。

（5）起步得当：沙集网商开始时经过摸索，最后选择以家具作为起步产品。以这种产品切入市场是选择得当的：市场进入的门槛低，需求容量大，利润空间明显，又有新的拓展前景。沙集模式与农村电子商务的其他运营式对比，沙集模式更具有可复制性。

五、 综合驱动型模式

综合驱动型的农村电商运营模式是指当地农村电子商务在多种综合因素驱动下发展起来，包括区位优势、政策支持、电商主体协同配合、平台建设完善、金融支持到位等多重因素。

（一） 浙江丽水模式

县域电商某种程度上就是一个栽梧桐的过程，有梧桐才能有凤凰，丽水的梧桐工程就是全力打造区域电商服务中心，帮助电商企业做好配套服务，让电商企业顺利孵化成长壮大，这是丽水农村电商的最大特点。

电子商务服务中心具备四大功能：主体（政府部门、企业、个人）培育、孵化支撑、平台建设、营销推广，承担了“政府、网商、供应商、平台”等参与各方的资源及需求转化，促进区域电商生态健康发展。丽水的建设模式为“政府投入、企业运营、公益为主、市场为辅”，把政府服务与市场效率有效结合，吸引大量人才和电商主体回流。

（二） 浙江临安模式

浙江临安立足自己的优势产品坚果炒货，背靠紧贴杭州之一优越的区位优势，大力推进县域电商的发展。2013 年临安各类优质生态农产品产量 25

万吨，总产值51.5亿元；农产品电商销售突破10亿元。临安积极开展城乡村企联动，其中农产品电商示范村7个，500万以上的38家电商企业销售总额达到5.65亿元；形成“两园多点”，临安市电子商务产业园、龙岗坚果炒货食品园（城）、多个农产品基地（村）。

临安模式的特点在于：以特色农产品为切入点，线上线下相互配合，齐头并进。可总结为；一品一带一生态。一品：以地标产品/特色农产品（山核桃）为切入，借助互联网平台，快速提升销量和品牌认知；一带：随着消费者需求量的提升，形成种植、生产、加工、流通、运营、营销为一体的坚果炒货特色产业带；一生态：政府、服务商、协会、经营主体四种角色上下联动，构建县级、镇级、村级的电商服务体系，形成完整的县域电商生态圈。

（三）湖南沅陵县模式

湖南省沅陵县借母溪乡学宗溪村，95%以上面积被原始次森林覆盖，近半数家庭年收入不足2000元，是国家级贫困村。不管是当地土养的猪、羊、土鸡、土鸭、稻花鱼还是从深山老林中采摘出来的葛根、野生蜂蜜等都是深受市场喜爱的特色土货产品。但受交通各方面的影响，借母溪学宗溪村优质的土货资源并未走出当地。于是，湖南省委办公厅驻沅陵借母溪乡学宗溪村扶贫帮扶工作队在推进精准扶贫工作中大力推进电商扶贫。2015年，工作队成立了借母溪乡农村电商青年创业中心，引进了搜农坊、湖南盘古电子商务两家运营团队，主营当地优质农副产品，通过提供信息、物流、金融、培训等服务，促进物美价廉的工业品下乡和优质农产品进城。又通过将借母溪旅游资源与原生态农业资源相结合，利用搜农坊平台的快速便捷性，形成借母溪学宗溪村“农业+电商+旅游”的闭环发展。

借母溪学宗溪村的绿色农产品通过整合，借助搜农坊、湖南盘古两家专业的第三方农业电子商务运营公司进行销售，并探索利用微信直播、微信秒杀、网上限量竞价等新营销方式补充销售。在此基础上，大力宣传借母溪的国家级森林公园，发展休闲农业，并提出各种方案搭售当地的特色旅游资源，购买当地农产品满一定的额度送住宿等。不仅促进了当地农产品电子商务的发展，而且二次促进了当地旅游业的发展，形成借母溪学宗溪村“农业+电商+旅游”的闭环发展。为互联网+借母溪精准扶贫提供一条可持续发展之路。

第三节　完善农村电商运营模式对策

一、农村电子商务运营模式发展中的问题

目前流行的农村电商运营模式主要以工业品下行为主，农产品上行方面的探索还处在初级阶段，尚未形成具有较强推广意义的方法和模式，主要原因有三：一是农产品的问题，农产品种类繁多，标准化程度低，难以形成一套具有普适性的做法；二是农村的问题，我国60多万个行政村，各地的自然条件、资源禀赋和产业基础千差万别，要想走出一条成熟的农产品上行的发展模式十分困难；三是农村电商参与主体的问题，农产品上行需要一套集品控、物流和营销等为一体的服务体系，需要各个主体紧密协同配合才能完成这一体系的建立，而目前还未能看到这一协同配合机制的产生。基于上述原因，从目前出现的电子商务运营模式中，我们可以观察到以下问题。

（一）覆盖广度与覆盖深度难以协调

对于当地整体的农村电商运营模式而言，当地的产业优势、基础设施、网商与服务商现状等决定了电商运营模式所覆盖的深度与广度。对于单个农村电商企业而言，农村战略最终是在覆盖深度和覆盖广度之间的平衡，而根据不同的企业定位和目标，深度和广度的侧重点又各有不同，是同时发展多种产品，覆盖全国，还是发展龙头产品，尽可能广泛地覆盖较大区域是农村电商企业所面临的抉择。即由于资源和组织的限制，如果企业追求覆盖广度，那么就做不到市场业务的深入发展；而一旦追求业务深度，那么在全国层面上就做不到广覆盖。目前农村电商企业资源有限，如果同时追求业务深度和广度难以集中调配资源，发挥资源的最大效用。需要说明的是，就企业

本身而言，覆盖广度和覆盖深度之间并没有绝对的优劣之分，只是不同电商平台根据自身经营理念和目标的选择。

（二）电商服务商难以本地化

所谓本地化简单来说就是“接地气”，这是农村电商运营模式中的网商、服务商何能与本地市场基础、环境和条件结合在一起，并形成合力的重要标志。在本地化的问题中，从微观角度看，需要理清外来网商和本地“店商”之间的关系，本地化要求外来网商能够很好地融入，并且能够帮助本地原有的“店商”实现信息化转型，两者之间的关系应该不是单纯的竞争，而是相互融合、共同进化；从宏观角度看，外来的服务商应该能够促进农村原有的传统商贸体系，提高其流通效率，助益当地经济发展。但在实践中，如果不能处理得当，也会带来外来主体与本地主体、电商与“店商”等之间的激烈矛盾。

值得注意的是，从理论推演以及从协调发展政策要求看，本地化是农村电商发展的趋势。实践中我们也同样能够观察到类似案例。例如，在贵州仁怀，部分本地村淘合伙人合作成立电子商务公司，通过对特色产品的商业包装，在淘宝、微信等平台上实现不错的销售业绩，一方面解决了合伙人的收入问题以及部分被清退的合伙人的再就业问题；另一方面也为本地产品提供了新的销售渠道。这种来自基层草根自发的本地化努力如何与农村淘宝大平台有效衔接，将是农村淘宝未来发展中重要看点。

（三）不同参与主体难以协同配合

中国的农村市场异常庞大且复杂，从目前的发展情况来看，未来很难在农村电商市场形成一个模式适用于所有的局面。农村电子商务交易主体包括农产品生产者、农产品销售者、中间机构等。目前，中国的农业经营仍然是以个体农户为主农民的组织合作尚未普及，农户也就成了农产品电子商务中的重要主体，但农民参与农产品电子商务的意识和能力却很低，尤其是内陆地区的农民，由于教育的落后群众文化水平和综合素质都比较低，电子商务观念落后，思想保守，给政府、电子商务服务商、中介组织与农村电子商务交易主体沟通协调和发展农村电子商务带来了很大的困难。

上述农村电商主体基于自身条件、定位和目标，在实践中呈现出不同的模式，再加之邮政、供销等传统企业不断进入农村电商市场，让农村电子商务市场格局空前复杂，这些主体如何有效协同配合是未来发展的重要课题。我们也注意到，这些主体之间的合作已经开始，例如，目前在浙江绍兴的“供销·淘实惠”，就是不同层面的农村电商主体协同配合的有益探索。

二、 完善农村电子商务运营模式发展的对策

农产品运营企业或组织在选择创新农产品电子商务运营模式时受到的影响因素比较多，而这些因素对农产品电子商务运营模式的影响效果不一。因此，中国农村电商如何处理好上述问题、找到因地制宜的农村电子商务运营模式显得更加重要。

（一） 因地制宜， 集中布局

电子商务要趋利避害协调发展，就要与农村本土市场相结合，尽可能借用本地原有的资源，在与当地、与线下的融合中实现推动业态转型的目的。首先，依据自身定位，在诸如覆盖深度和覆盖广度等方面做好权衡取舍，集中资源围绕自身目标进行布局；其次，好的农村电子商务模式可以以最低的营销成本获得最大的营销效果，在选择电子商务运营模式要充分考虑营销主体工作的方便性，尤其要考虑不同模式的营销的成本以及营销效果的差异，根据这些因素选择适合自己的农村电子商务运营模式；最后，结合当地特色资源的农产品，要注意考虑农产品生产周期，农产品运营企业在选择电商运营模式时要充分考虑产品的特色与生产周期。一般地方特色浓厚的农产品可能适合在当地消费，其模式就需要围绕本地化设计，而全国范围内的特色农产品的销售范围就比较广泛，其模式又有区别，而生产周期也会影响到农产品的销售模式，与生产周期密切相关的常见农产品电商模式有订单农业模式、周期购模式等。

（二） 协调主体， 提高效益

农村电子商务运营模式是一个系统工程，需要各参与主体的协同配合。

合作共赢是当代企业发展的道路，而如何友好高效与方便的合作是个重要的问题，选择农村电子商务运营模式时必须充分考虑协作共赢的需求，从宏观层面考虑消费者体验、流通主体的协作程度、电商平台主体的性能、合作伙伴的满意度以及产品主体的等五个属性，尤其重点考虑流通主体的协作程度与合作伙伴的满意度对农村电商运营模式的选择影响，其对共赢协作发展的影响较大。农村电子商务运营模式涉及各个主体之间的协作，而协作的方便性影响协作效率和协作成本，在选择电子商务运营模式时必须考虑到流通主体之间协作的方便性，可为提高流通主体协作的效率设计创新流通业务的流程或相关模式。同时提升合作的溢出效应，使得流通企业间达到高效率运作、低成本运营、最大化收益的目的。任何农村电商运营模式必须保障合作伙伴的利润水平，使其因为参与而有收益，同时充分考虑风险与利润对等因素，使合作伙伴满意，提高他们参与农村电商的积极性。

（三）提升质量，树立品牌

由于企业信誉与农产品质量对消费者体验的影响较大，在消费者体验为王的今天，任何电子商务运营模式都必须认真做好消费者体验。为了提高农产品电子商务交易效率，应该加快农产品标准化体系建设。首先，要跟踪、引进国际标准化组织（ISO）、国际食品法典委员会（CAC）、世界动物卫生组织（OIE）、国际植物保护联盟（IPPC）等机构的先进、实用标准，缩小与国际标准的差距。其次，全产业链规范农产品标准的修改、制定和实施。从产业链初端开始，确保农产品优良种苗的筛选、农用生产资料的选用、农业生产环境的改造及评估认证、农业生产过程技术操作规范、农产品产后加工、分级、包装、贮运、保鲜等各个环节都必须有标准可依，并严格按标准规范操作。最后，尤其重视企业信誉与农产品质量对电商运营模式选择的影响，在企业信誉不是很好时，农村电商设计运营模式时可以适当借助政府的公信力提升自己的信誉，如成县模式。农产品质量则要从各个环节严格把关，要设计相关质量标准严格执行。对于生鲜农产品为保证质量可能宜采取本地团购的模式进行。

第十章

农村电商物流配送

随着经济的发展和网络的普及，网上购物已成为时代的潮流。研究表明：农村网络购物数量不断增加，网购规模呈现快速增长的趋势，淘宝网发往农村的订单金额占全网的比例，由 2013 年第一季度的 8.65% 迅速增长到 2015 年第一季度比 2013 年增长了大约 1% 。但是，相对发达城市物流配送体系来说，农村电商物流还处于起步阶段。因此，建立完整的农村物流配送体系是发展农村电子商务的前提条件。

第一节　农村电商物流发展意义

农村电子商务的物流配送对农村电子商务的发展起着重要作用，这不仅关系着农村网购居民的日常消费，而且影响着整个农村物流配送体系乃至整个物流配送流程的完成进度，甚至对整个农村经济的发展起着重要的作用。

一、 农村电商物流配送的含义与特点

中国对配送作了以下论述：在经济允许的程度内，按照客户请求，对物品做炼选、加工、包装、分割、组配等工作，并按照客户的要求运至投递地点的活动。根据业内对配送的阐述，可以对农村电子商务物流配送定义为：农村电商物流和城市电商物流是两个不同的概念，农村电商物流配送是在有限的经济区域范围内，最终将各类商品配送到系统设定好的地点的过程。

1. 农村电商物流配送的分散性

相对于城市电商的集中而言，农村电商是分散进行的。农村地广人稀，各家各户分散分布，造就了农村电商市场的分散性，这也对农村物流配送提出了更高的配送服务标准。

2. 农村电商物流配送的季节性

农业生产过程是与大自然紧密结合在一起的过程，这就决定了农村经济有着较为明显的季节性，即春种、夏耕、秋收、冬藏。一是春耕时节，农作物种子、化肥等的运送，秋收时节，农作物的收割、搬运与储藏等表现出明显的时间差异。二是农副产品的生产同样具有显著地季节特征，农副产品的需求却没有时间限制。

3. 农村物流的特殊性

农村物流主要包括农产品上行与工业品下行两条主要发展路径，因此农村物流既需要考虑农村的自然生存条件，又需要考虑农村居民日常消费习惯，这就造就了农村物流对农产品与农副产品的加工、储存、保管、运输等各个过程都存在特殊要求，如保鲜、加工、运输等技术的限制。同时，农村物流的服务对象不仅需要考虑无生命的生产要素，也需要考虑有生命的产品。这些运输品的基本性质决定了农村物流需要更高的配送技术与更优质的配送服务。

4. 农村物流的差异性

农村的地域特征与自然条件的差别，决定了各地区农产品的多样性、差异性，以及生产方式和消费方式的差异性，即使是同一产品在不同地区的生产质量具有明显的差异，例如，北方为枳，南方为橘，北方盛产小麦，南方种植水稻。同时，农村各地区经济和物流发展水平也存在明显差异，不仅是东部沿海地区与中西部内陆的差异，还有城乡之间与地区内部之间的差异。这也导致了农村物流系统与农村物流系统以及其他物流系统之间的承接存在复杂性。农村物流的差异性，也会需要农村物流服务的多样性与个体物流服务的专业化，对构建现代农村物流体系提出更高水平的要求。

5. 农村物流的多样性

农产品生产方式的多样性和农产品的自然属性和社会属性不同导致了农村物流方式的多样性，具体来说，农产品生产主要是指农、林、牧、副、渔等方面，服务涉及面较广，生产技术的要求也更高。农产品的种植技术与栽培方式也具有复杂性，养殖业的方式与水平也不平衡，既存在现代化的大棚技术与园林化生产，也有原始的畜力生产模式。但是，不同农产品生产方式需要不同的生产技术，从而导致生产成本的差异化。

二、农村电商物流配送的重要作用

（一）农村电商物流配送对农村消费发展的积极作用

1. 改变了传统的物流观念

农村电子商务作为一种新兴的电商概念，促进了农村物流与时俱进，提高了整个农村的生活水平，改变了传统的物流观念，同城市电子商务一起推动了电子商务的发展。

2. 促进传统物流配送模式改变

农村电子商务的发展，促进了农村物流配送的现代化。传统配送存在的诸多问题。如货物损坏，库存积压，成本较高等，都成为限制农村电商发展的重要因素，但是随着农村电商的发展水平提高，传统的物流配送已经满足不了现代农村电商的发展，所以，这必然会导致传统物流模式的改变。

3. 改变农村电商物流商品付款方式

由于农民的消费习惯不同，电商的先款后货模式，导致农村居民的网上购物具有明显传统性，主要是指农村居民对电子商务的信任度比较低，他们不太愿意从事涉及银行卡绑定之类的消费行为，大多数是选择货到付款的消费模式。因而，从事农村物流配送的企业应该注重农村居民的这一消费习惯与消费观念。只有这样，才能逐步打开农村物流市场，推动农村物流更好的发展。

（二）农村电商物流配送对农村经济发展的积极作用

1. 推动农村电商物流配送服务快速发展

中国农村经济一直是处于自给自足的小农模式，农村居民的分散性也决定了他们需要赶集这种消费形式，在这种的情况下，农村物流主要是为了满足农产品进城与工业品下乡，其物流运输内容与形式单一化，还存在明显的季节性。近年来，随着互联网与物联网技术的不断发展，电子商务也开始逐步进入农村，农村居民网购兴趣与热情不断高涨，需求量也在不断加大。在中国这个农业大国里，拥有着庞大的农村人口，也意味着具有强大的消费潜力与购买力，这能够激发我国农村电子商务物流配送的迅猛发展。

2. 促进农村电商物流建设空间均衡发展

农村地区对于电商物流企业来说具有巨大的发展潜力，一是我国农村居民分布具有分散性，且各地区农村经济发展不平衡；二是我国农村现代化信息技术建设落后，大部分农村地区还未实现网络购物。这两个现实情况决定了我国农村电子商务发展落后，从而造成农村物流配送相对分散，增加了农村电商物流的配送成本，并带来了农村电商物流建设空间分布的不均衡性。因此，推动农村电商发展必须加强了解农村地区人口居住与农村信息化建设的基本情况，建设科学、合理、优化的物流配送模式，推动农村电商物流建设逐步走向均衡发展。

3. 发挥农村电商物流业季节性优势

农村电商物流的季节性特征决定了不论是农产品上行还是工业品下行均具有明显的季节性，从工业品上行来看，城市务工的农民大多购买家庭电器产品或者是生产资料，因而农忙时节及春节前是农村商品配送旺季；从农产品上行来看，农民主要是想通过物流卖出自家多余的农副产品，其物流配送必定与农副产品收获季节密切相关。因此，农产品收获的季节也是农产品销售的旺季，农民为了减少与降低自己的储存成本，必然尽早卖出自己的农产品。

（三）农村电商物流配送对农村经济发展的积极作用

1. 引领农村经济发展新方向

经济新常态给现代物流业的发展带来了新动力，提出了新要求，智能物流是未来物流业发展的必然趋势。农村地区大多偏远，互联网技术也相对落后，因此“互联网+”时代的农村物流配送将会面临更多的问题与挑战。物流业新常态发展问题的关键在于通过创新思维转变物流业发展策略，解决农村物流配送问题，推动农村物流的进一步发展，是促进新农村建设的一项重大举措。

2. 提升了物流经济在国民经济中的地位

信息化产业迅速发展使得农村物流在电商发展中具有基础性的地位，农村物流的发展决定各企业进驻农村市场的方式。而农村电子商务重要的部分是信息化产业的发展与壮大，随着电子商务的兴起和互联网基础设施的不断完善，物流企业对实体经济的作用业在不断加强，信息化社会的逐步成熟和人们对电子商务模式的认可让电子商务活动成为现代人消费的主要方式，而物流行业作为网上虚拟经济和实体经济的桥梁，承担着将商品迅速送到消费者手中的重任，物流业的发展已经直接影响到了人们的购物意愿和买卖双方的沟通与交流。农村电子商务对推动物流行业的标准化和现代化发展起到了推动作用，在农村电子商务推动下物流行业在整个国民经济中所占的地位也越来越重要。

第二节　农村电商物流配送模式

农村电商的新气象推动了农村经济的发展，同时也促进了农村物流市场的发展。时至今日，经济发展与农村电商还是呈现出脱节的现象，这导致了物流配送成为阻止电商发展最大的问题。随着农村经济的发展，对农村物流配送提供了更多的机遇和挑战。

一、农村电子商务物流配送模式基本类型

农村电子商务物流配送模式主要指企业以市场为导向、为了满足农村居

民的消费要求为目的，获取在农村地区物流配送系统总效益最优化的物流配送策略及方法。农村电商的物流模式作为农村电商发展的重中之重，深刻影响着农村地区经济的发展。目前，主要存在的物流配送模式大概是自营配送模式、第三方物流模式、第四方物流模式、物流联盟模式（共同配送）、物流一体化等。

（1）自营物流。自营物流即企业自己经营物流的模式。自营物流主要适合起步阶段的企业，由于受到规模限制，物流企业只能在一个很小的范围内进行配送。但是，自营物流也具有一些其他阶段企业不存在的优势，例如，企业规模小便于管理，有助于树立品牌形象。

（2）物流联盟。物流联盟是至少两个企业在物流领域确立的合作联盟。该种联盟的合作性只是针对物流行业，对公司物流以外的行业保持互不干预。但是，目前来看，我国的物流联盟尚不成熟。

（3）第三方物流。第三方物流是指由第三方机构为企业和消费者提供的物流服务。第三方机构通过文本或口头形式为企业和消费者委托物流服务。

（4）第四方物流。第四方物流是通过具有一定资质的公司为相关企业提供物流服务。该种方式会通过专业人才，专门经验为有需求的公司解决相关问题。

（5）物流一体化。物流一体化是通过最优化的资源配置方式，促进物流行业的发展，这将从根本上改变物流行业信息不对称状态。

二、 农村电子商务物流配送模式的具体实践

随着农村电子商务的迅速发展，农村居民网购人群的快速增长，各农村地区的物流基础设施不断完善，逐渐发展成其特有的农村电子商务物流配送运作模式。

（一） 现行的农村电子商务物流配送模式

基于现行的农村各家各户的分散分布现状，农村物流配送的最大问题就是怎样又好又快地将货品寄送到消费者身上。经过总结可以概述出我国农村

电商物流配送的五种模式。

1. 设立超市—小卖部自提点

物流公司与农村各乡镇、村屯主要核心区域超市和小卖部合作，在该超市—小卖部设立货物自提点。该自提点负责提供保管快递包裹、代收货款、代签代收包裹等服务。农民通过网络下单，可选择自身方便的自提点填写收货地址，由物流公司将商品运送到村民选择的超市—小卖部，由该自提点代签代收货物。考虑到农民的消费特点，很多人怀疑网络支付的安全性，较少能够运用网络进行在线付款，在农民收到货物后可以将货款直接支付给自提点，由自提点提供代收货款服务。同时为了方便农产品销售，在农产品销售季节，农民通过网络发布农产品销售信息，可将售出的农产品统一存放到自提点，由运送商品下乡的车辆统一运送到城市，解决了空车返程问题，节约了物流成本。

2. 设立物流综合服务中心

通过考虑农村各乡镇交通和经济情况，由多个物流公司在各乡镇交通便利地点共同建立物流综合服务中心，该服务中心负责各物流公司包裹的分类整理、集中发配、管理乡村派送员等工作。农民通过网络下单购买商品，由各物流公司将商品运送到各乡镇物流综合服务中心，该服务中心将各物流公司农村包裹按村屯或辖区进行分类整理，统一发配。在各村、屯雇佣熟悉当地情况的乡村派送员，由该派送员提供从物流综合服务中心到终端农户家的送货上门服务，真正的解决了“最后一公里问题”，将商品直接运送到农民手中。但这种模式仅仅解决了工业品下乡的单向物流问题，而没有为农产品进城提供方便的渠道。由于该模式将物流综合服务中心建在乡镇，脱离大部分村屯的农产品生产地，无法直接实现双向流通的物流运作。

3. 与中国邮政进行合作配送模式

中国邮政已经在全国建立了邮政农村物流综合服务体系，在农村建立网点 24 万多处，覆盖了全国 86% 的县市和 1/3 的行政村。中国邮政庞大健全的物流服务网络和多年的可靠服务，在我国农村地区得到广泛的认可和信赖。物流公司与中国邮政合作，利用中国邮政健全的农村服务节点和可靠服

务，为农民提供类似邮寄信件的包裹送货上门服务。农民在网上下单购买商品，物流公司将商品运送到县、镇邮政服务站，由各邮政服务站邮递员负责从服务站到农户家的物流配送服务。同样，该种模式也没有解决农产品进城销售的物流渠道问题。

4. 京东/淘宝农村物流配送模式

淘宝通过建立县级运营中心、村级网点（农村淘宝合伙人）构筑了农村淘宝县、村两级农村电子商务服务体系。县级运营中心主要负责拓展村级服务站、商品中转分拨、电商培训等工作。村级网点或农村淘宝合伙人负责代买代卖、农资O2O、金融服务。农民通过淘宝网下单购买商品，由快递公司运送到县级运营中心，再借助快递公司、客运班车和农村合伙人来完成终端配送。同时，农村淘宝的村级服务站的代买代卖、淘宝特色中国地方馆、低门槛的创业模式，都为农产品上行提供了便利。

京东通过构筑县级服务中心+京东帮服务店+乡村推广员的模式来进入农村电商市场。京东县级服务中心由原有京东服务站进化而来，由京东自主经营。京东帮服务店采用合作运营模式，其定位是农村大家电的营销、配送、安装、维修一站式服务。京东通过乡村推广员实现村民代买服务。京东整个运作体系完全由自营物流完成。从农民在京东网上下单购买商品，商品从供应商到县级服务中心，再将其运送到农户手中均通过京东自营物流服务实现。在农产品上行方面，京东主要通过集采的方式，选择重点县域进行直接采购。

5. 随客运班车配送模式

我国农村客运体系发展较早、覆盖范围广，网络布局完善。物流公司通过与农村客运合作，通过改造客运班车储物仓，分离出专门的快递包裹存储区存放送往农村的物流公司包裹。运输班车到达农村后，村民按照客运班车时间表到指定的客运站点按时提取货物。由于客运班车每天都有，包裹基本能够实现当天送达，使包裹的运送效率大大提高，也降低了物流公司下乡配送的运输成本。但这种方式使物流公司一定程度上失去对包裹的控制，可能在运输过程中存在包裹丢失和损坏等风险。同时此配送模式也没有考虑农产品上行运输问题。

（二）农村电子商务物流协同发展运作模式

随着农村电子商务需求的多样性、分散性发展和农村物流体系的雏形初现，两者的相互作用越来越明显。这是农村电子商务与物流协同发展的必然趋势。两者的协同发展表现在电子商务基础下农产品“进城”和城市的农资及日用品“下乡”。目前，农村电子商务物流的运作模式主要分为以下三类。

1. 电子商务企业或网站＋自建物流体系模式

中国目前的物流企业规模虽然庞大，但由于农村交通环境差，需求不集中等因素，使得很少有物流企业能够在农村地区大显身手。然而农村接近7亿的人口对于电子商务企业来说是一片蓝海。为了获得农村市场，个别电子商务企业开始在农村设置服务站，通过自建服务站的方式开拓农村销售渠道，同时也解决了“最后一公里”的配送问题。在农产品输出方面，一些大型超市或批发市场自建电商平台，通过自营物流体系实现农产品的配送。自建物流体系有助于企业加强对供应链运作过程的控制能力，实现各个环节的无缝连接，提高物流服务水平。但这种自营模式在建设初期需要投入大量的固定资金，在运营时期也同样需要大量的人力、物力作为支撑（见图10－1）。

2. 电子商务＋第三方物流企业模式

电子商务企业专注于提升核心业务的竞争力，将物流外包给第三方物流企业，这种形式的存在较为普遍。由于农村小农经济的特征，企业要建设适合农村地区、满足农村物流服务需求的物流体系难度较大，因此企业将物流外包将是电子商务物流协同发展的主要选择。但是这种物流配送模式的物流服务一般止于县级，而乡镇及以下难以完成物流配送服务。此外，随着C2C商业模式的普及，以家庭为单位的农产品供应商也可以通过电子商务平台将农产品外销出去，借助第三方物流将农产品传递给消费者。这种模式虽然降

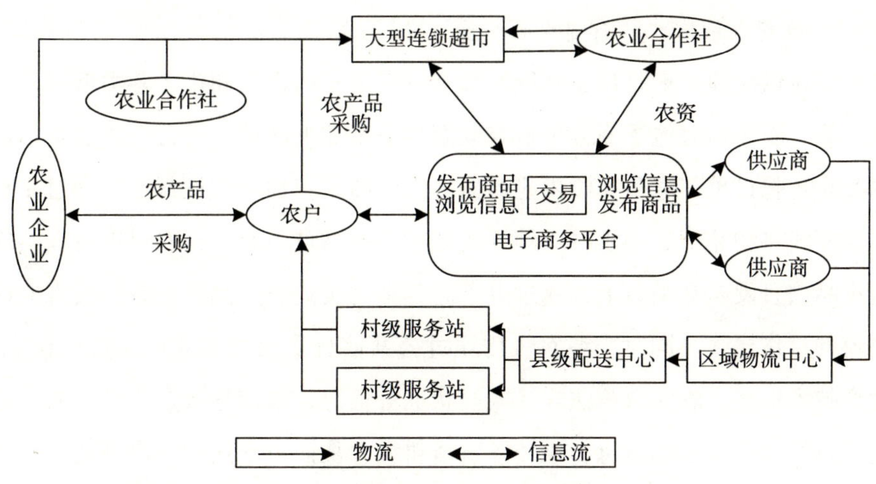

图 10－1　电子商务平台＋自建物流体系模式

低了经营成本，但我国第三方物流市场尚不成熟，尤其农村地区第三方物流企业的稀缺，导致农村整体物流体系不健全（见图 10－2）。

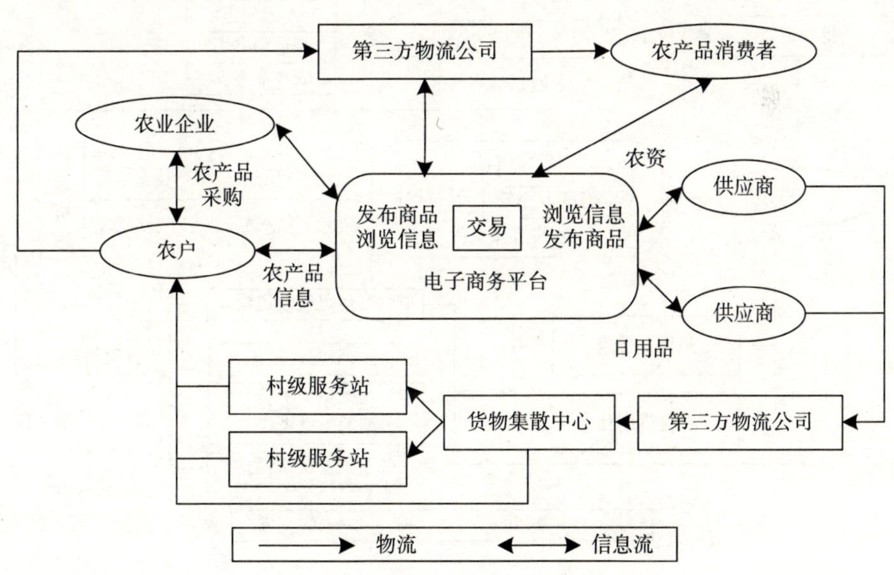

图 10－2　电子商务＋第三方物流企业模式

3. 政府或涉农机构自建电商平台

平台供应商一般是位于县域的具有一定规模的连锁超市、各类型日用品大卖场。农户通过电子商务平台获取商品信息并下订单，平台主要负责信息的整合，将订单信息传递给供应商，由供应商承担物流配送作业。通过多种配送模式将物品配送到农村供销社或超市自提站点。此外，农户也可以将农副产品信息发布在平台上，通过电子商务平台实现农产品的交易，实现双向物流的运作模式。同时，涉农机构通过公共信息平台发布农产品价格信息、生产技术信息、农业政策法规、气候状况等信息，来指导农户耕种。农户通过信息平台了解市场信息，避免了盲目耕种，从而力求达到供需平衡。大型超市或流通企业的集中配送形式，实现了小农户对接大市场的经营模式，适用于大规模农产品的配送。但目前这种运营模式组织化程度不高，很难实现规模的效益（见图 10－3）。

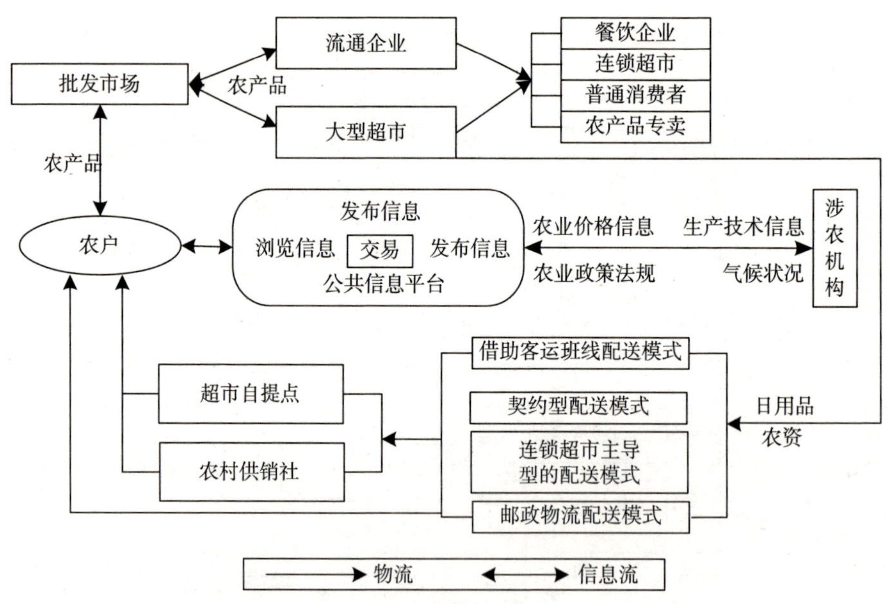

图 10－3　政府或涉农机构自建电商平台

第三节　农村电商物流配送现状

一、农村电子商务物流发展现状

近年来，我国政府出台了一系列政策鼓励发展农村电商物流。2015 年 6 月，国务院正式提出要加快“快递向西向下”服务拓展工程，计划到 2020 年基本实现“乡乡有网点，村村通快递”。2015 年 7 月，国务院发布《“互联网 + 流通”行动计划》与《关于积极推进“互联网 +”行动的指导意见》提出：推进电子商务进农村、进中小城市、进社区，线上线下融合互动，跨境电子商务等领域产业升级；推进包括协同制造、现代农业、智慧能源等在内的 11 项重点行动，其中一个重点行动便是“互联网 + 现代农业”。2015 年 10 月，国务院常务会议提出，通过大众创业、万众创新，发挥市场机制作用，加快农村电商发展，把实体店与电商有机结合，使实体经济与互联网产生叠加效应，有利于促消费、扩内需，推动农业升级、农村发展、农民增收。国家政策的大力支持，为物流业在农村的发展提供了强有力的保障。

（一）网络技术踏入寻常农家，扩大农村电商物流需求

随着电子商务的不断发展，网络技术的不断进步，人们的生产、销售和消费观念逐渐发生重大的变化，电子商务对人们生活的影响也越来越大。而农村地区对电子商务物流的需求主要体现在如下方面：一方面是农村地区农产品的“上行”销售受阻，由于农村信息的闭塞，导致收货的农产品大量的积压，无法销售出去。农民当前还有普遍跟风的情况，对于种植的农产品没有进行市场调研，呈现盲目跟风现象的发生。另一方面是指工业品“下行”到农村地区受限，随着生活水平的不断提高，农民也希望通过网络来实现上网购物，既省时又省钱。当前，农村人出来打工的现象越来越多，促进了城镇化的发展，农民的消费和购物也逐渐向电子商务市场转变，相信农村电子商务市场一定可以提供大量的商机。

中国互联网络信息中心数据显示，截至2016年6月，我国农村网民在全部网民中的占比为26.9%，数量达到1.91亿人。但是，城镇地区互联网普及率超过农村地区35.6个百分点，城乡差距较大。这也说明我国农村市场仍然存在巨大上升空间，网络购物成为互联网在农村网民中发展速度最快的应用方式，并催生了庞大的农村物流需求。数据显示，2014年各大电商向全国农村配送的快递包裹达到22亿个，占到全部总量的1/7，同比增长42%。

（二）电商巨头进军农村市场，完善农村物流配套服务

电商进军农村，物流是必争之地。近年来国家一系列的政策支持，使农村成为了阿里巴巴、京东等电商巨头争夺的新战场。阿里巴巴的总裁马云提出在3~5年内共投资100亿元来实施“千县万村”计划，通过建立1000个县级运营中心和10万个村级服务站，来覆盖全国1/3县及1/6农村。根据阿里研究院联合阿里农村淘宝事业部日前共同发布的《农村网络消费研究报告（2015）》，截至2015年12月底，农村淘宝已经累计覆盖全国20多个省，建立了63个县级服务中心，超过1万个村级服务站点。而京东为了使自营物流体系网络深入农村以及解决大家“最后一公里配送”进农村问题，推出了先锋站计划和“京东帮”服务店。2015年3月，京东又推出了农村电商“3F战略”，包括工业品进农村战略、生鲜产品进城战略和农村金融战略。截至2015年9月20日，京东已建设近600家县级服务中心开业，招募乡村推广员近10万人，1000家“京东帮”服务店投入运营，其服务范围覆盖近30万个行政村。当然，苏宁易购也计划在5年内建立10000家农村服务站，深入全国乡村，2015年规划是在三四级乡镇市场开设1500家。苏宁易购服务站承载着“走下去”和“引上来”的双重职能。其中，“走下去”是将苏宁实体及互联网商品、综合服务带到县域市场，解决购物难题；“引上来”是将县域的特色产品通过苏宁平台销售至全国，带动致富难题。阿里、京东、苏宁等电商巨头这一系列举动，引起了社会各界对农村市场的广泛关注，这也表明农村市场存在巨大的潜在商机，如表10-1所示。

表 10－1　　2015 年各电商企业进驻农村市场的建设概况

电商企业	计划	覆盖范围	县级服务中心	村级服务站
阿里巴巴	“千村万县”计划	全国 20 多个省	63 家	>10000 个
京东	农村电商“3F”战略	30 万个行政村	500 家	1000 个
苏宁	“走下去”与“引上来”	全国 23 个城市	34 家	1500 个

资料来源：中国互联网络信息中心。

（三）物流巨头涉足农村市场，拓宽农村物流网络渠道

2014 年伊始，为了推动顺丰快递在农村这片“新蓝海”的发展，顺丰启动了“城市快递员回乡创业”计划。该计划的实施，一方面圆了老快递员的创业梦想，降低了顺丰人员的管理成本，使得城市顺丰人员更趋于年轻化；另一方面，又拓宽了顺丰的服务市场，实现了农村网络的布局。而中国邮政凭借着网点渠道多、服务种类全、长期扎根城市社区及广袤的农村区域这一系列优势，通过自营和加盟网点，使得邮政综合服务平台和城市共同配送平台在城乡得到大规模普及与发展。目前，我国已新建村邮站 17.1 万个，邮政企业在行政村一级的覆盖率约为 93%，在全国 31 个省（区、市）设有邮政速递物流公司，邮政服务“三农”网点逐步形成了“连锁经营＋配送到户＋科技支撑”的农村快递物流综合服务模式，形成了“省—市—县—乡—村”五级分销配送网络服务体系，开辟了一条工业品下乡、农产品进城的新的流通渠道。物流巨头涉足农村，为带动其他物流企业拓宽供应链起到了示范作用。

（四）国家政策助力农村市场，加强农村物流配送网络建设

近几年来，国家一直致力于推进农村电商发展，并将其上升到推动农村经济增长、促进农民增收以及加快城镇化建设的高度。2015 年 9 月，商务部等 19 个部委共同出台了《关于加快发展农村电子商务的意见》，明确提出要在 2020 年培养出具有示范带动作用的农村电商示范县，并制定了改善农村物流、强化物流基础建设等 10 项方案，明确要求 2020 年实现村村通快递。中央财政资金也陆续投入 20 亿元用于 200 个全国电子商务示范县建设，重

点是加强农村物流配送网络建设，着重扶持村级电子商务服务网点和县域电商服务中心的建设，建立县、乡、村三级物流配送服务，以及逐步推动农村物流、农村电商和农村电商培训工作的开展。教育部等相关部门还启动了农村电商培训与人才培养工作。不难看出，农村电商物流发展正在得到国家政策的大力支持。

（五）电商网站开拓农村市场，促进农村网民平台多样化

2015年，中国网络零售市场的集中度进一步提高，阿里巴巴和京东占据了中国网络零售市场90%以上的市场份额，尤其是农村市场。据网络调查数据显示，我国73.6%的农村网民最常使用的网络购物平台是淘宝和天猫，18.8%的农村网民还会选择1号店、京东等自营平台。在网络购物中，网民用户在意的主要问题依次是商品价格、商品质量、售后服务、物流配送、支付安全，以及商品的类别等。

二、农村电子商务物流配送中存在问题

由于我国农村交通运输条件的限制，我国农村地区基础设施建设落后，不论是工业品“下行”还是农产品“上行”都存在流通不畅的问题。但随着我国农村经济的快速发展，农民的消费水平逐渐提高，消费需求不断增加，消费方式也在发生着根本性变化，网购已经逐步成为农村居民的生活消费方式，进而对物流服务的需求也在发生着本质的变化。但目前农村市场还未能形成一条完整的、高效的物流服务渠道，不论是农产品“上行”还是工业品“下行”，农村地区电子商务物流配送依然存在较多问题。

（一）农村物流配送自身问题

1. 农村电商物流发展不成熟，物流企业规模化程度较低

我国农村电商物流起步较晚，物流企业大多规模较小。相关统计数据显示，现有县域物流企业超过90%注册资金在500万元以下，其中有80%以上物流企业只能单纯提供运输、仓储等基本业务。农村电商物流中非常重要的加工、包装等增值服务几乎处于空白，进而导致我国农村物流特别是农产品

物流基本处于较原始的状态（如图 10－4 所示）。事实上我国农村物流业基本没有准入标准，一些个体户买辆运输车辆就可以从事农村物流。准入门槛低、缺少行业自律、监管不到位让一些缺乏诚信的物流企业也“获得”了生存空间，严重影响了农村电商物流市场持续健康发展。

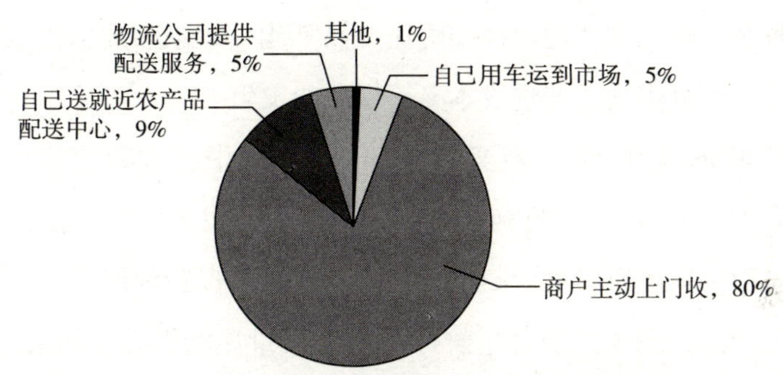

图 10－4　农村“走出去”物流活动组织方式

资料来源：阿里研究院的《农村网络研究消费报告（2015）》。

2. 流通渠道不够顺畅，物流配送经济成本高

传统快递配送途径单一，多为快递公司派遣员工进行配送，人力成本高，加之农村基础设施不完善，使得快递公司将乡镇或者县城而不是农村网民作为快递送达点。一般情况下都是让商场、小卖部等兼职做快递代理点，配送途径不畅，配送时间长。但从实际情况来看，国家、企业和社会也一直倾向于发展城市物流，导致我国农村电商物流中心、仓储配送中心等建设滞后。甚至是在整个农村电商物流建设中起到关键作用的农产品批发市场，无论基础设施硬件抑或管理能力依然处于 20 世纪八九十年代的水平，与现代物流建设要求存在相当大的差距。在此背景下，我国大部分乡镇还无法实现送货上门，一些物流企业根本不愿意接受这些送货业务。此外，我国许多农村经济合作组织发展规模较小、实力不强，无法在农村电商物流“运进来、送出去”环节中承担重任。流通渠道不顺畅已经严重影响了农村电商物流的发展。

随着经济的不断发展，为了实现农村零售产品的需求，相关的部门实行了日常消费品连锁经营进村庄的策略，在农村建立了大量的日用品销售点，初步形成了一定的销售渠道。但是由于这项措施没有得到更好的实现，在农村市场上呈现出单打独斗的局面，在物流基础设施的建设上存在一定的问题，并且没有实现资源的共享和资源的互补。在农村的销售点呈现出物品数量少、品种杂、物流季节性较强和配送产品不均衡现象的发生，不仅没有产生经济效益，而且出现了配送成本高等现象的发生。

据 CNNIC 的数据显示，截至 2015 年 3 月底，中国 4000 多家生鲜电商企业中，只有不到 50 家实现盈利，大部分生鲜电商或者巨额亏损，或者暂处亏损状态，而亏损的原因主要归结于物流成本高与保鲜程度低。生鲜产品是农村的特色产品，现今人们对生鲜产品的需求量逐渐提升，如果进城顺利，则可以很好地拉动农村经济增长。

3. 物流服务节点分散，农村电商物流专业人才缺乏

近些年来，虽然我国电商物流获得快速发展，但相关人才培养工作一直处于滞后状态。我国许多物流企业竞争层次低、同质化现象严重从某一方面印证了这一点。城市电商物流人才缺乏情况如此，农村电商物流人才缺乏更加严重。农村居民分散且农村住宅不易区分，没有明显地界限，不熟悉地形的人往往不容易找到对应的信息，导致传统快递配送上门的业务无法实施，无法像城市快递节点那样提供送货上门的服务，由于农村电商物流更加辛苦，收入水平也更低，这会导致农村电商物流很难留住人才。目前我国农村电商物流企业中的大部分从业人员都是当地农民，他们大多没有接受过良好教育，不具备专业技能，根本无法满足农村电商物流发展需求。专业人才的缺乏已经在较大程度上制约了农村电商物流的发展。

4. 信息技术落后，物流企业创新意识薄弱

尽管近几年我国的信息产业得到了飞速的发展，但在农村，网络和电脑的普及率非常低，农村从业人员的素质不高，思想观念的陈旧，对网络信息资源的重视程度低等一系列的原因，难以准确把握农产品营销的最佳时机，

难以实现利润的最大化。另外，以围绕农村电子商务物流发展的信息流、管理和控制技术也没有得到很好的应用。

同时，由于农村居民能够懂电脑的人数少，互联网水平较低，从事电商的人更不多，再加上农村人口消费观念比较落后，网购并未完全普及，需求较小。这就导致了农村人口对物流的使用少，从而制约了物流在农村的发展。虽然农村用户开始用天猫、淘宝等购物比率在逐年上升，但占比仍然较小。农村居民上网的主要障碍仍是“不会上网”和“不愿上网”，68.0%的农村非网民因为“不懂电脑”不上网，认为“不需要或不感兴趣”的农村非网民比例为10.9%。这些都是由于农村居民互联网知识较为匮乏，消费观念较为落后，不能将自身资源与电商物流配送最大限度地结合起来。

（二）农村物流配送环境问题

1. 物流配送设施落后，农村物流配送体系不健全

我国农村人口分布较散，农村地域较广，交通环境的落后是造成农村电子商务物流输送网络不健全、不完善的主要方面。目前大部分物流公司的配送网络只能覆盖到县级地区，下面的镇、乡、村根本无法送达，对于一些较为偏远的地区更是无法送达。村民通过网络购物将订单交给供应商，供应商委托给第三方物流，而偏远地区的物流成本较高，很多物流公司都不愿意送达，因此造成了农村的电子商务物流发展落后等一系列问题。

农村物流配送服务开展情况不好的另外一个客观因素就是，物流配送的基础设施差。农村由于马路的狭窄和现代化的物流设备的缺乏，并且相关的物流设备呈现出分散和零星的现象，以及物流的季节性变化，使得物流的配送规模和物流的建设场地模糊，难以确定位置，并且呈现出场地浪费和规模小等弊端。当前农村的物流体系缺乏良好的设备和完善的物流体系，没有形成一定的规模，前期的准备工作不足，进入农村市场后缺乏相关的战略眼光，没有实现农村市场的开拓工作，依然按照传统的物流规模进行经营，相关的物流设备使用情况出现了一定的问题，增加了物流经营的成本。

在阿里巴巴、京东、顺丰等龙头企业的带领下引起了一股“下乡热”，

农村成了电商、物流企业的必争之地。农村淘宝在一个农村只有一个中心点，农村用户买和卖都要来这一个中心点，对于距离中心点较远的农村用户来说，这就加大了他们的时间成本。京东以自营物流体系走入农村市场，“京东帮”虽然在配送服务、配送时间、配送安全上都得到了保证，但由于农村人口居住分散，“京东帮”也只是在距离县城较近、人口较为密集的农村区域设点，并不能很好地服务于所有农村人口。

虽然顺丰快递、中国邮政作为第三方物流入驻农村市场，但顺丰快递“快”的特点与中国邮政“网点全”的特点并没有充分发挥出来。这些企业大都属于不同的职能体系，在农村市场经营中经常单打独斗，自成体系，不仅在物流基础设施建设上存在着重复建设，而且在信息共享、资源互补和利用上也发展不足。面对农村市场固有的配送物品数量少、品种庞杂、配送物资季节性强、配送作业不均衡的情况，往往难以产生规模经济效益，这无疑增大了配送成本。由于农村市场与城市市场存在着很大差距，因此物流配送体系的建立需要结合农村的实际情况。

2. *物流制度建设滞后，农村电商物流发展政策不完善*

目前我国农村电子商务物流发展还处于起步阶段，相关的制度和政策还有待进一步的健全。融资制度、人事制度、社会保障制度等等远远满足不了物流企业发展的需求，有些企业虽然提高其物流效率，但在内部和外部双重压力之下，制度和政策的缺陷制约了物流资源的再分配。

一直以来各级政府不同程度存在“重生产、轻物流”“重城市、轻农村”的思想，严重阻碍了农村电商物流的发展。如在农村物流市场规则制定、农村物流发展规划、农村物流信息收集发布等方面，都没有明显的作为；农村物流发展中急需的土地、税收、资金等扶持政策力度欠佳，无法对农村物流发展起到良好的引导作用等。举例来说，现行税收政策中，除运输费用外，其余费用在纳税时都不能在外包收入中扣除，造成企业外包活动的应税行为出现重复征税、企业不愿意接农村电商物流业务，客观上阻碍了农村电商物流发展。

3. 市场监管疲软，农村消费环境差、信誉低

由于乡镇政府的不重视，农村市场监管的疲软，大量假冒伪劣产品的出现，损害了农民的利益，严重制约了农民的消费指数和消费信心，这造成了农民对市场的信任度不高。而由于落后的观念，农民对电子商务支付的机制还不够了解，认为把钱支付给第三方机构不安全，造成了农民对电商的不信任，同时也制约了农村物流的发展。

第四节　完善农村电商物流配送对策

国家近期密集出台相关政策鼓励发展农村电子商务，2015 年 10 月 14 日国务院总理李克强主持召开国务院常务会议，会议决定“部署加快发展农村电商，通过壮大新业态促消费惠民生”。2015 年 11 月 9 日，国务院办公厅印发《关于促进农村电子商务加快发展的指导意见》，全面部署指导农村电子商务健康快速发展。全国各省市纷纷响应国家号召，结合本地区域特征深入挖掘农村电子商务市场，形成了具有当地特色的农村电商运作模式。在农村电子商务如火如荼发展时，如何解决农村配送的“最后一公里”成为制约农村电子商务发展的瓶颈问题。电商企业和物流公司纷纷企图解决农村物流配送难题。

一、 增加资本投入， 促进农村物流有序发展

（一） 鼓励民间资本投资物流行业

物流行业和电子商务行业是信息化时代发展最快的两大行业，其发展水平不但关系着电子商务未来的发展潜力和人们对网络购物等新兴消费模式的态度，也关系着国家未来的产业竞争力，国家只有开放市场竞争，鼓励民间资本投资物流行业，才能够使有实力的企业不断在市场竞争中发展壮大。物流业作为国民经济新的经济增长点已经成为我国的重要产业政策，促进现代化物流行业的发展除了企业自身不断完善管理制度外，国家产业政策的支持

和电子商务产业的推动作用也是不可缺少的，只有通过完善的制度和充分的市场竞争，才能让民间资本看到物流行业的巨大潜力，才能有更多的民间资本进入这个行业从而进一步推动行业的发展。

（二）倡导实施规范化、标准化物流

电子商务的不断发展对物流行业的运输效率、安全性和成本等方面提出了更高的要求，物流行业只有通过不断完善管理制度，减少中间环节才能够有效降低成本，只有通过规范化和标准化的运作才能够保证货物的安全，这也是现代物流企业所必须具备的条件。我国物流行业要赶上世界先进水平，也需要借鉴发达国家的成熟经验，不断完善的内部管理制度和组织结构，通过更新设备等手段降低物流成本。物流企业的现代化需要企业勇于创新，通过规范化和标准化的运作实现成本的降低和效率的提高，成本和效率是现代物流企业所追求的目标，只有不断满足市场需要，才能够在激烈的市场竞争中发展壮大。物流企业作为电子商务虚拟经济与客户终端消费的桥梁，承担着仓储、运输等环节的任务，对可能出现的问题必须提前采取防范措施，才能真正做到让顾客满意，完善的物流也会促进电子商务的发展壮大。

（三）加快物流组织结构转变

物流业发展是电子商务发展的基础，我国物流企业发展的时间较短，很多企业组织结构不完善，企业管理人员和层级很少，这种灵活分散的企业结构在市场发展初期具有决策效率高、信息传播速度快等优点。但随着市场的不断成熟和企业的不断发展，这种企业组织结构所带来的决策失误和效率低下等问题也越来越突出。因此，加快物流企业组织结构转变是我国物流企业今后发展需要认真面对的问题。物流企业未来的发展可以采用国外的先进管理经验，减少管理层级，在节假日和其他一些物流高峰期提高运转效率，尽量做到零库存，未来的物流竞争是如何将电子商务中的产品最快捷送到消费者手中的全产业链竞争，加快物流组织结构转变成为实现企业最快捷和成本最低经营目标的发展方向。

二、推进农村网点建设，增强物流配送能力

（一）建立完整的市、县、村“三级”配送网网络

传统的农村物流网点设置在超市，网民通过超市上门自提，或者直接利用客运班车进行随车配送，这种物流配送服务水平较低，并存在资源分配不合理的现象。因此各个物流公司可以进行资源整合，根据地理位置和当地的经济情况，进行物流服务网点的整编，综合物流服务站可以为农村网民提供综合化物流服务，诸如物流配送、信息管理等服务，从而可以提高农村物流服务水平，降低资源浪费，提升行业整体的经济效益。

随着“万村千乡”工程的建立，促进了农村物流体系的发展，不仅使整个物流体系更加完善，也让农民体验到了农村物流体系的顺畅，和便捷高效的服务体系。在农村进行日用消费品连锁经营进村庄的方式，促进了消费品的快速销售，并且方便了农产品进乡的趋势。在农村进行农产品配送体系的同时，应积极吸引国内外大型物流体系企业，建立完善的农村物流配送体系，并依托经营连锁的骨干企业，建立日用品物流配送中心。对农业生产资料进行整合和利用，建设农药、化肥和种子等一系列的生产模式。进行统一的包装、统一的整理和统一的标识，建立统一的物流配送中心和大型的连锁企业，形成下伸农村和上接城市的物流建设体系。充分利用网络的形式开展相关的配套建设，扩大物流的使用效率和利用率，同时对物流体系进行有效的监督，保障农村供应体系的质量。

（二）依托城市配送中心，建立健全农村物流配送体系

当前物流行业迅速发展，我国城镇的物流体系建设相对完善，相关设备专业化和现代化水平较高，也符合当前物流发展的需要。但是我国农村由于电子商务的物流数量有限，居民的生活环境分散，缺乏资金的投入，使农村的物流体系不完善，缺乏一定的规模，各种资金和条件也相对落后。当今农村农产品需要大量的运输，逐渐在农村建立了物流配送体系，农村的物流配送体系可以依照城市的配送体系来运作，在固定的区域建立固定的物流配送

点，并针对当地农村的现状对现有的物流体系进行改革和相关事项的更新，以特许加盟为主，对门面进行统一的装修，保证货物的100%配送。另外，每个村都需要用颜色醒目的集装箱仓库进行物品的供应。这种经营管理模式，降低了物流建设的成本，实现了标准化运作，并且存在易于复制等特点，有利于物流门店的快速推广，推动了农村物流体系的网络建设。

（三）建立物流联盟，开展共同配送策略

农村在进行电子商务发展过程中离不开信息资源的支持，应该建立相关的物流沟通平台，进一步加强农村通信技术设施的建设。首先，应该对农村物流信息进行整合，充分利用乡镇网络流通性，为城市企业提供大量的农产品，促进城市商品向农村流通的过程，实现商品下乡和农副产品进城的双向流通。构建农村信息发展的平台，农民可以买到质优价廉的产品，农村的供应网点可以将农村生产的产品带进城市销售，通过电子商务的销售渠道，降低了物流成本的降低。所以应该建立完善的农业生产和市场监管体系，保证农村产品的有效流通。另外，还应该对农民开展信息化培训工作，通过对学习农业技术栽培情况的结合，提升农民的能力，为农村的电子商务发展提供便利的生活服务和全面的物流体系。

中国邮政集团拥有我国最大的投递服务网络，初步构建了完善的邮政农村物流服务体系，拥有经营网点24万多个，基本上覆盖我国高达86%县市和超过35%的行政村，物流配送可以直接送至村乡，物流公司通过加强与邮政的合作，直接利用中国邮政已经铺建的物流配送一体化服务设施，从而降低了农村物流市场的自建成本，并在极大程度上提升物流服务水平。

三、加强农村物流建设，提升配套服务

（一）提高物流配送发展技术

在物流之间建立良好的成员关系，有利于目标的实现，减少外在的因素影响而造成的风险和增强冲击的解决能力。当前进入农村的物流企业主要大多是一些连锁超市，农村供销社和邮政系统等一些小规模的物流企业。农村

由于自身存在着战线长、投入多和效益差等特点，给农村的物流体系增加了经营管理的难度。连锁超市的物流体系，增加了企业的经营成本。所以应该在乡镇和村级地区建立完善的物流体系，并对体系进行统一的管理，实行标准化的经营。同时还应该注重对发展合作伙伴的建立，围绕相关的组织供应链进行资源的建设，根据市场动态对整个供应链进行资源战略实施的管理，进行规模化的经营，加强配送体系的建立，实现供应链的整体发展，保障资源的优化配置，从而降低了物流的成本，提高了物流的服务效率。

（二）培养电子商务物流技术型人才

人才是带动农村地区发展不可缺少的动力，电子商务与农村物流协同发展，需要熟练掌握电子商务与物流知识的综合型人才作为主力军。因此，国家应大力支持培养兼具电子商务头脑和物流创新思维的技术型人才，在教育教学方面重视电商物流类人才的全面培养，积极引导新时代大学生投身现代农村电商物流配送体系的建设中，一方面可以培训农村居民使用电子商务平台进行买卖交易；另一方面解决电子商务环境下农村物流配送困难的问题。

（三）政府加大财税扶持力度与政策支持

由于农村交通基础设施较为落后，为完善农村电商物流配送网络，需要政府在融资、税收、基建等方面提供相关优惠措施，进而提升农村物流基础建设，提高物流信息标准化水平。由于物流网络前期建设投资大，周期长，很多物流企业由于资金紧张无法进入农村市场，面对农村的潜力市场以及物流企业扩张战略的部署，政府应该起到主导作用，从政策支持、资金投入和扶持优势企业整合行业资源等方面，不断开阔农村电商物流市场的发展。各级政府应该转变“重生产、轻流通”等固有的落后思想观念，促进农村电商物流全面发展，在农村物流发展需要的土地、税收以及资金等方面加大政策扶持力度，积极引导农村电商物流配送体系健康全面发展。

第十一章

农村电商金融支付

电子商务是物流、信息流与资金流的统一，商品的流通一定伴随着资金的转移。而在电子商务的交换背景下，传统的支付方式，即一手交钱一手交货的方式已经不能满足资金流与商品流渐渐分离的要求。金融支付应运而生，银行转账、移动支付等新兴的电子支付方式开始产生，以满足电子商务的迅速发展。我国支付行业的发展经历了手工操作、单机操作到联机联网三个阶段，我们现在所涉及的金融支付一般指联机联网的支付。农村电子商务支付可分为依赖于较为成熟的城市支付系统和农村电子商务专属的支付系统。后者发展较晚，所以主要介绍城乡联合的支付系统。

第一节 农村电商金融支付概念和意义

一、 电商金融支付概念

在电子商务交易的一般情况下，金融支付指的是电子支付。电子支付是指支付主体通过设定支付的相应数额、支付的对象等，利用电子终端发出指令，依靠金融系统后台的运作，实现虚拟货币支付，完成资金转移的过程。相比传统面对面的支付方式。当前运用较广泛的电子支付方式有网络银行支付、第三方平台支付、移动支付、POS 机支付等。

网络银行支付是指支付主体用银行卡进行支付的行为，一般需要在银行拥有一张与本人身份对应的银行卡，并在柜台开通网上银行的功能。用户便

能在网上银行进行货币支付，此外，网络银行还有查询、资金划拨等其他业务。网络银行能满足用户在银行柜台操作的大部分日常业务的同时，还能满足用户快速便捷的体验感，而且拥有信誉度较高的银行体系作为支撑，因此，网络银行从开始发展到现在一直占据金融支付的大部分市场。而目前我国国有银行和大部分商业银行均开通了网络银行的业务，如农业银行、建设银行等。

第三方支付是指支付通过第三方平台的行为，一般用户会在第三方支付平台上拥有一个支付账户，货款通过此账户进行转移。第三方平台是由一些和产品所在国家以及国内外银行签约、并具备一定实力和信誉保障的第三方独立机构提供的交易支持平台。有了第三方平台的介入，使得电子商务交易过程有了退换退货等交易规则，交易诚信等方面的保障，缓解了交易双方货物质量和资金安全的交易矛盾。目前第三方支付产品有 PayPal（易趣公司产品）、支付宝（阿里巴巴旗下）等。

移动支付是指支付主体用移动终端（主要指手机）进行支付的行为，因此也称之为手机支付。指单位或个人通过移动设备、互联网或者近距离传感直接或间接向银行金融机构发送支付指令产生货币支付与资金转移行为，从而实现移动支付功能。可以分为近场支付和远程支付两种，如手机刷卡付车费、手机支付现货交易等面对面支付方式一般称为近场支付，而远程支付更便利，解决了交易双方时空受限的问题，如掌中付的掌中电商与掌中充值等产品。

除以上三种支付方式，其他支付方式有 POS 机支付、电话支付等。POS 机支付是指支付主体用银行卡，将 POS 机作为终端进行银行资金划转的行为。电话支付指的是支付主体拨打银行提供的电话，在线支付的行为。现阶段我国农村电子商务支付很多依靠 POS 机，但却不是在商户安装的 POS 机上划账，一般是对代购方的支付，实际完成网上购物的模式还是网上银行或是第三方支付。而随着移动手机的遍及，移动支付已经开始慢慢称为农村电子商务支付的方式之一。

二、电商金融支付的意义

资金的支付是商品交换的必要因素，金融支付是伴随电子商务背景下资金流通与商品流通偏离发展而产生的，因此能符合电子商务商品交换不限时不限地的发展现状。而且，金融支付更能满足人们支付的快速、便捷、安全的要求，使得支付能随时随地利用互联网完成。金融支付不仅提高人们的支付使用满意度，其作为金融体系的一部分，也能促进金融的发展与完善。具体来说，电商金融支付的发展有以下几个方面的意义。

（一）促进非现金支付工具使用

非现金支付工具的运用程度可以反映一个地区的现代化程度，现代化发展程度越高的社会体，非现金支付使用越频繁。因为非现金支付工具可以降低成本，提高资金流转的速度。对于国家来说，每年要回收残损的人民币和投入新的人民币，在此过程中，印刷、运输、保管、清分、销毁、反假各环节都需要成本的投入。而对于商家来说，辨别现金真假、存取现金等环节均增加了其交易成本。另外用现金交易在现实中增加了逃税、国内和跨境转移非法物品的可能。电子商务支付不仅可以有效减少甚至消除这些成本，还有利于增加经济活动的透明度，以及税收的效率。相比西方国家，我国现金的使用还占据大部分市场，而电子商务发展背景下的金融支付能大力促进非现金工具的使用。一方面，电子支付使用的是虚拟货币，交易成本低，操作简捷，会吸引更多的人慢慢了解、使用。而且随着金融体系的不断完善，资金安全性不断提高，每个人非现金交易的额度会不断增加，从而能促进非现金工具使用。另一方面，非现金工具不断创新，支付手段不断丰富，而且很多产品开始利用产品特点吸引用户，从多层面上满足了各类支付主体的支付习惯，因此带动了各类群体非现金工具的使用。

（二）增进金融创新

金融支付作为金融系统的一部分，本身的发展就意味着金融体系的完善，其金融支付产品的创新更是能带动其他金融业务与产品的发展与创新。

电子商务支付体系在传统的支付基础设施基础上，增加了针对了支付主体个性化的增值服务，不仅拓展了金融支付体系，更是为金融体系增加了多样化的生机。此外，金融支付一般会与其他金融业务服务相结合，协同作用从而共同完善金融体系。比如将支付和商务流程相结合，提供信用中介等，能不断增强金融体系的安全、完备性。更重要的是，金融支付要求多类主体参与，包括企业、个人和不同金融机构，因此能将这些参与方特别是金融机构紧密联系在一起，从而可以加强其合作，发挥主体之间的协同作用，增进金融整体的创新。

（三）促进产业升级

随着金融支付市场的发展，在电子商务中的运用慢慢由原来的以 B2C 与 C2C 为主体，拓展到 B2B 市场。为有效地将此领域的金融支付市场进行运作，必须解决原来商业银行与传统客户的冲突。因此，金融支付业务必须创新，以更优化的角色取代传统的 B2B 支付市场主体。近些年来，电子商务已经深入各个行业，与航空、保险、教育和医疗等行业的企业加深合作。此类合作，不仅优化了各个行业的供应链，能提高企业和行业的运作效率，增加利润，更重要的是能够推动行业的现代化进程，促进行业的升级。

（四）实现社会信息增值

电子商务金融支付不是现金支付的简单替代，更重要的是扮演了社会信息收集的角色。电子商务运作依赖于互联网，而金融支付又包含了各参与方，因此一次金融支付的完成会形成多层级多参与方的经济信息，且这些信息不受时间地域的限制，具有相对较高的时效性、准确性和完备性。将这些信息汇集处理后，可以用于实现社会信息的增值。一方面，可以弥补我国电子商务交易中信用缺乏的不足，虽然我国已经建立了全国性的个人征信系统，但是此系统中的信息有限。电子商务金融支付的增值应用可以完善我国信用系统，比如将支付商家信贷服务授信评价体系纳入了建行的贷款业务，极大地降低了坏账率。另一方面，电子商务已经运用于我国各行各业，如航空、教育和物流等，在这些领域汇集的支付信息可以在一定程度上反映行业的发展情况，随着电子商务在经济运行中扮演越来越重要的角色，其汇集的信息越来越能反映一个经济体整体运行情况，可以为国家宏观经济发展的决策提供参考性的信息。

（五）满足人民多样化需求

电子商务金融支付的发展本就是为了满足经济社会的快速发展而带来的多样化、个性化的支付需求，从而提高人们支付的安全性、高效性与便捷性。随着金融支付发展到现在，其已经深入到社会的各个领域，也慢慢渗透到人们生活的方方面面，改变着更多人的支付观念与习惯。从开始的银行转账、电子商务平台购物为了打破时空的限制，到现在的乘车、交水电费等便民服务，金融支付已经不仅满足简单的电子商务购物需求，更是为了满足人们生活中的各种便利的需求。比如技术安全方面的电子密码、电子签名等，公共事业方面的水电、煤气、养老金的资金转移等。在未来，相信会有更多的金融支付产品得到开发、运用，以满足人们越来越安全、个性、便捷的需求。

（六）促进生产力发展

金融支付体系无疑会使经济金融体系上层建筑与信息社会的经济基础（虚拟经济）乃至生产关系更加匹配，以进一步促进社会生产力的发展。金融支付能汇集社会信息，将物流与商流进行全面的整合，使得整个社会经济的运作更加顺畅，从而优化经济金融体系上层建筑与信息社会的经济基础的匹配关系。电子商务本身就意味着经济的信息化，因此整个商品流通过程，均有有效的信息资源。随着商品社会的不断发展，信息体系也不断扩大，社会的信息资源越为优越，越能推动社会的生产力的发展。

第二节　农村电商支付模式

一、中国农村电子商务支付发展现状

近年来，随着电子商务快速发展和第三方支付机构的迅速崛起，电子支

付应用范围不断扩大，电子支付在支付领域的市场份额暴长。电子支付作为未来支付领域发展的主流，其高效性和不受时空限制等特点，恰好弥补了农村地区金融服务不足。随着国家“三农”政策的不断深入和各地支农惠农政策的相继出台，支付需求逐渐旺盛，农村电子支付市场亟待开发。金融机构不断完善对农支付产品和工具，实现农村地区支付基础设施的全覆盖。同时，农村成为电子商务的“新蓝海”，不少企业开始拓展农村业务，这也促进了农村支付形态的新变化。

（一）农村支付政策环境优化

随着互联网金融的不断发展，处于金融服务基础性内容的支付业务也得到重视，监管力度也不断加大。不仅出台了规范支付的政策法规，更是开始注重农村金融的环境建设（见表 11 -1）。2000 年以前，电子支付发展属于探索阶段，发展较缓慢，对电子支付的监管力度较小。自 2005 年以来，电子支付市场快速发展，监管问题也面临着更大的挑战。

表 11 -1　　支付政策法规汇编

发布年份	政策法规	核心内容及意义
2005 年	《电子支付指引(第一号)》	对银行从事电子支付活动提出了指导性要求
2006 年	中国银监会发布《电子银行业务管理办法》《电子银行安全评估指引》	有利于规范电子银行业务的健康、有序发展
2010 年	中国人民银行颁发《非金融机构支付服务管理办法》	有利于促进非金融机构在平等的规则下有序发展
2012 年	中国人民银行发布中国金融移动支付系列技术标准	有效填补了金融移动支付系列技术标准领域的空白
2013 年	中国人民银行发布《银行卡收单业务管理办法》	将线上支付纳入监管体系
2014 年	工商总局发布《网络交易平台合同格式条款规范指引》	规范网络交易平台合同格式条款,引导网络交易平台经营者依法履行合同义务,保护消费者和经营者合法权益
	《中国银监会中国人民银行关于加强商业银行与第三方支付机构合作业务管理的通知》	规范商业银行和第三方支付机构的合作,保护客户资金安全和信息安全

续表

发布年份	政策法规	核心内容及意义
2015 年	《国务院关于实施银行卡清算机构准入管理的决定》	进一步深化了我国银行卡清算市场的开放;加快中国支付服务市场的改革开放和创新转型
	中国人民银行出台《非银行支付机构网络支付业务管理办法》	加强网络支付安全监控,完善非银行支付机构管理
2016 年	中国人民银行发布《智能电视支付应用规范》	智能电视购物提供了统一的技术依据,有利于规范在智能电视领域的支付服务

资料来源：根据 PayCircle 支付圈发布信息和 2015 年中国电子支付行业研究报告整理。

随着农村电子商务的发展，农村金融服务问题也得到重视。为确保农村地区居民享受到最基本的金融服务，实现各乡镇特别是偏远农村地区基础性金融服务的全覆盖，2009 年银监会印发《关于认真做好金融机构空白乡镇服务工作的指导意见》，2011 年印发《关于继续做好空白乡镇基础金融服务全覆盖工作的通知》，致力总体解决金融机构空白乡镇的金融服务问题。2011 年《中国人民银行关于推广银行卡助农取款服务的通知》，解决银行卡助农取款服务在全国范围内农村乡镇、行政村的基本覆盖问题，改善农村地区的支付服务环境。银监会近几年印发的《关于做好农村金融服务工作的通知》，都强调创新农村金融服务机制，《关于做好 2016 年农村金融服务工作的通知》更是推动金融资源继续向“三农”倾斜。

（二）农村支付用户基础增长

网络支付用户渗透率不断提升，为中国电子支付行业的发展奠定了良好的用户基础。根据 2015 年中国电子支付行业研究报告数据显示，2014 年中国网络支付用户规模达到 3 亿户，环比增长 17%，我国网络支付用户规模在一直稳步增长，如图 11－1 所示。

由图 11－1 可知，虽然我国网络支付网民增长率波动下降，但基本上保持了两位数的较高增长率；且网络支付用户规模占整体网民的比例持续提高，2014 年占比将近五成。说明随着电子商务的发展，用户的支付行为向电子渠道迁移。

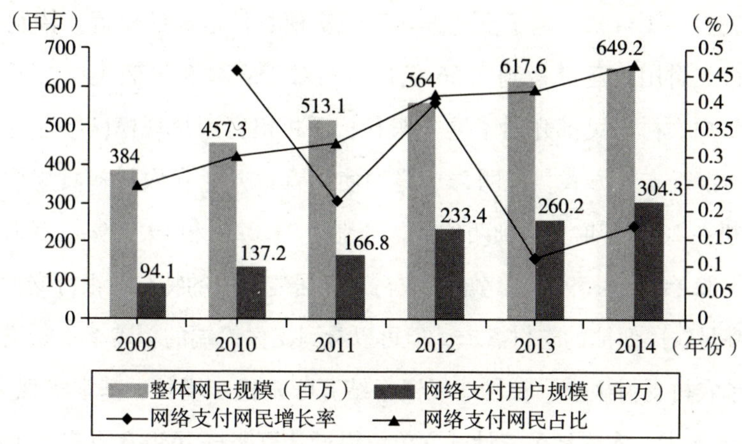

图 11-1　2009~2014 年中国整体网民和网络支付用户规模增长率

资料来源：2015 年中国电子支付行业研究报告。

基础设施的建设是农村地区金融支付能进行的必要条件。根据中国人民银行发布的《2015 年农村地区支付业务发展总体情况》数据统计，截至 2015 年末，农村地区现有县级、乡级及村级行政区分别 2207 个、3.24 万个、55.54 万个，农村地区人口达到量 9.3 亿人。而农村每万人拥有的银行网点数量为 1.31 个，县均银行网点 55.12 个，乡均银行网点 3.75 个，村均银行网点 0.22 个。如表 11-2 所示。

表 11-2　　2015 年农村支付手段业务

业务种类	用户规模	交易规模(亿元)	支付频率(亿笔)
电话银行	1.81 亿户	4429.26	2.49
手机银行	2.76 亿户	136800	31.49
网上银行	3.56 亿户	1504400	105.46
POS 机	638.05 万台	84200	62.12
ATM	30.92 万台	212100	165.35
助农取款终端	99.75 万台	4008.48	4.36

资料来源：根据《2015 年农村地区支付业务发展总体情况》整理。

由表 11－2 可知，电子支付方式已经实现农村地区的覆盖，特别是农村网上银行支付用户已经达到 3.56 亿户，相对于农村 9.3 亿人口，可以估算基本上每户农村居民都开通了网上银行；手机银行用户规模已经远远超过传统的电话银行支付方式，说明移动终端使用者也开始在农村初具规模；ATM 和 POS 机在 2015 年增长达到两位数，分别为 24.02% 和 19.74%，万人拥有量分别为 3.32 台和 68.59 台。考虑到农村地区居住分散的特点，银行支付终端还是不能满足农民便捷的支付需求，但可以看到支付终端的覆盖率不断增长，极大扩大了农村支付规模。农村地区银行结算账户稳步增长，基本实现全覆盖。截至 2015 年末，农村地区累计开立单位银行结算账户 1630.3 万户，2015 年净增 267.8 万户，增长 19.66%。农村地区个人银行结算账户 33.04 亿户，2015 年净增 5.73 亿户，增长 20.98%。其中，借记卡 20.85 亿张，2015 年净增 4.57 亿张，增长 28.06%；信用卡 1.36 亿张，2015 年净增 2747.92 万张，增长 25.26%；人均持卡量 2.39 张。可以说，基本实现了家家有账户、人人有卡。

（三）农村支付形态变迁

随着互联网时代的到来，新的支付方式发展迅猛，电子支付市场发生了新的变化。目前我国的电子支付市场上，资金支付主要还是通过网上银行。但第三方支付使用程度越来越高，已经渐渐成了主流方式。而且移动端持续渗透市场，移动支付近几年发展尤为瞩目。

1. 网上银行依旧是电子支付的主体

中国网上购物支付方式主要是第三方互联网支付和网上银行，通过对这两种方式交易规模对比分析中国网购支付市场情况，如表 11－3 所示。

表 11－3　　两种支付方式交易规模对比　　单位：万亿元，年

支付方式	2010	2011	2012	2013	2014	2015	2016	2017
第三方互联网	1.01	2.2	3.66	5.37	8.08	11.75	15.61	19.27
网上银行	515.8	596.7	746.3	930.2	1304.4	1748.3	2279.5	2927.4

资料来源：根据 2015 年中国电子支付行业研究报告整理。

由表 11－3 可知，我国电子支付网上银行交易规模占绝对优势，资金主要通过网上银行转移。我国网上支付的十多年发展历程，网上银行以其相对便捷性和安全性，伴随着我国电子商务的发展成为金融支付的主要方式。

2. 第三方渐成主流支付方式

根据《2015 年中国电子支付用户报告》发布数据，我国第三方互联网支付网民覆盖率超六成，第三方移动支付和网上银行覆盖率近五成。如图 11－2 所示。

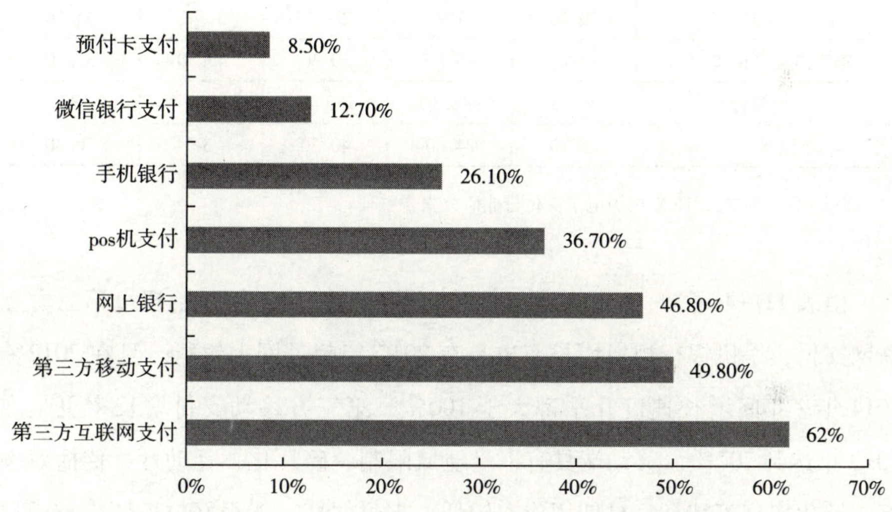

图 11－2　2014 年中国网民经常使用的支付方式占比

资料来源：2015 年中国电子支付用户报告。

根据表 11－4 所示，2014 年中国网民经常使用的支付方式中占比最高的是第三方支付。第三方互联网支付占比最高，为 62%，第三方移动支付占比次之，为 49.8%。而网上银行支付和手机银行的支付使用占比分别为 46.8% 和 26.1%，使用程度均弱于第三方。第三方支付已经成了我国电子支付的主流方式，从而减小了对银行支付方式依赖度。第三方支付的兴起是信息化时代最重大的金融服务变革之一，基于互联网和移动通信而迅速发展起来的第三方支付不仅改变了传统的生产模式，同时也改变了传统的支付习惯，成为世界经济新的增长点。经过十多年的迅速发展，第三方支付机构已经成为我国支付服务市场的重要补充力量。

3. 移动支付规模增长率超过网上支付

移动电子渠道支付对地区支付基础设施布设的发达程度要求较低，较之网上银行等支付方式更容易支付下沉到乡镇村，从而拓展了覆盖面。

表 11 -4　　各种支付方式规模增长率　　单位:%，年

支付方式	2012	2013	2014	2015	2016
第三方移动支付	89. 20	707	391. 30	51. 40	34. 10
第三方互联网支付	66	46. 80	50. 30	45. 50	32. 80
手机银行	197. 60	248. 10	157. 10	100	88
网上银行	25. 10	24. 60	40. 20	34	30. 40

资料来源：根据 2015 年中国电子支付行业研究报告整理。

由表 11 -4 可知，第三方移动支付增长率从 2012 年开始超过第三方互联网支付，手机银行规模增长率也是在 2012 年超过网上银行。且在 2012 ~ 2014 年三年间增长速度几乎都大于 100%，第三方移动支付增长率更是在 2013 年达到 707%。移动端具有不受地域限制、碎片化、互动性、传播效率高、转化率高等特征；且使用成本较低，支付便捷，能很好拉近商户与用户之间的距离，使得移动支付在近几年呈指数增长。

4. 农村支付形态随时代变迁

农村支付随各类新型支付方式的出现而改变，电商下乡大潮更是加速了农村支付形式的电子化、移动化。根据《2015 年农村地区支付业务发展总体情况》发现，农村地区电子银行业务发展迅速，已成规模，农村网上银行和手机银行用户的近几年大幅增加，2015 年农村地区网上银行支付金额达到百万亿元。农村自助服务终端等创新型机具逐渐增多。截至 2015 年年末，农村地区除 ATM、POS 机之外的其他自助服务终端（如多媒体终端）19. 16 万台。2015 年发生交易 5. 45 亿笔，金额 1. 85 万亿元，单笔金额 3404. 43 元/笔，

万人拥有数量 2.06 台，人均办理 0.59 笔/年。但农民工银行卡特色服务业务量有所下降。2015 年农民工银行卡特色服务共发生取款业务 940 万笔，金额 177 亿元，同比分别下降 18.76%、4.04%。这反映，随着助农取款服务以及银行电子渠道的快速发展，对依托部分农村金融机构柜台办理跨行取款的农民工银行卡特色服务产生替代效应。

2014 年起，各大电商纷纷开始进行渠道下沉，抢占农村市场。农村电商的崛起，以淘宝、京东为代表的电商巨头不断推进自己的支付产品，如支付宝钱包、京东白条等。

2014 年阿里巴巴推出蚂蚁金服，具体包括支付宝、余额宝、蚂蚁小贷等品牌。支付宝已经成为我国非现金支付市场最常使用的工具，但农村地区的推进还存在不足。因此，阿里巴巴针对农村地区的特殊性，采取了相应的措施。例如，利用农村淘宝代购服务站开通支付宝、余额宝等账户；支付宝钱包向农信社、村镇银行等农村金融机构开放云计算等技术，这一系列的举措能在一定程度上打破农村技术落后、金融设施不完善等阻碍因素，为农村用户提供包括金融支付在内的多种金融服务。根据蚂蚁金服官网发布的信息，2015 年农村地区的余额宝用户规模同比 2014 激增了 65%，数量占到整体的 15.1%，虽然农村增长速度慢于城市，但也能看到农村的市场开始被打开。2015 年每 7 个余额宝用户中就有一个来自农村，这对于农村落后的金融来说是个相当受鼓舞的数字。2016 年 12 月，蚂蚁金服发布“谷雨”计划，开启农村金融战略，会进一步拓展农村金融支付市场。

京东提出“3F 战略”，即工业品进农村战略、生鲜电商战略和农村金融战略，意在搭建完整的产业链，从农民把农产品生产出来并卖到城市，回笼资金后再从城市购买工业品、农资等物品，用于消费、理财和再投资。京东拓展“渠道下沉战略”，通过乡村推广员试点授信，2015 年 10 月，京东金融还发布了农村信贷产品“京农贷”。根据《2015 年度中国网络零售市场数据监测报告》发布的数据，京东乡村推广员达到 20 万人，服务 20 万行政村。京东县级服务中心 1400 多家。京东帮服务店布局 1400 多家。地方特产馆特产店已达到700多家。京东农资电商的合作涉农企业已达到200多家。已授权的京东农资服务中心达到65家。乡村白条推广员累计授信人数5.7万余人，乡村白条农户累计授信1.2万人，深耕“互联网+农村”生态圈。据南方日报发表数据，到2015年截止，京东金融贷款、消费、理财等服务累计为近20万农户提供综合金融服务。

其他企业不断推进农村金融服务，如惠农网推出了一款基于移动智能终端的应用“惠农宝”，农民可以用自己手机安装“惠农宝”应用或免费领取“惠农宝”一键式智能手机，利用手机农户可以随时随地发送农业和生产供求信息，购买种子、农药、化肥，咨询农业生产技术，关注行业信息、市场动态、了解交易进展，同时，也可接收专家发送的病虫害预警、农产品价格行情等信息。惠农网采取的是先服务、后商务的策略，通过提供产供销和农技指导“粘”住农民，推动农民参与农村信息化进程。

随着新型农村金融供给主体的出现，对于农村金融生态发展有着积极的一面，它既是技术创新与市场创新的有机结合，又从外部促进了传统金融供给主体的变革。至少对农民的金融支付方式移动化和电子化产生了增量效应，许多农民因为支付宝、京东白条等的影响开始改变支付方式，使用手机终端指端，使用蚂蚁花呗、白条等信用消费，农村支付形态也发生了改变，支付业务的发展将进一步推进以支付为基础的一系列网上贷款等业务。

二、 农村电子商务支付模式

现阶段我国农村主要存在三大类电子支付模式：不借助第三方支付服务商的支付网关模式、借助第三方支付服务商的支付网关模式和第三方支付服务商电子货币账户模式，农村电子商务支付模式也可以分为相应的三种模式，农村电子商务网上银行模式、农村第三方支付平台的支付网关模式和农村电子商务平台账户模式。

（一） 农村电子商务网上银行模式

网上银行支付是农村电子商务主要支付方式之一。网上银行支付包括信

用卡支付和借记卡支付，而在我国信用卡网上支付在农村尚未普及，使用最广泛的是借记卡网上支付。因此对借记卡网上支付流程进行讨论，其基本模型如图 11－3 所示。

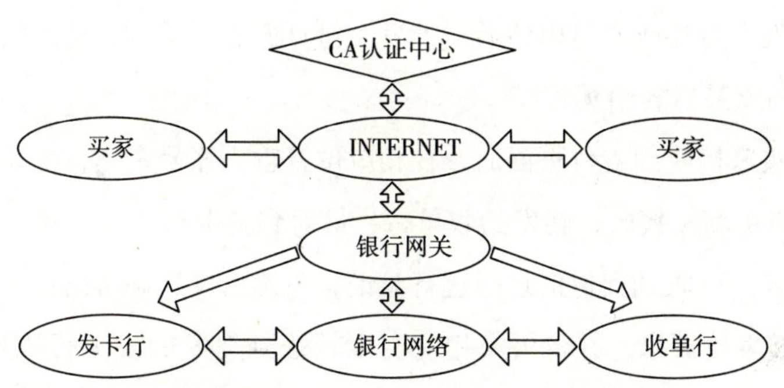

图 11－3　农村电子商务网上银行支付基本模型

农村电子商务网上银行支付系统主要由客户、卖家、发卡行、收单行、银行网关和 CA 认证中心六个主要要素构成，银行网关和银行系统称为银行。

在当前的农村电子商务交易过程中，支付主体的发卡银行与支付对象收单的银行不一定是同一银行，所以这个支付过程中要对不同的银行建立不同的支付通道，如图 11－4 所示。

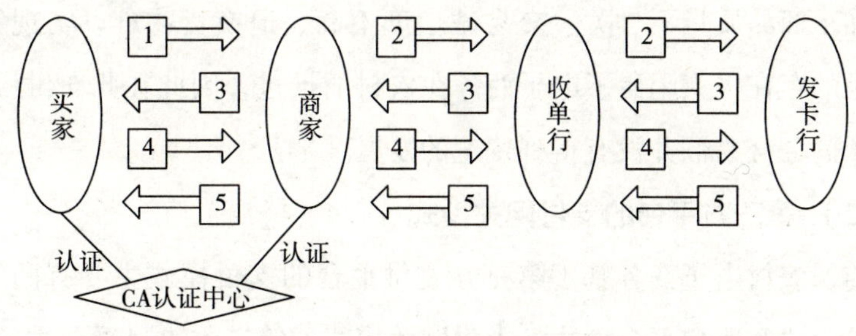

图 11－4　农村电子商务网上银行支付流程

农村电子商务基于网上银行的支付流程如下：

（1）买家确认要购买的商品，向商家所在平台提交订单，之后生成支付申请。

（2）商家在确定买家的购买订单后，将支付申请转发给收单行，由收单行再转发给买家的发卡行。

（3）发卡行接收支付申请后，下发支付页面给收单行，再由收单行转发给商家，商家最后转给买家。

（4）买家接收到支付页面后，在相应位置输入账号密码，确认支付。成功后信息再由商家接收，转发给收单行，最后到发卡行。

（5）发卡行收到支付信息后进行验证，正确后发送确认信息，再由收单行、商家转发给买家，并将买家相应资金转账到商家的发卡行账户。到此，本次支付结束。

农村电子商务网上银行支付模式有其优劣势，其优势是方便的操作降低了买家商家双方的交易成本，且对商家来说，还能有效消除坏账风险。其劣势是安全性不足，且买家支付的前期准备工作较为繁琐。很多银行的网络支付功能要求经过柜台的申请手续，而对于农村居民来说，不仅要担心资金划转的安全性，而且由于农村银行网点分布极为稀疏，申请支付过程较为繁琐，因此农村使用此种支付模式的频率不高。而且，农村电子商务网上银行支付模式没有对交易过程进行有效的监管，交易双方的行为约束力不够，因此，增加了商品质量不过关、交易诚信度不高、退换货物难以实现等问题。这些问题的存在极大阻碍了电子商务在农村的推进，因此在此支付模式下的农村电子商务交易额并没有得到快速的发展。

（二）第三方平台的支付网关模式

当前，农村电子商务基于第三方支付平台的支付模式主要有两种类型：支付网关模式和账户平台模式。支付网关模式的第三方支付平台主要的作用是为用户和银行建立支付通道，使买家可以通过第三方支付平台使用网上银行付款给商家，图 11－5 的第三方支付平台就属于农村电子商务支付网关模式。

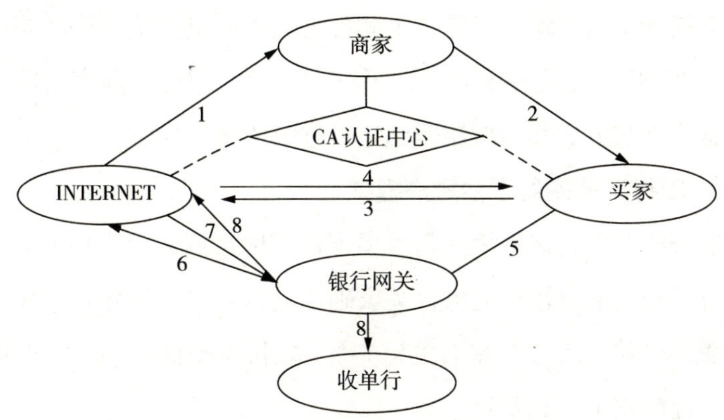

图 11-5　农村电子商务支付网关支付流程

商家通过第三方支付平台建立与各家银行的支付通道的情况下，基于网上银行的支付流程如下：

（1）买家确认要购买的商品，向商家所在平台提交订单；

（2）商家接收订单后，与合作的第三方支付平台连接，为买家提供支付接口；

（3）第三方平台下发的网银选择页面；

（4）买家选择相应的网银后进行支付，同时生成支付申请，发送给第三方支付平台；

（5）第三方支付平台收到买家支付申请后，转发给发卡行；

（6）发卡行接收到支付申请后，下发支付页面，直接发给买家；

（7）买家接收支付页面后，输入账号和支付密码；

（8）发卡行接收到买家支付的信息后，对账号和支付密码进行验证，成功后返回信息给买家，并转账到商家收单行，此次支付结束。

相对于上种支付模式，第三方平台的介入能有效缓解交易双方诚信问题。第三方平台制定了电子商务交易的相关规定，买家的支付货款在收到商品前由第三方暂存，买家收到商品确认付款后再由第三方付款给商家。在这个过程中，避免了买家付款但收到的商品质量不过关的问题，也避免了买家收到商品但拒绝付款的诚信问题。由此可见第三方支付是“信用缺位”条件下的“补位产物”。在此种模式下，第三方平台与银行、商家共同完成支付过程，但这些参与方之间的机制问题还需进一步规范。

（三）农村电子商务平台账户模式

农村电子商务平台账户模式是指买家使用网银或其他支付方式，为其在第三方支付平台的账户进行充值，买家确认支付后平台直接在买家的账户划款到卖家账户（第三方支付平台的账户）。农村电子商务基于平台账户式第三方支付流程如图 11 －6 所示。

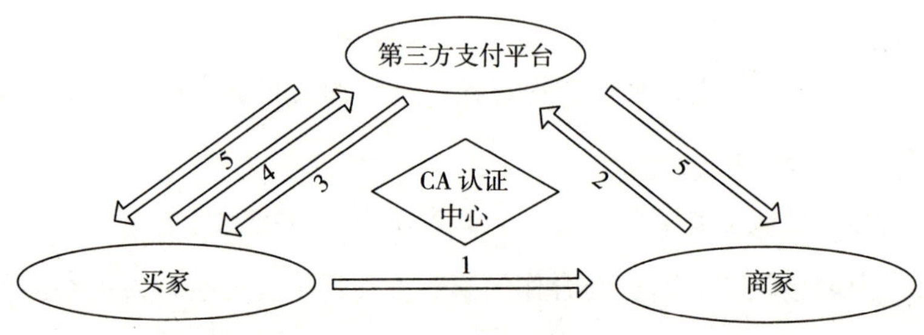

图 11 －6　农村电子商务平台账户式支付流程

在进行支付前，买家和商家都需到第三方支付平台注册账号，且买家要在第三方支付平台账户进行充值。具体支付流程如下：

（1）买家确认要购买的商品，向商家所在平台提交订单；

（2）商家接收订单后，与合作的第三方支付平台连接，为买家提供支付接口；

（3）第三方支付平台下发支付页面给买家；

（4）买家接收支付页面后，输入账号和支付密码；

（5）第三方支付平台接收到买家支付信息后，对账号和支付密码进行验证，成功后返回确认信息给买家和商家，并从买家的账户转账到商家账户，此次支付结束。

农村电子商务平台账户模式要求用户在第三方平台账户里充值，一般用

于小额产品的支付，比如说移动电话运营商作为一个第三方服务商，用户首先在其提供的账户里充值。用户在进行支付时，由移动电话运营商通过 SIM 卡和 STK 卡从用户话费中进行资金扣除。但这种支付模式极少用于大额的交易。

农村电子商务平台账户和村电子商务支付网关支付模式均是第三方平台介入的模式，是对金融支付体系的创新发展，但第三方的监管问题还有待加强解决。一是第三方平台带来了新的风险，包括资金安全和支付的风险和非法转移资金等金融风险。首先，因为第三方平台在支付流程中的角色使其拥有吸储大量资金的能力，如果其流动性不够强，则不可避免的会影响整个社会的资金安全和支付问题。其次，第三方平台拥有支付结算的功能，交易双方的资金均经过其提供的账户，而这实际上已经超出了现规定的一些特许经营的范围，从而为非法资金的转移等提供了可能。二是某些第三方平台发行的虚拟货币在某些程度上来说打破了央行是我国唯一货币发行机构的规定。比如说财付通运作过程中，其使用的“Q 币”是腾讯交易平台上的使用货币，也就是说在此平台上的货币是由腾讯公司发行，这显然值得引起重视。三是我国电子支付法律环境缺失，特别是对第三方平台支付的法律规章更为缺失。我国金融支付发展迅速，第三方机构近几年崛起，已经成为电子商务市场上主要的交易主体。其运作规范化、安全保障性、货币的合法性等等规章制度均没有跟上步伐，法律的完善也是金融支付环境和谐发展的重要一环。

第三节　完善中国农村电商金融支付对策

一、中国农村电商金融支付发展中的问题

农村金融支付促进了农村电子商务的发展，其使得电子商务背景下的商品流通和货币流通更为匹配。虽然金融支付有传统支付不可比的优势，但也存在亟需解决的问题，具体归纳为以下几点。

（一）农村居民支付观念落后

农村居民对非现金支付的使用观念还不强，主要因为对现金支付的习惯性依赖和对金融支付认识的缺乏。农村居民的购买商品大多还依赖于农村赶集、夫妻店等形式，而这些市场的商品交易极为传统。大多数农村居民对现金使用成了习惯，不仅因为其面对面的购买方式就能满足其日常生活，而现金在这种情况下是最为便捷安全的交易工具。更是因为现金是“实物”，农村居民特别是老一代的人对看得见摸得着的东西会有较高的信赖度。其次，对金融支付等信息化的支付方式的认识缺失也是造成农村居民支付观念难以转变的因素之一。一方面因为缺少学习的机会，许多农村居民对网上银行等非现金支付工具的基本操作都不熟悉。另一方面，缺少对金融支付流程的认知，人们对不了解的工具往往难以信任。而且因为许多金融支付工具刚推广使用，安全性能不高，上当受骗的事情时有发生，而相关的法律措施又不完善，从而加大了用户的不信任度。因此，农村居民本身的习惯与认知使得许多金融支付工具难以短时间内得到推广，而农村居民的现金偏好习惯和对新事物的接受能力不强使得这一现状的改变难度加大。

（二）农村金融支付建设滞后

我国金融支付标准化建设存在问题，农村支付体系因为农村地区特殊性更是存在相关设施建设滞后问题。我国电子商务支付领域面临着标准缺失的局面，在支付市场上，移动、电信、联通、银联等一直站在自己的立场上对移动支付平台进行建设，而好长一段时间均没有得到统一的规范，这种盲目建设和推广最终会导致信息化的孤岛割据，从而增加社会支付建设的总成本。农村地域广，且人口居住分散，在农村的金融基础设施的建设成本较大。因此农村金融营业网点数量少，一般的金融营业网店设在人口较为集中的乡镇，但即使下沉到村级，也难以覆盖所有的地区特别是相对偏远的乡镇。这些偏远乡镇的居民的金融支付成本较高，使得金融机构和居民陷入两难境地。而在农村地区有覆盖优势的农信社和邮政储蓄银行，其基层网点的人员、技术配置上均滞后，导致金融业务种类少、服务不到位，也不能解决

金融支付推广的难题。更值得注意的现象是随着国有商业银行股份制改革的深入和经营策略的调整，农村信用社和邮政储蓄机构改革，县域机构逐步撤并，乡镇级营业网点几乎全部撤销，基层各银行业金融机构营业网点大量减少，网点服务范围大幅缩小。虽然人民银行出台改善农村支付服务环境的政策，扭转了农村网点撤并趋势，但农村银行营业网点建设还是严重滞后于农村经济发展需求。

（三）支付行业竞争无序化

21 世纪初开始，我国电子商务支付高速发展，支付行业的竞争也步入白热化阶段。支付宝从 2005 年免费使用，依附于淘宝网的迅速发展，在一年的时间内迅速占有我国支付的市场，成为第三方支付的龙头老大。到现在支付宝依旧维持了其独大的地位，特别在第三方移动支付市场上显示其占有明显优势。

支付宝第三方移动支付业务规模占整个市场的八成以上，财付通占一成以上，而其他众多移动支付所占市场份额总共加起来却不到一成。支付宝之所以能迅速占领市场的一大原因在于阿里对其制定的免费政策，这也是支付市场无序竞争的重要原因。支付企业不断通过价格竞争换取市场占有率的做法，忽略企业理应考虑的盈利目标，必然导致企业的非良性成长，也必然使得市场竞争的无序化。

（四）支付行业定价不合理

中国银联一支独大，其与市场的矛盾由来已久，而且随着银行卡的推广应用日益加深。与支付宝的超高占有率原因不同，中国银联的独大是由于整个市场只有其一家独家运营，支付宝是免费给企业带来的超低利润，而银联则是垄断性经营。不可否认，这避免了类似第三方支付市场那样激烈竞争导致的无序问题，独家运营能提高支付的运作效率。但其定价同样缺乏合理性，阻碍支付企业的合理利润的获取，同时直接制约整个支付产业的健康有序发展。我国金融服务的收费定价涉及人民银行、银监局、国家发改委等多个部门，政出多门，不仅缺乏政策的连续性，甚至还相互抵触。在缺乏指导的情况下，商业银行严重偏离指导价格进行定价，而我国支付清算组织有其局部垄断的权利，其自主定价的权限更大，从而可能导致不合理的收费。这些会直接增加社会支付的成本，从而降低支付的效率。2010 年初，我国餐饮业协会向国家提出废止银行卡刷卡 2% 的高昂收费，此项收费极大增加了餐饮企业的运营成本，不仅如此，在零售行业等其他企业也出现银行卡收费成本过高的问题。而这一收费标准在十多年前就开始实施，期间导致金融机构与企业的矛盾不断。因此，垄断性的定价已经不能适应市场的健康发展规律，损害企业的利益，也阻碍社会经济的整体运行。

（五）农村支付体系监管缺失

我国电子商务支付的发展一直以来走的是市场化的道路，本就长期缺乏有效的监管。而农村支付更是在近几年才得以发展，随着农村电子商务迅猛发展，其体系监管问题显得尤为重要。我国电子商务支付监管缺失体现在很多方面，特别是对第三方平台和移动支付的监管。比如第三方支付平台的滞纳金的监管问题，第三方支付的模式决定了第三方平台会留有一定数量的金额，但随着第三方平台的不断扩大，滞留金数额相应增加，有的平台的数额达到了几十亿元。但是对于这么一笔庞大的金额，监管手段却缺乏。同样第三方平台的运作规范问题也值得探讨，近些年来洗钱、欺诈等违法行为开始借助第三方支付平台，这些手段随着第三方平台等产品的创新也不断变化，监管起来更为困难。我国现有的金融监管体系较为分散，银行、证券、保险金融机构分别由银监会、证监会和保监会监管，而电子商务的支付特别是第三方平台参与的支付涉及多个行业，这就对电子支付的监管提出了较高的要求。对电子商务支付的监管需要协调央行、各类金融机构和相关监管部门等各种利益相关者。

二、完善农村电商金融支付的政策建议

农村电子商务的发展能极大促进农村经济发展，随着农村电子商务应用的不断深入，对农村金融支付的发展也提出了较高的要求。要适应农村电子

商务的健康发展，需要解决阻碍农村金融支付的各类问题，构建健康有序的农村的电子商务运行体系。

（一）推广非现金支付工具

在农村地区推广非现金支付工具，要从改变农村居民支付观念与普及金融支付工具相关知识两方面入手。要改变农村居民的支付观念，可以发挥农村地区影响力较大人群的力量，比如先鼓励农村公务员、教师等使用各类金融支付工具，由这小部分发挥带领作用。同时可以发挥农村地区外出工作的年轻人的带动作用，推出亲人好友联合使用的金融产品，慢慢影响农村居民对现金的依赖心理。而要普及金融工具的相关知识，要同时兼顾宣传与以产品吸引的作用。通过广告等方式在农村地区宣传金融支付的产品、流程、规则等，同时以多样化的金融支付产品吸引居民主动熟悉金融支付的操作，如推出支付宝付款优惠等活动。有些居民的金融支付行为受高昂的手续费的影响，为此，可以采取对某些特定服务进行财政补贴降低居民的支付成本的方式，化解居民与金融机构两者的矛盾。

（二）加快农村金融支付基础建设

加快我国农村支付系统的基础建设，提高农村资金周转速度，需要加大农村地区金融网点建设，加强农村网络系统建设，完善涉农银行业金融体系。农村地区金融网点建设需要增加农村金融服务网点和增强支付结算系统在农村的影响力。可以通过财政拨款、招商引资等方式加大农村基础设施的资金投入，促进农村经济的发展，在经济活跃的地方增设金融服务网点，发展农村金融同时兼顾银行盈利情况。此外，可以在周边设立多个自助银行，减少银行人力和资金的投入，同时将农村金融覆盖面扩大。在保证新型农村金融机构运行和管理风险可控的前提下，将农村金融机构网点接进全国支票交换系统和支付系统，促进汇路畅通，为广大农村地区提供高效、安全、低成本的支付服务，提高农村资金周转效率。加强农村网络体系建设，要提高农村网络技术水平，保证农村网络安全性。将先进技术引进农村金融机构，提高金融机构的技术人员配置水平，同时兼顾农村地区的网络运行效率和网络使用安全性。扩大农村网络覆盖范围，将网络服务延伸到偏远地区，填补其金融信息的空白。

（三）引入农村金融行业竞争机制

我国农村地区主要的金融机构只有农村信用社、农业银行与邮政储蓄银行，乡镇金融网点基本由这三家设立，而其他商业银行因为成本等原因难以设立乡镇网点覆盖农村。要打破我国农村金融机构市场的萎靡现状，需要构建以涉农机构为主导，各银行业金融机构参与，村镇银行为有益补充的多层次、多类型的支付组织体系。在农村地区，金融机构难以盈利，因此市场自由竞争机制失灵，需要政府干预才能完成支付组织体系建设。对农村支付环境改善的支持，促进了银行业金融机构的“回流”。但是商业银行进入农村地区的速度还过于缓慢，政府可以采取财政补贴的方式，填补农村地区某些金融机构的空白。同时，要加快农村现有三大金融机构的改制，利用现有的网点优势，盘活乡镇原有的资源，充分发挥农村支付机构的主力军作用。此外，推动村镇银行、小额贷款公司等新型农村金融机构发展。这些机构的发展对农村金融支付环境的活跃程度有积极作用，称为农村地区的草根银行。其将农村企业和个人定为服务对象，成本投入相对较小，而且对农村地区的生产发展等信息掌握的较准确，有利于金融机构与服务对象的信息不对称问题。

（四）促进政策扶持与业务监管相结合

促进农村地区的金融支付业务发展，既要有政策的扶持，又要有相关部门的有效监管。农村地区发展落后，需要加大财政政策、税收政策的扶持力度，引导银行业金融机构在资金投入、人员配置、积极布放等方面给农村地区一定倾斜。此外，为保证支付的安全性，需要加强对支付行业的监管。但是农村地区的经济特点与农村居民的特点，需要对农村地区的监管实行差异性政策，根据银监会2015年发布的《关于做好2015年农村金融服务工作的通知》，要强化农村金融差异化监管。为刺激某些特定地区的金融支付创新，可以适当放松监管。对于某些发展较为落后的偏远地区，可以适当降低某些政策门槛。

第十二章

农村电商中介组织

电商中介是电子商务市场中的服务媒介，在农村电商运营过程中充当着助推器的角色。从职能上看，电商中介与传统市场中介并没有本质的差别，目的都是为市场主体服务，提高市场效率。但从管理主体来看，传统市场中介主要是通过管理者来进行管理，而电子商务中介是应用人与计算机的结合来进行管理，打通广大企业和个人从实体销售到互联网销售的最优路径，集合优势平台与专业团队为线上线下商务互联提供有效的解决办法。

第一节　农村电商中介组织含义与功能

随着经济的发展，农村电商中介组织对于调和农业小生产与市场大规模发展之间的矛盾有极其重要的作用。几十年来，学术界对于“农村市场中介组织”广泛关注，理论界从不同角度对其进行了深入研究，但目前对于农村电商中介组织尚没有一个一致的定义与结论。我国农业生产具有其特殊性，所以对于农村电商中介组织国外并没有直接的论述，因此，对于其内涵的界定，只能从传统中介组织入手。

一、 农村电商中介组织的含义

“中介”二字，言简意赅，通常意义上指中介活动或行为。中介活动出现已早。在商品交换时，交易双方——商品的生产者或销售者以及购买者之间对于商品信息的诉求促使中介活动伴随商品交易而出现。在商品的简单交易时，交易双方可自行进行商品信息的交换与处理，但是随着商品交换活动的不断扩大和社会分工的进行，仅仅依靠交易双方，不能够满足商品交易时高额的交易成本——时间成本、人力成本、资金等，这时中介人应运而生。中介服务本身也逐渐发展成了一种商品。随着商品生产和交换规模的不断扩大，为了获取较高的规模效益，分散的中介人逐步联合形成组织，为商品交易双方提供完善有序的中介服务，这便是中介组织。

进一步地，随着社会分工的精细化、市场交易的复杂化，交易双方的诉求不再单纯是对于交易商品的信息需求，而是对于复杂变幻、风险迭生的市场信息的动态掌握，为了适应这种市场需求的发展，中介组织不得不丰富服务种类、细化服务职能，从单纯地沟通交易双方的供求信息，发展到为进入市场的交易主体提供咨询、产品开发、质量检测、人员培训、交易场所以及沟通、协调、公证、评估、仲裁、调解等服务，以克服市场主体在市场进入和市场竞争方面的风险、并能有效地减少市场纠纷和维护市场秩序，大大减少交易成本，促进市场交易。

总而言之，从中介组织的历史沿革来看，其含义并非一成不变，其内涵在不断地丰富和发展，其外延也在不断地扩展。因此，中介组织就是指介于政府、企业、个人之间，不直接从事商品、服务等的交易活动，而是以独立的第三者身份为市场主体在市场进入、市场竞争、市场交易秩序和市场纠纷等方面，从事沟通协调、公证、评价、监督、咨询等服务活动的专门机构。

二、 农村电商中介组织的功能

电商中介是电子商务市场中的服务媒介，在农村电商运营过程中充当着助推器的角色。农村电商中介由于其类型各异，性质作用不同，因而其所发挥的功能也有所差别。概括起来，农村电商中介组织一般具有以下功能。

（一）监督功能

市场经济活动中，交易主体的活动目标即为谋求自身利益的最大化，而市场交易的不确定性与竞争激烈性是的交易活动和交易行为与交易目标不相一致，因此，对于市场交易活动的监督和引导必不可少。在这种市场经济条件下，独立于市场交易主体而存在的第三方中介组织逐渐得到市场的认可，其“经济警察”的职能日益得到加强。特别是在监督企业行为，调节市场纠纷，稳定市场秩序等方面已发挥着不可替代的作用。特别地，农产品品控体系不健全：非标准、货值低、品控难。传统农业生产方式导致农产品品质稳定性难以控制，农产品品牌树立任务艰巨。由于很多农户的思想意识不高，目前农业生产环节的安全性管理得不到保障，许多农户为维护农业生产的低成本，农产品的农药、化肥等含量超标，“三品一标”产品数量及其比例较低。如果是传统的线下水果批发，这些问题并不被重视，但在互联网销售的模式下，缺乏安全标准的农产品往往无法获得平台商的认可。目前天猫、淘宝要求食品经营方提供食品流通许可证、食品生产许可证、食品卫生许可证，而京东则要求销售商提供食品流通许可证、商标注册证、所申请品牌的质检报告、全国工业生产许可证及所申请品牌的授权等。其中，监督职能较强的电商中介主要包括农产品质量检验中心、农产品行业协会等。这些职能过去大多在政府部门，随着市场经济的发展和政府职能的转变，逐步由农村电商中介组织承担。

（二）价值实现功能

近十年来，中国的电子商务发展迅猛，电商带给了人们物美价廉、海量商品、送货上门等便利，同时也给商品交易提供了时空便利和成本下降的利益。但在目前，这只是中国6亿城市居民能够享受到的红利，居住在中国农村的另外7亿人，由于种种原因，还无法同城市人一样进行电商买卖交易。当前市场机制在农村电子商务发展过程中的作用并未充分发挥。农民作为农产品的生产者，难以通过务农获得较高的收入，且农村电商的在线营销费用高企，普通农村网商亦难以承受，而城市消费者则经常抱怨农产品食品安全问题和价格过高问题。这两种现象的原因在于流通过程的中间环节过多，中间费用的存在导致农民的收购价较低和消费者购买价过高。此外，农民巨大的消费需求还有待挖掘，农民购买农业生产资料和生活商品的地点和行为习惯变化很小，仍然主要在本村或者乡镇集市购买。农村电商中介组织所发挥的作用即是帮助农民使农产品能顺利进入市场和实现价值。

（三）鉴证和评审功能

这类中介组织以其具有的专业知识和技术，依据国家的法律、法规的规定，接受市场行为主体的委托，站在客观、公正、独立的立场上，从事委托人所委托的中介服务。如评审委托人提供的证据资料和各类原始凭证，拿出鉴定报告，以证明委托人委托的事项是否真实、合法和公允。就目前来看，这类中介组织多为城市电商中介组织，农村中尚不多见。但随着农村电商的发展日益成熟，相信这类中介组织在农村中也会应运而生。

（四）协调功能

在市场经济条件下，政府对企业管理由直接管理转向间接管理，由微观管理转向为宏观管理。这就需要在政府宏观调控管理与企业微观经营管理之间，有发挥纽带和衔接作用的机构实施中观协调管理。很多时候，政府对于农村电商的管理无法做到直接监管，因此，作为中介组织存在的行业协会是进行中观管理的最佳组织形式。这类中介组织作为政府与农村电商企业、农村电商企业与企业之间的桥梁和纽带，可以把双方很好地联结起来，传递信息、协调润滑，发挥特殊的管理作用。

（五）服务功能

中介作为一种服务性的社会组织，其本质就是为企业服务、为消费者服务、为社会公益服务。当然，不同类型的农村电商中介，其服务的形式和内容、承担的服务功能也是不同的。例如，湖南湖湘商贸股份有限公司的湘村驿站承担湘村电商平台的用户宣传、教育、使用培训职能，代下单、代支付、代开店、辅助开店等。通过提供商品入村的最后一公里产品和服务的配送，快消品销售，农产品归集和代理营销，农村家庭黏性服务等业务。为农民提供方便快捷的生活服务，是湘村电商平台连接社区居民和农村住户的终端触角，致力于提供居家黏性服务锁定用户群和提供最后一公里配送服务，形成一个所有电商可以共享的终端配送和服务网络，成为各类电商共享的入口。

（六）反馈功能

中介组织依靠其拥有的专业人才，以及所掌握的信息资料数据库，应用科学的方法，获取市场的反馈信息，经过对这些反馈信息的分析、归纳、组合，将这些信息反馈给市场交易主体，作为其经营管理和市场决策的重要依据。农村电商市场的开拓，可以认为是电商产业梯度转移一种表现，初级的“淘宝”C店对高端的城市电商用户吸引力在下降，他们转而进入了海淘等跨境电商平台，农村成为了低端电商市场争夺和开拓的对象，随之而来的商品品质与质量安全问题令人担忧；农村电子商务市场的开拓不可避免会带来新的信息不对称问题，海量鱼龙混杂的信息加剧农民选择的困难，使得农村有沦为城市垃圾消费品倾销地的危险，现有的假冒伪劣现象披上电子商务外衣更加猖獗。农村电商市场有些近于自然垄断市场，且目前多方都在开拓，包括政府、邮政、供销、三大巨头（淘宝、京东、苏宁），放任市场竞争可能会导致市场交易的低效率和市场失灵，因此要在前期就对电商市场进行一定规制。而这类农村电商中介组织所发挥的作用正是将这些市场信息分析归纳整合反馈给电商企业和政府，以便其进行市场决策和宏观管控。

第二节　农村电商中介组织发展现状

一、传统中介的分类

对中介的分类，目前国内尚无统一标准。我国专家、学者曾从不同角度对此进行研究探索。

按照社会中介对市场的作用程度，将中介分为市场中介和非市场中介。如《中共中央关于建立社会主义市场经济体制若干问题的决定》提到的会计师、审计师和律师事务所，公证和仲裁机构，计量和质量检验认证机构，信息咨询机构，资产和资信评估机构等，均属于市场中介组织。非市场中介组织包括公益性服务机构、社区管理机构等。

财政部于1999年12月12日公布的《中介服务收费管理办法》第三条规定：本办法所称的中介机构是指依法通过专业知识和技术服务，向委托人提供公正性、代理性、信息技术服务性等中介服务的机构。公正性中介机构具体指提供土地、房产、物品、无形资产等价格评估和企业资信评估服务，以及提供仲裁、检验、鉴定、认证、公证服务等机构。代理性中介机构具体指提供律师、会计、收养服务，以及提供专利、商标、企业注册、税务、报关、签证代理服务等机构。信息技术服务性中介机构具体指提供咨询、招标、拍卖、职业介绍、婚姻介绍、广告设计服务等机构。

由于划分中介时采取分类标准和标准的不同，在具体进行中介和中介服务业的统计时，使用的统计口径不一，因而形成了中介及中介服务业在含义和范围上的不同界定。如根据DECD（经济合作发展组织）国家所运用的定义，市场中介服务只是狭义地被定义为策略性的市场服务，包括四个类型的服务：计算机软件与信息服务，研发（R&D）与技术检验服务，商业组织（包括管理咨询与劳动录用服务），与人力资本发展服务（培训项目与在岗培训）。显然，这一定义只是涵盖了前述市场中介组织中的信息咨询类，而未包括经济鉴证类的专职服务（法律事务所、会计事务所与审计服务等）和经纪代理类的中介服务。

二、 农村电子商务中介组织的分类

电商中介就是电子商务市场中的服务媒介，与传统的市场中介差别在于电子商务中介运作于虚拟的互联网环境中。

从职能上看，电商中介与传统市场中介并没有本质的差别，目的都是为市场主体服务，提高市场效率。但从管理主体来看，传统市场中介主要是通过管理者来进行管理，而电子商务中介是应用人与计算机的结合来进行管理，打通广大企业和个人从实体销售到互联网销售的最优路径，集合优势平台与专业团队为线上线下商务互联提供有效的解决办法。

根据电子商务中交易主体在交易不同阶段所产生的不同交易服务诉求。

本书对于电子商务中介组织有新的定义：在电子商务在线交易及相关的商务活动中，除交易双方之外的其他参与者所提供的电子商务服务。这些服务提供促进、支持、保障或监督一方及双方商务活动的功能。

特别地，电子商务中介组织所提供的服务有其两面性：一方面，电子商务中介组织的第三方服务使得电商交易活动顺利进行；另一方面，这些服务使得电子商务交易过程变得复杂，交易成本增加。与传统中介相比，电商中介不仅进一步发挥“聚合、定价、搜寻和信用”的功能，而且还具有传统中介所不具备的新职能，如落地交易。

一般来说，提供中介服务的农村电商可以大致分为两类：一类是直接提供农村电商中介服务的电商服务商；另一类是独立于农村电商存在的第三方中介组织。

（一）直接提供农村电商中介服务的组织

中国电子商务中介组织类型如表 12－1 所示。

表 12－1　　中国电子商务中介组织类型

名称	职能	案例
提供 B－C 型交易服务的电子商务服务商	出租空间给一些网上零售商，但网上商厦负责客户管理、支付管理和物流管理等后勤服务	新浪
提供 B－B 型交易服务的电子商务服务商	收集和整理企业的供求信息，为供求双方提供一个开放的、自由的交易平台	村淘服务站
提供网上拍卖服务的电子商务服务公司	供消费者之间拍卖中介服务的、消费者拍卖商家产品中介服务的，以及商家之间的拍卖服务	雅宝

（二）独立于农村电商存在的第三方中介组织

在中国，多数企业属于中小型企业，它们大都缺乏一定的资金、人才、诚信度和独自从事电子商务的能力。面对这样的情况，需要有一个中间的平台来帮助中小企业解决从事电子商务中出现的问题。按照其种类分，可以分为技术类、营销类、仓储物流类等十几个类别，针对目前市场上的电子商务服务性质，主要分为以下几类（见表12－2）：

表12－2　　中国电子商务中介组织分类

类型	种类	服务内容	代表企业
IT系统	IT技术类	为企业提供电子商务技术解决方案，包括企业建站、网站维护等相关的技术服务	商派
市场	营销推广类	为电子商务网站提供营销服务，可帮助企业提供不同渠道的推广服务，增强营销效果	亿玛
	市场调研与咨询类	通过市场调研及市场咨询等为企业提供前期的市场规划，了解目前的市场情况等	艾瑞
物流	仓储管理类	为电子商务企业提供仓储管理、订单管理等服务	五洲在线
	物流快递类	提供电子商务的物流服务	“四通一达”
销售	代运营类	帮助客户进行电子商务的整体运营	兴长信达、古星
其他	如支付、咨询等	包括电子商务咨询服务、数据分析服务、人才服务、金融服务等其他类型的电子商务服务	

资料来源：艾瑞咨询《2010～2011年中国电子商务第三方服务市场研究报告》。

1. 电子商务交易市场

电子商务的出现无形中把所有参与的企业都变成了国际性的企业，但很多企业由于自身的原因并没有准备好参与国际竞争，如果盲目地建立电子商务项目，会大大地增加企业的成本。但是企业又不想失去参与电子商务的机会。为此，一种新型的交易市场——电子商务交易市场由此出现。

电子商务交易市场是以Internet为基础，利用先进的通信技术和计算机软件技术，将商品供应商、采购商和银行紧密联系起来，为客户提供市场信息、商品交易、仓储配送、货款结算等全方位的服务。电子商务交易市场为买卖双方展示了一个巨大的交易市场，买卖双方不需要花费太多的精力和资金就可以轻松地在这个巨大的无形的交易市场中完成对企业的宣传和进行交易。而这种宣传和交易是面向全球的，大大地增加了企业的市场机会。以中国商品交易中心为例，这个中心控制着从中心到各个省份中心、各市交易分部及各县交易所的所有计算机系统，构成了覆盖全国范围的“无形市场”。

这个计算机网络能够储存中国乃至全世界的几千万个品种的商品信息资料，可联系千万家企业和商贸单位。每一个参加者都能够充分地宣传自己的产品，及时地沟通交易信息，最大限度地完成产品交易。这个市场是由国际消费者组成的，而且其数目仍以每年70%的速度递增。

然而电子商务交易市场仍然存在一些问题需要解决：目前的合同文本还在使用买卖双方签字交换的方式，如何过渡到电子合同，并在法律上得以认证，尚需解决有关技术和法律问题；整个交易涉及的资金二次流转及税收问题仍需认真研究；信息资源的充实也有待于更多的企业、商家和消费者参与；整个交易系统的技术水平如何与飞速发展的计算机网络技术保持同步，则是电子商务交易市场起步时就必须考虑的。

2. 提供信息及搜索服务的信息服务增值商

随着Internet的快速发展，商务信息爆炸式的增长及网络环境的日益复杂，能够快速、准确、全面地得到有用的信息尤为重要。这也是搜索引擎兴起和发展的原因。在当今的电子商务市场中，越来越多的商家看中了搜索引擎市场这块“大蛋糕”。随着技术的日新月异和市场的需要，信息服务增值商在提供搜索引擎方面也发生着巨大的变化。

（1）与搜索向多元化、垂直化趋势迁徙，同等重要的是面向用户的订制搜索服务及提供方式的创新。搜索引擎服务从提供单一的文字、图片搜索，向提供音乐、视频、资讯、软件、文件等多元化的搜索发展，搜索结果无疑将因此更有针对性，更加精确。另外，搜索引擎改善并创造新的信息提供方式和渠道，使得搜索成为多种多样的用户可订制的服务，某些收费的搜索服务因此成为可能。

（2）网络联盟在搜索引擎收入中所占比例将会也必须逐渐提升，但是开放程度需要进一步提高。基于搜索技术实现广告与内容精准匹配的网络联盟是搜索引擎收入的重要组成部分，未来地位将越来越重要，网站联盟不仅给搜索引擎增加了广告收入，同时扩大了搜索引擎的流量及影响力。

（3）搜索引擎向品牌广告主拓展力度继续加大，但是比相关拓展更重要的是搜索企业对市场资源的深度整合、对资源系统和竞争系统的重新架构。搜索引擎向品牌广告主拓展主要体现在：第一，利用互联网用户搜索行为进行数据挖掘，品牌广告主实现更加有针对性的精准营销；第二，发展新闻、财经等资讯频道，吸引品牌广告主；第三，利用搜索引擎网站原有资源，如MP3 搜索、视频搜索、社区等吸引品牌广告主。

3. 电子商务认证中心

保证商务信息的安全是进行电子商务的前提。目前电子商务的安全技术用于保证信息传输的保密性、交易文件的完整性、信息的不可否认性、交易者身份的真实性等几个方面。但是在电子交易中，这些电子商务的安全技术，例如，数字时间戳服务和数值证书的发放，都不是靠交易的双方自己完成的，而需要有一个具有权威性和公正性的第三方机构来完成。认证中心（CA）就是承担网上安全电子交易认证服务、签发数字证书并能够确认用户身份的服务机构。认证中心通常是企业性的服务机构，主要任务是受理数字证书的申请、签发数字证书及管理数字证书。

从目前情况看，CA 的概念已经深入到电子商务的各个层面，但就其应用而言，还远远不够。在 CA 建设和分布格局上，无论是在建的还是已经启用的，都还存在一些问题。在技术层面上，由于受到美国出口限制的影响，国内的 CA 认证技术完全靠自己研发。又由于参与部门很多，导致标准不统一，既有国际上的通行标准，又有自主研发的标准，即便是同样的标准，其核心内容也有所偏差，这将导致交叉认证过程中混乱的局面。在应用层面上，一些 CA 认证机构对证书的发放和审核不够严谨。为了抢占市场，在没有进行严格的身份确认和验证就随意发放证书，难以保证认证的权威性和公正性。在分布格局上，很多 CA 认证机构还存在明显的地域性和行业性，无法满足充当面向全社会的第三方权威认证机构的基本要求。所以在建立和发展 CA 的过程中需要考虑到这些方面的问题。

4. 电子商务代运营

电子商务代运营是指为企业提供全托式带你子商务服务的一种服务业

务，提供代运营业务的运营商叫做代运营商，即帮助传统品牌商全程运营电子商务业务，服务内容包括电子商务渠道规划、建站、产品上架、营销、仓储物流、客服、财务结算等。传统企业开展电子商务通常有两种方式：一种是自建团队，一种是将电子商务外包。传统企业虽有品牌和资源优势，但缺乏相关的电子商务经验，因此，大部分的传统企业选择了后者。代运营商依靠专业的电子商务人才和技术，可以根据传统企业的业务现状和经营目标，提供网站建设、营销推广、分销渠道、仓储物流等全套服务，与电商运营商的合作，将大大降低传统企业进入电子商务的门槛，有效减少成本运营和风险。

目前，电商代运营市场空间巨大，市场交易规模从2009年49.7亿元增长到2014年2684.8亿元，增幅每年均在100%以上，使用第三方电子商务平台的中小企业数每年稳步提升，市场可待挖掘领域宽广。如图12－1所示。

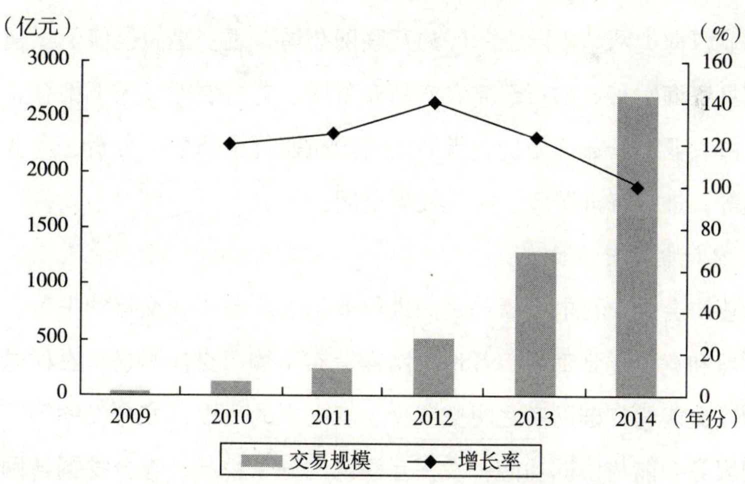

图12－1　2009～2014年电商代运营市场交易规模及增长率

资料来源：2015～2020年中国电子商务代运营行业深度调查及未来发展预测咨询报告。

5. 农业信息咨询网络服务提供商

截至2015年12月，农村网民规模达到1.77亿，较2012年增加6101万人，增长率为13.5%。预计到2017年，中国互联网人口总数将突破9亿，农村市场将拥有26%的人口使用互联网。2013年我国的农业网站已近四万个，农业期刊3000多个，涉农类综合报纸或专业报纸也多达数百种，广播电视也都有农业类节目或栏目。但有关调查显示，我国农业信息市场的巨大需求仍然得不到满足，大多数涉农企业、偏僻的农村、渴望致富的农民对信息的需求仍得不到满足。全国各省（区、市）农业行政主管部门均建立了农业信息网站，已有83%的地级和45%的县级农业部门建立了农业信息网站。事实上，互联网与农业的结合在我国早已开始，大北农集团早在1999年就已经创立了农博网，起步时间和一线门户新浪、搜狐、网易，包括现在的BAT（百度、阿里巴巴、腾讯）。但是农业互联网收到行业限制，发展整体缓慢。基于此，目前我国农业互联网网站在寻找各自的突破过程中，主要呈现农业咨询数据类、农产品电商类、农业信息媒体类、导航类四种发展类型。农业咨询类网站不同于一般的互联网公司，更多是嫁接线下渠道，实现线上信息咨询发布。如布瑞克农产品期货网、艾格农业、天下粮仓、卓创资讯等从事农业市场数据分析，借助大宗产品期货市场数据分析、产业发展数据研究等，进行咨询服务，实现发展空间。

6. 农村电商行业协会

行业协会是农村电商商户之间进行或正式或非正式交流的平台，对于网上的学习和竞争起到助力。各地区网商分布不均，交流不畅，农村电商行业协会的成立能够打破网商之间交流少、互动少的局面，充分发挥第三方中介组织的服务功能与协同功能，发挥互联网的分享精神，充分挖掘各网商之间对于电商经营、培训、管理等的共同需求，共建区域电商发展的百花齐放局面。

在电子商务发展过程中，行业中介组织的建设和完善，在加强行业自律、开展业务引导行业发展等方面将起到积极作用。在邻省浙江，政府借助

电子商务促进会积极开展“万企上网”“电商大讲堂”等活动，在优化市场、营造氛围方面发挥了积极作用。作为农村电商自己的组织，电子商务协会在维护电商利益、反映行业诉求等方面发也挥出了一定作用，比如，抵制快递企业不合理涨价，商请电信部门提升网络服务等，较好地体现了协会对外协调的职能。大力发展行业中介组织是电商改革的大势所趋，很多政府不便做、不能做的工作，都可以移交给行业组织。一些工作由行业组织出面牵头，成效会比政府出面更好，更利于行业发展。目前，南京、苏州、无锡等地，包括部分区（县）已建立了电子商务协会、电子商务专家咨询委员会等行业中介组织，在承接展会论坛、运营平台项目、开展统计监测等方面起到了积极作用。为此，省政府应着力推动省内龙头企业牵头，成立省电子商务协会，进一步发挥行业协会的积极作用。同时，可在全国范围内遴选一批行业专家，成立省电子商务专家咨询委员会等行业组织，尽快形成行业组织助推发展的内生动力。同时，政府应积极引导电子商务协会不断发展完善，通过协会加强网商间的协作，在培训、订单、设计、设备等方面实现资源共享，增强网商的主体意识，实现自我管理、自我服务，维护整体利益，避免无序竞争。

7. 农村电商合作社

随着《中华人民共和国农民专业合作社法》（以下简称“合作法”）的颁布实施，各级政府部门高度重视，积极传达合作法的旨意促进了农民合作社迅速发展，相关优惠政策的制定更是极大地激发了农村地区组建合作社的激情，合作社在数量上增长很快，入社农户也迅速增加。到 2015 年 10 月底，全国农民合作社数量达 147.9 万家，比 2014 年底增长 15.5%；入社农户 9997 万户，覆盖全国 41.7% 的农户，各级示范社超过 13.5 万家。而现在，网上供销合作社为主要的发展趋势，全国各地正在有序开展网上供销合作社的转型工作。

目前我国各个地方的农村电商中介组织有了比较大的发展，但总体发展水平不均衡。相比较而言，无论从数量上，还是从作用的发挥上，农村电商中介组织与城市的电商中介组织都有比较大的差距。另外，这些形式各异的农村电商中介组织在我国发展也是不均衡不成熟的。具体来说。在空间上，我国东南沿海及中部电子商务发达的省、市发展较快，而西部或中部电商发展缓慢的省份，中介组织发展则相对不够成熟和完善；在类型上，农村电商中介组织以市场和要素服务型为主，其他类型则相对不够完善。从总体上来说，当前我国农村电商中介组织的发展紧跟电商发展的脚步，电商发展完善的地区中介组织的发展相对完善。

第三节　加快农村电商中介组织健康发展对策

一、我国农村电商中介组织发展中的问题

（一）农村电商中介组织不具有代表性

我国农村电子商务的发展尚不成熟，因此对于农村电商中介组织的规制建设亦不完善且相对滞后，市场准入、服务监管体系、信用体系、统计监测体系、产业投融资机制等亟待建立。近几年农村电商的发展势头高猛，阿里巴巴的“千县万村”计划在全国范围内铺设村淘服务站，旨在实现阿里农村电商的弯道超车；京东的“千县燎原”计划，重点推进京东服务中心、京东帮服务店、乡村服务点、地方特色馆、地方特产采购、农业特产基地、本地平台企业合作的工作。在这样的发展势头下，全国各地各类农村电商行业协会纷纷成立，鱼龙混杂、无法辨认。在各个平台挂靠相关协会，通过奖项为平台实力背书的同时，农村电商企业需要谨慎选择相关平台，行业协会等农村电商中介组织本身并不能构成依据。

（二）农村电商中介组织作用发挥不彻底

网络购物领域侵犯知识产权和制售假冒伪劣产品等违法犯罪现象时有发生，网络交易纠纷处理困难，可信、安全、便利的网络购物环境还不完备。这种假冒伪劣现象在农村电商中的存在则更为普遍。随着高端城市电商用户

的审美趣味及购买品质的上升，初级的淘宝店铺转而进入了海淘等跨境电商平台，农村以其巨大的市场存在成为了低端电商市场争夺和开拓的对象，随之而来的商品品质与质量安全问题令人担忧；农村电子商务市场的开拓不可避免会带来新的信息不对称问题，海量鱼龙混杂的信息加剧农民选择的困难，使得农村有沦为城市垃圾消费品倾销地的危险，现有的假冒伪劣现象披上电子商务外衣更加猖獗。而政府的监管不及时与农村电商中介组织的作用发挥不彻底的弊端显现无疑。

（三）农村电商中介组织发育迟缓

电子商务应用在地区、城乡和企业间发展还不平衡，农村、中小企业和传统流通企业电子商务应用亟待扶持引导。农村电商中介组织的发育程度代表了电商企业的发展程度，因此，电商企业规模大小、区域不平衡导致农村电商中介组织的发育迟缓。BAT（百度、阿里巴巴、腾讯）、京东商城、苏宁易购作为电商发展的巨头，其农村电商中介组织的发育程度相对于小型电商企业则成熟很多。农村电商服务业尚处成长期，商业模式、服务水平和服务范围有待拓展提高，技术和市场尚不成熟。目前各大运营商重点做工业品下行，已有一定效果，但农产品上行依然没有找到可推广的模式。现代物流体系最初服务于工业产品，但对于农产品而言却并不适用，且工业品下行明显优于和先于农产品上行。首先，农产品是需要有一定的规模、是需要有一定的量，农产品没有一定的规模，电子商务很难持续运作和获利；其次，生鲜电商交易半径、储存、变质、损耗的问题，物流设施不完善，可谓难上加难；最后，农产品有季节和产地因素的困难，尽管国家政策鼓励以电商为大众创业万众创新，提供广阔的用武之地，动员大众开展电子商务，但是，绝大多数人一年中只能应季经营本地农产品，其他时间没足够的产品可卖，显然这样的电子商务无法成为大众创业持续发展的基础。

（四）农村电商中介组织服务能力有待提高

我国农村电商中介组织还处在发展阶段，服务能力还有待提高。首先，技术能力。大多数农村电商中介组织甚至电商中介组织的技术服务能力很差，在企业官网建立能力方面很弱；其次，营销能力，目前大多数农村电商中介组织仅擅长淘宝营销，全网营销的经验和能力很差；最后，仓储物流方面。物流一直是影响中国电子商务发展的一大制约因素，尤其农产品（生鲜农产品）的仓储物流要求极高，这方面技术未来亟待提高。

（五）前端渠道单一，多渠道运营经验少

目前，阿里无疑是整个电商市场的巨头，因此大多数电子商务中介组织必须依附阿里生存。相对而言，阿里生态系统中，电子商务中介组织的发展亦相对完善。但是目前已经有很多电子商务中介组织开始做企业官网，发展阿里之外的业务。品牌化是电子商务发展的重要一环，未来电子商务的发展，会有越来越多的品牌商进行企业官网商城的规划，而不仅仅满足于在淘宝、天猫等网络销售平台开展平台旗舰店的方式。因此，未来中介组织应该更多地开拓独立于电商巨头之外的业务。

（六）传统企业“单飞”带来的威胁

即使是国外 GSI 等代运营商，也无法避免被所服务的一些品牌甩开单飞，其对策是大举收购各个环节的服务提供商，整合全产业链，为各领域的知名品牌服务，巩固自己在行业中的地位。对于国内的创业者来说，这样的路径目前还显得不太现实。各家代运营商尚处在培养自身能力的阶段，即使是全包商也都有着自己的侧重。

二、加快我国农村电商中介组织健康发展的对策

农村电商中介组织在农产品流通中发挥着重要的作用，在一定程度上甚至可以说，农村电商中介组织的成熟程度代表着农村电商发展的成熟程度。网络改变了农产品传统的流通方式，对农村电商中介组织的发展产生了严重的挑战，信息技术的飞速发展与农民意识的逐步提升，也会对农村电商中介组织的发展提供更多的机遇。面对日益更新的电商发展环境，农村电商中介组织作为农村电商助推器的角色始终不会发生改变，如何进一步提高农村电商交易效率，农村电商中介组织通过对自身所处的市场和环境进行分析，选

择合适的发展路径，迅速正确的调整自身定位，形成最优的发展策略，农村电商中介组织将会有更广阔的发展前景。

（1）互联网以其低廉的交易成本、便捷的交易模式和丰富的交易信息赢得了众多消费者的青睐，使消费者的购物方式发生了巨大的改变。随着农村中网络基础设施的逐渐覆盖，农村电商的崛起使得传统渠道中的中介组织面临灭亡的威胁。但是互联网在对传统中介组织关闭一扇窗户的同时又为农村电商中介组织打开了另一扇窗户。农村电商中介组织可以借助互联网，利用网络工具，完美变身成优秀的信息中介组织、虚拟中介组织、评价中介组织等。

（2）自建网站，构造网络销售平台。网络环境下，为降低交易成本，农村电商中介组织可以借助于网络建立新的销售渠道，达到降低销售成本、提高销售收益的目的：一是降低搜寻成本，网络信息交流的无障碍使得交易对象的搜寻、交易信息的沟通与获取等得到极大降低；二是优化供应链管理，提高了农村电商中介组织的自身能力。自身网站的建立，除了降低搜寻成本以外，商品销售的市场覆盖范围得到极大扩展，商品的宣传与促销活动等更加有效与便捷；三是严格库存管理。通过自建网站，农村电商中介组织能够及时清减库存，达到减少库存甚至零库存的目的，无需承担库存压力。因此，农村电商中介组织通过自建网站，为农产品构造网络销售平台，成为农村电商中介组织发展的一条重要之路。

（3）依托中介平台，建立网络分销店铺。伴随着网络经济的迅猛发展，网上商店的规模不断发展壮大。人作为市场活动的主体，网民人数的多少决定着网络交易市场的繁荣程度。近些年来，伴随宽带网络的普及，电脑性能的不断提高和价格的逐步降低，使得农村消费者上网的条件越来越好。大型购物网站的繁荣发展，为农村电商中介组织发展农产品网络分销店铺提供优越的环境。

（4）农村电子商务已经成为农村经济发展的新引擎，针对农村电商红利在消失，我们需要尽可能整合各方资源，解决制约农村电商发展的瓶颈，让更多农民享受到电商红利，农村电商中介组织应抓住机遇，进一步完善自身发展。

首先，加快推进县级电子商务产业园，布局整合县级电子商务仓储中心，强化电子商务进农村的村级驿站，建立健全“农户或合作社（生产特色产品）+电商公司（搭建渠道、培育品牌、对接市场）”的农产品营销生态链，以县级公共服务平台为核心，用各种手段吸引农村电商支撑服务入驻，降低农村电商运营成本；其次，加大农村电商的培训力度，提升农村电子商务人才技术水平。要制订人才培养计划，支持高校开设电商专业，鼓励发展专业培训机构。要把电子商务列入农民实用技术培训和农村阳光培训内容，创办农村青年电商创业孵化基地，引导农业主体、返乡青年、大学生“村官”、转业转岗农民开展电商创业，从留学到招商，尽一切可能招揽电商人才。集聚专业化人才和团队（网商运营），依靠专业化运作降低运营成本。

（5）传统销售渠道区分农产品价格的几个关键指标：形状、大小、口感等主要靠经验判断，而在互联网销售渠道，“标准化”筛选和分级制度却相对缺乏，导致农产品以次充好销售的情况时有发生。为实现农村电商的长久发展，必须推动农产品的生产和加工方式的转型升级，向“标准化、品牌化、电商化”的方向转变。

（6）农产品的溯源和品控，仅凭公司或者农民无法实现，需要政府和各级行业协会等农村电商中介组织利用公信力指定品牌和品质的最低保证；品牌的活力和声誉需要企业自主运行，用市场经济手段实现；区域性知名农产品打造可以政府控制总品牌和行业标准，企业控制子品牌并相互竞争形成活力，同时，政府配合打造公共服务与信息化平台，包括地域特色资源与文化宣传平台，可降低区域品牌和产品的宣传成本；其余农产品可鼓励充分竞争和市场兼并尽量形成知名品牌，且利用平台之间的竞争，可激发农村电商市场活力，借力本地或全国性的优势平台扩大特色资源的影响，降低营销成本。特别地，湖南西部地区应结合优势生态资源，走一二三产业融合发展道路，通过电商整合文化旅游、特色产品与生态休闲度假资源，将游客引过

来，把产品、品牌带出去。

（7）未来的电子商务中介组织将进入快速发展的阶段。在传统企业开展电子商务的大趋势下，从上游的制造商、品牌商，到中游的经销商、代理商，再到终端的零售商，各式各样的传统企业纷纷加入到电子商务行业中，电子商务行业还能带动支付平台、物流行业、技术服务业、代运营行业的不断发展。可以预见，未来几年将出现实力较强的电子商务中介组织。由淘宝开放平台而催生出的一批电子商务中介组织，正在逐渐成长并调整自己的定位，预计未来几年，电子商务的产业链将更加完善。随着电商平台的进一步发展，电商产业链将会出现更多地中介组织，而它们的发展，将是一个良性的商业生态环境的基础。

第十三章 农村电商人才培养

第一节 农村电商人才培养意义与要求

随着移动互联网商务类应用迅速发展和升级，农村电商显示出巨大发展潜力，但是农村电商人才的稀缺，可能影响农民网购消费的示范和推广，以及阻碍农村电商的扩展。《县域电子商务人才研究微报告》指出，2016 年我国县域网商对电商人才的需求量将超过 200 万。农村电商人员普遍缺乏互联网思维，营销方式和促销观念落后，农民对网络销售与推广普遍不太认可，因而无法发挥农村区域优势以实现电商经营管理和发展，因此电商人才培训迫在眉睫。农村青年多在城市务工，农民年龄结构偏老龄结构使农村地区对电商接受度不高，也就是所谓的农村“空心化”问题突出，很多农民的消费理念相对落后，实体店购物仍是主要渠道，对于网络购物抱迟疑态度，农村电商的宣传和推广同样迫在眉睫。农村电商人才缺口与农村电商潜在需求形成巨大缺口，一方面电商行业的飞速发展导致对相关人才的需求大量增加；另一方面相对滞后的培养方式难以培养农村所需要的电商人才，人才储备不足，供需严重失衡，人才培养方式的改革迫在眉睫。

一、 农村电商人才培养的意义

（一） 是农村健康持续发展的必由之路

发展电子商务一定要有电商人才支持，因此要重视电商人才的培养。农村电商人才的培养是加快发展农村电子商务的重要保障，是互联网技术 + 电

子商务深化的必然结果，也是中国农村电商产业做精做强的必由之路。发展农村电商有效地挖掘了农民潜在的消费能力，提升了农村消费水平，扩宽了农村的消费渠道，还有力地推动了农民的就业和创业。在电商下乡过程中，很多人对农村电商存在误解，认为就是开网店卖东西，并没有考虑到电商经营环节中所涉及的产品策划、质量标准制定、品牌包装、宣传推广，以及销售、物流配送、售后服务等环节，因此，对农村电商人员进行培训就十分必要。农村地区高学历人群较少，多数人仅有小学或者初中文化水平，导致农民对农村电商的发展不关心、不支持，这种落后的电商意识也成为农村电商市场的绊脚石。要发展壮大农村电商，就必须加强电商人员对电子商务的基本认知，了解和学习相关的电商技能，夯实和提高电商人才队伍建设，才能促进农村电商健康可持续发展。农村电商发展离不开电商人才的核心驱动，不断改进和完善农村电商人才的培养模式，培养符合农村电商市场需求的专业人才，尽快填补农村电商的人才缺口，才是农村电商健康可持续发展的必由之路。

（二）是促进农业信息化和现代化的重要保证

农村电商人才一头牵着传统产业——农业，一头牵着新兴产业——电商服务业，为促进传统产业（农业、乡镇企业等）转型升级，信息化手段的介入必定是未来农村发展的趋势，而农村村民文化素质普遍不高，对于电商认知不够，而随着互联网的逐渐普及以及城市电商的扩散效应，吸引和培养农村电商人才的重要性就尤为凸显。另外，随着农村电商的深入发展，电商人才所拥有的现代科技成果和商业理念可以迅速向农业产业链全过程渗透和转化，从而推动农业生产方式和管理方式创新，并通过对上下游农产品资源和信息的整合，从而促进合理和高效的分工，以实现农业现代化和信息化。

（三）有助于新农人成为农村经济发展的重要力量

农村电商人才是新农人的重要组成部分，新农人狭义上包括新农业生产者、新农业流通者、新农业服务商，广义上的新农人还包括农村网商、农村服务商以及服务于新三农的监管者与研究者。根据农业部统计，在中国农民群体中，小学及以下文化程度占36.7%，高中及以上文化程度仅占13%，接受过系统农业职业技术教育的不足5%。相较于传统农民，新农人拥有较高的文化水平和科学素养，这也是推动新农人实现持续创新的重要保证。同时，新农人大多来自农村，对农耕文明有较为深刻的认识，使得新农人更加易于被接受，这也使得农村电商人才的培养产生了突破口，能够更加有效地改变传统农业和农村经济。

二、 农村电商对电商人才的要求

（一） 基础型人才

基础性电商人才主要任务是实现和掌握电子商务的技术，如电商网页设计、电商平台设计、美工设计。这类基础性电商人才一般要求熟练掌握电子商务技术，并且要具备一定程度的现代电商知识和行业知识，懂得如何更好地从农村实际出发以实现农村电子商务。无论对于城市电商的发展还是农村电商的发展，基础型人才都是不可或缺和不可替代的，它是电商运营、管理实现的前提。具体来说，关于技术型电商人才的培养，就需要培养他们有扎实的计算机基础、能够较为准确地为企业做客户需求分析，了解企业的运营流程和管理需求，对其计算机软件和硬件的理论实操知识等要求均较高。

（二） 运营型人才

运营型人才是电子商务人才的主体，其特点是利用各种电子商务技术开展各项涉农电商工作，但不需要精通电子商务所涉及的技术细节。运营型人才一般要求熟练掌握现代电商活动规律，充分了解和理解农村电商需求，同时需拥有一定基础的电商技术知识储备，如网上农副产品交易、企业网络营销、电子商务系统的推广、电商平台维护、电子商务创业等。运营型电商人才是适用面特别广的一种复合型人才，一方面，要求他们能够开展客户关系管理、财务管理、业务管理等农村电商活动；另一方面还要求他们必须了解农村和农村电商，以及掌握网络和电子商务平台的基本操作。

（三） 管理型人才

管理型人才属于高层次电商人才，对其要求是能够准确把握农村电商格局，能够从战略战术上分析和把握农业农村发展特点以及未来发展走势，能够为涉农电商企业设计发展战略，形成农村电子商务规划，为自身电商企业发展赢得先机等。因此，在农村电商发展过程中，农村电商人才必须拥有一定数量管理型人才。总之，在农村电商发展进程中既需要农村电商人才具有复合型的知识结构，还需要他们通过应用把知识转化为自己的技能。农村电商管理型人才在掌握相关管理理论知识的前提下，还应掌握管理方式和方法，具备一定的领导能力、组织能力、表达能力、协调能力、销售能力。此外，还要求农村电商人才必须具备较高的职业素养，只有具备了敬业心和责任心的农村电商人才才能真正扎根于和服务于农村电商发展中，树立新型农村电商管理理念，准确定位农村电商未来发展前景，谋创新，求发展，因地制宜，因人而异，才能真正做到管理型人才。

（四）复合型人才

面对广阔的农村电商市场，对农村电商人才的最突出的要求便是复合型人才的培养。针对于农村电商来说，农村电商复合型人才必须具备了解农业农村农产品的基本素养，以及熟悉农村电子商务特征和规则，当然，同时兼具农业专业知识、网络技术、经济常识和管理能力的复合型人才是最受电商企业青睐的。对于复合型电商人才，一要深入了解相关农业农村农民政策。如农村关于电子商务的政策、农村金融信贷政策、农村适应性政策法规等。二要深入学习农业、农产品基础知识。了解农业、农村、农民，挖掘当地潜在电商消费潜力，掌握一手农畜产品种植饲养、质检、销售渠道，以电子商务作为突破口，吸引农民并帮助提高其电商意识和电商本领。三要了解和掌握农村经营管理知识。农业现代化和信息化时期的农村电商人才必须掌握经济行为管理、网络销售、电子商务、物流管理、金融信贷等相关知识，以便更好地推动农村电商发展。四要了解相关的财务管理知识。农业现代化建设下的农村电商人才还需掌握一定程度的财务管理知识，要懂得合理开发和利用，不盲目投资，进行长期健康的规划发展，才能有效提升农村电商经济效益，如表 13－1 所示。

表 13 - 1　　农村电商人才需求

人才类型		运作环节	知识与技能要求	综合素质
复合型人才	基础型人才	系统分析与技术研发	技术	沟通能力
	运营型人才	农村电商网站运营	运营 + 管理	表达能力
	管理型人才	农村电商定位及优化	管理 + 技术 + 运营	团队合作
	农业农村农民知识与背景			创新能力等

现在我国电子商务企业处于飞速发展阶段，运营、技术、推广是最迫切的工具性、基础性人才。随着电商企业向纵深发展，竞争不断加剧，决定电商发展的管理型人才会越来越紧俏，如图 13 - 1 所示。

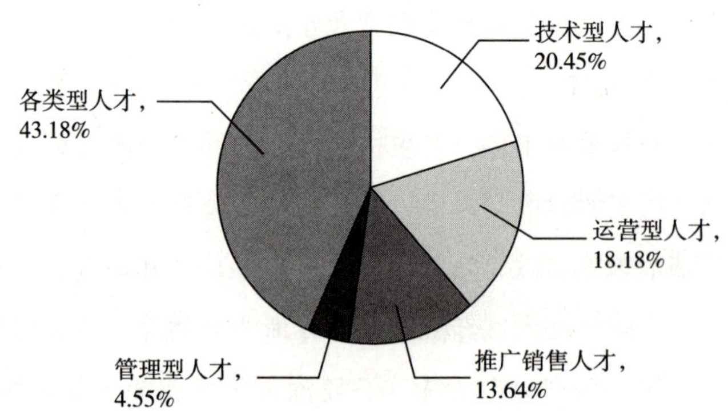

图 13 - 1　中国电商企业最急需人才

由图 13 - 1 可见，我国电商人才非常匮乏，各种人才都非常紧缺的电商企业占 43.18%，20.45% 的电商企业急需技术型人才（技术、美工等），18.18% 的电商企业急需运营型人才，13.64% 的电商企业急需推广销售人才，4.55% 的电商企业急需供应链方向管理人才。中国电商人才培养亟待深入展开。

第二节　农村电商人才培养现状

在我国很多农村地区，农业网站数量增加迅猛，各种涉农企业或是服务性行业开始迅速进驻电子商务平台，挖掘到先机的农民也开始自主建设电商服务网点或平台，我国农村电商建设在逐步发展和成长。但是，我国农村电商建设尚处于初级摸索阶段，和农村电商成熟的发达国家相比，我国农村电商还有很长的路要走。农村电商的健康发展一方面要利用可靠的信息技术和通信技术支撑；另一方面更需要农村主体农民的大力支持和认可。农村电商人才匮乏这块短板在很大程度上阻碍着农村电商事业的发展，因此，农村电商人才的培养必须要加快推进，了解农村电商人才培养现状尤为必要。

一、　中国政府对农村电商人才培养的大力支持

随着互联网的逐渐普及和农村基础设施的不断完善，农村电商发展迅速，农村商业模式不断创新，农村服务内容不断扩展，农村交易规模不断攀高，但整体上农村电商发展仍处于初级阶段。为了引导我国农村电商健康可持续发展，各部门相继出台各种建议和措施，为农村电商发展保驾护航。2015 年可以说是农村电商的元年，国务院和国家部委有关农村电商政策的制定与发布非常“密集”，竟达 12 个之多，可见政府对于农村电商的重视，而对于农村电商人才的培养更是尤为重视，认为农村电商人才培养是农村电商发展的必由之路。2015 年 4 月 7 日，共青团中央办公厅和商务部联合发布《关于实施农村青年电商培育工程的通知》指出，要“加快实施农村青年电商培育工程，鼓励农村青年积极利用电子商务等现代商业模式拓宽创业致富渠道”，明确农村青年电商培育工程应为农村青年提供“技能培训、金融支持、领创建站点、跟踪服务”等帮扶；2015 年 5 月 4 日，国务院出台《关于大力发展电子商务加快培育经济新动力的意见》，要求“促进就业创业，鼓励电子商务领域就业创业，加强人才培养培训，保障从业人员劳动权益”；

2015年11月9日，国务院颁布《关于促进农村电子商务加快发展的指导意见》明确提出了“大力培养农村电商人才，大力实施农村电子商务百万英才计划，对农民、合作社和政府人员等进行技能培训”的意见，至此，农村电商人才培养已上升至国家战略规划层面。

二、知名电商企业对农村电商人才的专项培养

随着农村电商的快速发展，知名电商企业为占领农村电商市场，开始积极部署自己的农村电商人才培养计划。

第一，政企合作。2015年3月，阿里巴巴集团与共青团中央签署框架协议，宣布实施“千县万村百万英才”项目，共同培养农村青年电商人才，在未来3年期间，培养出2000名创业导师、10万名致富带头人、100万农村青年电商人才。通过开展电子商务培训、培养农村淘宝合伙人等工作，培育农村电商人才，推动农村青年电子商务就业和创业，另外，为更好地实施农村青年电商培训计划，阿里巴巴将设计开发一套培训课程以适应不同层级和不同类型的农村青年电商人才培养。同时阿里巴巴还设计了电商人才认证规范和考试题库，在培训后学员可参加电商人才认证考试，若通过考核可以加入“千县万村百万英才”人才库。苏宁董事长张近东认为，电商人才是农村电商发展的引擎，应不断升级改造电商人才的培养模式，培养更多地更好地符合市场需求的专业人才，这才是实现农村电商健康快速可持续发展的路子。2015年9月，苏宁集团与国务院扶贫办签订了战略合作协议，计划帮助104个贫困县政府提升电商实用性培训，以培养出一批农村电商人才，此外，苏宁启动了“金凤凰计划”，即在农村地区对当地“80后”和“90后”电商人员开展电商实操系统培训，被培训人员有机会直接被任命为苏宁易购直营店店长，以这种形式推进人才发展带动当地农村电商发展。京东商城则在普定县开展农村电商招募合伙人项目培训会，招募合伙人项目通过推广京东平台，着力实现工业品下乡、农产品进城、金融下乡，推动传统商贸转型升级，全力打造普定“互联网+农业、农村”工程，丰富了电商人才培训内

容，深化了电商人才的培养方式。

第二，自主办学或校企合作。阿里巴巴集团创办阿里学院、淘宝大学，并积极与全国高校开展合作，共建网络学习课程等，通过“阿里巴巴电子商务认证”培训项目，帮助高校相关专业引入实践教学课程，培养了大批电子商务人才。京东成立江苏开放大学京东电商学院，学院在京东农村电商服务中心、京东帮服务店等建立学习服务中心，为有意愿和有能力的农村电商人员提供教育和培训服务，培养留得住、更好用的农村电商高技能人才，实行线上线下结合的培养模式，形成符合京东农村电商战略发展的电商人才培养体系。

三、高校对农村电商人才的培养与输送

在行业快速发展的背景下，高校作为输送人才的摇篮，对于农村电商人才的培养高校应成为其主力军之一。到 2015 年 6 月底，中国电商服务企业直接从业人员超过 255 万人，间接电商从业人员已超过 1835 万人。随着政府政策对电子商务的不断促进，我国 3000 多万家中小企业将有更多企业发展电子商务，电商人才需求更加趋紧。1999 年，华南理工大学正式开设电子商务学科，教育部 2001 年已批准浙江大学、北京交通大学、北京邮电大学、西安交通大学、对外经济贸易大学等 13 所高校开办电子商务专业，还公布了高等教育自学考试电子商务专业（专科）的考试计划，截至 2015 年，教育部已经批准了 339 所本科高校和 650 多所高职高专开设电子商务专业，每年大约输送 10 多万毕业生。另外，教育部在 2006 年 1 月宣布正式成立电子商务专业教学指导委员会。由于电子商务工作的性质介于技术和管理之间，因此，电子商务专业教学指导委员会着力打造一批素质较高、结构合理、专业配套的梯形队伍，针对高校及高职专科基于农村电商发展过程中的具体岗位要求，实现教学内容实用化、实践教学社会化、教学模式项目化、教学手段多元化，从而形成特色鲜明、重点突出的农村电商人才课程一体化体系。总而言之，高等院校仍然是我国电商人才培养的最大工厂。

第三节　农村电商人才培养问题

一、农村电商人才培养中存在问题

（一）高校关于电商人才培养的模式比较落后

从高校对电子商务人才的培养方式来看，电子商务专业作为一门应用性很强的专业，应注重学生在理论知识培养的基础上，更要注重学生的实际应用能力培养。这样才能实现培养出来的人才在沟通能力、管理能力、操作能力、创新能力等方面的全面提升。然而在实际教学过程中，本应作为典型的复合型人才培养却采用与大多数理论性较强的专业相同的培养方法。这中间存在的问题主要有以下几个方面：

第一，农村电商学科建设不合理，课程设置和教材选择缺少系统的论证。电子商务专业缺少相关专业课程，仍是以传统经济学与管理学课程为主，因此，电子商务专业学生难以适应现今电子商务发展对人才的需要。

第二，高校所设立的电子商务专业对于学生实际操作能力的培养仍然不够重视，很多高校及高职专科没有实验室或者配置实训室，只是简单的电子商务实验室，而且实验室很多时候只是摆设，并没有真正利用起来，学生没有学到真正的专业技能，理论知识的学习也不到位，因此很难投入真正的实践。

第三，电子商务专业教师稀缺。电子商务属于新兴学科，设置时间并不长，很多老师是从管理学、物流学等其他专业转型而来，因此对电子商务专业理解并不深入，同样是边学边教，同时还缺乏电商实践经验，电商师资力量的缺乏使得电商人才培养计划很难得到落实。

由于互联网热潮的影响，全国各地高校及高职专科纷纷开设电子商务等专业，培养所谓的电子商务人才，但现实是这些专业的毕业生出现了就业难问题，普遍反映在就业市场上很难找到专业匹配度高的工作，而招聘单位也

反映很难招聘到符合企业需求的电商人才。原因可能在于我国高校在培养学生能力过程中，出现了理论与实践的脱节，学生基本只注重了理论学习，忽视了实践能力的提升，因而导致了劳动力市场的供需矛盾。从而出现农村电商人才匮乏的现象。2012 年，中国电子商务研究中心对毕业生就业情况进行调查发现，大部分电子商务应届毕业生从事网站建设和网上营销工作，同时有部分学生并未选择电子商务作为自己的职业，造成了电子商务行业专业人的再一次流失（见图 13－2）。

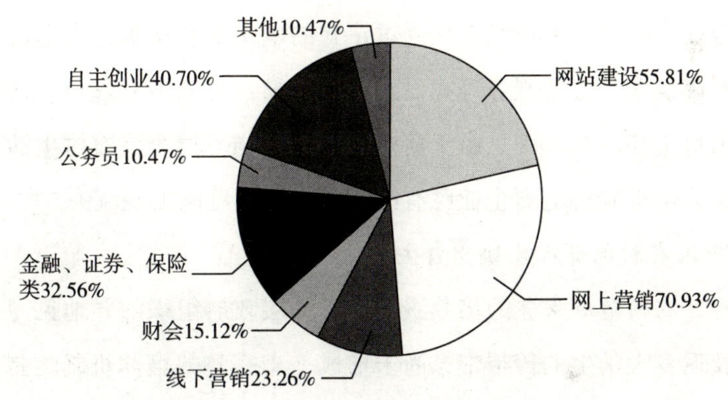

图 13－2　电子商务应届毕业生就业去向情况

资料来源：中国电子商务研究中心。

（二）农村电商人才培养与引进机制尚未健全，留住人才和引进人才相对较难

1. 电商人才引进困难，人才流失严重

由于人才政策、创业氛围、区域位置、生活环境差异，一些熟稔电子商务管理和精通电子商务技术的人才不愿到农村去创业，使得基层政府引进电子商务人才变得比较困难，影响了农村电子商务的发展和应用。电子商务的发展，主要由返乡大学生积极尝试才带动发展起来的。从社会经济和文化环境等因素看，除客服人员招聘相对容易之外，政府引进的其他人才流动性也很大，“朝三暮四”的现象不在少数。目前，全国各地大力发展农村电子商

务，在一定程度上拉动了地方经济增长，提供了就业机会，具备一定的发展潜力，但外来电商人才留不住、引不进等问题，仍需政府进一步研究和解决。有农村电商直言，是农村的经济社会环境、配套生活条件等跟不上造成的。此外，政府考虑到规模发展以及劳动力成本等问题，农村电商人才的引进没有被提升到一个新的高度。对此，政府要跳出电子商务的小圈子来看待农村的整体发展和建设，除了关注农村各类产业的发展，更要认识到良好的社会环境、优质的公共服务，对于吸引人才、留住人才才能发挥出重要的作用。原因可能在于：一是我国农村人口受教育程度普遍偏低，思想素质跟不上来，很多农村电商人员没有接受过正式的电子商务培训；二是由于农村和城镇在基础设施、公共服务等方面的巨大差异，很多拥有农村户籍的人员选择在城市打工和定居；三是由于薪资或奖励机制不健全，农村生活工作条件较为艰苦，使得农村电商企业已有的电商人才都可能出现流失。

2. 中国农村电商人才缺少自主培养机制

第一，农村电商人才的培养主要依靠基层政府组织的异地见习、跟班学习，以及返乡大学生的传帮带，尚未形成一套完整的培养机制。首先，培训力度不够。在农村电商建设和管理过程中，政府引导从业人员学习农业信息技术和农业生产管理知识力度不够，外聘的专业人士在其中没有起到主导作用。其次，缺乏与高等专科院校的交流沟通。政府的专家咨询系统没有建立起来，更谈不上为农村电商提供具体的专业指导。第二，缺乏实用的体系培训。虽然，基层政府也邀请诸如阿里巴巴等知名电商到农村开展培训，但课程设置针对性不强，内容太广太深，农民电商就像初中生听高中课程一样，听不进、学不透。第三，政府的激励机制尚未完善。新一代农村电子商务建设缺少生力军，农业专业人才和高级技术人才到农村地区创业缺乏动力，在农村地区缺少新生力量来促进电子商务发展。

（三）农村电商人才培养难度大

1. 农村电商的特殊性对农村电商人才有特殊要求

农村电商与电子商务相比，有共性更有个性，相较而言，农村电商人才培养的难度更大。尤其是农产品的上行，即农产品从农村流通到城市，相比其他工业产品，农产品的规范化、标准化程度低、农产品的属性特点多样、农产品的品牌价值低以及农产品的物流储藏成本高等原因，农产品的电商发展模式、方式等不能与电子商务一概而论，农村电商应探索适合自己的道路。著名的“徐闻菠萝事件”是一件值得反思的农产品电商发展反面案例。

2. 我国农村互联网普及率低，农村与城市的差距较大

农村的互联网普及率由2005年的2.59%上升至2015年的32.31%，在一定程度上有所发展，但与城市互联网普及率相比，2005年两者相差13.72%，2015年扩大到相差30.99%，城乡互联网普及率差距较大，并且，农村互联网占比从2007年到2015年基本与城市互联网占比相差40个百分点，农村的发展速度大大落后于城市，减缓了农村电商的发展，阻碍了农村电商人才的培养。

3. 农村人口受教育程度较低，导致培训难度加大

农村劳动力平均受教育年限2005年为7.67，2015年为8.57，10年间教育水平上升了0.9年，而城市劳动力平均受教育年限2005年为10.03，2015年为10.98，十年间教育水平上身了0.93年，而且农村2015年平均受教育年限还没有达到城市2000年的水平，由此可以看出，农村整体文化素质偏低，很多人缺乏对计算机的认知与使用技能，学习电子商务知识难度加大。我们发现在不同教育水平城乡劳动力人口比例中，2000年未上过小学的比例为6.89%，2010年为2.91%；文化程度为小学的占比2000年为40.92%，2010年为27.8%；初中、高中程度2000年为51.39%，2010年为66.78%；拥有大专及以上文化教育程度的人口甚少，2000年为0.81%，2010年为2.5%，人力资源较为稀缺。缺乏对计算机的认知与使用技能以及缺乏对电子商务的认知严重制约着电子商务在农村的进一步发展。加之农村人口受教育程度较低，消费理念较为落后，消费习惯固有传统，而电子商务的实现又存在时滞和空间差异，与传统的银货两讫交易不同，因此，老百姓对这种虚拟交易产生怀疑，对网购等电子商务形式非常谨慎，更加导致农村电商人才

培养难度增大，如图 13－3 所示。

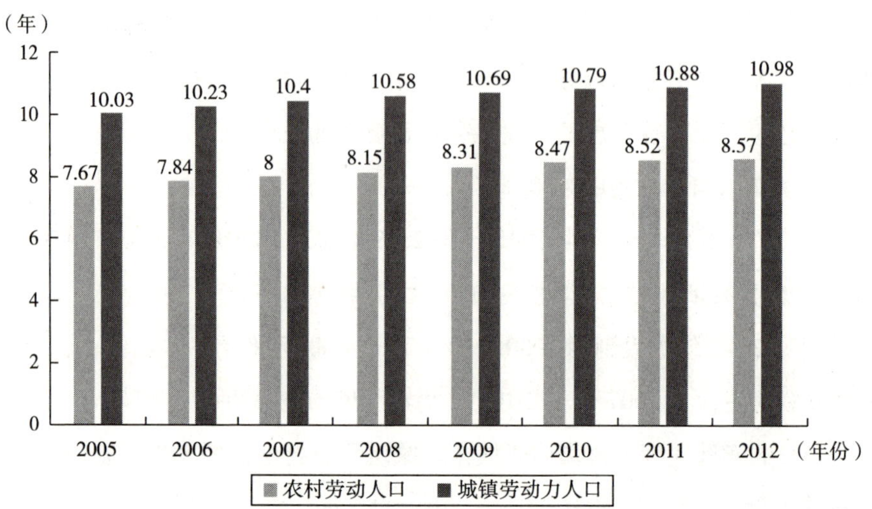

图 13－3　农村和城镇劳动力人口平均受教育年限

资料来源：中国人力资本与劳动经济研究中心。

二、农村电商人才培养的 SWOT 分析

SWOT 分析法是一种比较客观和准确地分析和研究单位现实情况的方法。SWOT 分别代表：优势（strength）、劣势（weakness）、机会（opportunities）、威胁（threat）。现在就农村电商人才培养进行 SWOT 分析，以更好地把握农村电商人才培养大环境，以便从多角度、多元化、多途径培养高质量农村电商人才。

（一）发展优势

1. 农村电商潜在消费市场广大，对电商人才极度渴求

网络消费迅速向农村网民蔓延，网络购物在各应用中增长速度最快，到 2014 年 12 月底，农村网民网络购物用户规模达到 7714 万，年增长率达到 40.6%，成为各互联网应用中农村网民规模增速最快的应用。城镇网民网络购物用户规模为 2.84 亿，增幅为 16.9%，远远低于农村网民网络购物规模。

农村网民网络购物使用率为43.2%，使用率较上一年增长了12.1%。2014年网络购物市场逐渐成熟且逐渐普及，网络购物铺天盖地向全民扩散，农村受众正在飞速扩展。从阿里巴巴农产品电子商务整体销售情况来看，2014年阿里巴巴平台实现农产品销售483.02亿元，其中1688占比7.12%，天猫占比33.23%，淘宝网占比59.65%；与2013年相比，增长了69.83%，其中，1688增长208.73%，天猫增长84.64%，淘宝增长54.61%。说明电商市场大有可为，需要农村电商人才去挖掘和开辟。市场的迅速扩张也要求熟悉农村业务的电商人才跟进，人才培养刻不容缓。

2. 农村信息、交通、物流等基础建设正逐步发展和完善，也为农村电商人才培养提供了基础便利

中国率先进入高铁时代、高速公路网时代，高铁、高速公路、民航形成的县、乡、镇、村交通网越来越密集，2014年中国铁路营业里程达11.18万公里，高速公路里程达11.19万公里，定期航班航线里程达463.72万公里，这为农村电商物流、信息平台建设提供了新的方便。物流配送方面，2013年，中国邮政业务范围遍布全国31个省市的所有市县乡镇，拥有11.8万个快递服务营业网点，在乡镇搭建便民服务站25万个、“三农”服务站11万个、村邮站便民服务平台9万个，能够覆盖全国农村、校园、偏远地区的物流快递网络。通信基础建设成绩巨大，2013年农村网民移动客户端上网的比例达84.6%，高出城镇5个百分点。到2013年底，3G网络基本覆盖到全国所有乡镇，宽带网络覆盖了91%的行政村，接入宽带的农村用户至少达到4700万户；到2016年3月底，中国4G网络已基本覆盖全国所有城市和主要乡镇，4G用户规模达到5.3亿户。

（二）发展劣势

1. 农村电商人才发展力度不足，呈现人数偏少、层次偏低、思维观念落后、实践能力偏弱及人才流失较严重等问题。

阿里研究院与淘宝商学院颁布的《县域电子商务人才研究微报告》指出，2016年我国县域网商对电商人才需求将超过200万，农村电商人才缺口

巨大。主要缺少电子商务市场运作和营销类等运营型人才，电子商务信息系统建设、管理、维护的技术型人才，管理型人才和综合型人才（仓储、物流管理、客服）四方面人才。农村互联网普及率近年来一直保持稳定，到2016年6月为止，普及率达到31.7%。但是，城镇地区互联网普及率超过农村地区35.6个百分点，城乡互联网差距仍然较大，农民的互联网意识依然薄弱。不会上网和不愿上网仍是农村电商发展的主要障碍，68.0%的农村非网民因为不懂电脑或网络基本不上网，对网络不需要或者不感兴趣的农村非网民比例为10.9%。

2. 农村电商人才发展体系不完善

首先，高素质复合型人才引进大部分依靠外援，农村电商企业培养难度很大，人才需求“有价无市”，农村有许多电商企业急需复合型电商人才开拓农村网上业务。它们要求既要能管理，又要回基本电子商务技术，当然更要熟悉农村市场业务，但目前这种复合型人才极度稀缺。其次，基础人才供不应求，各大型电商平台看好广阔的农村电商市场，农产品企业、物流企业、服务企业等更是纷纷进驻农村电商市场，为此，导致基础性人才需求激增，供需矛盾较为突出，从农村实际需求分析，两类人才都呈供不应求的局面。

（三）发展机会

1. 农村电商高速成长

凭借广阔的农村消费群体，日益完善的信息基础设施，优良且丰富的绿色农产品优势，近年来农村电商产业呈现出良好发展势头，农村电商交易规模持续增长，2013年农村网购交易额达到1125亿元，而2015年农村网购交易额已经达到3530亿元，是2013年的3倍之多，有关预测显示，2016年农村网购交易额将达到4600亿元，农村电商依然保持迅猛之势。

2. 农村电商发展氛围渐浓

农村电商创新创业氛围越来越浓厚，涉农企业介入电商二次创业的想法愈来愈坚定，农村本地的优秀农产品公司纷纷试水电商。积极用电子商务手

段统筹各上下游企业、灵活运用虚拟资源等，建立和完善网上市场营销和交易系统，开展线上线下销售模式。例如，供销总社、万村千乡工程、邮政业务等传统商贸流通和物流企业正大力通过线上线下融合，推动农村电商升级发展。不仅出现了供销 e 家、e 邮网、云农场、乐村淘等一批电商新秀，其中山西乐村淘的农村电商业务现已覆盖了 22 个省、516 县、6 万多个村。

3. 领军电商平台的强势推进

阿里、京东、苏宁等大型电子商务企业纷纷下沉渠道，加快布局农村电商市场。阿里巴巴、京东、苏宁等电商企业以政企合作模式，签订政企合作协议，以便有计划、有组织地推进农村电商发展布局。阿里的淘宝村规模再上新台阶，2015 年阿里研究院在全国发现淘宝村 780 个，同比上一年增长 268%，2015 年淘宝镇达到 71 个，同比上一年增长 274%，到 2015 年底，农村淘宝已经在 22 个省 202 个县落地，建立了 9278 个村级服务站，2015 年“双十一”当天，全国农村淘宝服务站单日完成 2.93 亿元交易额，平均每个村成交额超过 3 万元，这凸显了电商背后巨大的农村消费潜力。而京东 2016 年正在加速推进农村电商发展规划落实，已和 8 省 50 多个地级市超过 200 个县签订了战略合作协议。广阔的潜在市场使得电商企业纷纷布局，农村电商人才培养跟进也急需立刻开展。

（四）发展威胁

1. 电商人才引进困难，人才流失严重

农村电商发展水平总体上还处于非常弱势的地位，与城市相比，仍然存在较大差距，尤其在产业集聚、政策支撑、人才队伍、环境氛围等方面滞后于发展要求，存在着应用不广、配套不全、主体不强等问题，从而导致电商人才不愿意落户农村，引进成本高，电商人才意愿低。虽然农村电子商务产业经过近二十年的发展给农村电商人才发展带来了机遇，但是电子商务产业所具有的跨越空间和时间的属性以及激烈的市场竞争，使得农村电子商务产业发展硬件和软件条件还存在不足的情况下，必然会造成一部分人才的流失，这对农村电商人才的快速发展和培养将是一个重大挑战。

2. 电商企业对电商人才素质的要求与传统教育模式供给相矛盾

有关数据表明，和电子商务巨大的人才需求相比，我国高校电子商务专业学生的专业对口就业率仅为20%，远远低于行业平均水平，说明高校在理论教材的选择、电商实践基地的建设，还是在电商人才的综合能力培养方面，都存在很大的问题，而75%以上的电商企业存在人才缺口，每年电子商务专业的毕业生达数十万，但电商企业仍觉得招聘难度大，电子商务专业学生专业基础较弱。可能的原因在于：学校课程设置不合理；有实际知识结构的师资匮乏；教学目标与实际脱节。导致电商人才供需矛盾突出。

第四节　加快农村电商人才培养对策

一、 农村电商人才培养模式

（一）校企合作培养模式

校企合作培养模式是指高校与农业企业、各大农村电商平台、电商行业协会、农产品行业协会、周边区县等企业共同培养、合作办学一种培养农村电商人才模式。建设以校企合作为主体，以农产品流通环节中上下游企业为辅，多层次、多元化、全方位的电子商务实践教学基地。具体来说，高校可通过与农村电商企业合作，将高校理论教育与电商企业实践教育结合优势互补，共建具有农村电商实用运营环境的农产品流通综合实训中心，为学生进行专项实训提供实践教学环境，电商企业提供技术支持。另外，学校根据电商企业的需要，定制化、批量化培养所需的电商人才。首先，电商平台和电商企业可以与学校开展深入合作，鼓励大学生下乡创业，为创业者提供和共享各大平台的信息资源；其次，高职中专学校可校企联合办学、合作培训、教育实习基地等长效机制。建立专业的培训教室和系统的培训教程，进行专题培训，形成系统而独具特色的实战型电子商务人才培养体系。通过实训基地，对学生在农村电商产学研全方面能力进行综合培养，具体包括网络营销

能力、交流洽谈能力、网站建设运营能力、农产品采编与推广能力等。相关电商企业在经营的同时，可适当承担学生实习任务，安排经验丰富的电商骨干给学生进行专业指导，同时还可以向学生提供顶岗实习岗位，此举可大大提高实践教学成果和质量。通过电商企业与高校、教育机构的合作，就地培养人才，可有效填补农村电商人才缺口。

（二）政企合作培养模式

由省政府牵头，依托社会教育资源和培训机构，在全省认定一批电子商务培训、实训基地，分类型、分层次、分岗位培训电子商务操作人才、运营人才、服务人才，提高农民开展电子商务的实践能力。当前，农村电子商务应用的主力军是种养大户、龙头企业、合作组织、经纪人等，他们接受信息的能力强，传播信息的速度快，应充分发挥他们“领头羊”的作用，不断促进电子商务在农村地区的应用。面对电子商务快速发展和地区间竞争加剧的宏观环境，引导电子商务人才在科技进步、转型升级、创业创新等方面发挥作用，促进农村电商健康发展，必须用现代科学技术、管理技术改造和提升人才发展格局，促进人才发展由主要依靠外部引进的“单向模式”向内部培养和高层次人才引进的“双向模式”转变，最终形成高层次、高效能、分布合理的人才队伍，与电子商务行业发展相互促进，协调发展的新局面。主要做法包括完善电商人才评价体系，将电子商务从业人员技能鉴定和能力水平认证列入加入电商行业自主评价范畴，由专业机构制订自主评价试点方案，探索电商大赛认定、知省电商企业岗位技能认定、培训考核认定等完善的、多元的、符合市场需求的电子商务人才评价体系。

（三）高校培养模式

首先，高校应明确农村电商人才的培养目标，以培养农业电商技能为目标，以提高电商从业人员全面素质为指导，依据农村电商实际操作环境为主线，合理设置主干课程，并且将主干课程与农产品及服务有机结合；其次，构建完善的农村电商课程体系，从而培养出实用型技能人才，使他们能够熟悉农产品及服务特性，掌握农产品市场规律及风险预估能力，可以独立在各大农业电商平台开设店铺及日常维护，利用各种网络工具进行农产品网上推广及销售，农村电商规划运营等工作；最后，高校可建立农村电商实训基地，单独建立或者与一些农村电商平台共建实训室，从而为学生提供真实的实践环境，培养学生实际操作能力。高职院校尤其是农业职院更应重视农村电商专业型人才的培养，在培养过程中，应注意教材的使用，但目前相关电子商务专业教材并不规范和成熟，政府和相关部门应组织电商专家和学者编写一套系统且理论与实践于一体的电子商务教材，促进电子商务理论和实践教学相长，同时，学校可以鼓励学生利用假期深入农村，了解农村电商现状，义务服务于农村电商推广实践，或者在农村进行信息或技术服务，与农民进行农村、农业、农产品等的了解与沟通，与自身专业结合，学习和了解农村电商的基本知识。

（四）电商自身培养模式

农村电商从业者为加强自身电商综合技能，可以参与政府、电商行业协会、电商企业组织的线上线下交流活动，针对自身遇到的农产品推广问题、网店设计等问题互相交流经验。参与政府、电商行业协会、电商企业应尽可能为农村电商从业者提供交流场地或者网络平台载体，鼓励农村电商从业者相互扶持。另外，可以邀请高校、专业培训机构人才、运营人才、服务人才对电商企业员工进行岗前培训和岗位再培训，以此提升电商人员岗位素养。电商企业培训服务“三农”人才，农村电商企业主要为农业企业进行服务。如中国农业网以“综合涵盖＋行业细分”的双重模式整合农业行业资源，引领农业信息化潮流，实现“互联网信息服务”与“电子商务服务”相结合、“线上服务”与“线下服务”相结合的发展格局，打造“涵盖综合＋专业精准”的“大农网”，从而不断促进农业信息化更好更快发展。农资等龙头企业能够结合农村实际，提出相应的电子商务解决方案，在支持电子商务的同时，指导农民进行电子商务。以自身电子商务的发展带动农村电商人才的培养；另外，农民应努力学习相关网络知识，可为农村电子商务的发展提供人才基础。

二、加快我国农村电子商务人才培养模式对策

（一）制定电商人才培养规划

在制定电商人才培养规划时，将农村电商人才培养规划单列出来十分必要，由于农村电商的特殊性，因而对于农村电商人才的培养提出了不同的要求。为了满足农村电商人才需求，培养适应农村电商发展的各个岗位需求，培养人才农村电商技能，在设置主干课程和核心知识模块时，应将主要专业知识与农业、农村、农民、农产品进行无缝对接。首先，电商人员通过学习和培训，可以掌握农村电商的含义和特性，熟悉农民网购和网售心理，以及农业和农产品的行业市场规律；其次，根据定位农产品特色，利用互联网技术和电商服务工具进行市场调研和预售，完成各大电商平台网络推广、线上线下销售、网络客服等工作；最后，加强培养电商人员的创新创业意识，及时把握农村电商的发展新趋势，利用所学电商技能和行业敏感度来进行创业。在具体农村电商人才培养规划上，基于对农村电商人才培养目标的分析，应对农村电商人才培养进行多元化规划，以便满足不同群体的不同需求。农村电商人才培养规划应包含以下七个内容：农村电子商务基础培训、农村电子商务技术技能培训、农产品电商平台运营培训、农产品网络营销培训、农产品网络客服培训、农产品生产经营管理培训、农村电商创业培训，以此来适应农村电商的广大需求。

（二）创新培养方式

在培养方式上，一是可以采用双平台培养方式。构建线上线下整合教学平台。针对农村电商人员群体主要是通过短期和长期的集中技能培训以及自我学习的网络在线培训方式来进行。针对高职院校电子商务专业学生主要是以接受学校系统化专业培养为主，以农产品电商企业实习实训、农村电商创业竞赛、校内创业孵化为辅，强调的是，在创新高校电商人才培养模式时，应由其加强校企合作培养，积极发展企业新型学徒制、订单式等培养模式，共建实用的电子商务人才培养体系，为农村电商培养新型且实用性人才。二是采取内外结合的培养方式。“走出去”与“引进来”相结合，是政府、企业、院校等采取的普遍培训方式。走出去交流。向先进电商企业、电商领先县市学习，通过实地考察和讲座交流，有目的性地解决在农村电商发展中遇到的问题。电商从业人员应积极主动学习，参加各种电子商务研讨座谈会，或者参加 MBA 等系统性、专业性的电子商务课程，提升对电子商务行业的整体认知。外部引进。政府和电商企业可以实行一定的激励机制来吸引高层次电商人才的进驻。通过高层次技术和管理人才的方式，推动店铺装修、品牌设计、美工设计、客服外包等电商服务升级，提升整个农村电商行业的水平。另外，基层政府可邀请高校、专业培训机构人才、运营人才、服务人才授课，提高农民开展电子商务的实践能力。

（三）加强电子商务师资建设

电子商务人才的培养离不开电子商务师资队伍建设。因此，要建立一支高素质的师资团队，高校应借助自身合作电商企业或平台资源，整合相关企业电商骨干、校内专职教师、同行教师，打造一支农村电商教育的专家团队。具体来说，首先，要优化高校电子商务专业教师队伍结构，进一步提升专职教师的专业水平，从专业认知到专业知识构架、专业能力以及对专业的行业前景把握等需要从系统和整体上提高，高校应积极开展教师服务企业计划或提供教师到企业进修的机会，让教师有更多的实践经验，以更有效地服务于农村电商人才培养和培训；其次，在电子商务师资队伍建设上，学校除了重视职称和学历结构外，还应适应社会需求来扩充提升自己的师资队伍。制定和完善专职教师和兼职教师聘用制度，支持面向电商企业聘请优秀电商骨干、高技能人才担任专业课教师或实习指导教师，来承担专业课教学任务或进行定期电商实践教育讲座等，形成以电子商务教师和电商骨干为特色的教学小组，不仅可以提升电子商务学生的专业知识素养，更可以提升他们的电子商务实践技能，同时还可以提升学校教师的教育教学综合能力以适应社会需求的变化。

（四）加大对电商人才培养的政策支持

在农村电商人才培养和引进方面，政府应持续给予政策倾斜。在平台构

建上，打造农村电子商务人才开发综合平台。发挥政府电商共享平台优势，采取“政府搭台，企业唱戏”的办法，搭建针对农村统一的电子商务人才平台，并主动对接中国人才招聘网等主要门户网站，拓展农村电子商务人才平台信息咨询、人才培训等功能，及时发布和反馈农村电商企业的现实人才需求，不断增强农村电商企业与电商人才的互动和交流。在招贤纳才上，政府应对电子商务人才给予优惠条件和补贴，引导他们进入农村地区开展电子商务应用逐步形成一支结构合理、素质良好的队伍，为发展农村电商提供人才支持。在政策支持上，应积极鼓励高校毕业生、电商企业专业人才进入农村开展电子商务“技术扶贫”工作。在布局推进上，政府应充分发挥电子商务专业人才的“引路人”作用，借助他们的丰富经验，来进行电子商务网站的建立、维护及专业化管理工作，借力推进电子商务在农村的发展。在专项培训资金上，政府、企事业单位、社会中介组织等应积极筹划，对开展区域性农村电子商务培训适当予以支持。同时，政府应充分发挥引流作用，依托回乡创业年轻人、大学生村官、科技镇长团、省直单位选派到基层村党组织代职的干部等群体，建立农村电商服务点，协助开展网上采购和配送服务，不断促进农村电子商务的发展。

实 践 篇

第十四章 县域农村电商发展实践

近年来，新型工业化、信息化、城镇化、农业现代化加快推进，在互联网等信息技术迅猛发展的大背景下，农村电子商务呈现出加快发展的态势。农村电商的快速崛起，除了市场推动外，政府在其中起到了必不可少的引导作用。国内各大电商平台触角下沉，纷纷抢占农村市场。阿里巴巴、京东商城、苏宁云商等大型电商平台都将农村市场视为未来业务增长的新引擎，率先转战农村市场。地方政府积极支持电商发展，出台优惠政策鼓励社会资金投资农村电商，提升了农村信息化服务水平，既方便了大量农民网购，促进工业品下乡，也促进农产品生产和销售，尤其是在沿海表现异常明显，开创了县域农村电商各种模式，取得了令人瞩目的成绩。

第一节 江苏县域电商发展实践

一、江苏农村电商的顺势崛起

21 世纪互联网和电子商务的快速发展，风靡全国，国家提出了要全面实施电子商务进农村的发展战略，各省市纷纷开展农村电商的探索和试点，不少地区尝到了互联网经济发展带来的甜头，一个个农村电商的优秀案例层出不穷。就江苏省而言，由江苏省全省供销社电子商务平台组成的农村电商——“江苏队”顺势崛起了。2014 年度，江苏农村网民规模不断扩大，网络购物在农村日益普及，农村电子商务呈现蓬勃发展的态势。相关数据表明，2014 年底，江苏农村网民规模接近 1000 万，约占全省网民规模总数 24%。2014 年支付宝发布全国网购支付百强县主要集中在苏、浙、闽三省中，江苏位居第二，拥有 26 席。同年，江苏被认定为全国电子商务进农村示范试点省份，全省共有 7 个国家级电子商务进农村综合示范县，13 个省级电子商务进农村综合示范县，50 个省级农村电子商务示范村。据阿里研究院报告，截至 2014 年年底，江苏省内共有淘宝村 24 个，淘宝村人均收入达 2 万多元，解决就业约 5 万人。2016 年一季度，江苏省供销系统新发展电子商务公司 54 家，网上销售额 28 亿元，占同期全国供销合作总社网上销售额的 16.37%。《江苏省政府 2016 年度十大主要任务百项重点工作细化实施方案》中，给一个名为“地平线”的电子商务平台定了交易额 50 亿元的大目标。而所谓的“地平线”是由省供销合作社投资 1 亿元自建的综合服务电子商务平台，整合了江苏省 50 个县（市、区）供销合作社电商平台，其可谓是农村电商综合服务的“省级队”。该平台自 2016 年 3 月正式上线运营，日均点击率稳定在 5 万次左右。

二、 江苏农村电商创新发展的模式

（一） 老组织玩转新业态的“供销社 + 农村电商”模式

农业的改革和发展存在许多难题，在流通领域方面，由于农村基础设施普遍薄弱，导致企业经营成本高，流通企业不愿下镇进村，农产品也不能很方便地进入流通领域，农村多存在假冒伪劣，农民种的、养的烂在田里、地里，而城市菜价、粮价却持续走高等问题凸显。值得欣慰的是，随着电子商务下乡开展，这些问题似乎找到了突破口。

农村电商可以突破农业改革的困局，但关键是如何把它利用起来，以一个什么样的模式去开展农业的互联网时代呢？江苏省“供销社 + 农村电商”的模式给我们提供了好的借鉴。供销合作社作为一个新中国成立初期形成的老组织，在六十多年的发展历程中，在为农服务、促进城乡物资交流、保障市场供给等方面形成了自己的独特优势。江苏省供销合作社有农村综合服务社16008个，覆盖全省行政村；有基层社1145个；有各类连锁企业295个，网点总数48696个。这些数字充分说明了供销社在全省的覆盖率高，网点联络通畅，这正是供销合作社的优势所在，为供销合作社成功破解“最后一公里”和“最初一公里”难题增强了信心。江苏省的供销合作社自建电商平台，目的不是要再造一个淘宝、京东、苏宁，而是围绕“农业农村农民需要什么，供销合作社电商平台就做什么”的思路开展。一个农村综合服务社稍加改造，就可以成为一个农村电商服务点。

江苏的供销合作社电子商务，最初是网上供销社的形式，其主要是围绕农产品流通展开，初步形成了以农为主、多业并进的电子商务发展格局。随着电子商务的发展，网上供销社成了带动各地农产品销售的动力引擎。如常熟市供销合作社依托农村综合服务社，在各镇、各村设立农村电商服务站点，建立农村信息服务体系，帮助农民代购、提取，实现双向流通。常熟市供销合作社依托常客隆连锁，创办了集购物、休闲、便民服务等于一体的综合性电子商务网站——常客隆网上商城。该“网上供销社”以民生工程生鲜直投为切入点，依托常客隆物流中心、冷链物流公司、50多个专业合作社，开展网上订购配送，将生鲜直接配送到自提店及网络E店，为社区居民搭建惠民平价、便捷购买、优质保鲜的服务体系。除此以外，还提供缴纳水费、电费、电视费、天然气费等智慧社区综合服务功能。此项目已成功复制到上海、广东、天津等11个省（区）32个城市，被列入省商务厅鲜活农产品直销社区示范工程项目及苏州农产品平价直销点示范项目。遍地开花之后，省供销合作社又对“网上供销合作社”建设提出了整体规划，以农村电子商务建设为重点，加快供销合作社电商平台建设，大力推进基层经营网点信息化改造，积极参与农村电子商务示范县、镇、村创建活动，着力构建网上交易、仓储物流、终端配送一体化经营的农村电子商务综合服务网络，促进农产品进城和工业品下乡双向流通。到“十三五”末，全省供销合作社网上交易额将突破1000亿元。

（二）产业园拉动电商集群，产业链助推传统产业升级

政府在农村电子商务发展中起着重要的推动作用。一方面通过出台相关

政策措施引导农村电商发展；另一方面又为电商的发展提供相关公共服务，引导农村村民走网络创业的道路，促进本地区农村电子商务的起步发展，并推动农村产业的转型升级。政府通过建立专门的电子商务产业园，使传统产业为主导的、众多中小企业及相关服务机构聚集起来形成电商集群，打造一个完整成熟的传统实体产业链，使得网店发展有丰富的线下资源可以利用，中小企业由传统线下业务较平稳拓展到线上业务。随着互联网的普及，农村村民自发利用网络销售商品，在获取互联网流量和商机以后，再在线下发展自己的产业链用来支持线上的销售，从简单的网络销售演变到生产 + 网络销售，并带动了一系列配套产业的发展。

位于江苏省南通市通州区南部的川姜镇，覆盖了三合口村、义成村、老南村和塘坊村 4 个电商村，其有个体工商户近 6000 户，其中电子商务运营户占半主营家纺用品，2014 年电子商务交易规模达到 1. 355 亿元。2012 年，为扶持和推动电子商务产业健康发展，川姜镇政府开始围绕中国南通家纺城构建电子商务产业园，致力吸引创新型企业入驻，打造线上线下协同发展的家纺产业电商园区。徐州市睢宁县的沙集镇，近年来从当地村民在网上销售简易拼装家具起步，逐渐发展成为具有特色的家具设计、生产、销售的产业集群。2014 年，其东风村有 3000 家网店，实现网络销售额近 20 亿元，电子商务从业人员超过万人。目前，东风村的家具销往全国各地及日本。网络销售及加工发展带动了板材生产加工、五金配件、物流、快递等业务的崛起和发展。现在的沙集镇已经形成了完整的产业链，从原材料采购到销售各个环节的资源都已经具备。2013 年 11 月，沙集镇东风村获“中国淘宝村”称号。在党支部书记与村委会干部的带动和鼓励下，宿迁市耿车镇大众村从一个环境污染严重的塑料加工村转型成为名副其实的电商村。全村在 2015 年网店覆盖达 358 家，电子商务年交易规模达到 2. 57 亿元。

（三）抓住特色产品，扩大品牌效应

农村电商的发展依赖于一定的地域性资源，必须做到因地制宜，要主攻特色产品，利用互联网拓展产品的销售渠道，将特色农产品通过网络销售到

更广阔的市场，进一步推动特色农业做大做强，形成一方品牌打造一方名片。

苏州的消泾村是江苏省现代渔业示范村，拥有渔业生产面积9630亩，一年能产出大闸蟹626吨，同时消泾村拥有一个大型大闸蟹交易市场，周边地区的大闸蟹均在此流通。政府主要提供渔业基地配套建设，打造电商孵化基地，培育壮大网商队伍，发挥骨干企业电子商务应用的示范作用，推动特色农业做大做强。宿迁市充分利用农产品特色优势，积极推动“一村一品一店”，围绕“优质水产、花卉苗木、健康畜禽、绿色果蔬”四大板块分类实施产业标准化改造，有效促进了农业产业的转型升级。宿迁沭阳的周圈村、解桥村、新槐村和堰下村，在传统花木产业的基础上衍生出网店2181家、年交易额5.7亿元的花木产业集群。扬州、连云港和南通依托毛绒玩具、水晶和家纺产业，分别形成了年网络交易规模达3.23亿元、3.20亿元和1.36亿元的电商集群。

（四）有效管理结合新技术，破解电商下的新难题

由于网络的虚拟化，不可避免地带来了一些新的问题，如网络消费欺诈、产品质量、假冒伪劣等新难题。相关职能部门虽一再重拳出击，但由于举证难、起诉难、诉讼难、获赔难等困扰，网络打假虽有进展，但未取得转折性成果。供销社在成立电商平台之初，就考虑到了如何从源头保证农产品质量的问题。新成立的“地平线”平台，由省供销合作社搭平台、县（市、区）建特色馆、乡村建服务站，具体经营由县（市、区）供销合作社电子商务公司执行。把货源质量交由最了解产品特性的各县（市、区）供销合作社把关，审核通过后，方能上架本地供销合作社电子商务特色馆，进入流通环节。将供销社以前成熟的做法和新兴技术结合了起来。商户入驻名特优农品馆前，必须获得当地供销合作社的授权证明，并缴纳质量保证金。产品上架前，平台会实地考察产品质量，产品入驻后还将定期进行抽检。一旦抽检不合格，商户将会面临产品下架和扣除保证金双重风险。今后，“地平线”还将打造质量追溯体系，通过“一馆一标、一品一码”的形式，赋予产品唯一的身份码，让消费者在辨别产品真伪的同时，了解产品生产全过程。

三、江苏农村电商发展的政府经验

江苏省县域电商产业的快速发展，与当地政府“不越位”、“不缺位”的扶持理念和做法有很大关系。沙集等江苏网销业是自发式发起、裂变式生长，但是，市场的力量并不是万能的，土地、资金等问题，靠农民自己的能力是解决不了的，还需要政府的支持和引导。

（一）政策扶持，改善电商发展环境

对于农民自发式网上创业行为，各级县党政主要领导积极支持，明确要求各主管部门在网商创业期，不要打扰农民的正常经营，并且要在税收等方面给予优惠政策。针对生产经营木质家具易于着火的特点，领导高度重视，加大对防火安全意识和知识的教育培训，还决定在东风村就近设立消防机构，以防不测。

当初，随着网商的快速发展，宽带、物流、道路等基础设施相对滞后。各县积极组织基础电信运营商及时协助村镇增铺宽带线路，如睢宁请中国电信江苏省分公司将沙集镇列入光纤到户试点。县交通局加强沙集镇相关道路建设改造。县招商局引导物流企业入驻沙集。税务机关对农民网络创业给予税收奖励。同时，当地政府积极破解要素瓶颈制约。比如，县金融办积极协调金融机构，并制定了新的贷款政策，县财政出资 1 亿元成立小额贷款担保公司，县国土、规划、建设等部门积极解决网销产品生产的用地需求。此外，睢宁以沙集镇东风村为中心，积极规划建设网商工业园区，引导网店入驻电子交易厅。这个方法，既解决了用地需求问题，又提升了沙集网商的管理水平，还为配套产业留足了空间。

（二）民主决策，广泛听取网商意见

为了进一步改善当地电商产业发展环境，县镇两级政府在制定相关政策时，特别注意听取网商的意见和建议。县发改委加强了政策调研的力度，县商务局在出台鼓励网商发展的政策文件前，主动将草案拿到网商中征求意见。

（三）加强培训，提升农民电商从业技能

为了鼓励更多的农民参与网络创业，睢宁团县委组织网商成立了“网络创业一条街”和“网络创业示范基地”，并组织全县100多名大学生村官开展网络创业培训，以便带动更多的农户脱贫致富。县职教中心设立专门培训课程，邀请资深网络技术人员，采取视频直播或录播对农民进行远程教育培训。同时，加强市场环境分析、营销技巧运用等培训，协助农民趋利避害，并向农民传达现代服务业理念，使农民建立服务意识。此外，邀请电商创业成功的农民现身说法，为其他农民提供经验和鼓励。

（四）解决网商资金和厂房困难

为帮助农户解决网销所需的资金困难，团县委还颁布了《推进青年创业小额贷款工程意见》。截至2010年底，银行已经向东风村的青年成功发放贷款1000多万元。为了解决农民扩大厂房所需要的土地问题，镇政府专门在开发区开辟一批专业厂房，降低农户们的入驻门槛。

（五）加强监管，规范电商行业行为

睢宁县政府协助沙集镇网商成立行业协会，外聘管理人才。镇网商协会牵头，限制同质产品最低销售价格，防止恶性竞争。协会还进行集中推销，降低板材、包装纸箱、五金零件价格。同时，加强农民网店日常监管，对经营较差、信誉欠佳的网点线下督导。此外，还协助农民建立一条龙网络销售系统，实现售前沟通交流、售后服务回访、物流查实询问等环节无缝对接。

第二节　福建龙岩与河北清河农村电商实践

一、福建龙岩的农村电商实践

（一）福建龙岩老区实现农村电商全覆盖

福建龙岩地处闽西大山深处，其农村电商起步较迟，但发展迅速。“要想生产生活好，就来用农村淘宝。”在龙岩老区，农村电子商务正方兴未艾。

目前，龙岩已经成为全国首个农村淘宝全覆盖的地级市。2014 年 9 月，电子商务产业被龙岩市委、市政府列入重点产业发展计划。10 月，阿里巴巴集团启动“千县万村农村淘宝计划”计划：在 3 ~ 5 年内投资 100 亿元，建立 1000 个县级运营中心和 10 万个村级服务站，将其电子商务的网络覆盖到全国 1/3 强的县以及 1/6 的农村地区。龙岩抓住这一契机，积极对接阿里巴巴农村淘宝项目。2015 年 3 月，长汀县与阿里巴巴公司正式签订村淘项目，成为阿里巴巴农村淘宝项目在福建省的第二个试点县，也是阿里巴巴农村电商战略升级后在福建省的第一个试点县。9 月 14 日，新罗、永定两区分别与阿里巴巴就农村淘宝项目完成合作签约，龙岩成为全国首个农村淘宝全覆盖的地级市，长汀、武平还被财政部、商务部确定为第二批国家级电子商务进农村综合示范县，连城、漳平入选省级农村电子商务示范县。农村淘宝项目在闽西大地逐步推进，目前，龙岩市共有长汀、武平、连城、漳平 4 个县（市）级淘宝服务中心和 150 个村级服务站开业，实现了线上线下联动的全渠道营销，各县农村淘宝的订单数和交易额也都位居全国前列。2015 年底，长汀、连城实现所有乡镇和半数以上行政村农村淘宝覆盖。

随着阿里巴巴公司的全面布局，加速了电商企业在闽西红土地上的探索步伐，京东、苏宁易购、1 号店等也接踵而来。京东直营县级服务中心及京东帮已入驻武平，1 号店已初步表达了合作意向。

电商巨头全面布局农村电商，带来了密集的人才、技术以及物流渠道的建立和完善。龙岩市充分利用这一机会，多方组织特色农产品上线销售。连城县率先组织紫心生物薯业有限公司、茗匠竹艺科技有限公司、连城兰花股份有限公司等的优质农产品，与农村淘宝“地方推荐”合作，在线上大批量销售。如今的龙岩，在政府的强力推动下，各类优质农产品通过电商走出山门，成为推动老区农村经济转型升级的战略抓手。

（二）龙岩模式：农村电商之城的开启之路

1. 顺应潮流，抓住契机

龙岩生态环境虽好，但重重山门也是难以迈越的一道坎，守着省内数一

数二的绿色生态环境和众多优质的农产品，却苦于远离市场难以发展。然而，农村电商的加速发展，让龙岩农业转型升级有了“弯道超车”的绝佳机会。龙岩市是阿里巴巴集团农村淘宝项目的第一个试点市，龙岩市政府以此为契机，加快建设“淘宝村”和龙岩本土电商平台，从营销好“闽西八大干”“闽西八大鲜”“闽西八大珍”等地方特色产品起步，努力探索农村电商发展“龙岩模式”，打造全国农村电子商务之城。

2. 搭建平台，吸引特色

2015 年，龙岩电子商务产业园、长汀县电子商务中心、漳平市电子商务孵化中心、永定互联网产业孵化园、连城县莲冠电商产业园、武平县电商创业园等专业电商园区陆续建成开园，全市电商从业人员达 10 万余人。目前，龙岩电子商务产业园已有 58 家企业入驻，长汀电子商务中心有 124 家企业入驻，永定互联网产业孵化园有 46 家企业入驻。这些专业电商园区通过优惠的条件、良好的配套，吸引特色农产品企业、电商企业、创业者及电商配套企业入驻，初步形成了聚集发展态势，为各类农产品进城入市、打开销路提供了平台。

淘宝网和龙岩市政府倾力打造的龙岩地域特色优质商品导购平台——淘宝·特色中国龙岩馆正式开始运营，闽西久负盛名的名优特产全部实现了在线销售。同时，福建农产品网上超市、龙岩供销微商城、中国花都网等一批本地特色的电子商务平台迅速发展，其中福建农产品网上超市目前入驻商家 700 多家，展示农产品 4800 多种，入驻商家通过平台实现网上交易上亿元。

3. 政府市场，双手合力

电子商务能够在闽西农村迅速崛起，背后离不开两双手：一双“有形之手”——政府，另一双“无形之手”——市场！2014 年 9 月，电子商务产业被市里列入“八大金刚”重点产业发展格局，加快电子商务产业发展由此上升为龙岩加快发展步伐、提升区域经济实力和产业竞争力的战略举措。龙岩市各地决策者敏锐地捕捉到了这一独特的“互联网龙岩现象”。龙岩市委、市政府出台一系列战略决策，大力推动龙岩农村电商快速发展：层层设立电商发展领导小组，市、县（市、区）两级均成立电商协会；加快培育电商创业孵化中心，将引进电商企业纳入招商重点；加大政策扶持力度，明确在办公场地、资金支持、人才培训、物流配套等方面对电商企业进行扶持。2015年9月，为加快电商发展，推动龙岩农产品“走出去”，龙岩市委、市政府还策划主办互联网新锐高峰论坛，能者之士齐聚一堂，献言献策，进一步催化了“互联网+大众创业”格局，给龙岩时下风生水起的电商产业发展带来强大的精神激励和信心提振。

（三）农村电商化解两难：购物难和销售难

政府的强力推动下，农村电商正以迅雷不及掩耳之势重塑着广大农民的消费习惯、销售模式，进而影响着人们的生活生产方式。龙岩，这块曾经的红土地，借助互联网创业之火，以燎原之势点燃农村电子商务，一举成为全国首个农村淘宝全覆盖的地级市。由于龙岩地处深山，交通闭塞，许多商品难以流通至此，但是电子商务的兴起，让人们足不出户就可以“购其所需，买其所想”。2015年“双十一”，福建农村消费者的购买力令人亮瞎眼，农村淘宝村均成交额位居全国第一，成交总额名列全国第三；其中，长汀县大同镇东街村成交订单560多单，最终以近166万元的成交额，跻身阿里巴巴集团首次公布的“农村淘宝土豪村TOP10”榜单。

农村电商除了教会农村居民花钱，更可贵的是，农村电商使他们深谙“生意经”，农村居民学会通过电脑、手机，把龙岩土特产晒到网上，卖到全国，甚至世界各地，农民翻身成为创业者。

在中国淘宝村、革命基点村新罗区小池镇培斜村，一个月内，10多万斤早熟蜜橘通过电商卖到了全国各地，一解果农往年丰产却难收、增产不增收的困扰。在被誉为“红军长征第一村”的长汀县南山镇中复村，2015年5月，这里也建成了淘宝一条街，目前已有17家农产品网店进驻，红军街成了“淘宝街”“致富街”。在总体市场行情不好的情况下，当地出产的10万多千克百香果，今年通过电商平台还是卖出了好价钱。据统计，这条淘宝街开张4个月，已为农民卖出近百万斤的各类农产品。在长汀大同、新桥、三

洲等乡镇，2015 年初以来，当地通过电商渠道至少销出小黄姜 100 万千克，带动上百户农民增收致富。在连城，福建茗匠竹艺科技有限公司通过电商平台今年可望增加产值 5000 万元，成为全国最大的竹家具、竹茶具和竹工艺板材企业，有力带动了全县竹业产业的发展。

二、 河北清河的农村电商实践

（一） 河北清河的农村淘宝热

河北省清河县位于冀东南部，辖六镇一处 322 个行政村，城乡居民 42 万人，县域面积 502 平方公里，素有“中国羊绒之都”、“中国羊绒纺织名城”之称。清河县与电子商务结缘于 2006 年，全国首批 13 个淘宝村就有一个是清河县的东高庄村，东高庄村有个叫刘玉国的青年在网上开店卖羊绒纱线，平均每天就做成 100 多笔的交易。刘玉国网上开店的成功，产生了带动了效应，电子商务在该村迅速兴起。东高庄村农民网上淘宝致富的事儿，产生了很具辐射性的“墨迹效应”。在清河县城镇和乡村，掀起了一浪高过一浪的网上淘宝热，如今，走在清河县，只要同羊绒相关，电子商务如影随形，县城街边墙上“淘宝培训学校”、“羊绒电子商务批发大全”等大字广告随处可见。全县超过 1 万家的网店出现在了淘宝、阿里巴巴、拍拍等国内知名购物网站上，经营的产品涉及羊绒、羊绒制品、汽车零部件、合金刀具、耐火材料等多个领域，在上 5 万人的从业人员中既有年轻的大学生、也有退休干部、下岗职工，农村青年。他们的网店开的红红火火，交易额也日渐增长，以羊绒制品为例，全县网店每年就销售上百万件的羊绒衫、裤、裙，销售所占市场份额高达 74%。

截至 2016 年，全县网店数量已超 2.3 万家，年销售额 30 亿元，从业人员达 6 万人；涌现出 14 个淘宝村，2 个淘宝镇，淘宝村的数量在全国县级行政区域位列第三，在全国电商百佳县中排名第九，河北省第一。其中，羊绒制品一年的网络零售额就高达 15 亿元。清河县将实体产业与电子商务紧急结合，政府高度支持其融合发展，农民高涨的创业热情，使得全县整体经济水平有了很大提高。清河县羊绒制品市场管委会主任孙连岭表示：到2017年，力争全县网店数量达到30000家，企业开展电子商务达到98%以上，物流配送网店覆盖全县各个村镇，电子商务零售额达到50亿元。

（二）清河县电子商务的发展模式

1. 实体型网店

这样的网店本身有生产加工设备，自己生产、自己在网上销售，以销定产，库房积压常年为“零”。

2. 依托生产企业开网店

这样的网店占全县网店总数的80%以上，这种形式的网店只是投资购置几台电脑，把所销产品的花色款式展示在网页上，对顾客订购的产品，全是委托企业加工生产。

3. 企业网站

在清河也有不少企业创办了自己的网站。例如，河北巨丰橡胶密封条公司创办了中、日、英三语企业网站，并聘请了10多名专业人才，设立了专门的网络市场开拓部，面向全世界开展网上营销，业绩占到公司总销量的80%；

4. 企网联合

部分企业还积极与各大专业网站进行联合，扩大市场销售。河北宇联公司通过与“凡客诚品”这一品牌电子商务网站深度合作，实行贴牌销售，初试两个月就售出羊绒衫7000余件。

（三）清河县电子商务发展的经验

电子商务直接面对消费者，准入门槛也低。但同样在“低门槛”进入，清河人却能够在电子商务的大潮中独占鳌头，其中奥妙何在？

1. 特色产业为“基”是根本

清河羊绒实体产业的支撑、清河县电子商务的快速发展，与其良好传统产业基础是密不可分的。清河是全国最大的羊绒纱线生产基地和重要的羊绒制品生产销售基地，也是我国北方最大的密封件、汽摩钢索生产基地和硬质合金生产基地。在这多个特色产业的大基地中还建有全国最大的羊绒制品专业市场，汇集了县内和域外的鄂尔多斯、鹿王、雪莲、兆君、恒源祥、皮皮狗等知名品牌在内的10多个省、市和地区的近四百家商户入驻。同时，还建有汽摩零部件市场、合金交易一条街等专业市场。专业化的市场提供了丰富的产品资源，最大限度地满足了不同消费群体的差异化需求，为电子商务的发展提供了近在咫尺的优势基础。这就保证了网店经营者能够以最快的速度、最低的价格拿到最全、最好的产品，提高了网络店铺的竞争力。依托独特的产业优势和专业市场，清河的网络销售覆盖了羊绒、汽摩零部件、合金和耐火材料五大产业。

2. 政府对电子商务发展的大力支持

清河县域电子商务的发展，与清河县政府的支持也是分不开的。为了促进县域电子商务的发展，清河县政府从做了许多努力。第一，政府出台政策性文件，全力支持电子商务的发展。第二，政府搭建平台，为农民提供技能培训等服务、免费为村民进行“淘宝网入门”、“网店提升”等技能培训，成立的电子商务服务中心，与淘宝网“万堂书院”、“网商动力”、“单仁咨询”等机构合作，为提高农民电商技能做了很大努力。第三，为促进电子商务企业的聚集，建立电子商务园区、物流园区等。园区的建立，为清河羊绒产业及其他产品的输出提供了方便，也带动了周边地区的经济发展。第四，清河县委、县政府对电子商务从业者采取了积极的政策扶持，例如小额贷款优先向他们倾斜等。其他部门也都鼎力支持电子商务的发展，安装宽带价格优惠，物流快递也把价格降到了最低，等等。同时，县里还从政治上进行鼓励，吸收优秀的电子商务从业者担任县羊绒创业商会等组织的主要职务，给予他们荣誉和地位，在全县形成重视电子商务、发展电子商务的浓厚氛围，有力地促进了电子商务的蓬勃发展。

3. 电子商务平台的搭建

为了促进清河县电子商务的发展，搭建了专门的电子商务平台，组建了电子商务协会，同时引进电商服务机构，成立了电子商务培训服务中心，建立了 B2C 模式的《清河羊绒网》和羊绒制品专业供货平台“百绒汇网站”。

第三节 浙江遂昌与吉林通榆农村电商实践

一、浙江“遂昌模式”

（一）浙江遂昌的电子商务生态体系

遂昌县位于浙江省西南部，隶属丽水市，地处钱塘江、瓯江上游，仙霞岭山脉横贯全境，山地占总面积的 88.83%，县域面积 2539 平方公里，辖 2 个街道、7 镇 11 乡，总人口 23 万。

遂昌境内山清水秀，独特的自然环境造就了遂昌优质的农特产品，素有“浙南林海，遍地金银，云雾山茶，钱瓯两水”之称，是中国竹炭之乡、中国菊米之乡。“三井毛峰”“龙谷丽人”等具有高山云雾特色的名优茶及遂昌烤薯、石练菊米、竹木制品、黑陶等特色产品享誉海内外。从 2005 年开始遂昌就有网商自发做淘宝，主要经营竹炭、烤薯、山茶油、菊米等农特产品。近些年遂昌的电子商务也逐渐发展起了服装、家具等品类，形成了朱阿姨童装等知名网络品牌。

2010 年 3 月，遂昌网店协会成立，遂昌电子商务进入了快速发展期。遂昌网店协会的诞生，对遂昌网商的集群式发展，起到了关键作用。2012 年 9 月，遂昌县荣获阿里巴巴第九届全球网商大会“最佳网商城镇奖”。2013 年 1 月，淘宝网遂昌馆上线，成为淘宝“特色中国”的第一个县级馆。截至 2013 年 6 月底，协会共有会员 1473 多家，其中网商会员 1268 家，供应商会员 164 家，服务商会员（包括物流、快递、银行、运营商，以及摄影、网页设计等服务商）41 家，在遂昌逐渐形成了较完备的电子商务生态体系。2014 年，遂昌县从事农村电子商务产业的人员超过 6000 人，网上销售额突破 5.3 亿元，同比增长 73%。截至 2014 年底，全县共有快递企业 16 家，物流企业 11 家，本地物流配送企业 1 家，覆盖全县 20 个乡镇（街道）。“浙江

赶街电子商务有限公司"在遂昌布点213个，并已经全部建立赶街网点，解决了全县203个行政村网购"最后一公里"的基本问题，完善了农村电子商务服务体系，搞活了农村供需流通，有效增加了农民增收和创业就业的机会。

截至2014年底，全县已累计开展27期各层次培训，培训电子商务人才6000人次。遂昌县网店协会成立的遂昌电子商务公共服务平台，把电子商务服务人才集中起来，提供一个交流平台，为全县提供美工、文案、设计、摄影等全方位的服务。通过开展培训和服务平台的专业化服务，有效提升了电商从业人员的业务水平，基本实现了电商产业内部各环节的专业化分工。

全县电商交易物以农产品为主，属于典型的农产品为主、多品类协同发展的县域电子商务。在遂昌，上网交易的农产品种类从2010年起日渐丰富，从零食坚果，到茶叶干货，再到生鲜蔬果，均占据相当的比例，并且从2013年开始，生鲜蔬果产品呈增强趋势，逐渐成为当地电子商务交易的主打产品。传统企业、农户、合作社通过综合服务商的引导与广大网商形成供货关系，各类网商在综合服务商的帮助下自主创业并不断开拓网上市场，其发展为传统企业、农户、合作社打开了销路，反过来又大大促进了它们自身的发展壮大，从而形成了一个良性循环。

农村电子商务开展也改变着当地人的生产生活方式。农民可以从网上获得各种各样的信息，从而更好地学习和生产。同时，通过当地"赶街"网点便捷的网上代购服务以及完善的物流体系，农民同样可以在网上进行购物，选择自己喜欢的商品，提高生活品质，享受与城市同质的生活。当地电子商务的开展还有效解决了农村"留守问题"：随着农村电子商务的崛起，已经吸引了越来越多的外出打工农民和大学生返乡创业或就业。

（二）政策环境催化下的遂昌模式

何为遂昌模式？依据阿里研究中心的研究，"遂昌模式"被定义为：以本地化电子商务综合服务商作为驱动，带动县域电子商务生态发展，促进地方传统产业，尤其是农业及农产品加工业实现电子商务化，"电子商务综服务商+网商+传统产业”相互作用，在政策环境的催化下，形成信息时代的县域经济发展道路。“遂昌模式”的易复制性成为了各地效仿的先驱。

遂昌的本地电子商务综合服务商，主要是指具有社团属性的遂昌县网店协会和企业性质的遂网公司（二者实际上是两块牌子一套人马）的综合体；电子商务生态是指有网商、服务商、供应商、消费者，及社会环境共同构成的共生进化系统；地方传统产业的电子商务化，包括遂昌中小企业（主要是农产品加工及旅游等服务企业）或农民专业合作社自己办网店开展电子商务，也包括他们借助服务商平台，使其产品对接电子商务大市场；政策环境包括软硬件两个部分，既有遂昌对于基础设施的长远投入，也有对电子商务发展的支持与服务。这其中，本地化电子商务综合服务商是遂昌模式的核心，网商是发展的基础，传统产业是遂昌模式的动力，而政策环境则是遂昌模式产生的催化剂。

1. 遂昌模式的核心——以遂网公司为主体的服务商

一方面帮助网商成长；另一方面促进传统企业电商化，尤其是帮助农户和合作社对接电商渠道，使当地的产业（尤其是农业）通过电商而受益，这些反过来又促进了当地电子商务生态的完善，也拉动了当地的网上消费。

2. 网商协会推动发展，实现了公益性和盈利性的良好结合

遂昌网店协会的诞生对当地网商的集群式发展起到了关键作用。2010 年 3 月 26 日，遂昌网店协会由遂昌团县委、县工商局、县经贸局、碧岩竹炭、维康竹炭、纵横遂昌网等多家机构共同发起成立。协会为非营利组织，按社会团体法人依法登记注册。协会的定位是：服务性、互助性、自律性，是实现网店会员与供应商“信息共享、资源互补”的服务性公共联合平台。主要工作包括：帮扶网商成长，组织培训，搭建技术咨询平台；整合供应商资源，组织网货，同时协助供应商（专业合作社、农户等）进行产品开发，提高了供应商新品开发的成功率；规范电子商务的服务市场与价格。如促成网商面临的仓储、资金难题纳入政府的电商扶持政策、规范物流费用等。

遂昌县以组织创新推动了电子商务的整体发展，用网店协会的形式将农

民和城镇居民组织起来，并在产品选择、规模扩张、规则建立等方面有计划有步骤地发展。以电子商务为抓手，从公益着手，走出了一条新农村建设的新道路。

3. 质量第一，当地政府为产品质量把关、背书

遂昌在网上出售的产品并不以廉价取胜。人们购买遂昌的产品，更多是出于对于对遂昌生态环境和农产品质量的认可。如 2013 年春节期间的土猪肉、清明前后的有机茶叶、端午时的长粽等产品都在网上获得了很大的销量。以土猪肉为例，3 斤 99 元，价格远高于市场上的一般猪肉。消费者的购买说明遂昌品牌已具备了一定的公信力和附加值，且这一品牌价值是被所有的遂昌当地农产品所共享的。

为支持生鲜电子商务的发展，当地政府斥资 300 万元建设了农产品检测中心。而在遂昌馆上线时，一套“政府 + 农户 + 合作社 + 网店协会 + 淘宝网”的多方负责的品控机制已经开始实行，政府为遂昌馆产品做出背书，实行多方负责的监管机制。凡是通过网店协会销售出去的农产品，政府对其质量安全承担全部责任，破解了土特产难有质量认证的瓶颈，加快了当地优质农副产品向外地流通。

4. 建立服务站，解决服务农民“最后一公里”问题

遂昌通过建设农村电子商务服务点和配送服务中心，突破了信息渠道、操作技术和物流配送等瓶颈制约，建立健全了农村电子商务服务体系，解决了服务农民“最后一公里”的问题。

农村电子商务服务站整合了商业和公共服务的功能，兼具经营性和公益性，具有盈利模式，且效率很高，在直接帮助村民购销产品的同时，还可以帮助村民办理一些公共事务。目前，农村电子商务服务站的功能主要有农资用品以及家电、服装、日用品等的代购，电话费、有线电视费、网络费、水电煤费等的网上支付，快递代收发、车票机票预订、酒店预订，招聘、农业技术辅导和惠农政策信息查询等多项事务。实现了农村公共服务一体化。所有的服务项目对用户都是免费的，旨在为村民生产、生活提供便利；企业通

过向供应商及卖家收取费用，来实现运营和盈利。目前，遂昌县已建村级电子商务服务站200余个。根据建设计划，遂昌县将建成250个左右村级电子商务服务站点，覆盖全县9镇11乡203个行政村。

（三）“遂昌模式”背后的政府经验

遂昌县委书记杜兴林曾说过：“‘遂昌模式’的核心，就是政府主导，企业运营，社会参与。”他还进一步解释道：“很多县都有农村电商，但基本处于分散状态。遂昌政府则是积极扶持，同时也要处理好政府与市场的关系。政府会在关键时刻推一把后，把企业交给市场。此外，这个模式中还有农业专业合作社、电信、电力，甚至风投等其他社会力量参与。”的确，当地政府在网商协会成立之初，就开始为电子商务发展提供有为的服务，从硬件设施的投入，到政策等软环境的建设，为遂昌电商和服务商发展提供了有益而必要的扶持和引导。在遂昌电商产业由小到大、由弱到强的发展过程中，始终可以看到当地政府的积极引导和推动。

1. 加强基础设施建设

电子商务基础设施主要包括交通、宽带、产业园区等方面。

交通方面，遂昌县政府积极完善交通建设，一方面狠抓项目，规划道路建设，开通了多条连接偏远农村和县城的交通支线；另一方面加强管理，强化科技在交通管理中的运用，进一步改善县域交通环境。2006年龙丽高速的开通，为其电子商务的快速发展奠定了基础。

宽带方面，遂昌加快发展以宽带为核心的通信基础设施建设。截至2012年，遂昌户均手机数为2.87部，户均宽带0.4M，在全国县级区域中处领先地位。

园区方面，遂昌县已经规划出专门的电商产业园，开始投入建设。建成后，将实现网商聚合、协同发展，发挥集聚效应。2013年1月淘宝网遂昌馆上线，为保证遂昌馆运营，遂昌县政府配套资金与政策支持遂昌网店协会建设了3000平方米的配送中心，投资300万元建设遂昌农产品检测中心。

2. 建立健全组织机构

为加快推进县域电子商务发展，遂昌专门成立了电子商务发展工作领导

小组；2010 年，由遂昌团县委、县工商局、县经贸局以及企业等多家机构共同发起成立遂昌网店协会；2013 年，设立遂昌县电子商务服务中心，核定编制，主要负责拟订电子商务规划、政策，指导企业电子商务应用，培育重点电子商务企业和平台等。

3. 加强产业政策扶持

2011 年遂昌县政府出台“全民创业支持计划”及配套政策，每年给出 300 万元财政支持，其中不低于 200 万元的财政补助用于遂昌电子商务发展。为鼓励电商企业做大做强，遂昌县政府承诺将在人才、土地、税收、政策等方面加大对遂昌电子商务发展的支持。

4. 加强产品品质监管

投资 300 万元建设了遂昌农产品检测中心。实行“政府 + 农户 + 合作社 + 网店协会 + 淘宝网”多方负责的品控机制，政府为淘宝网遂昌馆产品做出背书，实行多方负责的监管机制：政府指导下的地方土特产行业生产和加工标准；基地核查，实名认证，全程抽检和备案，源头可追溯；联网联保，品质担保金。通过政府、农户、合作社、网店协会、淘宝网的几方联动，遂昌实现了农产品在售前、售中和售后三个环节的全方位品质控制。

5. 政府购买电子商务公共服务

遂昌县充分创新“一事一议”财政奖补机制通过政府购买农村电子商务公共服务，政企合作，借助农村电子商务这一平台，健全农村公共服务体系。

6. 买培训，培育新型农民“网商”

县财政出资为网店协会提供固定办公场所，并向网店协会购买农村电子商务知识及技能培训服务。具体操作方面，由网店协会根据市场需求和电子商务知识技能要求，制定培训课程、聘请培训师资，政府仅负责培训场地及资金保障。截至 2013 年 11 月，县财政累计出资 230 多万元，主要用于购买农村电子商务培训。全县近 1100 人次农村青年免费接受网店协会组织的农村电子商务专业知识培训和创业指导，实现自主创业；150 多人次村官接受农村电子商务知识培训，县职业中专学生近200人次接受电子商务知识培训。

7. 买平台，打造农产品销售新模式

2013年，淘宝网·特色中国——遂昌馆开馆。遂昌馆的运营属于标准的政府购买服务、政企合作模式。县政府承担该馆前期建设及后期运营的所有费用。遂网公司是政府委托的运营商，负责开馆前的各项筹备及开馆后的日常运营维护工作。该馆免费为农户及网商提供具有遂昌特色的农产品及旅游产品的展示及交易服务。为进一步发挥这一平台的作用，县里盘活原国有企业的旧厂房1600平方米，由财政扶持，改造成为仓储设施，作为全县电商物流的中转仓库。

8. 买服务，创新农村公共服务体系

遂网公司结合山区农村实际需求，推出帮助农民网上购物、获取资讯的赶街电子商务项目，使农民通过网络来实现“赶街”（当地的农村赶集活动）。遂昌县政府结合全国“一事一议”财政奖补政策，按照“一切由农民说了算，农民最需要什么公共产品，政府就提供什么公共产品”的原则，创新服务模式，与遂网公司合作，在每个行政村建设农村电子商务服务站，为农民提供方便快捷的公共服务。服务站采取政企合作模式，政府通过以奖代补等形式向遂网公司购买服务，由企业来运营维护。政府只做一些政策性、服务性工作，其他的事情都交企业负责。遂昌县通过买服务方式，政企合作，创新和健全了农村公共服务体系，改善了农民生活。

9. 营造电商氛围

遂昌依托青年网上创业大赛，对获奖选手予以一定的资金奖励和政策支持，得到了社会各界的广泛关注。制作了农村电子商务电视专题片、青年电子商务创业微电影《创·青春》、农村电子商务专刊《休闲遂昌》，以及《钱瓯遂昌》的农村电子商务专版。举办电子商务培训班及网店协会会员沙龙等活动共30余期，在提升网商的技能水平的同时，进一步营造了有利于电商发展的良好氛围。

（四）“遂昌模式”下电商政策的启示

遂昌县通过“合同采购、定额补助、以奖代补”的方式，向企业购买公共服务，理清了政企职责定位。一方面，政府没有自己直接去建学校搞培训、建网站搞营运以及建服务站搞服务，而是通过市场的手段，借助企业的专业力量来做专业的事情，明确了政府、企业职责定位。另一方面，通过政府和企业合作共建，有效节省了财政资金，而政府采购的科学机制也有效保障了采购资金的绩效。以农村电子商务服务站为例，如果政府自己在每个村建立服务站，不但前期资金投入巨大，而且后续的维护、运营更是一笔很大的开支。和企业合作，由企业出资建服务站，将服务站的公益性和盈利性结合起来，为农村提供各种公共服务。在具体投入方式上，政府可以根据服务站的建设及服务情况，在科学考核并验收后，再以奖励等形式补给企业，保证了服务站的质量。

从对网销产品建立起来的政府介入的多方责任监管体制中，我们找到了政府在农产品电子商务发展中如何定位，农产品安全质量如何把控，传统流通监管体制如何适应信息经济的要求等问题的答案。

而在遂昌这些电商政策的背后所展现出的正是政府在互联网时代所做的转型，以及现代服务型政府对于电子商务发展的有为而治。

二、吉林“通榆模式”

（一）吉林通榆电商模式的创新发展

为发展电子商务，2013 年末，在通榆县委县政府的鼎力支持和深入参与下，由社会力量投资成立了一家名叫“吉林云飞鹤舞农牧业科技有限公司”，注册了“三千禾”和“大有年”品牌，主营通榆特色农畜产品。形成了这种电商模式：生产方 + 电商公司。当地具备相对比较好的电商运营能力，属企业性质。跟“遂昌模式”中的“服务商”类似，电商公司是核心：左手整合生产方（农户、生产基地、合作社或农产品加工企业等）的产品（小米、绿豆、燕麦和竹豆等），右手经淘宝平台卖出。这一项目于 2013 年 10

月启动。在短短一年时间内，“通榆”这个名不见经传的小县开始进入全国消费者的视线，还作为全国第三个农村淘宝的试点县，被阿里巴巴纳入“千县万村”的发展战略。

（二）通榆式农村电子商务模式

“通榆模式”跟“遂昌模式”很相似，但在品牌化和销售环节有自己的特色。通榆县隶属吉林省白山市，是典型的东北农业县、国家级贫困县；地处偏远、交通不便，以靠批发和零售渠道卖原品的传统方式销售农产品；农村电商发展基础落后；是我国著名的“杂粮杂豆之乡”，绿豆、葵花等多项农产品的产量居全国之冠。现如今，由中央财政下拨的1850万元扶持农村电子商务的专项资金涌入通榆，无疑给这里的发展注入了新的动力，带来了新的商机。

通榆式农村电子商务特点是：电商公司以网上直销为主，也有少部分产品经网络分销商卖出，且多是外地的网络分销商；注册了统一的品牌“三千禾”来统一所有农产品的包装、销售和服务；县委县政府从各部门抽调了精干力量组成了“通榆县电子商务发展中心”，来全力配合该电商公司的工作。

（三）通榆模式的成长之路

1. 打开通路夯实基础

2013年9月底，通榆县农产品电子商务项目正式启动，引进杭州常春藤实业有限公司在通榆县注册成立了吉林云飞鹤舞农牧业科技有限公司，主营通榆特色农畜产品。公司先后在天猫、淘宝网、1号店、京东商城开设了“三千禾旗舰店”“三千禾弱碱粮仓”，在阿里巴巴开设了云飞鹤舞官方旗舰店，并与19楼、绿城物业、幸福9号、今日购等社区电商平台完成对接。目前农产品网上销售量已达到160万斤，收入达到2000万元。与第三方支付平台拉卡拉达成合作，目前月销售额稳定在50万元以上。先后两次参加淘宝“聚划算”活动，其中2013年10月的“农产品主题”四天销售收入达到了106万元，2014年10月的“聚土地主题”实现销售份额1800份、销售收入109万元。

同年12月，通榆县与白城市农科院签订了战略合作协议，又相继争取到清华大学、中国农业大学、吉林大学等科研院所的支持。同时，先后聘请了国家燕荞麦首席科学家任长忠、向日葵产业专家张义、中国农业科学院作物科学研究所副所长王述民、国家食用豆首席科学家程须珍为通榆县科技经济顾问。2015年，在吉林云飞鹤舞农牧业科技有限公司的推动下，成功达成与中国扶贫开发协会的合作，在通榆开展“县域综合扶贫试点”，将以农业专业资源数据库和农业科技成果资源数据库为核心，充分发挥平台顶级农业专家和成果资源优势，对通榆具有优势的“杂粮杂豆”、畜禽产品以及相应的深加工产业，提供全方位、低成本的“战略、规划、设计、实施、营销和融资”为一体的全程式解决方案。同时其旗下的旭辉股权投资基金将在通榆设立产业扶贫投资基金，以股权投资为主要形式，优先支持云飞鹤舞等电子商务和其他直供渠道创新发展。

2. 打造供应链激发群众潜力

项目启动以来，线上线下推广了包括杂粮、杂豆、大米、葵花等近10个品类的30余款商品，实现近20万个订单，产品销售几乎覆盖全国23个省份。辐射带动与云飞鹤舞公司合作的通榆本土加工企业达到25家、合作社5个、种植养殖大户8个；带动白城、通化、延吉、洮南、镇赉等地10多家企业与公司达成供货合作。同时还带动通化、延吉、柳河、梅河口和哈尔滨等地政府与公司的意向性合作，目前镇赉和延吉已经与公司展开深度合作，镇赉大米还创造了上线一个小时销售3万份的业绩。同时，项目还促进了通榆县内传统农产品加工企业向电子商务的转型，其中鹤乡米业公司已经自建电商团队并开设网上专卖店；恒瑞公司已经与云飞鹤舞公司签订合作协议，为其提供场地作为仓储及小包装生产基地；还有包括葵花、花生、小米等多个合作社向小微加工企业转型；还生成了包括网店装修、产品摄影、小包装供货等5户小微电商服务业企业。为解决上游供应链整合的问题，云飞鹤舞公司正在整合县内现有专业合作社资源，策划组建农民专业合作社联合社，现前期工商注册工作已经完成。

2013年12月，由阿里巴巴研究院、淘宝大学举办的全国第六期“阿里农村电商讲习所”在通榆开班，通榆县大约有2万人参训。2014年，启动了“千名电商培养计划”，聘请了国内知名电商专家就电子商务发展趋势、电子商务实用理论、电子商务实战技术以及网上开店流程方法进行专题辅导，首期培训学员150名，新增网店50家。随后，又在瞻榆镇举办了百余人参加的电商知识普及班，举办了50余人参加“通榆网姐电子商务知识培训班”。截至目前，共举办了四期电子商务培训班。

3. 创新模式升级电商

通过一年多的发展，目前以原产地直供为核心理念、以政府背书+基地化种植+科技支撑+营销创新为主要特征的“通榆模式”，得到了电商业界的高度认可和社会各界的关注讨论。通榆模式的核心创新亮点在于价值共享：地方政府、农户、电商企业、消费者及平台共同创造并分享价值，既满足了各方的价值需求，同时带动了县域经济的发展。2013年10月中旬，资深自媒体互联网分析沙龙、野地里的辛巴等总结概括提出继遂昌、成县后农产品电子商务的第三种模式——“通榆模式”。随后，人民日报、新华社内参、新浪网、吉林电视台、吉林日报等百余家主流媒体以及各大互联网媒体、电商专业网站、自媒体纷纷对“通榆模式”进行报道和转载。《央视财经评论》栏目将通榆模式作为县域农产品电子商务发展的典型案例，聘请专家进行了专门的解读和推广。

2014年10月，通榆县成为继浙江桐庐县、广东阳山县后，全国第三个阿里“千县万村计划”农村淘宝示范试点县。该项目在通榆县城设立农村淘宝运营中心，将利用三年时间在全县设置100个村级淘宝服务点，推动项目在基础设施、物流通路、发展环境等方面的建设，带动本土企业向电子商务领域拓展，吸引更多电商企业落户通榆，促进通榆电子商务行业的整体发展。

（四）“通榆模式”中政府的推动作用

2015年以来，国务院与国家部委关于农村电商政策相继出台，涉及农村

电商的政策文件达 12 个之多。同时地方政府也相继发布了许多农村电商，或者农产品电商的文件。这些政府出台的相关政策，为整个农村电商的发展注入了非常大的活力，促进农村或者农产品电商的发展，帮助推动了整个农村电商快速兴起。

1. 政府的大力支持与主导

要探寻一种新的发展模式初期肯定会遇到诸多问题，而政府的参与则为广大农民朋友提供了强有力的后盾，保证了农民在新的产业链之中的利益，政府通过农村合作联社以及农村合作社作用于村民，起到了连接村民与电商公司的纽带作用。首先，通榆政府的相关领导高度重视电子商务这一发展方向，由县委书记、县长和运营公司负责人等组建“通榆县电子商务发展领导小组”，抽调各部门的年轻干部成立“通榆县电子商务发展中心”，配合运营公司，协调组织各种资源。其次，成立专项基金，出台一系列扶持电商创业的政策，支持电商发展。用行政力量为电商发展建立“绿色通道”。

2. 农科院大力配合

2014 年春，成立白城市农科院通榆优良品种试验站，提供了 50 公顷试验基地。启动并规划 3000 公顷土地整理项目，用于生态水稻种植和开发。调整农产品种植结构，研发杂粮杂豆新品种。

第四节 县城农村电商发展经验与启示

一、 电商遇上传统农业， 把握优势互补原则

在市场起决定作用的经济条件下，供销合作社等传统农业经营模式逐渐退出历史舞台，但是电子商务的下乡却给了它新的机遇，各地利用自身的优势和特色建立电子商务平台，构建农村电商网络，实现了农村电商的快速发展和崛起。这正是积极利用了传统经济模式和现代商业模式优势互补的结果。通过“互联网 + 产业 + 公司（合作社） + 农户”等的模式，逐渐形成

了极具地方特色的电商集群。部分农村地区采取政策扶持、人才培训、宣传推广等举措，推动了农村电子商务的蓬勃发展，大量农村村民从事网络经营，带动了农民就业和大学生返乡创业，有效促进了农村产业转型升级和农民增收农业增效。要培育一批发展潜力较大的农村电商企业和专业合作社，支持农村网商大户和龙头企业不断丰富商品和服务种类，推动产业链延伸，通过“网络销售”推动“实体制造”的发展，从而加快农村传统产品和产业的转型升级。

二、 弘扬区域特色， 因地制宜打造电商品牌

正所谓“一方水土养一方人”，在当今社会越是特色的东西，越能满足人们个性化的需求。所以，农村电商的推进必须依托地区资源优势，逐渐形成了具有地方特色的农村电商品牌。充分利用农产品等特色优势，积极推动“一村一品一店”，打造极具地方特色的品牌。提高地方特色产品和农产品质量、打造地方生产和销售品牌是农村电子商务持续发展的重要保障。当前要进一步引导鼓励农村网商增强品牌意识和质量意识。要引导个体网商开展商标、专利等申请注册；引导市场主体、行业协会、专业合作社或基层组织申请集体商标、地理标志等，切实提高产品质量、知名度和核心竞争力，努力打造农村电商经济的品牌。

三、 构建完备的支撑服务体系

电子商务的发展需要完善的网络配套设施、较高的网络普及率的支撑。加快农村网络基础设施的规划建设，进一步提高农村宽带接入的普及率，加快移动通信、移动互联网、数字电视网络等建设，通过强化网络基础、降低成本，减少费用，为开展电子商务创造有利的基础条件。同时，通过设立农村电商产业园、孵化基地、电商创业服务中心等形式，完善配套服务体系，为农村市场主体多层次、多渠道地参与、利用电子商务开展经营提供便利化通道。此外，主动培育上下游产业、相关产业的发展，形成完备有效的产业

链，配套形成完善的物流体系、金融服务、技术和教育培训，走集群式的方向发展，促成规模效益的形成。具体而言，物流方面除了要设立大小不同的快递网点，还应积极建立起自己的仓储体系，建设现代化的包装、仓储、物流和配送体系，通过优化资源配置，进一步降低农产品和农村地区的流通成本，使农产品可以便捷、安全、快速、低成本地流通；金融服务方面，要通过引进或合作金融服务公司为村民融资贷款等提供便利，从而进一步扩大生产和经营规模；技术和培训服务方面，逐步解决农村电商人才匮乏问题，针对农村网商网络应用和营销技能相对缺乏的现象，基层政府应该扶持引导、组织开展培训，建立技术和信息交流平台，具体可以包括开展课程培训、下发指导材料、邀请专家讲座和外地参观考察等，还可以设立了网络创业办公室或指导中心，直接为农民网络创业提供技术、营销等方面的服务，引进专业的电子商务服务公司，为网店店主提供广告策划、网店维护和诊断、课程培训等专业化的服务，着力解决农民在发展电子商务中的主要瓶颈问题。

四、关注农村电商法律法规体系的建设

农村电子商务正处于初期的发展阶段，许多法律和体制方面存在漏洞，尤其是互联网的虚拟化加大电子商务市场的监管难度，因此要一边发展一边监控，正确引导，避免不法分子钻空子、钻漏洞。加强法律法规宣传要通过法律讲堂、现场宣讲、互动交流等多种形式，加强对农村电商从业人员的宣传教育，增强农村网商的法制意识，促进守法经营；要规范网络市场秩序，针对农村电子商务发展中存在的问题，加强监管执法，打击通过网络销售假冒伪劣商品、侵犯知识产权、不正当竞争等行为，切实营造公平公正、竞争有序的网络市场秩序，构建健康的农村电商生态系统，推动农村电子商务的健康可持续发展。

五、助推农村电商发展关键在人才

推进农村电子商务的发展，实现“互联网 + 农村”，最重要的是要解决

好农村电商人才的支撑问题。从目前来看，农村基层精通电子商务的农民非常少，所以，要增加培训和引导，加强人才培养，要鼓励大学生村官、农村青年致富带头人、返乡创业人员和部分个体经营户成为农村电商的创业带头人；带动新型职业农民、家庭农场主、合作社社员转型成为拥有互联网思维、掌握信息化技术的市场主体；牵引并带动更多的普通农民用电脑改善消费体验，通过手机完成产品销售，在互联网上实现小康生活。

第十五章 农村电商平台发展实践

在电子商务时代，电商平台的建设与否和建设情况的好坏成为电子商务是否能高速且健康发展的重要标准，农村电商作为电子商务按地域分类的重要组成部分，其电商平台的建设也对其发展产生重要影响。

第一节 三大电商巨头农村平台建设

2014 年 9 月，完成美国上市的阿里巴巴，在挣足全球目光的同时对外宣布，其将会把农村电商、跨境电商和大数据作为今后发展的三大战略。农村电商随即因阿里巴巴给出的数据和分析预测成为备受关注的热点。2014 年 10 月，阿里巴巴通过推出“千县万村”计划，作为拉开农村电商战略部署的第一步，具体措施包括：投资 100 亿元，在县城建立 1000 个县级电商服务中心，在村镇建立 10 万个村级淘宝服务点，在推出计划的同时确定浙江桐庐为第一个农村电商试验点。2014 年底，不甘落后的京东也对外发布了自己的农村电商战略，基于“两条腿走路”的思路：在县城设立京东帮和服务中心，分别用来负责大家电与家具的四位一体服务和一般商品的农村导购。苏宁也不甘示弱，及时推出了自己的农村战略，并选取京东老总刘强东的老家江苏省宿迁市洋河镇作为苏宁易购第一家服务站的开设地点。至此，农村电商三强争霸的局面形成，电商在农村的“跑马圈地”式的市场争夺战一触即发。

一、 阿里巴巴——再造一个农村淘宝系统

以战略定位准确出名的阿里巴巴在推出农村淘宝计划之前，可谓精心准备，马云亲自挂帅调研浙江遂昌的赶街项目，作为阿里集团智囊的阿里研究院也随即完成并发布了《农村电子商务消费报告》，报告通过准确、海量的历史数据分析得出，农村电商潜力巨大，在 2011 ~ 2014 年里，淘宝农村消费占比和提升速度显著增加，消费占比由 2012 年第二季度的 7.11% 上升到 2014 年第一季度的 9.11%，占比增速也越来越快。随后数据也进一步证实了报告中的部分预测，如其预计给出的 2014 年 1800 亿元的农村网购消费额果然实现，当前数据显示 2015 年农村网购市场规模达到 3530 亿元，增幅为 2014 年的 99.6%，目前来看其预计的 2016 年农村网购市场规模为 4600 亿元已显得保守。

2014 年 10 月 13 日，在首届浙江县域电子商务峰会上阿里巴巴集团宣布，启动千县万村计划，主要目标是，在 3 ~ 5 年内投资 100 亿元，完成对 1000 个县级电商服务中心和 10 万个农村淘宝服务点的基础建设，主要的四个方向定位如下：一是让农村也能享受与城市一样的消费选择，即代买、代缴费服务等；二是让优秀的人才可以回归农村创业，即带动农村就业创业；三是让农民可以直接从厂家采购生产资料从而降低成本，即放心农资下乡；四是让农业产品足不出户卖到全世界，即代卖农产品服务。随后这一农村电商的定位被多数电商平台企业认同和效仿。

针对农村电商的四个方向定位，阿里巴巴制定了四个方面各自的工作重点：第一是投资基础，包括在县和村建立运营体系，加强物流，做好基础建设；第二是激活生态，主要为帮助培养更多的买家卖家和服务商、做好人才培养体系；第三是创新服务，包括农村代购、农村金融、农村电商 O2O 等；第四是创造价值，目的为帮助农民提高收入、增加就业、实现新型城镇化。

“千县万村”计划的具体推进方式是：由各地政府积极向阿里巴巴集团公开申请，阿里巴巴通过筛选，在选定当前适合发展农村电商的县级城市开

设县级中心服务站点，之后进一步由县级服务中心站再去开拓合适的村级服务站。村级服务站一般选用当地村民和适合做村民网购网销服务的店铺来运作。阿里未来进一步还需要完成和地方政府的对接，以便于整合当地物流配送、培训机构、农副产品检验检测机构、农资农具厂家等资源，进而完成一个“消费品下乡、农村产品进城”的双向流通体系的打造，并提供包括金融在内的综合服务。

在2015年3月底，根据媒体披露的数字显示，“村淘”已进驻全国8个省区市，覆盖200多个村，推进速度相当快。

作为对农村战略的配合，阿里巴巴先后进行多项重要部署：一是对淘宝网网络内部结构进行了扩展改造。2014年11月特为农村市场设计了二级页面“农村淘宝”，设计更符合农村消费者的简单页面布局，不仅包括淘宝常规的服装、鞋包、母婴、电器、居家百货，还包括“农资用品/农耕工具”等特色品类，该品类下可以买到包括肥料、农药、塑料薄膜、种子、播种机等各种涉农产品。二是统筹资源，加快农村物流体系建设。根据菜鸟统计的阿里巴巴村淘覆盖区域的快递进出时效统计结果，结合菜鸟网络首度公布的数据分析显示，即使在农村地区当日或次日即可送到的订单也有约13%，而且在长三角、珠三角的网购相对普及的地区，农村快递速度早已不逊于城市，可谓消除了物流界的城乡差距。按相关规划，在5~8年的时间，菜鸟将朝向打造遍布全国的开放式、社会化物流体系而奋斗，历时其将可以支撑年均10万亿元的网络零售额物流需求，支持国内无论城市还是农村的网购都可实现24小时送货必达。三是通过创新加快农村金融布局建设。源于蚂蚁金服的数据指出，旗下产品余额宝农村用户数2014年新增超过2000万，使其增收7亿元之多。其中，表现活跃的农村地区主要集中在东莞、温州、苏州、泉州、成都等地，其开户数居全国前五。余额宝的主要用户集中在“80后”和“90后”，占比高达年新增农村余额宝用户的75%。在金融建设相对薄弱的农村开展互联网金融建设，此举将为拉动农村居民消费、解决农村居民融资难等问题提供一定解决方法。

就总体进展而言，农村淘宝的当前实施现状是：开展较多的是代缴费等简单常见业务；代买业务增长迅速，这与电商服务中心积极开展的消费习惯宣传和培养密不可分；但是代卖农产品服务依旧不见明显效果，农用物资下乡还正在研究流通体系的建立方式。上述现象的根本原因在于：代买的商品多为标准化程度高且产业体系成熟的工业品，而代卖的农产品则产自各家各户，标准化缺失严重，质量等级不一，更重要的是安全监测和信任的问题还没有有效解决，鲜活农产品的保险和冷链运输的问题严重性不容乐观，此问题在以消费者聚集、运输效率高，电商已趋于成熟的城市尚未完全彻底解决，在消费者（供货者）分散的农村问题就更难以有效解决了；关于农用物资的电商下乡，当前的最大推进阻力在于长期以来形成的强大传统农资流通体系，而且其传统的流通体系又与普通商品有显著差异。

但值得肯定的是，农村淘宝的试水是阿里巴巴向农村电商领域迈出的成功第一步，大大增强了阿里巴巴对今后布局农村电商业务的信心，在 2015 年，阿里的“千县万村”推进步伐明显加速，而阿里巴巴高层对外再次声明：“千县万村”计划投资的 100 亿元仅仅是初期投入，不是最终数字，我们相信随着农村电商这块地的“深耕细作”，进一步的投入是完全值得且会产出丰硕果实的。阿里不仅积极对外做出战略部署，而且也会调整内部结构来自适应对外战略需求。近期阿里巴巴通过内部业务整合，使得天猫截止了审阅新入商家的申请，整体业务与淘宝合并。从当前电子商务发展现状我们不难看出：在城市地区日益竞争激烈电商已经显得过于饱和，相比之下，农村电商的发展将大有可为，所以农村电商将是阿里巴巴，也是众多电商企业进一步发展的重要方向之一。

二、 京东——两条腿走路打开农村新天地

阿里巴巴在开拓农村电商方面起了个早，吹响了进军的第一声号角，一向不甘屈居行业老二的京东在农村电商的战略部署方面，也进行了紧锣密鼓的推进。早在 2014 年底，京东已经开启电商试点县的筹划部署并实行，四

川仁寿成为了京东第一个电商试点县落户所在地，公司与当地仁寿县人民政府达成一系列合作共识，积极开展电子商务在该县的发展。在2015年这个进行“跑马圈地”的年份，京东不懈余力的进行农村地区市场的扩张，不到一个月时间，在2015年1月的上半月，京东就已经在包括江苏省宿迁市、湖南省长沙县、四川省仪陇县、山东省平度市等全国多个县市完成“县级服务中心”的部署、开业。大有后来居上的气势。

京东的农村战略被部分学者形象的称为“两条腿走路”。“京东帮”服务店作为一条“腿”，为集合社会其他资源，战略的运行选择选择了合作模式，通过比较选择，合作主要与县域内部有实力的家电销售通过商授权进行，产品品类集中为大家电、家具，表现为交付不便的大件商品，服务中心的业务集营销、配送、安装、维修四位一体。“京东帮”自2014年11月一经推出，便以燎原之势在全国生根蔓延，迅速在四川大邑、山东宁津、广东连州和山西太谷等多地开展业务，预计2015年内会开到上千家。2014年除夕前，刘强东在宿迁老家对外声明，“京东帮服务店”近完成6万个行政村的业务覆盖。

京东县级服务中心是在农村电商开疆辟土的另一条“腿”。其与“京东帮”服务店形成补充，经营方式为京东自营，集京东传统优势项目配送站和电子商务体验中心为一体，作为提供物流配送和电子商务咨询、体验和培训等服务的场所。京东采用县村两级体系，在县级中心下以村为单位建立乡村电子商务服务站，其业务范围包括：电子商务推广宣传服务，收取业务提成。原计划在2015年6月前发展村间代理数万名，完成对数万个村庄的直接覆盖，现实速度远超预期，截至2015年8月，京东完成约600家县级电子商务中心的布局，正式运营的京东帮服务店也达1000家，聘用乡村推广员超10万人，“革命”进程大大快于预期。

为了进一步加快在农村电商的推广，京东金融充分利用电商渠道下沉的趋势，总结白条业务中的经验和优势，通过乡村服务站试点授信，试水农村金融。业务分为两个方面：一是通过在农村市场开展“农村白条”业务，向农村提供消费信贷和农资信贷服务。包括京东30天免息、分期付款等在之前电商中成熟的金融服务。二是在2015年8月正式推出农资频道，尝试为农民提供赊销服务，及传统的收货卖粮后再向京东支付之前的农资产品费用。目前京东金融先在江苏宿迁市宿豫地区的部分乡村代理员中开通了农村白条业务试点，用以探索赊贷农资业务，并进一步缓解乡村推广员们在京东代购时的资金垫付压力。

与此同时，京东还通过加大县级特色馆建设的力度，向当地电商企业开放平台和物流体系促进京东在农村电商的发展。

比较京东和阿里的农村战略发现，京东不同于阿里的平台思维，它坚守自营为主的信念，在物流和金融服务方面竭尽全力向极致努力，并以此作为与其他平台最大的区别。

三、 苏宁——在痛苦的转型期寻找新空间

苏宁作为由传统企业转型为电商的代表，它的发展历程与做电商平台的阿里巴巴和做3C电商起家的京东有着明显不同，然而因各种原因这几年它的转型并不顺利，在构造传统渠道与网上渠道相互促进的机制中少有显著性成果，结果线上线下互为掣肘的情况时常发生，苏宁认识到问题的严峻和局势的危机，痛定思痛后在企业架构方面做出了重大变革，进一步重新对战略布局进行了审思。农村电商的圈地运动刚一开始，苏宁迅速认准时机，积极通过一系列行动来迎接这一重要领域的市场争夺。对苏宁来说，若不能在新兴的农村电商领域扳回一局，其在电商行业虽然排名第三，却会与前两名的距离达到无望赶超的地步。届时，若市场一有变幻，很可能面临的便是灭顶之灾，形势对其异常严峻。

带有苏宁基因的农村战略与阿里巴巴和京东注定不同，与阿里巴巴布局农村电商生态的大气魄相比，苏宁显得有心无力；即使与京东的“两条腿走路+京东金融”战略相比，苏宁在采取的措施中更多的是出于对现有资源整合的思路，坚持把目光焦点投向自己坚信不疑的O2O模式，积极尝试物资

双向流通的渠道建设，即在实现工业品下乡的同时，再利用苏宁在城市大量实体店的各种资源，助推农产品进城，进而实现双向流通。苏宁负责人曾对外表示，苏宁农村电商战略主打两个维度：一是把好的商品用更好的服务和实惠的价格送到农民手中；二是完成从农村到城市的反向流通，进而把农村好的土特产品通过新的渠道进行推广。

针对如何处理当前并不好办的农产品进城问题，苏宁方面透露，其将借助目前流量众多的苏宁超市平台，为农村土特产品寻找市场。苏宁超市业务在开通以来，其对苏宁易购的引流作用显著，数据显示其短期内迅速完成新增用户达 100 万人以上。同时，因其超市商品的复购率相对较高，借以提高了平台用户的黏性。综合当前环境和平台自身特点，苏宁有意将农村土特产加入苏宁超市，进而把农村地区变成自身的一个产品采购地。

据媒体报道，苏宁 2015 年计划完成 1500 家县镇服务站的建设，并计划在 5 年内建立 10000 家，实现对全国 1/4 乡镇的覆盖，从流通渠道建设开始打通“农村电商”发展瓶颈；同时，苏宁超市将发挥已有的专业经营和采销体系，把物美价廉的产品带到农村，启动农产品直采、众筹等项目，通过流通渠道把全国人民变为大量优质农副产品的潜在客户。苏宁的优势在于，目前线下拥有为数众多的 1600 多家线下实体门店，线上苏宁易购排名前三，是国内唯一一家在全国范围内打通线上、线下渠道 O2O 闭环的互联网零售企业，也是国内首个内部打通现代化物流 O2O 闭环的企业，并且在 2015 年完成向社会第三方开放物流资源的措施，使其物流业务量增多，整体实力更强。其拥有物流仓储面积近 500 万平方米，形成了全国 8 个采购枢纽中心、57 个区域配送中心，自动拣选和传送系统达到国际先进水平、物流妥投率遥遥领先。

虽然苏宁的农村战略稍迟阿里与京东，在 2014 年底才公布，但早在 2013 年苏宁已经开始加大将原先三四级城市的代购点、售后服务网点等进行升级改造的推进力度，完成一大批集销售、物流、售后、客服、招商等功能为一体的苏宁易购服务站的建设。服务站的性质为自营，经营产品品类涵盖了日用、百货，家电、3C、食品酒水、母婴美妆等多个产品，还尝试推出服务站商品体验试用方式促进业务进展。为摆脱单一销售商品功能，服务站还将同时具备品牌推广、购物消费、金融理财、物流售后、便民服务、招商等其他功能。有记者在苏宁服务站现场看到，在二维码密布的“商品”，有专人手把手教消费者进行网购，物流售后的问题也可以在此得到解决。此外，为进一步增加人气，服务站还提供免费贴膜、代购车票等便民服务。

对于苏宁的转型，商界和学术界一直以来争议不断，褒贬不一，但不管外界如何评价，都冷却不了苏宁对 O2O 模式的钟爱。目前来看，苏宁农村电商战略的成败关键在于是否能用自身已有优势首先实现城乡商品的双向流通。

第二节　各地农村电商平台创新实践

在广阔的农村市场面前，想要借以使企业冲上新高度的绝非上述阿里巴巴、京东和苏宁“三强”，据统计自 2015 年开始，多达 60 多家电商企业采取各种行动到农村“跑马圈地”，推广方法中不乏刷墙等传统宣传方法。部分企业是刚刚开始在农村布局，而另外有些企业在此之前已经完成了农村电商模式的初期探索，其发展的现有模式和规模也到了不可等闲视之的地步。

一、　联想——云农场的深耕

2015 年 3 月 19 日，联想战略投资上限仅一年之久的电商平台云农场，该平台采用创新可持续的模式开展农资电商业务。其主要创新点在于：为解决农民缺少上网习惯及对电商接触少信任度低的问题，运营采用了村站模式；为解决农民农资购买的痛点推出“便宜”和“保真”口号；为解决传统农资流通的赊账问题借用已有且实用的预付模式；为提供面向农户和村站的低息贷款，以平台担保方式与多家金融机构合作；为向农民提供及时实用的农技服务，平台推出“农技通” APP、测土配肥等多个项目。数据显示，

云农场在不到一年的时间，使其登记注册的用户数量超过百万人，成为全国当之无愧的最大网上农资商城。在接受联想战略投资签约仪式当天，云农场高调宣布启动“云农助梦，收入倍增”计划，将通过整合旗下众多涉农电商平台，如农资电商——“云农场”平台、农产品电商——“丰收汇”平台、农村物流——“乡间货的”、技术服务——“农技通”、测土配肥项目、农村金融小额贷款等，进一步促使农村全产业链间的融会贯通和畅通无阻，促进农村繁荣富足的实现。

二、遂昌赶街——农村电商探索的先驱者

当大众密切关注阿里巴巴、京东和苏宁这些已形成的电商界大佬在农村市场中全力厮杀的时候，对部分人来说，遂昌赶街项目可能已变得稍许陌生。但对农村电商发展稍有深入理解的人会知道，当前任何企业提出的农村电商模式，皆蕴含着遂昌赶街的影子，包括目前被公认的农村电商四大业务板块的理解和定义。早在 2013 年 6 月，浙江遂昌即完成了第一家赶街村级电商服务站的落户。一年之后，省内服务站数量多达 2000 个，且预计 2015 年各网点数量会多达 1 万以上。随着各企业在农村电商的加紧部署，赶街项目也放开视野，不再偏安于一隅，积极主动的进行大规模的输出模式的实施。2015 年伊始，赶街模式在福建的三明市落户并开展业务，被列入第一批示范区县的包括大田、清流等县。此举标志着赶街项目迈出省外拓展的第一步。2015 年 4 月，赶街项目在江西万年县启动，万年县成为江西省“赶街”项目落户的第一个县。目前“赶街模式”已在全国 12 个省份 3000 多村级服务点得到推广。和其他几家电商巨头相比的优势在于：赶街在自有平台上对淘宝、京东、苏宁的资源进行再次综合，只要上赶街网，可以选择其他任何电商平台的优质产品，即实现全网最优选择；于此期间，遂网作为赶街网的运营公司再次现身，进一步对农民手中的农产品进行收购和统一销售，并做出符合当地农特产品的包装设计和营销推广方式，解决农户农产品因数量少而引起的进城成本居高不下问题。目前来看，赶集模式可复制性强，适合短

时间内大面积推广，当其市场占有量达到一定程度后，就会形成一个让任何商家和用户不容忽视的一个大平台，到时可以通过携有巨量用户的优势让商家给出相应优惠，从而进一步增加平台优势，并形成良性循环。届时，一个新的农村电商超级平台便会形成。前景是美好的，道路却是曲折的。站点建设成本居高不下的问题，一直没有得到好的解决。当前一家标准的赶街村网点建设的投入主要包括：一套电脑、一台显示器、展板及附属设施等，软件则是运维人员的开支，目前每个县的运维人员需要 10～20 人，主要是完成售后服务及村网点的监督、巡视等任务，每家店的年运营成本约为 2 万元。而现在赶街村网点的月平均销售额为 1 万～2 万元，对经济条件落后的中西部而言，村民消费能力更低，网点最终收入甚至不能抵消成本，而且近期的返利模式也存在众多争议。

三、 乐村淘——农村电商界的新土豪

乐村淘进入农村电商领域的方式为从一省做起，之后再向全国扩展业务，和遂昌赶街推广方式相似。乐村淘的开发和运营企业是山西西依威网络科技有限公司，平台以打造中国首家村镇 O2O 服务平台为己任，发展思路是通过“乐村淘”线上商城，在山西建立 1000 个镇和 10000 个村级“乐村淘”线下体验店，基于现有村和镇小卖部、便利店的基础上加以改造，使其统一成为当地“村镇 O2O 服务平台”的线下体验店。乐村淘在线销售产品品种超过 400 万种，交易过程一律在线上下单、支付，之后由线下实体体验店提供相应优质服务。物流节点上主要基于原有村小卖部和便利店，将乡镇的物理配送中心增建在当地规模较大的便利店中，通过乡镇物流中心和村镇销售网点使物流终端顺利抵达村里。自 2014 年 10 月 26 日乐村淘在山西省晋中市太谷县朝阳村成立第一家农村电商体验店起，乐村淘在三个月时间内已经成功发展 1000 多家线下体验店，在忻州、临汾、晋中等地完成开门红的前期建设并顺利打开市场。按乐村淘对外声明，他们的最终目标不是偏安于一省而是走向全国，其于 2015 年成立北京办事处作为走出省外扩张的第一

步。基于乐淘村的经营模式和发展理念，其与赶街较为类似，项目完全自营平台、自办物流，其发展状况严重依赖于资金链的实力和运营能力。

四、邮乐网——睡眠中醒来的“狮子”

“邮乐网”由北京邮乐电子商务有限公司负责运营，该公司由中国邮政和TOM集团分别持股51%和49%合资组建。平台建设中，中国邮政提供销售、物流、收款及仓储服务，TOM公司主要负责推广“邮乐网”，并独家为平台提供技术，属于强强联合。平台当前销售品类主要包括品牌服饰、箱包鞋帽、个人护理、居家生活、食品保健、母婴用品、数码家电等。与传统B2C不同之处在于提供多种订购服务，线上包括互联网、手机下单；线下包括目录直邮销售、网点和11185呼叫中心下单，并提供主动上门服务和客户经理等方式订购。对电商领域起步较晚的中国邮政而言，“邮乐网”是从实业领域进入电子商务的核心平台。平台最为直接的作用除了原有的赚取商品进销差价之外，还可以进一步为中国邮政旗下遍布全国的营业网点、物流配送设施提供持续不断的业务。相关数据显示在2014年1月邮乐网完成的首轮融资达1.1亿美元，总市值预估达到50亿元。平台在2014年上半年，已完成23.1亿元销售额，同比增长高达354%。2015年5月，又在现有基础上开发邮乐农品网促进农产品进城，为实现物流体系的双向流动作出努力。自2013年开始，邮乐网为进一步加快切入乡村电商市场速度，选择通过O2O模式，将基层邮政网点与互联网连接起来，让现有遍布全国的邮政网点成为电子商务落地点。在商品流通方面，形成“活动推动+村邮站代购+目录营销+投递配送”的工业品下乡模式；另一方面，尝试“农产品加工企业+邮政网点+邮乐网”“农户+村邮站+邮乐网”的农产品进城模式。通过邮乐网在各地市区的摸索实践，对农村电商平台进行逐步完善，现已实现“邮掌柜”“积分兑换”“缴费一站通”三个系统在综合服务平台上功能的叠加。其中，“邮掌柜”系统以邮乐网为基础平台，具有商品线下代购、商品采购、进销存管理、会员管理等各种电商平台功能，是邮乐网为推进农村O2O战略而专门研发的一套针对性很强的系统，系统同时还特别添加多项便民服务功能，如代收话费、水费、电费等，目的在于提高村邮站与邮政，用户和平台之间的黏合度，进一步为邮政通过电商平台发展代理金融、保险等业务打下基础。“邮掌柜”系统还可以实现农村超市实现智能化操作，为在农村进行商品交易减少成本，提高项目的可行性。在试点地区，这一套系统受到了欢迎，因为扫描枪等现代设备配备后，使原先杂乱无章、费时费力的农村超市管理一下子简单高效起来。

邮乐网目前采用自运营的综合式 B2C 模式，而且已经对外开放平台，积极主动引入社会其他商家资源，其运营能力得到进一步加强。开放平台的结果发挥出了 4.6 万个邮政营业网点、3.6 万个银行网点及 15 万名配送人员的优势，其在农村电商的竞争优势会大大提升。尽管中国邮政的网络资源在国内最为完善，包括 4.6 万个邮政营业网点、3.6 万个银行网点及 15 万名配送人员，但由于价格和服务被认为逊色于一些民营和外资物流企业，中国邮政在速递物流市场的优势并不突出。原因在于基层邮政员工的动力机制上，进一步提升基层员工活力，将是邮乐网平台下一步提升竞争力的重要利器。

五、 河南万庄——O2O 农资电商平台

从传统农资购销业务起步的万庄农资集团成立于 2003 年，经过 12 年的发展，现有业务囊括复合肥生产销售、传统的化肥交易市场及第三方物流业务，至今已经形成了集物流园区运营、农资大宗商品交易、仓储配送、互联网金融、大数据、农资生产经营为一体的现代化农资集团。万庄从事农资业务多年，总结当前农资行业存在四大核心痛点：终端成本高、价格波动大、信用不健全、资金短缺。企业在互联网 + 的浪潮中开始思考如何借助互联网解决现有行业存在的四大痛点，同时为企业的转型升级找准方向。从整条产业链角度思考问题的万庄认为，运用互联网从事农资产品交易的重点在于解决产业链参与者各方的利益分配，当万庄在构思设计农资电商平台模式时，主动听取原料厂商、化肥生产厂家、县市级经销商、乡镇级经销商、合作

社与种植大户等各环节参与者的利益诉求，且进一步为电商环境下的各环节参与者提供多元化的电商服务。万庄电商模式为实现农资电商交易费、物流费等中间费的降低，尝试通过线上为产业链各参与方提供信息咨询、在线交易、互联网金融以及物流仓储服务。为此万庄打造了三大核心体系：仓储物流体系、农资供应链体系以及互联网金融体系。

仓储物流体系是万庄模式的核心，也是减少农资流通环节降低物流成本的重要组成部分。以化肥为例，通过仓储物流系统整合使流通效率提高，每吨化肥流通成本可降低 150 元以上。仅此一项，每年单为河南农民和企业增收节支可达 20 亿元以上。除此之外，通过统一的仓储物流体系，还可以为企业解决公关费巨大和不可控问题。关于万庄模式的农资供应链，万庄构建了具备自主知识产权的信息平台做支撑，保证了仓储物流的专业、及时和精准。万庄的互联网金融体系作为万庄电商模式的重要战略布局，主要目的是为解决当前农村融资难、融资成本高、金融服务匮乏等问题。万庄电商平台可提供的线上融资服务包括仓单融资、担保融资、信用贷款等，这为小微企业解决的相关金融业务不熟，操作成本过高的问题。目前万庄已和平安银行、华夏银行、浦东发展银行、郑州银行以及相关证券、基金、农业保险公司等多家金融服务企业达成战略合作，为未来电商农资的金融体系成功建立做好了前期铺垫。

河南万庄综合电商平台通过对交易流、货物流、信息流集中解决，降低了农资行业物流成本，缓解价格波动大的痛点；以信息流、资金流集中解决了融资难、融资成本高的痛点。

第三节 农村电商平台建设经验总结

一、 农村电商平台发展概述

农村电商平台建设虽然自 2014 年开始已出现蓬勃发展迹象，但从当前发展现状来看，其依然处于探索阶段。另外电商平台的建设主要把解决传统农业产业链中的流通问题作为主要任务，对农业上游相关环节，如农资农机、种植、加工等产业环节如何利用农村电子商务的建设进行优化升级着力较少。一方面是因为多数农村电商平台企业之前从事的市商贸流通行业，较少触及生产领域；另一方面是因为单建农村电商平台本身就已消耗企业相当资源，无力进一步投资生产领域。

农村电商平台成功与否的关键在于是否能有效解决农村需求与供给的配对问题，是否能给平台参与者带来实际效益，以及平台自身与其他平台之间是否存在差异化的特色。关于电子商务对资源配置有效性的提升早已被理论和现实所证明，所以对当前而言，农村电商平台建设成功的核心要素在于平台之间的差异性。差异性主要包括平台服务对象的差异性、商品的差异性和经营模式的差异性。

二、 各个主要农村电商平台发展特色比较

阿里巴巴农村电商平台建设的特色在于和政府的深度合作，通过对当地相关资源的整合，为平台参与者提供多方面的发展助力。其平台建设的方式是先有各地政府向阿里巴巴集团公开申请，由阿里巴巴在选定的县级城市开设县级服务中心站点，由县级服务站点再去开拓合适的村级服务站。阿里巴巴在平台建设期间主动和政府进行对接，整合当地物流配送、电商培训机构、农副产品质量检测机构、农资农具厂商等各种资源，为农村中的电子商务从业者和消费者提供多方面的便利。

京东农村电商平台建设的特点在于坚持自营为主前提下，通过合作借助其他社会现有力量；在于把金融服务引入平台的建设。其平台建设过程中既保持企业之前完全自营等相对特色地发展京东县级服务中心，又主动引入社会其他资源地与县域内有实力的家电销售商展开授权合作。因此在实际开拓农村电商平台建设不足一年期间，即完成600家县级服务中心、1000多家京东帮服务店和10万多名乡村推广员的部署。其次京东继续发挥在白条业务

中积累的金融服务优势，通过试点授信进军农村金融。

联想云农场除开设村站、承诺保真和金融支持外，还提供广受欢迎的测土配肥等农技服务，使其与其他平台有所区别。赶街网作为村站的先驱实践者，通过打破现有平台之间的藩篱界限为消费者提供更优质的服务。乐村淘则直接选择与农民距离最短的村镇零售商为合作伙伴，克服其他平台建设中成本居高不下的难题，实现了低成本的村镇O2O服务平台建设。邮乐网进一步在村镇合作网点中试点推广智能化零售操作系统，提升了农村超市的效率和现代化水平。万庄则以服务对象定位区别于其他平台，它不是针对大众个体服务的平台，主要通过向农资产品零售商提供小额借贷、融资、理财和物流服务获得盈利。万庄认为目前农资产品销售的绝大部分依然依靠零售商完成，直接有效向最终消费者提供农资产品的条件尚不成熟。

三、 农村电商平台发展主要经验启示

从淘宝、京东等大型电商平台进驻农村，以及邮乐购、赶街等次级电商平台进驻农村，再加上一大批的区域电商平台企业的发展，整体农村电商市场呈现出蓬勃发展的态势，从农村电商平台现有发展经验看，主要有几点：

（一） 依托核心资源进行农村电商发展

农村淘宝依托了淘宝和天猫网站无与伦比的丰富商品资源，以及阿里集团的金融支付、品牌影响，在农村电商发展过程中特别注重利用工业品下行的渠道对农村淘宝商品进行分销，同时利用品牌影响和电商运营能力推动各地特色农产品上行。京东则依托自身的商品资源优势，特别是依托强大的物流配送体系推动农村电商发展，同时与微信支付的战略合作也推动了移动支付在农村电商的发展，提升了农村电商整体发展水平。另外，邮乐购依托中国邮政的农村物流体系优势和邮政银行的金融优势也为农村电商平台发展提供一种有益模式。赶街作为在浙江遂昌自发形式的新型农村电商供应链服务商，通过对接上游优质平台资源和运营下游优质农产品资源，赶街模式已经

复制扩散到全国多个省份。各个地方电商平台则依托其多有的资源优势，例如，渠道优势、配送优势、技术优势等在农村电商市场深耕细作，也取得了很好的效果。

（二）做好农村电商平台规划

未来，农村电子商务的前进方向必然是向专业化发展，行业类垂直网站将成为重要的平台。目前，虽然涉农网站在日益增多，但由于远离甚至脱离农村、服务特色不明显、针对农民需要的服务内容数量少的劣势仍较为普遍，这就为农民和市场全面掌握和交流信息造成了影响。规范涉农网站，向垂直化专业化发展，才能让其成为广大农民的左膀右臂。在江苏沙集，迅速扩张的家具网店让村民们的利润普遍从刚开始的70% ~80%应声下落至30%甚至更低到了不足10%，“简易家具”作为主要产品带来的同质化竞争更是引发村里的价格战，利润下降，经营成本却在上升。

从中我们不难看到未来的隐患所在。国家和地方政府必须因地制宜，积极引导当地产业向多元化差异化的方向发展，而网上电商平台，也要随之倾向专业领域的行业垂直化，以专业化、规范化、产业集群升级以及提升网商生态为方向来规划网上平台的打造。另外，国家要治理建立统一网络体系，成立统一的信息主管部门，建立完善的网站报批制度，集中建设统一兼容、资源共享、高效适用的各级网络中枢软硬件平台环境，形成全国统一、规范、畅通、共享的信息网络体系。当然，还要加大投资整合产业链，走出单一的产品模式，打造特色农村电子商务网站，引导农村网商的差异化生存。①

（三）地方政府做好引领工作

正确认识农村电子商务平台发展的重要意义，通过政策引导，行政推动来推动农村电商平台发展。政府对农村电商的态度无疑会影响这一行业的未来发展，相关职能部门有必要实施相应政策，对这一新行业的长远发展承担

---

① 范晓东．发展农村电商，平台先行［N］．互联网周刊，2011（10）：42－44.

相应的责任。一方面，及时制定农村电商发展规划，出台适合当地实情的扶持政策、措施，推进农村电子商务平台发展；另一方面，鼓励自建农村电商综合服务平台，同时引入大型农村电商平台，鼓励市场竞争，从而探索出真正适合出当地经济发展的农村电商发展模式，为电商平台解决经营中的具体问题，引导其实现跨越式、可持续发展。

参考文献

[1] 曹建平．浅析我国农村电商发展现状与对策［J］．北方经贸，2015（5）：70－71.

[2] 陈刚．“PPP政策”下农村电商服务民生模式创新［J］．西北农林科技大学学报（社会科学版），2016（3）：130－135.

[3] 陈生萍．国外农业电子商务的发展以及对我国的启示［J］．农业图书情报学刊，2008（9）：112－114＋154.

[4] 陈薇薇．价值链视角下我国农业企业电子商务模式研究［J］．商业经济研究，2016（16）：108－110.

[5] 陈莹莹．关于我国经济发展“新常态”的观点综述［J］．经济研究参考，2014（66）：38－45.

[6] 郑亚琴．我国农村电子商务区域基础设施发展水平的主成分聚类分析［J］．中国科技论坛，2007（1）：119－122.

[7] 董坤祥，侯文华，丁慧平，王萍萍．创新导向的农村电商集群发展研究——基于遂昌模式和沙集模式的分析［J］．农业经济问题，2016（10）：60－69，111.

[8] 董晓华．电子商务概论的［M］．重庆：重庆大学出版社，2009.

[9] 范凤翠．国外主要国家农业信息化发展现状及特点的比较研究［J］．农业图书情报学刊，2006（6）：175－177.

[10] 冯献，李瑾，郭美荣．“互联网＋”背景下农村信息服务模式创新与效果评价［J］．图书情报知识，2016（6）：4－15.

[11] 关于大力发展电子商务加快培育经济新动力的意见［N］．国务院，2015－5－7.

[12] 关于加快电子商务发展的若干意见［N］．国务院办公厅，2005－1－8.

[13] 关于加快发展农村电子商务的意见［N］．商务部，发展改革委，农业部等19部门，2015－9－2.

[14] 关于加快转变农业发展方式的意见［N］．国务院办公厅，2015－7－30.

[15] 郭承龙．农村电子商务模式探析——基于淘宝村的调研［J］．经济体制改革，2015

（5）：110－115.

［16］郭晓鸣，蒲实，高杰．精准扶贫面临的新问题及应对策略［J］．当代县域经济，2016（5）：15－19.

［17］国外农业市场信息传播方式及其启示［J］．中国农业信息，2003（3）：16.

［18］韩美贵，张兆同．改善和发展我国农产品物流的思考［J］．农村经济，2005（9）：21－23.

［19］郝爱民，王章留．论我国农村消费升级的趋势与流通业发展方式转变及扩大农村消费的对策［J］．农业现代化研究，2011（2）：179－183.

［20］郝爱民．农村流通服务对农业的影响研究［J］．商业经济研究，2016（3）：5－9.

［21］洪涛．农产品电商模式创新研究［J］．农村金融研究，2015（8）：7－12.

［22］洪涛，张传林．2014～2015年我国农产品电子商务发展报告［J］．中国商论，2015（5）：44－54.

［23］洪勇．我国农村电商发展的制约因素与促进政策［J］．商业经济研究，2016（4）：171.

［24］胡善珍、王伟浩．农村电子商务创新发展研究［J］．商业经济研究，2016（17）：73－74.

［25］胡晓杭．完善电商服务体系 满足农村电商多元化发展［J］．浙江大学学报（人文社会科学版），2017（1）：55.

［26］蒋倩．"互联网＋"背景下农产品供应链优化分析［J］．商业经济研究，2016（15）：171－173.

［27］解新华．"互联网＋"环境下我国农产品电子商务模式研究［J］．商业经济研究，2016（18）：84－86.

［28］联合国贸易与发展委员会．全球电子商务发展研究报告［R］．北京：人民邮电出版社，2002.

［29］梁达．电商成为农村经济增长新动力［J］．金融与经济，2017（2）：84－87.

［30］刘杰．商业银行如何支持农村电商发展［J］．中国发展观察，2016（9）：23－24.

［31］刘亚军，储新民．中国"淘宝村"的产业演化研究［J］．中国软科学，2017（2）：29－36.

［32］柳思维．建设农村重点小城镇综合性商业服务业中心势在必行［J］．商业经济与管

理，2011（11）：11－16.

[33] 路正佳．谈电子商务对我国农村消费市场发展的影响［J］．商业经济研究，2016（20）：31－33.

[34] 马光远．什么是中国经济新常态［J］．中外管理，2014（6）：24.

[35] 马小雅．广西农村电商物流发展对策［J］．开放导报，2016（5）：77－80.

[36] 麦影．农产品流通渠道创新研究——以伙伴关系为视角［J］．物流技术，2014（3）：141－144＋153.

[37] 孟波，吴方，范磊．基于渠道关系理论的农产品流通模式创新探讨［J］．甘肃农业，2009（7）：38－39.

[38] 孟庆一．发展农村电商 基础设施建设须先行［N］．中国经济时报，2015－11－17（002）

[39] 钮钦．中国农村电子商务政策文本计量研究——基于政策工具和商业生态系统的内容分析［J］．经济体制改革，2016（4）：25－31.

[40] 孙百鸣，王春平．黑龙江省农产品电子商务模式选择［J］．商业研究，2009（8）：175－176.

[41] 孙楚仁，张楠，刘雅莹．“一带一路”倡议与中国对沿线国家的贸易增长［J］．国际贸易问题，2017（2）：83－96.

[42] 孙竹，李刚，周玲芝，杨树黛．互联网商业模式的理论与实践［J］．国际经济合作．2016（8）：34－38.

[43] 檀学文，胡拥军，伍振军，魏翔．农民工等人员返乡创业形式发凡［J］．改革，2016（11）：85－98.

[44] 王炳焕．我国农村消费品流通体制的演变及其特征［J］．改革与战略，2012（1）：102－104＋132.

[45] 王超，龙飞扬．“一村一品一店”农村电商发展模式浅析——以江苏宿迁市宿豫区为例［J］．江苏农业科学，2013（3）：1－3.

[46] 王德章，周丹．我国重要农产品流通体系建设与管理创新［J］．中国流通经济，2013（2）：16－21.

[47] 王军．适应新常态寻求新动力［J］．中国经贸导刊，2014（19）：22－23.

[48] 王世进．流通产业发展对居民消费影响研究［D］．徐州：中国矿业大学，2013.

[49] 武晓钊. 农村电子商务与物流配送运营服务体系建设 [J]. 中国流通经济, 2016 (8): 99-104.

[50] 夏研娜, 赵胜. 中国制造2025 [M]. 北京: 机械工业出版社, 2016年版.

[51] 杨静, 刘培刚, 王志成. 新农村建设中农业电子商务模式创新研究 [J]. 中国科技论坛, 2008 (8): 118-122.

[52] 杨克斯, 吴江雪. 我国农村电子商务新模式初探 [J]. 中国商贸, 2012 (11): 152-153.

[53] 杨秀丽. 精准扶贫的困境及法制化研究 [J] 学习与探索, 2016 (1): 108-111.

[54] 杨艺. 浅谈日本农业信息化的发展及启示 [J]. 现代日本经济, 2005 (6): 60-62.

[55] 郁晓, 赵文伟. 生鲜电子商务县域农业综合服务体系探究——基于遂昌2.0模式的剖析 [J]. 中国流通经济, 2016 (4): 47-54.

[56] 张传秀. "互联网+" 背景下农村电商发展的机遇与挑战 [J]. 知行铜仁, 2016 (4): 66-69.

[57] 张柯. 农村电商"双驱模式"路径探索 [J]. 商业经济研究, 2016 (12): 160-162.

[58] 张磊, 韩雷. 电商经济发展扩大了城乡居民收入差距吗? [J]. 经济与管理研究, 2017 (5): 3-13.

[59] 张喜才. 鲜活农产品流通链条中冷链节点及政府支持研究 [J]. 中国流通经济, 2012 (4): 46-51.

[60] 赵俊杰. 对我国农业电子商务发展的几点思考 [J]. 经济问题探索, 2007 (11): 98-99.

[61] 赵元凤. 发达国家农业信息化的特点 [J]. 中国农村经济, 2002 (7): 74-78.

[62] 植凤寅. 走出农村电商困境 [J]. 中国金融, 2016 (7): 96-99.

[63] 中国支付清算行业运行报告 [R]. 中国支付清算协会, 2015.05.

[64] 钟燕琼. 农村电商发展现状及对农村居民消费的影响 [J]. 商业经济研究, 2016 (11): 173-175.

[65] 朱品文. 农村电商发展困境及对策分析 [J]. 商业经济研究, 2016 (10): 68-69.

[66] 邹宇. 谈农村流通业态创新与消费空间提升 [J]. 商业时代, 2009, (15): 15+38.

[67] Charls B Moss, Troy GSchnfitz, Albert Kaga Jl Economics and the Emergence of E—chortler: in Agribusiness [J]. Journal of Agribusiness, Spring, 83-101.

[68] Jang W, Klein C M. Supply chain models for small agricultural enterpri - ses [J]. Annals of Operations Research, 2009, 190: 359 - 374.

[69] Jayaram J, Tan K C. Supply chain integration with third - party logistics providers [R]. International Journal of Production Economics, 2010, 125 (2): 262 - 271.

[70] Liang Wu. An Empirical Research on Poor Rural Agricultural Information Technology Services to Adopt [J]. Procedia Engineering, 2012, 29: 1578 - 1583.

[71] POOLEB. How will agricultural E - Markets evolve? [R] Washington DC: Paper presented at the USDA outlook Forum, 2001: 22 - 23.

[72] Salvatore March, Alan Hevner, Sudha Ram. Applying the technology acceptance model and flow theory to online consumer Behavior [J]. Information System Research, 2009, 13 (2): 115 - 124

[73] Wen W. A knowledge - based intelligent electronic commerce system for selling agricultural products [J]. Computers and Electronic in Agriculture, 2007, 57: 33 - 46.

后　记

Postscript

《农村电子商务理论与实践》一书是“湖南省移动电子商务协同创新中心”推出的移动电子商务学术研究丛书中的一本。本书由柳思维教授、唐红涛副教授牵头编著，参加此书撰写的有何天祥教授、陆杉教授、刘导波教授、生延超教授、尹向飞副教授、尹元元副教授、杨水根副教授以及湖南商学院应用经济学科的硕士研究生周洪洋、严玉珊、王文、周玉姣、许娟、李红燕、张颖、刘佳丽、唐清、朱晴晴、周海华等。全书写作大纲由柳思维提出，并经写作小组会议讨论通过，确定分工后由各章撰写者提供初稿，初稿经柳思维、唐红涛中间修改并提出修改建议，修改稿集中后，柳思维、唐红涛再次对全书稿件逐一修改总纂定稿，唐清、朱晴晴对本文格式进行了统一调整。

本书的撰写过程中得到了湖南商学院校长陈晓红教授的关心重视和支持，得到了湖南省 2011 移动电子商务协同创新中心各协同单位有关专家的大力支持。我们在编写中也参考了有关专家学者的前期研究成果及相关学术会议的学术观点，在此一并表示感谢！

2017 年 10 月